Hinter dem Sachregister befindet sich ein ausführliches Verzeichnis der

Guttentagschen Sammlung

**Deutscher Reichs- und Preußischer Gesetze**

— Textausgaben mit Anmerkungen; Taschenformat —

die alle wichtigeren Gesetze in unbedingt zuverlässigem Abdruck und mit mustergültiger Erläuterung wiedergibt.

Guttentagsche Sammlung
Nr. 41. Deutscher Reichsgesetze. Nr. 41.
Textausgaben mit Anmerkungen.

# Börsengesetz

## nebst Ausführungsbestimmungen
## vom 22. Juni 1896/8. Mai 1908.

Vormals herausgegeben

von

**Th. Hemptenmacher,**

Wirkl. Geh. Ober-Regierungsrat, Staatskommissar b. d. Berliner Börse.

**Dritte völlig neu bearbeitete Auflage**

von

**Oscar Meyer,**

Syndikus der Handelskammer zu Berlin.

Berlin 1915.
**J. Guttentag, Verlagsbuchhandlung,**
G. m. b. H.

# Vorwort.

Die erste Auflage dieses Buches, die von dem jetzigen Oberbürgermeister von Berlin, Wirklichen Geheimen Rat Wermuth und dem verstorbenen Regierungsrat Brendel bearbeitet wurde, erschien gleichzeitig mit dem Inkrafttreten des Börsengesetzes vom 22. Juni 1896.

Nachdem durch die Novelle vom 8. Mai 1908 das Gesetz in seinen wichtigsten zivilrechtlichen Bestimmungen eine gänzliche Umgestaltung erfahren hatte, wurde von dem damaligen Staatskommissar an der Berliner Börse, Wirklichen Geheimen Oberregierungsrat Hemptenmacher eine zweite, völlig neubearbeitete Auflage herausgegeben.

Der frühe Tod dieses um Börsenwesen und -recht so verdienten Mannes hat jetzt den Verlag gezwungen, die erforderlich gewordene Besorgung der dritten Auflage in andere Hände zu legen.

Ich habe, obwohl das Gesetz seit 1908 nicht verändert worden ist, den Auftrag nur erfüllen können, indem ich wiederum fast durchweg eine Neubearbeitung vornahm. Abgesehen davon, daß meine eigenen langjährigen Studien und Erfahrungen mich teilweise zu anderen als den von Hemptenmacher vertretenen Ansichten brachten, schien es mir auch vielfach notwendig, von der bisherigen Anlage des Buches abzugehen. In der zweiten Auflage fanden sich in erheblichem Umfang Anmerkungen geschichtlichen, volkswirtschaftlichen und gesetzeskritischen Inhalts, deren Aufnahme seinerzeit mit dem Mangel größerer wissenschaftlicher Werke über das Börsengesetz voll begründet war. Unterdessen ist dieser Mangel durch mehrere ausführliche Kommentare — den auf Veranlassung des Zentralverbandes des Deutschen Bank- und Bankiergewerbes E. V. veröffentlichten Kommentar (1909), die Kommentare von Nußbaum (1910) und Bernstein (1910) sowie, für den IV. Abschnitt, durch die neunte Auflage von Staubs Kommentar zum Handelsgesetzbuche — behoben worden. Daher empfahl es sich, ihnen die Erörterungen mehr theoretischer Art zu überlassen; nur an einigen Stellen habe ich eingehendere Darlegungen aus der zweiten Auflage fast unverändert übernommen, weil auf sie in der übrigen börsenrechtlichen Literatur besonders häufig hingewiesen wird, und deshalb ihr Fortfall eine Lücke verursacht hätte. Andrerseits habe ich jedoch, der Bestimmung dieser Ausgabe zur schnellen Unterrichtung für die Gesetzesanwendung entsprechend, möglichst zahlreichen Hinweisen auf die Entscheidungen oberster Gerichte und die auf dem Gebiete des öffentlichen Börsenrechts besonders maßgebliche Verwaltungsübung Raum gewährt; die von der meinigen abweichende Auffassung anderer Schriftsteller konnte dagegen nur bei einigen wesentlichen Streitfragen, hinsichtlich deren die Praxis noch nicht endgültig gesprochen hat, kurz erwähnt werden.

Eine erhebliche Vergrößerung hat der Anhang erfahren. Die Bekanntmachung des Bundesrats, betreffend die Zulassung von Wertpapieren zum Börsenhandel, vom 4. Juli 1910 ist in gleicher Weise wie das Gesetz selbst mit Anmerkungen versehen worden. Des ferneren sind die sonstigen wichtigsten Ausführungsverordnungen des Reiches und Preußens sowie die für die übrigen Börsen vielfach vorbildlich gewordenen Sonderbestimmungen für die Börse zu Berlin als Anlagen beigefügt. Endlich habe ich, zwecks leichter Information über den Gesetzesinhalt, einen gedrängten Überblick vorausgeschickt.

Bei der Sammlung und kritischen Zusammenstellung des Materials und namentlich auch bei der Abfassung des Sachverzeichnisses hat mir Herr Referendar Dr. Saalfeld in Berlin sehr nützliche Dienste geleistet.

Zu besonderem Danke bin ich dem Unterstaatssekretär im Preußischen Ministerium für Handel und Gewerbe, Herrn Dr. Goeppert verpflichtet, der mir auf Grund seiner hervorragenden Beteiligung an der gesetzgeberischen Gestaltung wie an der praktischen Durchführung des herrschenden Börsenrechts überaus wertvolle Aufschlüsse gegeben und meiner Arbeit eine wohlwollende Förderung hat angedeihen lassen.

Auch den Herren Geheimen Kommerzienrat Kopetzky und Kommerzienräten Stäckel und Zielenziger sei für ihre liebenswürdige Unterstützung mein verbindlichster Dank ausgesprochen.

Charlottenburg im November 1914.

Oscar Meyer.

# Inhaltsverzeichnis.

Seite

Vorwort . . . . . . . . . . . . . . . . . . V

Abkürzungen . . . . . . . . . . . . . . . . XI

Überblick . . . . . . . . . . . . . . . . . XV

## Gesetz.

I. Allgemeine Bestimmungen über die Börsen und deren Organe. §§ 1—28 . . . . . . . . . . . . . . 1

II. Feststellung des Börsenpreises und Maklerwesen. §§ 29—35 . . . . . . . . . . . . . . . . . . 61

III Zulassung von Wertpapieren zum Börsenhandel. §§ 36—49 . . . . . . . . . . . . . . . . . . 84

IV. Börsenterminhandel. §§ 50—70 . . . . . . . . 122

V. Ordnungsstrafverfahren. §§ 71—87 . . . . . . 183

VI. Straf- und Schlußbestimmungen. §§ 88—96 . . 195

## Anhang.

### A. Bestimmungen für das Reich.

Anl. 1. Bekanntmachung, betreffend die Zulassung von Wertpapieren zum Börsenhandel . . . . . . . . . 213

Anl. 2. Bekanntmachung, betreffend die Feststellung des Börsenpreises von Wertpapieren . . . . . . . . . 244

Anl. 3. Verzeichnis der Gesellschaften, in deren Anteilen der Bundesrat gemäß § 63 BörsG. Börsentermingeschäfte genehmigt hat . . . . . . . . . . . . . 247

B. Bestimmungen für Preußen.

Seite

Anl. 4. Bestimmungen über die Bestellung und Entlassung der Kursmakler . . . . . . . . . . . . 248
Anl. 5. Bestimmungen über das Ordnungsstrafverfahren wegen verbotenen Börsenterminhandels . . . . . 250

C. Bestimmungen für die Börse zu Berlin.

Anl. 6. Börsenordnung für Berlin . . . . . . . . . 254
Anl. 7. Maklerordnung für die Kursmakler an der Berliner Börse . . . . . . . . . . . . . . . 276
Anl. 8. Bedingungen für die Geschäfte an der Berliner Fondsbörse . . . . . . . . . . . . . . . . 287
Anl. 9. Bekanntmachung, betreffend die Geschäftsbedingungen der Produktenbörse zu Berlin für den Zeithandel in Getreide und Mehl . . . . . . . . . 331
Anl. 10. Schlußnoten für Zeitgeschäfte in Roggen, Weizen, Hafer, Mais und Roggenmehl . . . . . 338
Anl. 11. Schlußnote für Termingeschäfte in Kupfer . . 347

Sachregister . . . . . . . . . . . . . . . . . 353

# Abkürzungen.

Die Abkürzungen entsprechen im allgemeinen den Vorschlägen des Deutschen Juristentags.

Hervorgehoben seien:

AG. = Ausführungsgesetz.

AH. StenB. = Verhandlungen des Preußischen Hauses der Abgeordneten.

Apt = Apt, Börsengesetz, 5. Aufl., Berlin 1909.

BA. = Bankarchiv, Zeitschrift für Bank- und Börsenwesen.

BankG. = Bankgesetz vom 14. März 1875.

Begr. I. = Begründung zum Entwurfe des Börsengesetzes von 1896.

Begr. II. = Begründung zum Entwurfe der Börsengesetznowelle von 1907/08.

Bek. = Bekanntmachung.

Bernstein = Bernstein, Börsengesetz, Leipzig 1910.

BerK. = Entscheidung der Berufungskommission in Ehrengerichtssachen.

BGB. = Bürgerliches Gesetzbuch.

BörsG. = Börsengesetz.

BörsO. = Börsenordnung.

BR. = Bundesrat.

DepotG. = Gesetz, betreffend die Pflichten der Kaufleute bei Aufbewahrung fremder Wertpapiere vom 5. Juli 1896.

Dove = Dove im Kommentar zum Börsengesetz, herausgegeben auf Veranlassung des Zentralverbandes des Deutschen Bank- und Bankiergewerbes, Berlin 1909.

EG. = Einführungsgesetz.

Erl. = Erläuterungen zum vorläufigen Entwurfe neuer Bestimmungen, betreffend die Zulassung von Wertpapieren zum Börsenhandel (1910).

GenG. = Gesetz über die Erwerbs- und Wirtschaftsgenossenschaften vom 9. April 1873.

GeschO. = Geschäftsordnung.

Göppert, Börsenterminhandel = Göppert, Über das Börsentermingeschäft in Wertpapieren, Berlin 1914.

GS. = Gesetzsammlung für die Königl. Preußischen Staaten.

GVG. = Gerichtsverfassungsgesetz.

HansOLG. = Hanseatisches Oberlandesgericht.

HGB. = Handelsgesetzbuch.

HK. = Handelskammer.

HoldheimsMSchr. = Holdheims Monatsschrift für Handelsrecht, Bankwesen, Steuer- und Stempelfragen.

HypBankG. = Hypothekenbankgesetz vom 13. Juli 1899.

J. d. HK. zu Berlin = Jahresbericht der Handelskammer zu Berlin.

JW. = Entscheidung des Reichsgerichts, abgedruckt in der Juristischen Wochenschrift.

Kahn = Kahn, Börsengesetz, 2. Aufl., München 1909.

KB. I. = Bericht der Reichstagskommission zur Vorberatung des Entwurfs des Börsengesetzes von 1896.

KB. II. = Bericht der Reichstagskommission zur Vorberatung des Entwurfs der Börsengesetznovelle von 1907/08.

KG. = Kammergericht.

KGJ. = Jahrbuch für Entscheidungen des Kammergerichts in Sachen der freiwilligen Gerichtsbarkeit, in Kosten-, Stempel- und Strafsachen.

Mitt. d. HK. zu Berlin = Mitteilungen der Handelskammer zu Berlin.

MO. = Maklerordnung.

Nußbaum = Nußbaum, Kommentar zum Börsengesetz, München 1910.

OVG. = Entscheidungen des Preußischen Oberverwaltungsgerichts.

PrBergG. = Preußisches Berggesetz vom 24. Juni 1865.

PreßG. = Gesetz über die Presse vom 7. Mai 1874.

PrStempStG. = Preußisches Stempelsteuergesetz vom 30. Juni 1909.

RG. = Entscheidungen des Reichsgerichts in Zivilsachen.

RGBl. = Reichsgesetzblatt.

RGSt. = Entscheidungen des Reichsgerichts in Strafsachen.

RJA. = Entscheidungen in Angelegenheiten der freiwilligen Gerichtsbarkeit und des Grundbuchrechts. Zusammengestellt im Reichsjustizamte.

RK. = Reichskanzler.

ROH. = Entscheidungen des Reichsoberhandelsgerichts.

Rspr. = Die Rechtsprechung der Oberlandesgerichte.

RStempG. = Reichsstempelgesetz vom 15. Juli 1909.

RT. StenB. = Stenographische Berichte über die Verhandlungen des Reichstags.

RT. StenB. I. = Desgl. 9. Legislaturperiode, 4. Session 1895/96.

RT. StenB. II. = Desgl. 12. Legislaturperiode, 1. Session 1907/08.

Schmidt-Ernsthausen = Schmidt-Ernsthausen im Kommentar zum Börsengesetz, herausgegeben auf Veranlassung des Zentralverbandes des Deutschen Bank- und Bankiergewerbes, Berlin 1909.

SchutzgebG. = Schutzgebietsgesetz vom 25. Juli 1900.

StGB. = Strafgesetzbuch.

StPO. = Strafprozeßordnung.

UnlWG. = Gesetz gegen den unlauteren Wettbewerb vom 7. Juni 1909.

ZPO. = Zivilprozeßordnung.

ZulBek. = Bekanntmachung, betreffend die Zulassung von Wertpapieren zum Börsenhandel vom 4. Juli 1910.

# Überblick.

Die gesetzliche Regelung des deutschen Börsenwesens ist seit Ende der achtziger Jahre wiederholt im Reichstag angeregt worden. Im Jahre 1892 wurde, nachdem verschiedene unliebsame Ereignisse auf dem Gebiete des Warenterminhandels wie auch des Effektenhandels und des Depotgeschäfts wesentlich zur Verstärkung der börsenfeindlichen Strömungen beigetragen hatten, zwecks Prüfung der einschlägigen tatsächlichen und rechtlichen Fragen eine Kommission, die sogenannte Börsen-Enquete-Kommission, einberufen, die in zahlreichen Sitzungen ein umfangreiches und wertvolles Material sammelte. Auf Grund der Ergebnisse der Enquete legte der Reichskanzler dem Reichstage den Entwurf eines Börsengesetzes vor; aus den Beratungen des Reichstags hierüber ging das Börsengesetz vom 22. Juni 1896 hervor, das am 1. Januar 1897 in Kraft trat. Bereits im gleichen Jahre wurden mittels des § 14 des Einführungsgesetzes zum Handelsgesetzbuche vom 10. Mai 1897 an dem Gesetz einige durch die Neuordnung des Handelsrechts bedingte Änderungen vorgenommen, insbesondere die von den Kommissionsgeschäften handelnden §§ 70 bis 74, da sie inhaltlich in das neue Handelsgesetzbuch eingefügt wurden, beseitigt. Dagegen blieben die heftigen Angriffe der deutschen Handelswelt gegen die Bestimmungen des Gesetzes über den Börsenterminhandel lange Zeit erfolglos. Zwei von der Reichsregierung eingebrachte Entwürfe einer Novelle

(1904 und 1905) gelangten nicht zur Verabschiedung. Erst der dritte führte nach großen Schwierigkeiten zum Ziel. Er wurde von der Reichstagskommission in zwei Lesungen beraten und in der ihm hierbei in der zweiten Lesung gegebenen Fassung vom Reichstage am 8. April 1908 angenommen. Das demgemäß unter dem 8. Mai 1908 ausgefertigte, am 18. Mai 1908 im Reichsgesetzblatte verkündete und seit dem 1. Juni 1908 in Kraft befindliche Gesetz brachte eine völlige Umgestaltung des (IV.) Abschnitts über den Börsenterminhandel und im Zusammenhange damit einen neuen (jetzt V.) Abschnitt „Ordnungsstrafverfahren" sowie eine Erweiterung des (jetzt VI.) Abschnitts „Straf- und Schlußbestimmungen"; ferner wurde auch der III. Abschnitt „Zulassung von Wertpapieren zum Börsenhandel" verschiedentlich revidiert. Das Börsengesetz in der Fassung der Bekanntmachung des Reichskanzlers vom 27. Mai 1908 (RGBl. 215) zerfällt nunmehr in sechs Abschnitte:

I. Allgemeine Bestimmungen über die Börsen und deren Organe (§§ 1—28).

II. Feststellung des Börsenpreises und Maklerwesen (§§ 29 bis 35).

III. Zulassung von Wertpapieren zum Börsenhandel (§§ 36 bis 49).

IV. Börsenterminhandel (§§ 50—70).

V. Ordnungsstrafverfahren (§§ 71—87).

VI. Straf- und Schlußbestimmungen (§§ 88—96).

Die Organisation der deutschen Börsen ist im Gesetze nicht systematisch geregelt. Der Gesetzgeber hat vielmehr im I. Abschnitte nur einige Punkte festgelegt, während er im übrigen darauf verzichtet hat, die in der Geschichtsentwickelung begründeten Verschiedenheiten durch eine einheitliche Verfassung zu beseitigen. Unter den festgelegten Punkten ist vor allem das Aufsichtsrecht der Landesregierungen hervorzuheben (§ 1). Dieses Recht ist durch eine Reihe von Einzelbestimmungen umrissen, zu deren wichtigsten die Gewährung eines entscheidenden Einflusses auf die für jede Börse zu erlassende Börsenordnung gehört (§ 4). Um die dauernde Fühlung zwischen der Landesregierung und den einzelnen Börsen zu sichern, werden als Organe der ersteren Staatskommissare bestellt (§ 2); ferner schafft das Gesetz als ein Sachverständigenorgan, das den Bundesrat in Börsenangelegenheiten beraten soll, den aus Vertretern sämtlicher vom Börsenhandel berührten Kreise zusammengesetzten Börsenausschuß (§ 3). Die Entscheidung, für welche Geschäftszweige die Börseneinrichtungen benutzt werden dürfen, bleibt grundsätzlich der Selbstverwaltung überlassen (§§ 5, 6); das gleiche gilt für die Zulassung zum Börsenbesuche, mit der das Gesetz sich nur insoweit beschäftigt, als es sie beim Vorliegen gewisser Tatbestände für unstatthaft erklärt (§ 7). Was die Börsendisziplin anlangt, so wird die Handhabung der Ordnung in den Börsenräumen dem Börsenvorstand übertragen (§ 8); dagegen ist für Verfolgung von gegen den kaufmännischen Ehrbegriff verstoßenden Handlungen der Börsenbesucher eine besondere Disziplinargerichtsbarkeit vorgesehen, die in I. Instanz von den bei jeder Börse gebildeten Ehrengerichten, in II. von einer für alle deutschen Börsen zuständigen Berufungskammer ausgeübt wird (§§ 9—27). Endlich handelt das Gesetz im I. Abschnitte noch von den Börsenschiedsgerichten, indem zum Schutze der dem Börsenverkehre fernstehenden Kreise die den öffentlichen Rechtsweg ausschließende Unterwerfung unter solche Schiedsgerichte nur unter bestimmten Voraussetzungen für verbindlich erklärt wird (§ 28).

Ebenso wie hinsichtlich der Organisation hat auch hinsichtlich des im II. Abschnitt erörterten Kurswesens der Gesetzgeber mit Rücksicht auf die Verschiedenheit der überlieferten

Verhältnisse an den einzelnen Börsen von dem Erlaß allgemein gültiger Normen abgesehen. Das Gesetz beschäftigt sich nur mit dem amtlichen Börsenpreis; es verlangt aber nicht, daß für die an der Börse gehandelten Gegenstände eine amtliche Feststellung des Börsenpreises erfolgen müsse, sondern überläßt es den Börsenordnungen, hierüber Bestimmung zu treffen, und behält lediglich dem Bundesrate vor, für bestimmte Waren eine amtliche Preisfeststellung vorzuschreiben (§ 35 Ziff. 2). Insoweit die amtliche Preisfeststellung erfolgt, ist sie durch den Börsenvorstand vorzunehmen (§ 29); als Hilfspersonen zur Mitwirkung hierbei werden Kursmakler von der Landesregierung bestellt und beeidigt (§ 30 Abs. 1), die mit Rücksicht auf ihre öffentlich-rechtliche Sonderstellung besonderen Gewerbebeschränkungen und Kontrollmaßnahmen unterliegen (§§ 32, 33), aber ein wichtiges Vorrecht vor den übrigen Maklern dadurch genießen, daß nur für die durch ihre Vermittelung abgeschlossenen Geschäfte ein Anspruch auf Berücksichtigung bei der amtlichen Preisfeststellung gewährt wird (§ 31), und die ferner hinsichtlich der Vornahme freihändiger Käufe und Verkäufe börsen- oder marktgängiger Gegenstände den landesgesetzlich hierzu ermächtigten Handelsmaklern gleichgestellt sind (§ 34). Als Vertretung der Kursmakler kann eine Maklerkammer gebildet werden (§ 30 Abs. 2). In alledem erblickt aber das Gesetz nur die grundsätzlich wünschenswerte Regelung; indem es zu den weitgehenden Befugnissen des Bundesrats in bezug auf die Preisfeststellung auch das Recht hinzufügt, für einzelne Börsen die amtliche Preisfeststellung durch eine andere Instanz als den Börsenvorstand, und eine andere Regelung des Maklerwesens bis zum völligen Verzicht auf ihre Mitwirkung zuzulassen (§ 35 Ziff. 1), bietet es die Möglichkeit zu Abweichungen der verschiedensten Art von dem gesetzlichen Systeme.

Im Gegensatze hierzu verfolgt das Gesetz im III. Abschnitte hinsichtlich des Zulassungswesens das Ziel, einheitliche zwingende Grundsätze für alle deutschen Wertpapierbörsen herbeizuführen. Zwar wird auch hier, soweit es sich um die öffentlich-rechtlichen Bestimmungen (§§ 36—43) handelt, dem Bundesrat und — subsidiär — den Landesregierungen ein bedeutungsvolles Ergänzungsrecht beigelegt (§ 44); indessen ist damit — abgesehen von der verschiedenen Bemessung des an den einzelnen Börsen zulassungsfähigen Grundkapitals (§ 44 Abs. 1) — nicht sowohl die Ermöglichung verschiedener Vorschriften für die einzelnen Börsen gewollt, als vielmehr wiederum der Erlaß möglichst einheitlicher Vorschriften bezüglich solcher Punkte, für deren Regelung der Verordnungsweg dem schwerfälligeren Apparate der Gesetzgebung vorzuziehen ist. Infolgedessen ist in dem Börsengesetz in Verbindung mit der dazu ergangenen Bekanntmachung des Bundesrats vom 4. Juli 1910 eine im wesentlichen vollständige Kodifikation des Zulassungsrechts enthalten; nur die Vorschriften über eine etwaige Beschwerde gegen Beschlüsse der Zulassungsstelle sind in die Börsenordnungen verwiesen (§ 36 Abs. 4). Der Zweck des Gesetzes ist der Schutz des Publikums gegen die Einführung unsicherer Wertpapiere in den Börsenhandel. Es verfolgt den Zweck durch die Schaffung einer Instanz, die dafür sorgt, daß dem Publikum die denkbar größte Aufklärung über die an der Börse gehandelten Wertpapiere zuteil wird, sowie durch eine weitgehende Emittentenhaftung für unrichtige und unvollständige Prospektangaben. Demgemäß ist es die wesentliche Aufgabe der Zulassungsstelle, die Unterlagen der einzuführenden Wertpapiere zu prüfen und dafür zu sorgen, daß in dem Prospekte dem Publikum sämtliche Tatsachen mitgeteilt werden, deren Kenntnis für die Beurteilung des Wertes erheblich erscheint (§ 36 Abs. 3 a und b). Außerdem muß — aber nur in bestimmten Fällen — die Zulassung auch aus sachlichen Bedenken der Zulassungsstelle gegen die Eignung eines Wertpapiers zum Gegenstande des Börsenhandels sowie aus örtlichen Gründen abgelehnt werden (§§ 36 Abs. 3c, 37 Abs. 1 Satz 2). Im übrigen liegt der Zulassungsstelle weder die Prüfung der Bonität der Wertpapiere, deren Zulassung beantragt ist, noch die Kontrolle der ihr von dem Antragsteller gemachten Angaben ob; in dieser Richtung muß das Publikum selbst sein Interesse wahren, wozu ihm das Gesetz als besondere zivilrechtliche Waffe die eigenartige Ausgestaltung der Emittentenhaftung gibt (§§ 45—49). Vom Prospektzwange und der Zulassung durch die Zulassungsstelle befreit sind die deutschen Reichs- und Staatsanleihen (§ 39), während andere — in der Hauptsache die mündelsicheren, nicht staatlichen Papiere — durch Anordnung der Landesregierung davon befreit werden können (§ 40); andrerseits ist in bestimmten Fällen die Zulassung an erschwerende Bedingungen geknüpft (§§ 41, 42). Die sonstigen Bestimmungen dieses Abschnitts betreffen das Verhältnis der Zulassungsstellen untereinander (§ 37), die formellen Voraussetzungen der Zulassung (§ 38) und die in dem Ausschlusse von der amtlichen Preisfeststellung und in dem Verbote der Kursveröffentlichung gipfelnden Folgen der Nichtzulassung (§ 43).

Während in den ersten drei Abschnitten die Struktur des Gesetzes von 1896 eingreifenden Änderungen durch die Novelle nicht unterworfen worden ist, hat die Bearbeitung des Problems des Börsenterminhandels im IV. Abschnitt eine völlige Umgestaltung erfahren. Das Gesetz von 1896 trug dem wirtschaftlichen Bedürfnis ungenügend Rechnung, indem es Börsentermingeschäfte in Aktien von Bergwerks- und Fabrikunternehmungen sowie in Getreide und Mühlenfabrikaten unbedingt untersagte. Ferner suchte es den rechtspolitischen Zweck, unerfahrene und kapitalschwache Elemente von den sonstigen

Termingeschäften fernzuhalten, in untauglicher Weise dadurch zu erreichen, daß es die Wirksamkeit erlaubter Börsentermingeschäfte einschließlich des Schutzes gegen den Spiel- und Differenzeinwand von der Eintragung beider Parteien in das Börsenregister abhängig machte: in das Börsenregister durfte sich jeder eintragen lassen, der die hohe Gebühr und die Öffentlichkeit des Registers nicht scheute. Die vorerwähnten Verbote erwiesen sich in der Folgezeit als volkswirtschaftlich nachteilig, während die ablehnende Haltung des Verkehrs gegen den Registerzwang dazu führte, daß sich der Terminhandel, insoweit er erlaubt blieb, größtenteils ohne rechtliche Sicherheit abspielte.

Die Novelle, hervorgegangen aus einer Verständigung der konservativen und der liberalen Parteien, schlägt zwischen der völligen Freiheit des Terminhandels und seiner übermäßigen Beschränkung einen Mittelweg ein, der sich in großen Zügen wie folgt kennzeichnen läßt:

Das Verbot des Börsenterminhandels in Bergwerks- und Fabrikanteilen sowie in Getreide und Mehl ist zwar grundsätzlich aufrechterhalten (§§ 63, 65), doch ist hinsichtlich der ersteren Gruppe dem Bundesrate das seitdem vielfach von ihm ausgeübte Recht, Ausnahmen zuzustimmen, eingeräumt (§ 63 Abs. 1), hinsichtlich der letzteren Gruppe kraft Gesetzes von dem Verbot ausgenommen das vom Gesetze besonders ausgestaltete handelsrechtliche Lieferungsgeschäft in Getreide und Mehl, wenn es sich innerhalb der der Branche unmittelbar zugehörigen Personenkreise hält (§ 67). Die als zivilrechtliche Folge verbotswidriger Börsentermingeschäfte angeordnete Nichtigkeit (§§ 64 Abs. 1, 66 Abs. 1) ist insofern abgeschwächt, als die auf das Verbot gestützte Zurückforderung des auf Grund des Geschäfts Geleisteten bei verbotenen Börsentermingeschäften in Getreide und Mehl befristet ist (§ 66 Abs. 2), bei den übrigen verbotenen Börsentermingeschäften überhaupt wegfällt.

Für das erlaubte Börsentermingeschäft, d. i. dasjenige, das nicht gegen ein durch das Gesetz oder den Bundesrat erlassenes Verbot verstößt, ist das frühere System der Selbstqualifikation ersetzt durch das System der gesetzlichen Qualifikation, m. a. W., das Gesetz bezeichnet selbst die Kreise, innerhalb deren dem Börsenterminhandel Rechtssicherheit gewährt wird (§ 53). Die Rechtssicherheit erstreckt sich hier auch auf den Schutz gegen die Einwände aus den §§ 762 und 764 BGB. — Spiel- und Differenzeinwand — dies jedoch nur unter der Voraussetzung, daß es sich um Börsentermingeschäfte in solchen Wertpapieren oder Waren handelt, die an einer deutschen Börse zum Börsenhandel zugelassen sind (§ 58; vgl. auch über die verschiedene börsenpolizeiliche Behandlung dieser und der sonstigen erlaubten Börsentermingeschäfte §§ 50, 51). Erlaubten Börsentermingeschäften, an denen andere als die vom Gesetze bezeichneten Kreise beteiligt sind, versagt das Gesetz — von einem Ausnahmefall (§ 57) abgesehen — die Klagbarkeit (§§ 52, 51), allerdings nicht, ohne die Unwirksamkeit in einigen wichtigen Punkten — weitergehend als die Nichtigkeit verbotener Börsentermingeschäfte — zu mildern (§§ 55, 56). Darüber hinaus tut das Gesetz noch einen wichtigen Schritt zugunsten des im Handelsregister eingetragenen Kaufmanns, dem es gestattet, mit dem Publikum wenigstens beschränkt wirksame Börsentermingeschäfte in Wertpapieren zu schließen, nämlich, wenn er sich in bestimmter Form eine Sicherheit bestellen läßt (§ 54).

Das oben erwähnte, in § 67 umrissene handelsrechtliche Lieferungsgeschäft in Getreide und Mehl ist, vorausgesetzt, daß es sich innerhalb der dort genannten Personenkreise hält und mithin kein verbotenes Börsentermingeschäft ist, sonstigen

Wirksamkeitsbeschränkungen nicht unterworfen; nur ist ihm gegenüber ein Einwand statthaft, der im Wortlaute dem Differenzeinwand aus § 764 BGB. entspricht (§ 68).

Für die verbotenen Börsentermingeschäfte in Getreide und Erzeugnissen der Getreidemüllerei begnügt sich das Gesetz aber nicht mit den zivilrechtlichen Nichtigkeitsfolgen: der V. Abschnitt des Gesetzes läßt gegen sie noch ein eigenes Ordnungsstrafverfahren — wiederum in zwei Instanzen — zu (§§ 71 bis 87), und außerdem ist der Abschluß solcher Geschäfte im Rückfalle ebenso wie der Mißbrauch von verbotenen Börsentermingeschäften und Differenzgeschäften in Getreide und Mehl zu unnatürlichen Preistreibereien mit einer kriminellen Strafe bedroht (§§ 91—93).

Außer den eben erwähnten Bestimmungen enthält der VI. Abschnitt noch eine Reihe von Strafandrohungen — gegen betrügerische Preisbeeinflussung und Prospektbetrug (§ 88), Gewährung und Annahme von Bestechungen für Mitteilungen in der Presse, durch die der Börsenpreis beeinflußt werden soll (§ 89), verbotswidrige Veröffentlichung oder Verbreitung von Preislisten (§ 90), Verleitung zum Börsenspiel (§ 94) und Kommissionsuntreue (§ 95), und endlich eine Präzision des börsengesetzlichen Wertpapierbegriffs (§ 96).

# Börsengesetz.

## I. Allgemeine Bestimmungen über die Börsen und deren Organe.

### § 1.

Die Errichtung einer Börse[1,2]) bedarf der Genehmigung der Landesregierung[3—5]). Diese ist befugt, die Aufhebung bestehender Börsen anzuordnen[6]).

Die Landesregierungen üben die Aufsicht über die Börsen aus[7,8]). Sie können die unmittelbare Aufsicht den Handelsorganen (Handelskammern, kaufmännischen Korporationen) übertragen[9]).

Der Aufsicht der Landesregierungen und der mit der unmittelbaren Aufsicht betrauten Handelsorgane unterliegen auch die auf den Börsenverkehr bezüglichen Einrichtungen[10]) der Kündigungsbureaus[11]), Liquidationskassen[12]), Liquidationsvereine[13]) und ähnlicher Anstalten[14]).

**1.** Das Gesetz enthält keine Erklärung des Begriffs „Börse“, sondern hat es der Übung überlassen, aus der tatsächlichen Gestaltung der vorhandenen Börsen im Einzelfalle den Anhalt dafür zu gewinnen, wann eine kaufmännische Versammlung als Börse im Sinne des Gesetzes anzusehen ist (Begr. I, 25). Diese Gestaltung ist aber so verschieden, daß sich eine klare Begriffsbestimmung und Abgrenzung von ähnlichen Veranstaltungen nicht daraus entnehmen läßt. Gemeinsam ist allen Börsen nur, daß es Veranstaltungen sind behufs Abhaltung von täglich oder in sonstigen kurzen Zwischenräumen zu festbestimmter Zeit und an festbestimmtem Orte stattfindenden Versammlungen von Interessenten, namentlich von Kaufleuten oder kaufmännischen Hilfspersonen, zum Zwecke des Abschlusses von Handelsgeschäften, unter denen Geschäfte in Wertpapieren und Großhandelsgeschäfte in Waren die wichtigsten, wenn auch keineswegs die einzigen sind. Für Warenbörsen hat das Preußische Oberverwaltungsgericht in einem bald nach Inkrafttreten des Gesetzes anhängig gewordenen Verwaltungsstreitverfahren, das die Versammlungen der Berliner Getreide- und Produktenhändler im sogenannten Feenpalaste zum Gegenstande hatte, als weiteres Kennzeichen hervorgehoben, daß die Versammlungen dem Handel mit nicht zur Stelle gebrachten, vertretbaren Waren dienen, und zwar so, daß der in ihnen betriebene Handel wiederum zwar nicht ausschließlich, aber doch in erheblichem Maß ein Handel von Großhändlern untereinander ist; ob erforderlich ist, daß in größerem Umfange mit abstrakter, nur typenmäßig, d. i. nach allgemein festgesetzten Mustersorten, bezeichneter Ware gehandelt wird, hat das Oberverwaltungsgericht dahingestellt sein lassen, hingegen ausgesprochen, daß das Vorhandensein bestimmter Einrichtungen, insbesondere zur Preisfeststellung, eine notwendige Voraussetzung zur Erfüllung des Begriffs „Börse" im Sinne des Gesetzes nicht ist (OVG. 34, 335). Alle bisher festgestellten positiven Begriffsmerkmale der Börsen treffen indessen auch auf andere Veranstaltungen — auf börsenähnliche Versammlungen für den Wertpapierhandel, auf Getreideengrosmärkte u. dgl. — zu. Zur Abgrenzung hiergegen ist das einzige praktische Merkmal die staatliche Genehmigung einer Veranstaltung als Börse (vgl. unten A. 3 u. 4); daß eine Börse ohne staatliche Genehmigung bestand, ist seit Erlaß des Börsengesetzes nur einmal — eben in dem vorerwähnten Falle der Feenpalastversammlungen — vorübergehend vorgekommen.

2. Die Errichtung der Börse und die Führung des Börsenunternehmens unterliegen dem Privatrecht, auch wenn, wie bei etwa der Hälfte der bestehenden Börsen, eine amtliche Handelsvertretung Börsenunternehmer ist; die Börsenversammlung hingegen ist öffentlich-rechtlichen Charakters und daher „die Entstehung und das Bestehen der Börse wie

die in der Börsenordnung zum Ausdrucke kommende Regelung des Börsenbetriebs einer entscheidenden Einwirkung der Landesregierungen unterworfen" (Begr. I, 20).

3. Über die in Preußen für die Genehmigung obwaltenden Grundsätze ist zwei Erlassen des Ministers für Handel und Gewerbe (an den Oberpräsidenten der Provinz Schleswig-Holstein v. 2. Juli 1907 und an die HK. zu Dortmund v. 28. Okt. 1908) folgendes zu entnehmen: Bei der großen praktischen Bedeutung, die dem Börsenpreise, namentlich im Hinblick auf das Selbsteintrittsrecht des Kommissionärs (§ 400 HGB.) zukommt, muß besonderes Gewicht darauf gelegt werden, daß die Notierung nur da ermöglicht wird, wo der für eine selbständige Preisbildung erforderliche regelmäßige Verkehr vorhanden ist. Erklärungen der für den Besuch einer Börse etwa in Betracht kommenden Kreise und selbst das Vorhandensein eines lebhaften Wertpapierhandels am Orte bieten nicht die Gewähr dafür, daß ein Bedürfnis nach börsenmäßiger Konzentration des Börsenhandels besteht. Wenn ein solches Bedürfnis vorhanden ist, pflegt es sich vielmehr erfahrungsgemäß in freien Zusammenkünften oder ähnlichen Veranstaltungen zu äußern. Wo alle Ansätze nach dieser Richtung fehlen, läßt sich der Schluß nicht von der Hand weisen, daß der Verkehr einer Konzentration entraten kann. In Fällen, in denen hiernach die Genehmigung nicht erteilt wird, bietet sich als Ersatz die Veranstaltung regelmäßiger Zusammenkünfte der beteiligten Kreise zu dem Zwecke, die inzwischen erzielten Preise und das Vorhandensein von Angebot und Nachfrage festzustellen, und Fürsorge für Veröffentlichung zuverlässiger Berichte über die Ergebnisse dieser Feststellungen. — Als Waren- oder Produktenbörsen werden ferner nach der preußischen Verwaltungsübung nur solche Veranstaltungen genehmigt, die dem Börsenterminhandel (§§ 50ff.) oder dem börsenmäßigen Zeithandel in Getreide usw. (§§ 67ff.) dienen.

4. Das Erfordernis der Genehmigung hat die rechtliche Natur eines Verbotsgesetzes (OVG. 34, 327f.), d. h. eine die

Merkmale einer Börse tragende Veranstaltung verliert durch die fehlende Genehmigung nicht den Börsencharakter, aber sie kann durch polizeilichen Zwang verhindert werden. Andrerseits dürfte aber der Rechtsprechung nicht die Befugnis zustehen, eine staatlich genehmigte Börse nicht als Börse und ihre Preise nicht als Börsenpreise zu betrachten (a. M. Nußbaum § 1, II).

**5.** Gegenwärtig bestehen 27 staatlich genehmigte Börsen im Deutschen Reich. Hierunter dienen 11 Börsen — teilweise in verschiedenen Abteilungen — dem Handel in Wertpapieren und Waren, nämlich die Börsen zu Berlin, Bremen, Cöln, Düsseldorf, Essen, Hamburg, Königsberg, Leipzig, Lübeck, Mannheim und Stettin; 8 Börsen nur dem Handel in Wertpapieren, nämlich die Börsen zu Augsburg und Breslau, die Dresdener Börse, die Börsen zu Frankfurt a. Main, Hannover und München, die Stuttgarter Effektenbörse und die Börse zu Zwickau; 7 Börsen nur dem Handel in Waren, nämlich die Börsen zu Chemnitz (Produktenbörse), Danzig (Warenbörse), die Produktenbörse zu Dresden, die Börsen zu Magdeburg (Zuckerbörse), Straßburg (Warenbörse), die Landesproduktenbörse zu Stuttgart und die Industrie- und Handelsbörse in Stuttgart; ferner die Schifferbörse in Duisburg-Ruhrort dem Befrachtungsgeschäft. Nicht zu verwechseln hiermit sind die teilweise an denselben Plätzen wie die anerkannten Börsen befindlichen und in denselben Räumen wie diese abgehaltenen börsenähnlichen Veranstaltungen, wie die Bremer Baumwollbörse, die Getreidebörse in Hannover, die Getreidebörse in Magdeburg u. a. m.

**6.** Die Befugnis erstreckt sich auch auf die nach Inkrafttreten des Gesetzes errichteten Börsen. Eine Pflicht zur Entschädigung des Börsenunternehmers kann der Landesregierung aus der Ausübung dieses staatlichen Hoheitsrechts nicht entstehen.

**7.** Die Ausübung der Staatsaufsicht setzt das Vorhandensein einer staatlich genehmigten Börse voraus. Auch alle folgenden Bestimmungen des Gesetzes beziehen sich nur auf solche Börsen.

8. Die Aufsicht erstreckt sich auf den Börsenverkehr und die seiner Leitung, Regelung und Ordnung dienenden Organe und Einrichtungen. Inhalt und Handhabung der Aufsicht richten sich, da das Börsengesetz sie nicht anderweit umschrieben hat — Sonderbestimmungen sind in den §§ 1 Abs. 1, 4 und 8 Abs. 1 getroffen —, nach den allgemeinen Grundsätzen und dem Verwaltungsrechte der einzelnen Bundesstaaten. Die Hauptbedeutung der Aufsicht liegt in der Aufgabe und Befugnis, die Befolgung der gesetzlichen oder kraft Gesetz erlassenen Vorschriften zu überwachen und nötigenfalls durch Anweisungen zu erzwingen; nach der von der Reichs- und der Preußischen Staatsregierung wiederholt vertretenen Auffassung umfaßt die Aufsicht der Landesregierungen darüber hinaus auch das Recht, unter Zweckmäßigkeitsgesichtspunkten wirksam Anweisungen zu erteilen (vgl. A. 22 zu § 36). Als äußerstes Zwangsmittel steht den Landesregierungen gemäß Abs. 1 die Aufhebung der Börse zu; von größerer praktischer Bedeutung sind die ihnen durch die §§ 4 Abs. 2, 8 Abs. 1, 30 Abs. 1 Satz 2 u. a. eingeräumten Machtvollkommenheiten. Die Möglichkeit, ein Einschreiten im Aufsichtswege anzuregen, ist jedermann durch die an keine Frist gebundene sog. Aufsichts-beschwerde bis zur Zentralinstanz gegeben. Von dieser allgemeinen Aufsichtsbeschwerde zu unterscheiden ist die in bestimmten Fällen als formelles Rechtsmittel gegen Entscheidungen bestimmter Art ausdrücklich zugelassene, in der Regel an eine Frist gebundene Beschwerde (vgl. A. 14 zu § 7, § 8 Abs. 3 u. § 36 Abs. 4). — In Preußen wird die Staatsaufsicht über die Börse gemäß MinErl. v. 7. März 1897 (abgedruckt bei Nußbaum, Anl. zum § 1) in erster Instanz von den Regierungspräsidenten — für Berlin von dem Oberpräsidenten —, in höchster Instanz von dem Minister für Handel und Gewerbe ausgeübt. Zur Anfechtung von Aufsichtsverfügungen bietet sich, mangels eines besonders geordneten Verfahrens, nur die vorerwähnte Aufsichtsbeschwerde dar.

9. Die Übertragung der unmittelbaren Aufsicht auf die

Handelsorgane — d. i. amtlichen Handelsvertretungen — schafft zwischen den Staatsaufsichtsbehörden und den Börsenvorständen eine Zwischeninstanz mit der Befugnis, Anordnungen für die Börse mit bindender Kraft im Aufsichtswege zu erlassen. Eine formell zuständige und die Staatsaufsichtsbehörde zunächst ausschließende Instanz (Beschwerdeinstanz) bilden diese Handelsorgane aber nur, wenn und insoweit die Beschwerde an sie als Rechtsmittel ausdrücklich zugelassen ist (vgl. oben A. 8). Die Übertragung der unmittelbaren Aufsicht auf die Handelsorgane ist bei allen Börsen erfolgt, in Berlin an die Handelskammer jedoch unter Ausschluß der Aufsicht über die finanzielle Verwaltung (§§ 1, 2 Abs. 2 BörsO.).

**10.** Die im Abs. 3 behandelten Einrichtungen sind deshalb besonders hervorgehoben, weil sie in der Regel nicht in organischem Zusammenhange mit den Börsen stehen und daher nicht gemäß Abs. 2 ohne weiteres der Staatsaufsicht unterworfen sind, sondern von privater Seite geschaffene Unternehmungen, die sich auf die Abwicklung der Börsengeschäfte beziehen. Natürlich besteht derartigen privaten Unternehmungen gegenüber kein unmittelbares Aufhebungsrecht, wie nach Abs. 1 der Börse selbst gegenüber. Im übrigen gilt aber auch für die Aufsicht über sie das in A. 8 Gesagte; außerdem kann ihre Benutzung seitens der Börsenbesucher durch Börsenordnungen und Geschäftsbedingungen verhindert werden.

**11.** Kündigungsbureaus hießen Unternehmungen zur Ausgleichung (Skontrierung) der für denselben Termin eingegangenen Lieferungsverpflichtungen im Warenterminhandel zwecks möglichster Einschränkung der Warenbewegung. Derartige Bureaus bestehen nicht mehr.

**12.** Liquidationskassen heißen Unternehmungen, die gegen Einschüsse den Vertragsparteien die Erfüllung von Warentermingeschäften gewährleisten und selbst für Rechnung der Beteiligten deren Abwicklung vornehmen. Liquidationskassen bestehen zurzeit in Hamburg, Magdeburg und Berlin (für die Metallbörse).

13. Liquidationsvereine heißen Vereine, die Bureaus zur Ausgleichung (Skontrierung) der für denselben Termin eingegangenen Lieferungsverpflichtungen ihrer Mitglieder im Wertpapierterminhandel zwecks möglichster Einschränkung der Stückebewegung unterhalten. Vereinigungen dieser Art bestehen in Berlin, Breslau und Frankfurt; den gleichen Zweck verfolgt das Effektenliquidationsbureau in Hamburg.

14. Als ähnliche Anstalten sind in der Begründung (I, 26) die Maklervereine hervorgehoben. Über diese wird jedoch eine Aufsicht tatsächlich nicht ausgeübt.

## § 2.

Bei den Börsen sind als Organe der Landesregierung Staatskommissare zu bestellen[1]). Ihnen liegt es ob, den Geschäftsverkehr an der Börse sowie die Befolgung der in bezug auf die Börse erlassenen Gesetze und Verwaltungsbestimmungen nach näherer Anweisung der Landesregierung zu überwachen[2]). Sie sind berechtigt, den Beratungen der Börsenorgane[3—4]) beizuwohnen[5]) und die Börsenorgane auf hervorgetretene Mißbräuche aufmerksam zu machen. Sie haben über Mängel und über die Mittel zu ihrer Abstellung Bericht zu erstatten[6]).

Mit Zustimmung des Bundesrats kann für einzelne Börsen die Tätigkeit des Staatskommissars auf die Mitwirkung beim ehrengerichtlichen Verfahren beschränkt[7]) oder, sofern es sich um kleine Börsen handelt, von der Bestellung eines Staatskommissars abgesehen werden[8]).

1. Die Landesregierung ist bei der Auswahl des Staatskommissars an keine Beschränkungen hinsichtlich des Berufs, der Vorbildung usw. gebunden (Begr. I, 26). Die Staatskommissare werden durch die Bestellung Staatsbeamte und sind, wie schon die Bezeichnung „Organe der Landesregierung" ergibt, nicht Börsenorgane.

2. Die Staatskommissare sollen sich in dem Verkehr an der Börse bewegen und über die Entwicklung der Formen des Börsenhandels dauernd auf dem laufenden erhalten, um so als unparteiische Beobachter die Aufmerksamkeit der Landesregierung auf etwa hervorgetretene Mißbräuche hinlenken und zugleich die Mittel zu ihrer Beseitigung angeben zu können (Begr. I, 21). Die Beschränkung der Aufgaben des Staatskommissars auf die Überwachung bildet einen wesentlichen Unterschied gegenüber der Gestaltung des gleichen Amtes in Österreich; dort ist ihm die Oberaufsicht über die Börse übertragen (G. v. 1. April 1875, § 4). Der deutsche Staatskommissar ist daher keine Zwischeninstanz, weder zwischen den Börsenorganen und dem die unmittelbare Börsenaufsicht ausübenden Handelsorgane, noch zwischen diesem und den staatlichen Aufsichtsbehörden.

3. Über die Auslegung des Begriffs „Börsenorgane" finden sich in der Begründung und in den Berichten über die Beratung des Gesetzes zahlreiche Widersprüche. Nach der Begründung (I, 21) soll das Gesetz darunter den Börsenvorstand und das ihm etwa vorgesetzte Handelsorgan zusammenfassen, so daß, je nach dem Befinden der Landesregierung, die eine oder die andere Stelle oder auch beide zusammen mit dem den „Börsenorganen" zugewiesenen Aufgaben (§§ 7, 9, 30) betraut werden können. Bei den Beratungen im Reichstage wurde darauf hingewiesen, daß z. B. auch die Zulassungsstelle (§ 36) und andere durch die Börsenordnungen zu schaffende Organe als Börsenorgane angesehen werden müßten, und von einem Bundesratsbevollmächtigten erklärt, daß unter Börsenorganen im weitesten Sinne alles zu verstehen sei, was an öffentlichen Organen bezüglich der Leitung, Regelung und Ordnung des Börsengeschäftes vorhanden sei (KB. I, 3, RTStenB. I, 1970, 1972, 1999). Ist mithin hierdurch die Erläuterung der Begründung wesentlich erweitert, so ist diese anderseits insofern zu weitgehend, als das mit der unmittelbaren Börsenaufsicht betraute Handelsorgan nicht als Börsenorgan angesehen werden

kann, da die Aufsichtsinstanz begrifflich kein Organ der beaufsichtigten Anstalt ist; trotzdem folgt der Sprachgebrauch des Gesetzes vereinzelt der Begründung, indem er das aufsichtsführende Handelsorgan zu den Börsenorganen zählt (vgl. A. 6 zu § 3). Infolgedessen muß bei jeder einzelnen Stelle, an der das Gesetz von Börsenorganen handelt, untersucht werden, welche Organe damit gemeint sind.

**4.** Im § 2 sind unter Börsenorganen alle korporativen Organe verstanden, auf die sich die Börsenaufsicht erstreckt (vgl. A. 8 zu § 1). Hierzu gehören auch die durch die Börsenordnung, Geschäftsordnungen oder von Fall zu Fall eingesetzten Ausschüsse dieser Organe dann, wenn sie mit der Berechtigung zu selbständigen Entscheidungen versehen sind, wie Aufnahme-, Disziplinar-, Kursfeststellungskommissionen usw.; nur zur Teilnahme an den Beratungen schiedsrichterlicher Kommissionen sind die Staatskommissare nach allgemeinen Rechtsgrundsätzen nicht befugt. Besonders geregelt ist die Befugnis der Staatskommissare zur Teilnahme an den Sitzungen des Börsenehrengerichts (§ 11), der Berufungskammer (§ 23 Abs. 3), der Maklerkammer (vgl. A. 8 zu § 30) und der Kommissionen für das Ordnungsstrafverfahren (§ 79). Die mit der unmittelbaren Aufsicht über die Börse betrauten Handelsorgane erledigen — in Übereinstimmung mit der in A. 3 vertretenen Ansicht, daß sie keine Börsenorgane sind, — die ihnen durch die Aufsicht obliegenden Aufgaben, ohne den Staatskommissaren Gelegenheit zu geben, ihren Beratungen beizuwohnen.

**5.** Insoweit die Befugnis der Staatskommissare besteht, den Beratungen beizuwohnen — d. i. anwesend zu sein und sich mit beratender Stimme zu beteiligen —, können sie beanspruchen, zu den Sitzungen eingeladen zu werden (vgl. § 40 BörsO. für Berlin).

**6.** Neben diesen allgemeinen Bestimmungen über die Rechte und Pflichten des Staatskommissars sind noch besondere Bestimmungen enthalten in den §§ 11, 13, 14 Abs. 1, 16 Abs. 1

u. 2, 17 Abs. 1, 18 Abs. 3, 19, 23 Abs. 1, 27, 29 Abs. 2, 30 Abs. 2, 74, 78 Abs. 3, 79, 80, 81 Abs. 2 und 93.

7. Das ist geschehen bei den Börsen in Chemnitz, Duisburg, Düsseldorf, Essen, Zwickau, bei der Landesproduktenbörse Stuttgart und der Handels- und Industriebörse in Stuttgart.

8. Das ist geschehen bei der Börse in Straßburg.

## § 3.

Zur Begutachtung über die durch dieses Gesetz der Beschlußfassung des Bundesrats überwiesenen Angelegenheiten[1]) ist als Sachverständigenorgan ein Börsenausschuß zu bilden[2]). Derselbe ist befugt, Anträge an den Reichskanzler zu stellen[3]) und Sachverständige zu vernehmen.

Der Börsenausschuß besteht aus mindestens dreißig[4]) Mitgliedern, welche vom Bundesrat in der Regel auf je fünf Jahre zu wählen sind[5]). Eine erneute Wahl ist zulässig. Die Wahl der Hälfte der Mitglieder erfolgt auf Vorschlag der Börsenorgane[6, 7]). Darüber, in welcher Anzahl dieselben von den einzelnen Börsenorganen vorzuschlagen sind, bestimmt der Bundesrat[8]). Die andere Hälfte wird unter angemessener Berücksichtigung von Landwirtschaft und Industrie gewählt[9]).

Die Geschäftsordnung für den Ausschuß wird nach Anhörung desselben von dem Bundesrat erlassen[10]); der letztere setzt auch die den Ausschußmitgliedern zu gewährenden Tagegelder und Reisekosten fest[10]).

1. Vgl. §§ 2, 3 Abs. 2 u. 3, 6, 17 Abs. 2 u. 3, 35 Abs. 1, 44 Abs. 1 u. 2, 50 Abs. 6, 63, 67, 74 u. 76 Abs. 3. Für die hierunter fallenden Verwaltungsmaßregeln kommt indes eine Begutachtung durch den Börsenausschuß nicht in Betracht.

2. Der Bundesrat ist nicht verpflichtet, das Gutachten des Börsenausschusses einzuholen (Begr. I, 23).

3. Diese Befugnis ist jedoch dadurch beeinträchtigt, daß der

Börsenausschuß sich nicht selbst versammeln, sondern nach § 1 seiner Geschäftsordnung (vgl. unten A. 10) nur vom Reichskanzler einberufen werden kann.

4. Die Anzahl wurde später auf 42 erhöht.

5. Die letzte (vierte) Wahl erfolgte im März 1913.

6. Vgl. A. 3 zu § 2. Hier sind unter Börsenorganen die mit der unmittelbaren Börsenaufsicht betrauten Handelsorgane und die Börsenvorstände zu verstehen. Welche von diesen Körperschaften den Vorschlag macht, ist vielfach in den Börsenordnungen (§ 4) bestimmt. Mangels einer solchen Bestimmung trifft die Landesregierung die Auswahl, indem sie an eine von beiden die Aufforderung zum Vorschlag richtet (Begr. I, 21). Zumeist gehen die Vorschläge von den Handelsorganen aus; in Berlin ist der Börsenvorstand zuständig (§ 7 BörsO.).

7. Aus diesen Mitgliedern werden die Beisitzer in der ehrengerichtlichen Berufungskammer und deren Stellvertreter gewählt (§ 17 Abs. 2), und zwar auf die Dauer ihrer Mitgliedschaft im Börsenausschusse (GeschäftsO. für den Börsenausschuß — vgl. unten A. 10 — § 11).

8. Zurzeit entfallen je zwei Mitglieder und zwei Stellvertreter auf Berlin, Frankfurt und Hamburg, je ein Mitglied und ein Stellvertreter auf Augsburg, Bremen, Breslau, Cöln, Danzig, Dresden, Königsberg, Leipzig, Lübeck, Magdeburg, Mannheim, München und Stuttgart, je ein Mitglied auf Essen und Hannover und je ein Stellvertreter auf Düsseldorf und Stettin.

9. Die Auswahl ist hierdurch im wesentlichen in das freie Ermessen des Bundesrats gestellt. Es ist nur der Hinweis gegeben, daß dabei Landwirtschaft und Industrie angemessen berücksichtigt werden sollen (KB. I, 5 f., RTStenB. I, 1978 f.).

10. Die Geschäftsordnung ist im Jahre 1898 erlassen worden (abgedruckt u. a. bei Nußbaum, Anl. zum § 3). Sie bestimmt u. a., daß der Börsenausschuß bei Anwesenheit von 16 Mitgliedern beschlußfähig ist (§ 2), daß er seinen Vorsitzenden selbst wählt (§ 3), und daß er sich zwecks Erstattung

von Gutachten, die im besonderen den Handel mit Waren oder den Handel mit Wertpapieren betreffen, in zwei Abteilungen teilt (§ 10). Ferner sind Sätze für die den Mitgliedern des Börsenausschusses und den Beisitzern der Berufungskammer zahlbaren Tagegelder und Reisevergütungen aufgestellt (§ 12). Vgl. auch oben A. 3 und 7.

## § 4.

**Für jede Börse ist eine Börsenordnung zu erlassen[1]). Die Genehmigung derselben erfolgt durch die Landesregierung[2]). Dieselbe kann die Aufnahme bestimmter Vorschriften in die Börsenordnung anordnen[3]), insbesondere der Vorschrift, daß in den Vorständen der Produktenbörsen die Landwirtschaft, die landwirtschaftlichen Nebengewerbe und die Müllerei eine entsprechende Vertretung finden[4]).**

**1.** Wer die Börsenordnung zu erlassen hat, ist im Gesetze nicht gesagt. Nach der Begründung (I, 26) soll es in der Regel durch das mit der unmittelbaren Aufsicht betraute Organ geschehen. Im Gegensatze dazu ist in der Theorie mehrfach die ausschließliche Zuständigkeit zum Erlasse der Börsenordnung für den Börsenunternehmer beansprucht worden (vgl. Nußbaum § 4 III und dort Angeführte). Die Landesregierungen haben in Übereinstimmung mit der Begründung in Zweifelsfällen den aufsichtführenden Handelsorganen den Erlaß der Börsenordnung übertragen, z. B. für die Berliner Börse der Handelskammer zu Berlin. Vereinzelt haben sie auch von dem ihnen in der Begründung (I, 27) zugewiesenen Rechte, den Erlaß ganz an sich zu ziehen, Gebrauch gemacht; so ist die Börsenordnung für Lübeck durch den Senat (1904), diejenige für Danzig — weil das dortige aufsichtführende Handelsorgan sich nicht zu der von der Landesregierung angeordneten Aufnahme bestimmter Vorschriften in die Börsenordnung (Abs. 2 Satz 2) verstehen wollte — durch den Minister für Handel und Gewerbe (1896, Nachträge 1897 und 1911) erlassen worden.

**2.** Mangels staatlicher Genehmigung ist die Börsenordnung unwirksam (Begr. 1, 27). Andrerseits erlangt sie durch die Genehmigung unanfechtbare Wirksamkeit.

**3.** Der Kreis dieser Vorschriften ist nach dem Wortlaut und der Absicht des Gesetzes (Begr. I, 17) nicht begrenzt. Es scheiden der Natur der Sache nach nur solche aus, die sich lediglich auf die privatrechtliche Seite des Börsen*unternehmens* beziehen.

**4.** Für die preußischen Produktenbörsen *muß* eine Vorschrift dieser Art im Hinblick auf die Landwirtschaft getroffen werden, da nach § 2 Abs. 4 des G. über die Landwirtschaftskammern v. 30. Juni 1894 (GS. 126) den Landwirtschaftskammern eine Mitwirkung bei der Verwaltung und den Preisnotierungen der Produktenbörsen zusteht (vgl. BörsO. für Berlin § 4 Abs. 2 u. 3, sowie hinsichtlich der Vertretung der Müllerei § 3 Abs. 2). Dagegen enthält u. a. die Hamburgische Börsenordnung keine derartige Vorschrift.

## § 5.

**Die Börsenordnung muß[1]) Bestimmungen treffen:**

1. **über die Börsenleitung[2]) und ihre Organe[3]);**
2. **über die Geschäftszweige, für welche die Börseneinrichtungen bestimmt sind[4]);**
3. **über die Voraussetzungen der Zulassung zum Besuche der Börse[5]);**
4. **darüber, in welcher Weise die Preise und Kurse zu notieren sind[6]).**

**1.** Die im § 5 bezeichneten Punkte müssen durch die Börsenordnung geregelt sein. Indessen wird durch eine Verletzung dieser Vorschrift eine staatlich genehmigte (§ 4) Börsenordnung in ihrer Gültigkeit nicht berührt. — Außer im § 5 sind noch in den §§ 8 Abs. 2 u. 3, 36 Abs. 4 und 50 Abs. 1 Bestimmungen über den obligatorischen Inhalt der Börsenordnung getroffen.

**2.** Börsenleitung ist — im Unterschiede zur Führung des Börsenunternehmens — die Leitung der Börsenversammlung, d. h. die Fürsorge dafür, daß die Börse in der gesetzlich geordneten Weise funktioniert.

**3.** „Organe der Börsenleitung" sind der Börsenvorstand sowie dessen etwaige Abteilungen und mit der selbständigen Erledigung von in das Gebiet der Börsenleitung fallenden Aufgaben betrauten Ausschüsse und Mitglieder. Die Frage, wer den Börsenvorstand zusammenzusetzenhat, ist im Gesetze nicht geregelt, sondern der Erledigung durch die Börsenordnungen überlassen. Die diesbezüglichen Bestimmungen sind daher für die einzelnen Börsen verschieden. Überwiegend ist, soweit die Mitglieder nicht gemäß § 4 Abs. 2 oktroyiert sind, die das Börsenunternehmen führende Korporation — die häufig mit dem aufsichtführenden Handelsorgan identisch ist (vgl. A. 2 zu § 1) — oder deren Vorstand zur Wahl der Mitglieder des Börsenvorstandes zuständig. Das in der Theorie mehrfach für den Börsenunternehmer beanspruchte Recht hierzu (vgl. Nußbaum § 4 IV c 1 und dort Angeführte) ist aber von der Verwaltungsübung nicht anerkannt, wie u. a. die Regelung für die Berliner Börse zeigt, deren Vorstand teils durch die Handelskammer, teils durch die gemäß § 15 BörsO. zugelassenen Börsenbesucher gewählt wird (§§ 2, 3, 4 Abs. 2 BörsO.). Neben den Vorschriften über die Zusammensetzung haben die Börsenordnungen auch die Vorschriften über den Geschäftsgang des Börsenvorstandes zu treffen (vgl. §§ 5ff. BörsO. für Berlin). Das Ehrengericht, die Zulassungsstelle und die Kursmakler kommen als Organe der Börsenleitung hier schon deshalb nicht in Betracht, weil alle für sie notwendigen Bestimmungen im Gesetze getroffen oder der Landesgesetzgebung überlassen sind.

**4.** Das Gesetz unterscheidet die Geschäftszweige, für welche die Börseneinrichtungen bestimmt sind (§ 5 Ziff. 2) und solche, für welche die Benutzung von Börseneinrichtungen zugelassen ist (§ 6). Im ersteren Falle haben die zugelassenen Börsenbesucher einen Anspruch auf Benutzung der Börseneinrichtungen, im letzteren gemäß § 6 Satz 2 nicht. Obwohl hierbei davon ausgegangen wurde, daß die Gegenstände des Börsenhandels einzeln oder der Kategorie nach namhaft zu machen sind (Begr. I, 27), ist in den Börsenordnungen vielfach bei der gemäß § 5 getroffenen Angabe der Geschäftszweige, für welche die Börseneinrichtungen bestimmt sind, von jedweder Einschränkung abgesehen; insbesondere ist an den Waren- und Produktenbörsen durch die Börsenordnungen fast allgemein der Handel in „Waren aller Art" zugelassen (vgl. z. B. § 12 Ziff. 2 BörsO. für Berlin). Damit ist die Grenzlinie zwischen den im § 5 und den im § 6 behandelten Geschäftszweigen verwischt, und es wird erforderlichen Falls höchstens aus der tatsächlichen Übung, insbesondere mit Hilfe der regelmäßig erfolgenden Preisnotierungen, festgestellt werden können, welche Geschäftszweige zur einen oder anderen Gruppe gehören. Unter keine von beiden fallen, auch bei der allgemeinsten Fassung der Börsenordnung, Geschäftszweige, die für den Börsenverkehr überhaupt oder für den Verkehr an einer bestimmten Börse nach deren besonderen Art nicht geeignet sind; Personen, die sich zwecks Pflege solcher Geschäftszweige an der Börse einfinden, ist gemäß § 8 Abs. 4 der Zutritt zu untersagen.

5. Das Gesetz regelt nur (im § 7) die Voraussetzungen, unter denen der Zutritt zur Börse nicht gewährt werden darf. Die Feststellung der Voraussetzungen, unter denen er gewährt werden kann oder muß, ist in die Börsenordnungen verwiesen, um die Eigenart der einzelnen Börsen zu schonen. Infolgedessen herrscht auch hier eine große Vielgestaltigkeit. Die hanseatischen Börsen sind im allgemeinen jedermann ohne weiteres zugänglich. An anderen bedarf es zum Börsenbesuch, ohne daß der Personenkreis der Zutrittsberechtigten an sich begrenzt ist, des Besitzes einer Ausweis- oder Einlaßkarte. An den übrigen wird zumeist unterschieden, ob es sich um eine dauernde Zu-

lassung zum Besuche der Börse mit der Befugnis zur Teilnahme am Börsenhandel (vgl. § 53 Abs. 2 Ziff. 1 u. A. 15 dazu) oder um eine nicht derart qualifizierte Zulassung — insbesondere als Angestellter, Pressevertreter usw. — handelt, und es sind je nachdem bestimmte Erfordernisse formeller und materieller Art aufgestellt (vgl. §§ 13—17 BörsO. für Berlin). Ebenso verschieden ist die Übung, wer die Zulassung, wo eine solche besonders erfolgen muß, vornimmt; insoweit hierüber die Börsenordnung nichts anderes vorschreibt, ist es als Akt der Börsenleitung und daher als Sache des Börsenvorstandes anzusehen (vgl. §§ 13 Abs. 1 u. 8 Abs. 1 BörsO. für Berlin). — In keinem Falle bedürfen die an der Börse amtlich beschäftigten Personen (Staatskommissar, Vertreter der Aufsichtsbehörden usw.) einer Zulassung. Wegen der Kursmakler vgl. A. 3 zu § 30. Nicht zu den Voraussetzungen der Zulassung i. S. des § 5 Ziff. 3 gehört die Zahlung der etwaigen Gebühren für den Börsenbesuch, deren Festsetzung und Einziehung — unbeschadet der durch ihren Zusammenhang mit dem Börsenverkehr begründeten Aufsicht darüber (vgl. A. 8 zu § 1) — Privatrechtshandlungen des Börsenunternehmers sind. In der Regel wird, insoweit Gebühren erhoben werden, die Ausfolgung der Börseneintrittskarte von der vorherigen Zahlung abhängig gemacht. Über die Rechtsmittel wegen Verweigerung der Zulassung vgl. A. 14 zu § 7.

**6.** Diese Bestimmungen müssen sich, wenn eine amtliche Preisfeststellung erfolgt, im Rahmen der §§ 29ff. halten, insoweit nicht Abweichungen gemäß § 35 Abs. 1 Ziff. 1 vom Bundesrat zugelassen sind (vgl. §§ 29—34 BörsO. für Berlin).

## § 6.

**Die Börsenordnung kann[1]) für andere als die nach § 5 Ziffer 2 zu bezeichnenden Geschäftszweige, sofern dies nicht mit besonderen Bestimmungen dieses Gesetzes (§§ 42, 43, 51) im Widerspruche steht, die Benutzung von Börsen-**

einrichtungen zulassen[2]). Ein Anspruch auf die Benutzung erwächst in diesem Falle für die Beteiligten nicht. Der Bundesrat ist befugt, für bestimmte Geschäftszweige die Benutzung der Börseneinrichtungen zu untersagen oder von Bedingungen abhängig zu machen[3]).

**1.** Außer im § 6 sind noch in den §§ 7 Abs. 3, 29 Abs. 1 u. 2 und 43 Bestimmungen über den fakultativen Inhalt der Börsenordnung getroffen.

**2.** Vgl. A. 4 zu § 5.

**3.** Die Bestimmung im Satz 3 berührt sich mit § 44 Abs. 2, geht aber weiter als diese, indem sie sich auf alle Geschäftszweige bezieht und auch nicht unterscheidet, ob die Benutzung der Börseneinrichtungen bereits stattfindet oder noch nicht, während § 44 Abs. 2 nur Bedeutung hat für Wertpapiere, deren Zulassung zum Börsenhandel noch nicht erfolgt ist. Der Bundesrat hat bisher keinen Anlaß gefunden, diese Bestimmung anzuwenden.

## § 7.

Vom Börsenbesuche[1]) sind ausgeschlossen[2]):

1. Personen weiblichen Geschlechts[3]);
2. Personen, welche sich nicht im Besitze der bürgerlichen Ehrenrechte befinden[4]);
3. Personen, welche infolge gerichtlicher Anordnung in der Verfügung über ihr Vermögen beschränkt sind[5]);
4. Personen, welche wegen betrüglichen Bankrotts rechtskräftig verurteilt sind[6]);
5. Personen, welche wegen einfachen Bankrotts rechtskräftig verurteilt sind[7]);
6. Personen, welche sich im Zustande der Zahlungsunfähigkeit befinden[8]);

7. Personen, gegen welche durch rechtskräftige oder für sofort wirksam erklärte ehrengerichtliche Entscheidung auf Ausschließung von dem Besuch einer Börse erkannt ist[9]).

Die Zulassung oder Wiederzulassung[10]) zum Börsenbesuche kann in den Fällen unter 2 und 3 nicht vor der Beseitigung des Ausschließungsgrundes, in dem Falle unter 5 nicht vor Ablauf von sechs Monaten, nachdem die Strafe verbüßt, verjährt oder erlassen ist, erfolgen; sie darf in dem letzteren Falle und ebenso in dem Falle unter 6 nur stattfinden, wenn der Börsenvorstand den Nachweis für geführt erachtet, daß die Schuldverhältnisse sämtlichen Gläubigern gegenüber[11]) durch Zahlung, Erlaß oder Stundung geregelt sind. Einer Person, welche im Wiederholungsfall in Zahlungsunfähigkeit oder in Konkurs geraten ist, muß die Zulassung oder Wiederzulassung mindestens für die Dauer eines Jahres verweigert werden. In dem Falle unter 4 ist der Ausschluß ein dauernder[12]).

Die Börsenordnungen können weitere Ausschließungsgründe festsetzen[13, 14]).

Auf Antrag der Börsenorgane[15]) kann die Landesregierung in besonderen Fällen[16]) Ausnahmen von den Vorschriften über die Ausschließung vom Börsenbesuche zulassen[17]).

1. Unter Besuch der Börse ist ganz allgemein der Zutritt zur Börsenversammlung zu verstehen (a. M. Apt A. 1 zu § 7). Der Börsenbesuch im Sinne des Gesetzes kann nur von physischen Personen, nicht von Firmen, Gesellschaften oder juristischen Personen ausgeübt werden.

2. Der Ausschluß gemäß § 7 ist im Unterschiede zu

der Ausschließung gemäß § 8 keine disziplinare Bestrafung von Börsenbesuchern, sondern die Verneinung der Befähigung zum Börsenbesuche mit Rücksicht auf Tatbestände, die teilweise gar keine Verfehlung des Betroffenen in sich bergen und — außer dem im Abs. 1 Ziff. 7 aus bestimmten Gründen (vgl. unten A. 9) mit aufgenommenem Tatbestande der ehrengerichtlichen Verurteilung — einen bereits erfolgten Börsenbesuch nicht voraussetzen; er hindert deshalb den Betroffenen nicht nur, Börsenbesucher zu bleiben, sondern auch, Börsenbesucher zu werden. Demgemäß ist für ihn dieselbe Instanz wie für die Zulassung (vgl. A. 5 zu § 5) zuständig, während die disziplinare Ausschließung gemäß § 8 nur durch den Börsenvorstand geschehen kann. Ein weiterer, aus der begrifflichen Verschiedenheit sich ergebender Unterschied ist, daß gegen den aus § 7 begründeten Ausschluß unter Umständen der Rechtsweg oder das Verwaltungsstreitverfahren zulässig sein kann (vgl. unten A. 14), gegen die als Strafe verhängte Ausschließung niemals. Was die Wirkung der einzelnen Ausschlußfälle anlangt, so wirkt der Ausschluß aus den im § 7 Abs. 1 angegebenen gesetzlichen Gründen für alle deutschen Börsen, der Ausschluß aus gemäß § 7 Abs. 3 börsenordnungsmäßig festgesetzten Gründen für die Börse oder die Börsen, in deren Börsenordnung die Gründe festgesetzt sind, die Ausschließung gemäß § 8 nur für die Börse, deren Börsenvorstand sie verhängt hat. In den meisten Ausschließungsfällen, nämlich in allen, in denen die Ausschließung gemäß § 7 Abs. 1 Ziff. 2—7 oder aus ähnlichen, gemäß § 7 Abs. 3 börsenordnungsmäßig festgesetzten Gründen, sowie in allen, in denen sie zur Strafe erfolgt, erstreckt sich die Ausschließung auch auf diejenigen Personen, deren Fähigkeit, die Börse zu besuchen, lediglich von der Zulassung des Ausgeschlossenen abgeleitet ist (vgl. BörsO. für Berlin § 16 Abs. 1 Ziff. 1 u. 2c sowie § 14 Abs. 4); dagegen können für Frauen (§ 7 Abs. 1 Ziff. 1) und für solche Personen, deren Ausschließung nur aus äußeren Verkehrsrücksichten, z. B. wegen

Krankheit (vgl. § 14 Abs. 1 Ziff. 8 BörsO. für Berlin) erfolgt ist, Vertreter zum Börsenbesuch zugelassen werden.

**3.** Vgl. oben A. 2 a. E.

**4.** §§ 32ff. StGB.

**5.** Insbesondere durch Entmündigung oder Konkurseröffnung (Begr. I, 18). Einleitung einer Pflegschaft fällt nicht hierunter, weil die Verfügung über das Vermögen dadurch nicht beschränkt wird, Minderjährigkeit nicht, weil die hiermit bewirkte Beschränkung der Geschäftsfähigkeit auf Gesetz und nicht auf gerichtlicher Anordnung beruht. Minderjährige sind aber gemäß Abs. 3 durch viele Börsenordnungen vom Besuche der Börse mit Befugnis zur Teilnahme am Börsenhandel ausgeschlossen (vgl. § 15 Abs. 1 BörsO. für Berlin).

**6.** § 209 KO.

**7.** § 210 KO.

**8.** Die Börsenordnungen lassen vielfach gemäß Abs. 3 eine sehr weite Auslegung des Begriffs der Zahlungsunfähigkeit zu (vgl. § 14 Abs. 1 Ziff. 6 BörsO. für Berlin). Eine derartige Börsenordnungsvorschrift ist für die Feststellung der Zahlungsunfähigkeit in anderen Rechtsverhältnissen nicht maßgeblich (RG. in BA. 10, 303).

**9.** Die rechtskräftige oder gemäß § 16 Abs. 4 für sofort wirksam erklärte ehrengerichtliche Ausschließung von einer Börse (§ 15 Abs. 1) ist in diesem Zusammenhang angeführt, um zum Ausdruck zu bringen, daß sie den Ausschluß von allen deutschen Börsen bewirkt (vgl. oben A. 2).

**10.** Für die Wiederzulassung gelten die Vorschriften für die Zulassung, insoweit nicht in den Börsenordnungen Erleichterungen vorgesehen sind (vgl. § 17 Abs. 3 BörsO. für Berlin).

**11.** Hierzu gehören auch die außerhalb der Börse stehenden Gläubiger (Begr. I, 28).

**12.** Der Fall des § 7 Abs. 1 Ziff. 7 ist im Abs. 2 nicht erwähnt, weil die ehrengerichtliche Ausschließung ihre zeitliche Wirkung unmittelbar regelt (§ 15 Abs. 1).

13. Vgl. BörsO. für Berlin §§ 14 Abs. 1 Ziff. 6 u. 8 u. Abs. 4, 15 Abs. 2 u. 4, 18 Abs. 1 u. 3, 19 Abs. 2 Ziff. 2. Wegen der räumlichen Wirkung der auf Grund dieser Bestimmungen erfolgenden Ausschließung vgl. oben A. 2.

14. Personen, gegen die ein gesetzlicher oder börsenordnungsmäßiger Ausschließungsgrund gemäß § 7 vorliegt, sind zum Börsenbesuche nicht zuzulassen. Tritt ein solcher Ausschließungsgrund ein hinsichtlich Personen, die bereits Börsenbesucher sind, so bedarf es einer formellen Ausschließung, die allerdings, insofern der Ausschließungsgrund — wie alle gesetzlichen — die Ausschließung von selbst herbeiführt, nur deklaratorischen Charakter hat; durch Verzicht auf den Börsenbesuch dürfte aber die formelle Ausschließung abgewendet werden können. In den meisten Börsenordnungen ist das Ausschließungsverfahren aus § 7 noch näher geregelt (vgl. §§ 14 Abs. 2, 20 BörsO. für Berlin). Insbesondere ist mehrfach gegen die Ausschließung die an eine Frist gebundene Beschwerde an das aufsichtsführende Handelsorgan als Rechtsmittel (vgl. A. 8 zu § 1) zugelassen (vgl. § 22 BörsO. für Berlin). Die Beschwerde steht im Zweifel nur dem Betroffenen — als welcher bei Ausschließung von Personen, deren Fähigkeit, die Börse zu besuchen, von der Zulassung eines Dritten abgeleitet ist (vgl. § 16 Abs. 1 Ziff. 1 u. 2c BörsO. für Berlin), der Dritte gilt — zu; aufschiebende Wirkung ist ihr nur vereinzelt und auch dann nur, soweit sie gegen die Ausschließung bereits zugelassener Börsenbesucher gerichtet ist, beigelegt (so nach § 22 Abs. 2 BörsO. für Berlin für den Regelfall, nämlich, wenn der Börsenvorstand nicht anordnet, daß die Wirkung des Ausschließungsbeschlusses sofort eintritt). Mitglieder der Beschwerdeinstanz, die an der durch die Beschwerde angefochtenen Entscheidung teilgenommen haben, dürfen an der Beschlußfassung über die Beschwerde nicht teilnehmen (vgl. die noch weitergehende Beschränkung in § 11 BörsO. für Berlin). Durch die Zulassung der börsenordnungsmäßigen Beschwerde ist der Rechtsweg wie das Verwaltungsstreitverfahren ausgeschlossen (OVG. 40, 323; OLG. Dresden in BA. 9, 173);

ohne Zulassung einer solchen ist der Rechtsweg auch nur dann gangbar, wenn aus der Börsenordnung hervorgeht, daß bestimmten Personen, z. B. den Mitgliedern einer Korporation, ein klagbarer zivilrechtlicher Anspruch auf den Börsenbesuch zustehen soll, während sich die Zulässigkeit des Verwaltungsstreitverfahrens alsdann nach Landesrecht bestimmt.

**15.** Vgl. A. 3 zu § 2. Hier sind unter Börsenorganen die Organe zu verstehen, die über die Zulassung und Ausschließung entscheiden (vgl. A. 5 zu § 5 und oben A. 14). An den hanseatischen Börsen sind nach den Börsenordnungen die Handelskammern zur Antragstellung allein zuständig.

**16.** Durch die Einschränkung auf „besondere Fälle" ist verhindert, daß allgemein Ausschließungsgründe beseitigt oder Ausschließungsfristen verkürzt werden.

**17.** Auf die Ausschließung durch ehrengerichtliche Entscheidung (§ 7 Abs. 1 Ziff. 7) ist die Bestimmung nur insoweit anwendbar, als die aaO. ausgesprochene mittelbare Folge — die Ausschließung auch von anderen Börsen als derjenigen, zu welcher der Verurteilte vorher zugelassen war (vgl. oben A. 9) — in Betracht kommt; die Ausschließung von derjenigen Börse, von welcher der Verurteilte durch die Entscheidung unmittelbar verwiesen worden ist, kann dagegen, ebenso wie die Verurteilungen seitens anderer gesetzlich geordneter Ehrengerichte öffentlich-rechtlicher Berufsorganisationen, nur von dem Träger der Staatsgewalt durch Begnadigung gemildert oder erlassen werden.

## § 8.

Die Börsenaufsichtsbehörde[1]) ist befugt, zur Aufrechthaltung der Ordnung und für den Geschäftsverkehr an der Börse Anordnungen zu erlassen[2, 3]).

Die Handhabung der Ordnung in den Börsenräumen liegt dem Börsenvorstand ob. Er ist befugt, Personen, welche die Ordnung oder den Geschäftsverkehr an der

Börse stören, sofort aus den Börsenräumen zu entfernen[4]) und mit zeitweiliger Ausschließung von der Börse[5]) oder mit Geldstrafe[6]) zu bestrafen[7, 8]). Das Höchstmaß beider Strafen wird durch die Börsenordnung festgesetzt[9]). Die Ausschließung von der Börse kann mit Genehmigung der Börsenaufsichtsbehörde[10]) durch Anschlag in der Börse bekanntgemacht werden.

Gegen die Verhängung der Strafen[11]) findet innerhalb einer durch die Börsenordnung festzusetzenden Frist die Beschwerde an die Börsenaufsichtsbehörde[12]) statt[13]).

Finden sich an der Börse Personen zu Zwecken ein, welche mit der Ordnung oder dem Geschäftsverkehr an derselben unvereinbar sind, so ist ihnen der Zutritt zu untersagen[14]).

**1.** Das ist sowohl die Landesregierung als auch das gemäß § 1 Abs. 2 mit der unmittelbaren Aufsicht betraute Handelsorgan.

**2.** Die Anordnungen börsenpolizeilicher Art bezwecken die Erhaltung der äußeren Ordnung, während zur Verfolgung unehrenhaften Verhaltens das Ehrengerichtsverfahren (§§ 9 ff.) dient. Unter Umständen kann allerdings eine und dieselbe Handlung sich als Störung der Ordnung und als Verfehlung gegen die Berufsehre darstellen. Daß alsdann die Anwendung der Ordnungsvorschriften eine Bestrafung durch das Ehrengericht nicht ausschließt und umgekehrt, ergibt sich aus der inneren Verschiedenheit der angedrohten Maßregeln. Indessen legt für den Fall, daß im Ehrengerichtsverfahren nur eine börsenpolizeilich zu ahndende Handlung festgestellt wird, das Gesetz im § 15 Abs. 2 dem Ehrengerichte die Befugnis bei, seinerseits die Bestrafung im Ordnungswege zu bewirken, damit eine doppelte Prüfung und Verhandlung vermieden wird (Begr. I, 29).

**3.** Der übliche Weg für den Erlaß von Anordnungen i. S. des § 8 ist die Aufnahme entsprechender Bestimmungen in die

Börsenordnung (§ 4). Soweit die Börsenaufsichtsbehörde von ihrer Befugnis, die Anordnungen zu erlassen, keinen Gebrauch macht, ist auch der Börsenvorstand dafür zuständig (Begr. I, 23).

**4.** Das ist die unmittelbare Ausübung des Hausrechts. Als eine Störung der Ordnung und des Geschäftsverkehrs an der Börse ist es auch anzusehen, wenn vom Börsenbesuch ausgeschlossene Personen sich dennoch in den Börsenräumen einfinden (Begr. I, 23). Da in solchen Fällen eine formelle Beschlußfassung des Börsenvorstandes zuviel Zeit in Anspruch nehmen würde, so übertragen die Börsenordnungen die Befugnis, die Störenden entfernen zu lassen, vielfach jedem einzelnen Mitgliede des Börsenvorstandes mit der Maßgabe, daß das Mitglied dem Vorsitzenden umgehend Bericht über den Vorfall zu erstatten hat (vgl. § 10 BörsO. für Berlin).

**5.** Über die Bedeutung und Wirkung dieser Ausschließung vgl. A. 2 zu § 7. Nach Ablauf der Ausschließungsfrist ist der Betroffene zum Börsenbesuch wieder berechtigt, ohne daß es einer förmlichen Wiederzulassung bedarf (vgl. § 17 Abs. 3 BörsO. für Berlin).

**6.** Die Börsenordnungen sollen bestimmen, wem die Geldstrafen zufließen und wozu sie verwendet werden (Begr. I, 30; vgl. § 19 a. E. BörsO. für Berlin). Für die Beitreibung fehlt es an einem Wege, da sie einerseits, wegen ihres öffentlich-rechtlichen Charakters, im Zivilprozeß nicht eingeklagt werden können, anderseits das Verwaltungszwangsverfahren deswegen im Gesetze nicht vorgesehen ist (im Unterschiede von den im Ordnungsstrafverfahren auferlegten Strafen und Kosten, vgl. § 84 Abs. 1 u. 3). Einen gewissen Ersatz für diesen Mangel bieten die Bestimmungen verschiedener Börsenordnungen, welche die Nichtzahlung ausdrücklich mit Ausschließung bedrohen oder durch die weite Auslegung des Begriffs der Zahlungsunfähigkeit im § 7 Abs. 1 Ziff. 6 die Handhabe zur Ausschließung gewähren (vgl. A. 8 dazu).

**7.** Verschiedene Börsenordnungen lassen außerdem die Strafe des Verweises zu (vgl. § 19 Abs. 4 BörsO. für Berlin).

8. Die meisten Börsenordnungen enthalten noch nähere Vorschriften über das Verfahren; insbesondere ist in der Regel vorherige Anhörung des Beschuldigten erforderlich (vgl. § 20 BörsO. für Berlin). Auf Beratung und Abstimmung finden die in A. 2 zu § 16 erörterten Grundsätze des ehrengerichtlichen Verfahrens sinngemäß Anwendung.

9. Vgl. § 19 Abs. 3 u. 4 BörsO. für Berlin. Auch das Mindestmaß kann durch die Börsenordnung festgesetzt werden (vgl. BörsO. für Berlin aaO.).

10. Vgl. oben A. 1. Die Genehmigung kann allgemein erteilt werden (vgl. § 21 BörsO. für Berlin).

11. Nicht gegen die sofortige Entfernung aus den Börsenräumen.

12. Hier kommt als Börsenaufsichtsbehörde nur die nächste dem Börsenvorstande vorgesetzte Aufsichtsbehörde, also regelmäßig das aufsichtsführende Handelsorgan (§ 1 Abs. 2 Satz 2) in Betracht.

13. Vgl. § 22 BörsO. für Berlin. Diese (Rechtsmittel-) Beschwerde (vgl. A. 9 zu § 1) steht nur dem Bestraften zu; hinsichtlich der Frage, ob sie aufschiebende Wirkung hat, sowie über den Ausschluß der Mitglieder der Beschwerdeinstanz, die an der angefochtenen Entscheidung mitgewirkt haben, von der Beschlußfassung über die Beschwerde gilt dasselbe wie für die in A. 14 zu § 7 erörterte Beschwerde (vgl. dort).

14. Über einen Anwendungsfall dieser Bestimmung vgl. A. 4 a. E. zu § 5. Gegen die Untersagung findet nur die Aufsichtsbeschwerde (vgl. A. 8 zu § 1) statt.

## § 9.

An jeder Börse wird ein Ehrengericht gebildet[1]). Es besteht, wenn die unmittelbare Aufsicht über die Börse einem Handelsorgane (§ 1 Abs. 2) übertragen ist, aus der Gesamtheit oder einem Ausschusse dieses Aufsichtsorgans[2—4]), andernfalls aus Mitgliedern, welche von

**den Börsenorganen[5]) gewählt werden. Die näheren Bestimmungen über die Zusammensetzung des Ehrengerichts werden von der Landesregierung erlassen[6]).**

**1.** Die Bezeichnung „Ehrengericht" ist an Stelle der von der Börsenenquetekommission vorgeschlagenen Bezeichnung „Disziplinarhof" gewählt worden; dennoch ist das Ehrengericht in Wirklichkeit ein Disziplinargericht, da nur das im Zusammenhange mit ihrer Börsentätigkeit stehende Verhalten der Börsenbesucher (§ 10), nicht ihr sonstiges geschäftliches oder außergeschäftliches Verhalten seiner Beurteilung unterliegt. — Die Streitfrage, ob das Ehrengericht ein Börsenorgan ist oder nicht (vgl. A. 3 zu § 2), ist ohne praktische Bedeutung. Denn die Befugnisse des Staatskommissars im ehrengerichtlichen Verfahren sind besonders geregelt; im übrigen steht die Aufsicht in Bezug auf Organisation und Geschäftsgang, gleichviel, ob man das Ehrengericht als Einrichtung der Börse oder des Handelsorgans ansieht, der Landesregierung zu, während es in Bezug auf seine richterlichen Entscheidungen volle richterliche Unabhängigkeit genießt. Eine Aufsicht des mit der unmittelbaren Börsenaufsicht ausgestatteten Handelsorgans über das Ehrengericht kann nach dessen gesetzlicher Struktur auch dann nicht in Betracht kommen, wenn das Ehrengericht aus einem Ausschusse dieses Handelsorgans besteht.

**2.** Nach der Begründung (I, 24) soll für die Mitgliedschaft im Ehrengerichte die Berufszugehörigkeit zu den den Börsenhandel betreibenden und vermittelnden Erwerbszweigen entscheidend sein. Wie die Zulassung der Gesamtheit des aufsichtsführenden Handelsorgans als Ehrengericht zeigt, ist hierbei an die Zugehörigkeit zum kaufmännischen Beruf im weiteren Sinne gedacht, nicht nur an eine unmittelbar mit dem Börsenhandel zusammenhängende Geschäftstätigkeit. Allerdings werden die Ehrengerichte, sofern sie nicht aus der Gesamtheit des Handelsorgans bestehen (vgl. A. 4), vorzugsweise aus Börsenbesuchern gebildet, da diesen die zur Beurteilung der Beschuldigungen erforderliche Sachkunde mehr als anderen Kaufleuten innewohnt. — Die Zuziehung eines Rechtskundigen (Syndikus) mit beratender Stimme ist statthaft.

**3.** Da die unmittelbare Aufsicht über alle Börsen zurzeit Handelsorganen übertragen ist, bestehen demgemäß die Ehrengerichte tatsächlich überall entweder aus der Gesamtheit oder aus einem Ausschusse dieser Organe; aus der Gesamtheit an den Börsen in Breslau, Cöln, Danzig, Königsberg und Stettin, aus einem Ausschusse bei den übrigen Börsen.

**4.** Ob in den Ausschuß auch Personen gewählt werden können, die nicht dem Handelsorgane selbst angehören, ist streitig. Durch die Börsenordnung einzelner Börsen ist es zugelassen.

**5.** Vgl. A. 3 zu § 2. Hier dürfte unter Börsenorgan nur der Börsenvorstand zu verstehen sein; das übergeordnete Handelsorgan nicht, weil nur Börsen in Betracht kommen können, die einem solchen nicht unterworfen sind, die übrigen Börsenorgane nicht, weil ihre Beschränkung auf besondere Aufgaben der Befassung mit der allgemeinen Angelegenheit der Bildung des Ehrengerichts entgegensteht.

**6.** Diese näheren Bestimmungen sind regelmäßig in den Börsenordnungen enthalten und gelten durch deren Genehmigung (§ 4 Abs. 2) als von der Landesregierung erlassen.

## § 10.

**Das Ehrengericht zieht zur Verantwortung Börsenbesucher[1]), welche im Zusammenhange mit ihrer Tätigkeit an der Börse[2]) sich eine mit der Ehre oder dem Anspruch auf kaufmännisches Vertrauen[3]) nicht zu vereinbarende Handlung[4]) haben zu Schulden kommen lassen[5]).**

**1.** Die Bestimmung des Begriffs „Börsenbesucher" ist, je nach den Vorschriften der im Einzelfalle maßgeblichen Börsenordnung über die Zulassung zum Börsenbesuche (vgl. § 5 Ziff. 3 u. A. 5 dazu), verschieden. Insoweit für die Zulassung ein förmliches Verfahren oder auch nur die Ausstellung ständiger Eintrittskarten erfordert ist, wird hierdurch die Börsenbesuchereigenschaft begründet: wer nach der Börsenordnung zum Besuch einer Börse zugelassen ist, kann die Zuständigkeit ihres Ehrengerichts nicht wirksam deshalb bestreiten, weil er die Börse tatsächlich nicht besucht (BerK. 5. Dez. 1910); insoweit solche Erfordernisse für den Börsenbesuch nicht bestehen, gelten als Börsenbesucher diejenigen, die an der Börse tatsächlich, und zwar nicht nur gelegentlich, eine Tätigkeit ausüben. Innerhalb des derart begrenzten Personenkreises macht das Gesetz in Verfolg des Zweckes, unehrenhafte Elemente vom Börsenverkehr auszuschalten (Begr. I, 24), keinen Unterschied, welcher Tätigkeit im Börsenverkehre die Börsenbesucher an der Börse nachgehen, und ob sie ihre Tätigkeit selbständig oder als Angestellte ausüben (BerK. 14. April 1904). Demgemäß unterstehen dem Ehrengerichte die amtlichen Kursmakler (vgl. Erl. d. Pr. Min. f. Handel u. Gewerbe v. 14. Nov. 1896 § 6 und die Maklerordnungen für die einzelnen Börsen, z. B. für Berlin § 28), die an der Börse anwesenden Berichterstatter der Presse (BerK. 20. Juli 1897 u. 19. Sept. 1908) usw. Aus der Natur der Sache ergibt sich, daß nur physische, nicht juristische Personen Börsenbesucher im Sinne des Gesetzes sind (BerK. 4. Mai 1912, vgl. auch Abs. 1 zu § 7). Endlich kann das Ehrengericht einer Börse nur die Besucher dieser Börse zur Rechenschaft ziehen; der Umstand, daß der Beschuldigte Besucher einer anderen deutschen Börse ist, vermag die Zuständigkeit des Ehrengerichts dort, wo er nicht als Börsenbesucher anzusehen ist, nicht zu begründen (BerK. 25. Nov. 1905).

**2.** Der Gesetzgeber hat es für zu weitgehend erachtet, den Geschäftsbetrieb der Börsenbesucher auch außerhalb der Börse der ehrengerichtlichen Kontrolle zu unterstellen (Begr. I, 24). Das deshalb zur Voraussetzung des ehrengerichtlichen Einschreitens gemachte Tatbestandsmerkmal des Zusammenhanges der Handlung mit der Tätigkeit des Beschuldigten an der Börse hat jedoch in der Übung eine sehr weite Auslegung erfahren. Zunächst braucht die strafbare Handlung des Beschuldigten nur allgemein mit seiner Tätigkeit an einer Börse im Zusammenhange zu stehen, also nicht bloß an derjenigen, deren Mitglied er ist (BerK. 25. Nov. 1905 u. 4. Febr. 1911). Darüber hinaus braucht die Handlung sachlich überhaupt nicht unmittelbar im Bereiche der Börse vorgenommen zu sein: es genügt, daß sie in den Bereich der Wirksamkeit fällt, für die der Täter einen Rückhalt an der Börse sucht, und bei der er die an der Börse fortlaufend erworbene Geschäftskunde verwertet (BerK. 26. Mai 1902 u. 5. Dez. 1910). Der Zusammenhang ist z. B. vorhanden, wenn der Beschuldigte an der Börse Getreidegeschäfte macht, und es ein Getreidegeschäft ist, wegen dessen er zur Verantwortung gezogen wird (BerK. 4. Juli 1901); er geht ferner bei Geschäften, die sich als Ausfluß der regelmäßigen Tätigkeit eines Börsenbesuchers an der Börse darstellen, nicht deshalb verloren, weil es sich im Einzelfall um nicht notierte und selbst um nicht börsenfähige Werte handelt (BerK. 26. Okt. 1907 u. 6. Dez. 1910); für Hamburg ist im Hinblick auf die dortigen Verhältnisse und besonders auf den Umstand, daß sich daselbst ein großer Teil der Tätigkeit der Exportagenten an der Börse abspielt, der Zusammenhang des Erwerbes von Vertretungen seitens eines Exportagenten für im Zusammenhange mit dessen Tätigkeit an der Börse stehend erklärt worden (BerK. 19. Sept. 1908); ebenso eines Geschäfts in Likören, weil „der Beschuldigte die Hamburger Börse ziemlich regelmäßig besucht und analoge Geschäfte, wie das zur Verhandlung stehende, in den verschiedensten Waren an der Börse zu machen pflegt" (BerK. 8. Febr. 1913). — In Übereinstimmung mit den für kaufmännische Börsenbesucher geltenden Grundsätzen ist hinsichtlich der die Börse besuchenden Redakteure und Berichterstatter der Presse zwar der in Rede stehende Zusammenhang nicht allgemein bei Publikationen, die sie in Ausübung ihres journalistischen Berufs veröffentlichen, begründet; doch genügt andrerseits jeder mittelbare Zusammenhang. Ein solcher wurde schon darin gefunden, daß ein Redakteur ein ihm in seiner Redaktion übergebenes Schriftstück über eine Bank an der Börse vorzeigte (BerK. 20. Juli 1897); ferner darin, daß ein an der Börse verkehrender Handelsredakteur den Kredit einer Bank öffentlich angriff, die durch ihre Geschäftstätigkeit und durch die von ihr ausgegebenen Aktien in vielfältigen Beziehungen zur Börse steht: „denn hierdurch können die Börse und die in ihr vertretenen wirtschaftlichen Interessen auf das empfindlichste betroffen werden". Ob der Journalist seine Informationen an oder außerhalb der Börse erhalten hat, ist dabei unerheblich (BerK. 9. Juni 1902). — Nicht im Zusammenhange mit der Tätigkeit an der Börse stehen Urteile eines Börsenbesuchers zur Begründung eines Ablehnungsgesuchs im Börsenehrengerichtsverfahren (BerK. 23. Mai 1908).

**3.** Anspruch auf kaufmännisches Vertrauen bedeutet Anspruch auf das Maß von Vertrauen, wie es im kaufmännischen Verkehr üblich ist, wie es aber auch von den die Börse bildenden Kaufleuten bei denjenigen vorausgesetzt werden muß, denen sie durch Zulassung zum Besuche der Börse Einblick in ihren Geschäftsbetrieb gewähren. Daher können auch Börsenbesucher, die dem Kaufmannsstande nicht angehören, dagegen verstoßen (BerK. 9. Juni 1902). Die Verletzung dieses Anspruchs kann erfolgen, ohne daß eine unehrenhafte Handlung begangen ist (BerK. 20. Juli 1897 u. 15. Mai 1909), insbesondere auch durch grobe Fahrlässigkeit (BerK. 12. März 1902).

**4.** Die Begründung (I, 29) führt als bemerkenswerte Beispiele, aus denen ein Anhalt für die Voraussetzungen ehrengerichtlichen Einschreitens zu entnehmen ist, auf:

1. Arglistige Beeinflussung der Kurse oder Preise, insbesondere durch Scheingeschäfte, Abschiebungen, Unter-der-Hand-Regulierungen und durch Verbreitung falscher Gerüchte;
2. Gewährung und Annahme von Geschenken in der Absicht, Äußerungen in der Presse zugunsten oder zum Nachteile gewisser Unternehmungen herbeizuführen oder zu unterdrücken;

3. Anwendung von Geschäftsbedingungen, welche gegen den kaufmännischen Anstand verstoßen;
4. Verhalten eines Emittenten, welches nach § 45 seine Schadenersatzpflicht begründet;
5. Anreizung zu Börsenspekulationen, welche außerhalb des Geschäftsbetriebes des Angereizten liegen, falls sie in einer des ehrbaren Kaufmanns unwürdigen Weise erfolgen, gleichviel, ob die Anreizung durch den Anreizenden persönlich oder durch Agenten, Briefe, Anzeigen, Reklamen in öffentlichen Blättern oder dergleichen erfolgt;
6. Abschluß von Börsengeschäften mit Handelsangestellten und Personen, die im Handelsgewerbe Gesindedienste verrichten, ohne Genehmigung der Prinzipale, desgleichen mit Kassenbeamten öffentlicher Behörden ohne Genehmigung der Dienstbehörde, bei Kenntnis dieser Stellungen seitens des Abschließenden und bei Mangel besonderer Gründe für den guten Glauben, daß die Geschäfte in den Kreis der durch die Verwaltung eigenen Vermögens der Betreffenden oder ihrer Angehörigen erforderten fallen;
7. Abschluß von Börsenspekulationsgeschäften mit Personen in unselbständiger oder dürftiger wirtschaftlicher Lage, oder mit Personen, deren Geschäftsbetrieb solche Abschlüsse nicht gewöhnlich mit sich bringt, in einem Umfange, der in auffälligem Mißverhältnis zu ihrer wirtschaftlichen Lage steht, wenn diese Umstände dem Abschließenden bei Anwendung gewöhnlicher Aufmerksamkeit nicht entgehen konnten;
8. wiederholte Benutzung unkontraktlicher Ware zur Kündigung, wenn der Kündigende wußte oder den Umständen nach wissen mußte, daß die Ware den an die lieferungsfähige Qualität zu stellenden Anforderungen nicht entspricht; desgleichen alle Kündigungen ohne vorhandene Ware sowie alle Scheinkündigungen.

Ferner ist in der Begründung (aaO.) noch auf den Fall der Berechnung höherer als der wirklich gezahlten Stempelbeträge im Kommissionsgeschäfte hingewiesen; dieser Fall ist indessen für die Praxis ohne Bedeutung, da der nach § 400 HGB. zulässige Selbsteintritt des Kommissionärs im Börsengeschäfte die Regel bildet, beim Selbsteintritt aber der Kommissionär nach § 403 HGB. die regelmäßig vorkommenden Kosten und daher auch die Stempelkosten, ohne Rücksicht, ob sie entstanden sind oder nicht, berechnen darf. An anderer Stelle der Begründung (I, 41) ist die Möglichkeit ehrengerichtlicher Verfolgung wegen Verletzung der im § 37 Abs. 2 gegebenen Vorschrift erwähnt. In der Reichstagskommission wurden außerdem Scheinzeichnungen durch das Emissionshaus oder ihm Nahestehende und Begünstigungen letzterer bei der Zuweisung gezeichneter Beträge als ehrengerichtlich strafbar hervorgehoben (KB. I, 25).

Endlich herrschte in der Reichstagskommission die „einmütige Meinung," daß die mißbräuchliche Benutzung des Terminhandels zum Börsenspiel in geeigneten Fällen eine ehrengerichtlich zu ahndende Handlung wäre (KB. I, 77); wie die Ausführungen hierzu zeigen, ging man jedoch dabei großenteils von einer allgemeinen Verurteilung der gewerbsmäßigen Börsenspekulation und Verkennung ihrer wirtschaftlichen Bedeutung aus. Demgegenüber bedarf es der ausdrücklichen Feststellung, daß das Vorhandensein dieser Spekulation eine wesentliche Voraussetzung für die Funktion der Börse als eines stets bereiten Marktes für den An- und Verkauf der dort gehandelten Waren und Wertpapiere ist. Bei Ausgabe neuer Wertpapiere, z. B. von Staatsanleihen, sind gerade zum Zeitpunkte der Ausgabe regelmäßig nicht so viele zu deren dauerndem Erwerbe bereite Kapitalisten vorhanden, wie für die Unterbringung der Anleihe notwendig wäre. Der Staat begibt deshalb seine Anleihe an ein Konsortium, das sie seinerseits mittels Auflegung zur Zeichnung, Kassaverkäufe an der Börse und, wenn möglich, durch Börsentermingeschäfte weiter begibt und hierbei, da es ebenfalls den Absatz nicht auf unabsehbare Zeit hinausschieben kann, den Kurs so bemißt, daß die Käufer damit rechnen dürfen, bei baldiger Weiterveräußerung einen Gewinn zu erzielen. Auf diese Weise wird die gewerbsmäßige Spekulation beteiligt: sie nimmt die Anleihen nicht auf, um sie zu besitzen, sondern um sie baldmöglichst mit Gewinn weiterzuverkaufen. In ähnlicher Weise greift sie auch in vielen anderen Lagen ein, so, wenn lange nach der Emission von Wertpapieren infolge anscheinend ungünstiger Entwickelung der Verhältnisse die Besitzer sich ihrer Papiere entledigen wollen, oder wenn bei vorübergehend günstiger Entwickelung die Nachfrage zu überstürzten Kurssteigerungen führt. An der Warenbörse ermöglicht die gewerbsmäßige Spekulation dem Händler, der große Warenkäufe gemacht hat, die Ware sofort weiter zu verkaufen und sich dann später, nachdem er die ihm gelieferte Ware dem Verbrauche zugeführt hat, wieder einzudecken; ebenso den Großmühlen, die Abschlüsse auf spätere Lieferungen an die Verbraucher getätigt haben, sofort an der Börse die betreffende Menge zu kaufen und es dann später, nachdem sie das für den Mühlenbetrieb erforderliche Getreide von den Produzenten bezogen haben, an der Börse wieder zu verkaufen. Diese Geschäfte der gewerbsmäßigen Spekulation dienen unzweifelhaft dem Verkehr, indem sie notwendige Transaktionen fördern, erleichtern und sichern. Aber auch die Fälle, in denen sowohl auf seiten des Verkäufers als auch auf seiten des Käufers lediglich die Hoffnung auf Kursgewinn die Veranlassung zum Geschäftsabschlusse gegeben hat, entziehen sich einer ehrengerichtlichen Verfolgung. Wenn beispielsweise bei einer Emission von 100 Millionen M. die Spekulanten die Kurse für niedrig halten und infolgedessen eine große Kauflust besteht, während anderseits das Konsortium und seine Mitläufer ein Herabgehen der Kurse in der nächsten Zeit — vielleicht gerade durch die zu erwartenden Verkäufe der Spekulationskäufer — voraussehen und infolgedessen zu Verkäufen bereit sind, so kann es leicht vorkommen, daß nicht nur 50 oder 100 Millionen, sondern 500 Millionen und mehr gekauft und verkauft werden. Trotzdem ist es dann nicht denkbar, etwa eine Unterscheidung dieser Geschäfte dahin eintreten zu lassen, daß nun die Geschäfte in Höhe von 100 Millionen zulässige Spekulationsgeschäfte und die anderen über 400 Millionen mißbräuchliche Spielgeschäfte gewesen seien. Bei den Spekulationskäufern ist in allen Fällen gleichmäßig die Hoffnung auf baldige Steigerung des Kurses der Anlaß zum Geschäftsabschlusse gewesen, und sie können nicht wissen, ob ihre Verkäufer die Papiere tatsächlich zu verkaufen hatten oder ob diese ihrerseits auch lediglich Spekulationsverkäufer waren, bei denen die Hoffnung auf baldiges Sinken des Kurses den Anlaß zur Baisseoperation bot. — So ist es erklärlich, daß der von der Reichstagskommission konstruierte Tatbestand des Mißbrauchs des Börsenterminhandels zum Börsenspiel in der Übung der Ehrengerichte keinen Boden gefunden hat.

Aus der Rechtsprechung der Berufungskammer (§ 17) sind folgende Grundsätze hervorzuheben:

Die Börsenehrengerichte haben sich allein mit der *sittlichen* Seite des ihnen unterbreiteten Vorganges zu befassen; sie haben insbesondere zu entscheiden, ob die Geltendmachung eines gesetzlich zugelassenen Einwandes auch den Anforderungen des kaufmännischen Anstandes und der kaufmännischen Ehre entspricht, und die Entscheidung hierüber haben sie frei von aller Rücksichtnahme auf die den Gerichten zu überlassenden Rechtsfragen abzugeben (BerK. 6. Okt. 1898). Demzufolge ist jede Berufung von Börsenbesuchern auf die Unklagbarkeit von Börsentermingeschäften, namentlich die Erhebung oder die Androhung des Differenzeinwandes, unter allen Umständen zu bestrafen (BerK. 13. Jan. 1902; 13. Okt. 1902; 16. Febr. 1903; 10. Dez. 1904; 15. Nov. 1906; 31. Okt. 1908). Das gilt auch dann, wenn der Beschuldigte nur zuläßt, daß sein Anwalt den Einwand erhebt (BerK. 13. Jan. 1902; 27. Mai 1904; 16. Dez. 1908; 4. Febr. 1911), sowie, wenn er an

Stelle anderer — angeblich begründeter — Einreden erhoben wird (BerK. 27. Mai 1904); die Erhebung kann auch nicht damit entschuldigt werden, daß der andere Teil die Erfüllung seiner Verbindlichkeiten verweigert (BerK. 25. Nov. 1905), noch damit, daß der Beschuldigte wegen seiner ungünstigen Vermögensverhältnisse und um die anderen Gläubiger nicht zu schädigen, sich nicht für berechtigt gehalten habe, Forderungen aus Termingeschäften anzuerkennen (BerK. v. 15. Nov. 1906); auch die nachträgliche Einigung mit der Gegenpartei kann nicht die Straflosigkeit begründen (BerK. 4. Febr. 1911).

Strafbar ist weiter allgemein die Heranziehung von hierzu ungeeigneten Personen zu Spekulationsgeschäften (BerK. 9. April 1910; 7. Okt. 1911); es genügt zur Strafbarkeit schon, daß gewerbsmäßig geschäftliche Anerbietungen für Börsengeschäfte — Börsenberichte u. dgl. — an solche Personen gerichtet werden (BerK. 7. April 1914). Ebenso wenn ein Bankier und Herausgeber eines Börsenblattes leichtfertig eine Nachricht verbreitet, die geeignet ist, den Kurs von Wertpapieren unverhältnismäßig zu steigern und die Leser seines Blattes zu Spekulationen in diesen Wertpapieren anzuregen (BerK. 18. Febr. 1901). Auch ohne das Tatbestandsmerkmal der Verleitung ist stets der Abschluß von Spekulationsgeschäften mit Angestellten ohne Genehmigung ihrer Prinzipale ehrengerichtlich zu ahnden (BerK. 5. Juni 1899; 4. Juni 1901; 11. März 1905; 27. Okt. 1906; 16. Febr. 1907; 14. Mai 1909).

Allgemein strafbar ist ferner die absichtliche Hinterziehung von Börsensteuern (BerK. 4. Mai 1912; 14. Aug. 1912).

Bei der Beurteilung des geschäftlichen Verhaltens von das Bankiergewerbe betreibenden Börsenbesuchern ist zu berücksichtigen, daß die Stellung eines Kunden zu seinem Bankier auf anderen Grundlagen beruht wie die des Käufers von Waren zu seinem Verkäufer. Selbst wenn der Bankier als Eigenhändler und nicht als Beauftragter erscheint, liegt immer ein gewisses Vertrauensverhältnis vor (BerK. 7. Okt. 1911).

Als ehrengerichtlich strafbare Handlung des Bankiers ist u. a. angesehen worden: wenn er seinen Angestellten einen Anreiz zur Vereinbarung möglichst hoher Prämiensätze mit Kunden gibt, indem er ihnen für die Erzielung von „Überpreisen" gegenüber den von ihm notierten und anderen seiner Kunden auch angebotenen Marktpreisen einen Vermögensvorteil gewährt (BerK. 7. Okt. 1911); wenn er bei Abschluß von Börsengeschäften sich einen unerlaubten Vorteil zu sichern versucht (BerK. 11. März 1905); wenn er, insbesondere bei Geschäften, bei denen er erhebliche Vorteile erzielt, es versäumt, dem Käufer alle Eigenschaften der Wertpapiere, die den Gegenstand des Geschäfts bilden, unzweideutig klarzulegen (BerK. 27. Juli 1904); wenn er wissentlich einen Auftrag auf An- oder Verkauf von Wertpapieren in solcher Weise ausführt, daß dem Auftraggeber voraussichtlich ein Schaden entstehen wird (BerK. 18. Febr. 1901; 16. Dez. 1908); wenn er durch ein Zeitungsinserat den Anstoß zur Anknüpfung von Geschäftsverbindungen gibt und dann einem Geschäftsunkundigen gegenüber, der infolge jenes Inserats seinen Rat wegen einer günstigen Anlage erbittet, für ein Papier einen willkürlichen und den Marktwert weit übersteigenden Preis fordert (BerK. 3. März 1903); wenn er bei der Ausführung eines Verkaufs von Wertpapieren deren Preis niedriger in Rechnung stellt, als es der Kursfestsetzung des Börsenvorstandes entspricht (BerK. 11. März 1905); wenn er durch unrichtige Berechnungen und durch usancewidrige Realisierung von Termingeschäften sich einen rechtswidrigen Vermögensvorteil zu verschaffen sucht (BerK. 16. Febr. 1907).

Von sonstigen, im Hinblick auf den Wertpapierhandel gefällten Entscheidungen sind zu erwähnen: Die Ableugnung eines erteilten Auftrags zum Verkaufe von Wertpapieren an der Börse ist ehrengerichtlich strafbar (BerK. 9. Mai 1898). Der Verkäufer, der in zahlreichen Fällen nicht liefert und dadurch die Käufer ihren Kommittenten gegenüber in Verlegenheit setzt, verstößt gegen den Anspruch auf kaufmännisches Vertrauen, das die Käufer mit Recht in seine Geschäftsführung setzen konnten (BerK. 6. Dez. 1901). Dagegen handelt nicht gegen die kaufmännische Ehre, wer nicht in spekulativer Absicht, sondern im Interesse des Ansehens einer Gesellschaft und um deren Aktien eine gewisse Stabilität des Kurses zu sichern, als Käufer oder Verkäufer eintritt, wenn im offenen Markt ein Auftrag in Papieren der Gesellschaft nicht ausgeführt werden kann; das gilt auch dann, wenn die übernommene Verpflichtung nicht erfüllt werden kann, vorausgesetzt, daß eine unlautere Absicht nicht vorliegt (BerK. 9. Juni 1902).

Im Hinblick auf den Warenhandel: Der Versuch, sich Verpflichtungen zu entziehen, um Verluste abzuwenden, verstößt gegen die kaufmännische Ehre (BerK. 4. Juli 1901). Wer bei einem Geschäfte nicht als Selbstkontrahent, sondern als Kommissionär oder Handelsagent auftritt, aber anstatt seinen Auftraggeber (hier den Verkäufer) wahrheitsgemäß über die Marktlage aufzuklären, einen fingierten Käufer benennt und verschweigt, daß er selbst die Ware zu wesentlich besserem Preise bereits verkauft hat oder verkaufen wird, handelt gegen den Anspruch auf kaufmännisches Vertrauen (BerK. 22. Sept. 1906); ebenso, wer entgegen dem bei Abschluß des Vertrages in seine kaufmännische Zuverlässigkeit gesetzten Zutrauen nicht kontraktmäßige Forderungen erhebt (BerK. 15. Mai 1909). Das Erbieten, eine Ware derart zu signieren, daß dadurch der Anschein einer besseren Qualität hervorgerufen wird, als sie tatsächlich besitzt, verstößt gegen den kaufmännischen Anstand (BerK. 5. Dez. 1910).

Für die geschäftlichen Handlungen seiner Angestellten ist der Prinzipal ehrengerichtlich verantwortlich, wenn er mit den Handlungen einverstanden war (BerK. 19. Sept. 1908), wie auch, wenn er es pflichtwidrig unterläßt, die Handlungen genügend im Hinblick auf die Gebote des kaufmännischen Anstandes zu kontrollieren (BerK. 7. April 1914).

Bei der ehrengerichtlichen Beurteilung von Handlungen journalistischer Börsenbesucher ist ein Ehrbegriff zugrunde zu legen, der gleichzeitig den allgemeinen Anschauungen von Ehre wie den besonderen Ehrenpflichten des Journalisten gerecht wird, sich also mit dem kaufmännischen Ehrbegriff im weitesten Umfange deckt, ohne sich indessen den kaufmännischen Standespflichten unterzuordnen. Daher kann das Bestreben eines Vertreters der Presse, von den preisbildenden Vorgängen so viel wie möglich sich zu eigen zu machen und weiterzuverbreiten, zwar zu dem berechtigten Bestreben der Kaufmannschaft, den Entwickelungsgang an der Börse möglichst lange in der Hand zu behalten und für sich zu verwerten, im Widerspruche stehen, es bildet aber, sofern der Journalist vor aller Augen und ohne Anwendung unlauterer Mittel vorgeht, keinen Anlaß zu ehrengerichtlicher Bestrafung (BerK. 19. Sept. 1908). Dagegen liegt ein Anlaß zu solcher Bestrafung vor, wenn der Vertreter der Presse einen ihm zugegangenen Artikel mit Angriffen gegen eine Bank in Urschrift deren Direktor übergibt (BerK. 20. Juli 1897); ferner, wenn ein Vertreter der Presse über Personen oder Institute, die in Beziehungen zur Börse stehen, kreditschädigende Behauptungen ohne genügende Prüfung verbreitet und sogar gegenüber der Dementierung seitens des Betroffenen aufrecht erhält (BerK. 12. März 1912).

5. Nicht erforderlich, um die Zuständigkeit des Ehrengerichts zu begründen, ist es, daß der Beschuldigte die Handlung während der Zeit, in der er Börsenbesucher war, begangen hat; es genügt vielmehr, daß sie im Zusammenhange mit seiner Tätigkeit an der Börse steht und daß er in seiner Eigenschaft als Börsenbesucher deshalb zur Verantwortung gezogen wird (BerK. 13. Jan. 1902). Hiernach erstreckt sich also unter diesen Voraussetzungen die Strafbarkeit auf Handlungen, die vor dem Erwerb oder nach dem Verluste der Börsenbesuchereigenschaft, insbesondere auch während einer zeitweiligen Ausschließung vom Börsenbesuche, begangen worden sind. Die Zuständigkeit des Ehrengerichts wird ferner nicht berührt durch den freiwilligen Verzicht eines Börsenbesuchers auf den Börsenbesuch nach Begehung der strafbaren Handlung (BerK. 28. März 1898; 6. April 1900; 10. Dez. 1904). Eine Verjährung der Straftat gibt es im ehrengericht-

lichen Verfahren nicht. Indessen wird gegenüber Personen, von denen nicht zu erwarten ist, daß sie wieder die Börse besuchen werden, sowie wegen Handlungen, die sehr weit zurückliegen, in der Regel von der Einleitung oder Durchführung eines ehrengerichtlichen Verfahrens mangels öffentlichen Interesses an der Bestrafung abgesehen werden können (vgl. jedoch § 11).

## § 11.

Von der Einleitung oder Ablehnung eines ehrengerichtlichen Verfahrens[1]) ist der Staatskommissar (§ 2) zu unterrichten[2]). Er kann die Einleitung eines ehrengerichtlichen Verfahrens verlangen. Diesem Verlangen sowie allen von dem Kommissar gestellten Beweisanträgen muß stattgegeben werden. Der Kommissar hat das Recht, allen Verhandlungen beizuwohnen[3]) und die ihm geeignet erscheinenden Anträge sowie Fragen an den Beschuldigten, die Zeugen und Sachverständigen zu stellen.

1. Einleitung und Ablehnung eines ehrengerichtlichen Verfahrens erfolgen durch Beschluß des Ehrengerichts. Der Beschluß auf Einleitung bedarf nicht der Zustimmung des Staatskommissars; der Beschluß auf Ablehnung wird dagegen hinfällig, wenn er — gemäß Satz 2 — die Einleitung des Verfahrens verlangt. Die Ablehnung eines ehrengerichtlichen Verfahrens ist nur vor Eröffnung der Voruntersuchung (§ 12) statthaft; ist diese eröffnet worden, so kann gegebenenfalls nur Einstellung des Verfahrens gemäß § 13 erfolgen.

2. Die dem Staatskommissar im Ehrengerichtsverfahren zugewiesene Stellung deckt sich nicht mit der eines Staatsanwalts (Begr. I, 25); die aus seinen allgemeinen Aufgaben (§ 2) sich ergebenden Befugnisse sind lediglich hier fester als im übrigen umgrenzt und ausgestaltet. Zu seinen aus § 11 herzuleitenden Rechten gehört auch die Akteneinsicht, da diese stets zur Information erforderlich sein kann.

3. Die Berechtigung — nicht Verpflichtung — des Staatskommissars, den Verhandlungen beizuwohnen, erstreckt sich

auf das Ermittelungsverfahren (vgl. A. 1 zu § 12). Die Teilnahme an den Beratungen des Ehrengerichts steht ihm jedoch nach dem Wortlaute des § 11 wie nach den Grundsätzen der Sicherung unabhängiger Rechtsfindung nicht zu.

## § 12.

**Zur Vorbereitung der Hauptverhandlung[1]) kann[2]) das Ehrengericht einem Mitgliede[3, 4]) die Führung einer Voruntersuchung übertragen. In der Voruntersuchung wird der Beschuldigte unter Mitteilung der Beschuldigungspunkte[5]) vorgeladen[6]) und, wenn er erscheint[7]), mit seinen Erklärungen und Anträgen gehört[8]).**

**Zeugen und Sachverständige dürfen nur unbeeidigt vernommen werden[9], [10]).**

1. Das Gesetz beschränkt sich darauf, in den §§ 12ff. die Hauptpunkte des ehrengerichtlichen Verfahrens durch eine verhältnismäßig geringe Zahl von Vorschriften zu regeln, welche die prozessualen Fragen, die sich im Lauf eines Verfahrens ergeben können, durchaus nicht erschöpfen. Die Ausführung des von dem Gesetze gegebenen Rahmens ist der Übung überlassen. Zu einer grundsätzlich richtigen Gestaltung dieser Übung bietet sich die entsprechende Anwendung der auf verwandten Rechtsgebieten bestehenden Vorschriften, darunter derjenigen der Strafprozeßordnung, naturgemäß dar (BerK. 21. Jan. 1898). Dementsprechend ist die Voruntersuchung nicht etwa der einzige Weg, der dem Ehrengericht zur Aufklärung des Tatbestandes vor Anberaumung der Hauptverhandlung zusteht. Das Ehrengericht kann auch vorbereitende Ermittelungen vornehmen und erst dann, je nach deren Ergebnis, noch eine Voruntersuchung stattfinden lassen oder ohne solche das ehrengerichtliche Verfahren ablehnen (§ 11, vgl. A. 1 dazu) oder die Hauptverhandlung anberaumen (§ 13). Auf das Verfahren bei Vornahme der Ermittelungen finden die im Interesse des Beschuldigten gegebenen Vorschriften über die Voruntersuchung (Führung

durch ein Mitglied des Ehrengerichts; Anspruch des Beschuldigten auf Ladung und Gehör; Zuziehung eines vereideten Protokollführers, § 24) keine Anwendung; dennoch ist die Anordnung des Ermittelungsverfahrens für den Beschuldigten günstiger als die Eröffnung einer Voruntersuchung, weil darin nicht zum Ausdrucke kommt, daß das Ehrengericht einen die „Vorbereitung der Hauptverhandlung" erfordernden Verdacht für vorliegend erachtet. Zeugen und Sachverständige können im Ermittelungsverfahren ebenso wie in der Voruntersuchung (vgl. Abs. 2 u. unten A. 9) vernommen werden.

2. Die Eröffnung einer Voruntersuchung steht im freien Ermessen des Ehrengerichts. Der Staatskommissar kann sie ebensowenig wie der Beschuldigte verlangen; ist jedoch die Voruntersuchung eröffnet, so muß auch in ihr den Beweisanträgen des Staatskommissars stattgegeben werden (§ 11).

3. Die Übertragung an den Syndikus ist dann statthaft, wenn, wie für das Ehrengericht an der Berliner Börse (BörsO. § 23), seine Zuziehung zur ordnungsmäßigen Zusammensetzung des Schiedsgerichts notwendig ist — Im übrigen kann der Mangel des Verfahrens, der in der Übertragung der Voruntersuchung an eine hierzu nicht qualifizierte Person liegt, dadurch geheilt werden, daß das Ergebnis der Voruntersuchung von dem Ehrengerichte sorgfältig nachgeprüft wird (BerK. 27. Okt. 1906).

4. Das Mitglied, das die Voruntersuchung führt, kann im Gegensatze zum Strafprozesse (StPO. § 23 Abs. 2) hier nach allgemeiner Übung auch in der Hauptverhandlung mitwirken.

5. Die Beschuldigungspunkte sind derart anzugeben, daß der Beschuldigte sich auf seine Verteidigung vorbereiten kann. Liegt dem Verfahren eine Anzeige zugrunde, aus der die Beschwerdepunkte nicht klar genug hervorgehen, so muß das Ehrengericht auf geeignetem Wege (vgl. A. 1) vorher die Ergänzung herbeiführen. Die Unterlassung der vorgeschriebenen Angabe bei der Vorladung ist jedoch kein erheblicher Mangel des Verfahrens, wenn dem Beschuldigten dann die Beschwerde-

punkte mitgeteilt werden und er sich nunmehr äußert (VerK. 3. Nov. 1897).

6. Da das Gesetz Bestimmungen über die Art der Ladung nicht getroffen hat, so genügt, sofern nicht anderweite Vorschriften im Aufsichtswege erlassen werden, jede den Nachweis der erfolgten Ladung ermöglichende Form, z. B. Zustellung durch Boten gegen Empfangsbescheinigung oder durch die Post gegen Rückschein oder Zustellungsurkunde.

7. Ein Zwang zum Erscheinen kann auf den Beschuldigten nicht ausgeübt werden, auch nicht durch Inanspruchnahme der Gerichte, da diese gemäß § 26 nur dem Ersuchen um Vernehmung von Zeugen und Sachverständigen zu entsprechen haben.

8. Der Beschuldigte kann sich entsprechend § 137 StPO. auch in der Voruntersuchung des Beistandes eines Verteidigers bedienen (vgl. auch A. 5 zu § 14). Ein Recht auf Akteneinsicht steht dem Verteidiger aber erst nach Anberaumung der Hauptverhandlung (§ 13) zu (vgl. § 147 StPO.).

9. Auf Zeugen und Sachverständige kann ein Zwang zum Erscheinen und Aussagen mittelbar gemäß § 26 ausgeübt werden; doch dürfen sie in der Voruntersuchung auch durch die Gerichte nur unbeeidigt vernommen werden. Wegen des Aussageverweigerungsrechts vgl. A. 8 zu § 14.

10. Wegen der Protokollierung der Vernehmungen in der Voruntersuchung vgl. § 24.

## § 13.

**Mit Zustimmung des Staatskommissars kann das Ehrengericht das Verfahren einstellen[1]), andernfalls ist die Hauptverhandlung anzuberaumen[2]).**

1. Vgl. A. 1 a. E. zu § 11.

2. Die Anberaumung der Hauptverhandlung, d. h. die der strafprozessualen Eröffnung des Hauptverfahrens entsprechende Entscheidung, daß die Hauptverhandlung anzuberaumen ist,

kann durch Verfügung des Vorsitzenden erfolgen, wenn sie sich durch den Widerspruch des Staatskommissars gegen die vorher vom Ehrengerichte beschlossene Einstellung des Verfahrens von selbst ergibt; andernfalls bedarf sie eines Beschlusses des Ehrengerichts. Die Mitwirkung an diesem Beschluß ist — anders als im Strafprozesse (§ 23 Abs. 3 StPO.) — niemals ein Hindernis der Mitwirkung in der Hauptverhandlung.

## § 14.

Die Hauptverhandlung vor dem Ehrengerichte findet statt, auch wenn der Beschuldigte nicht erschienen ist[1, 2]. Sie ist nicht öffentlich[3]. Das Ehrengericht kann die Öffentlichkeit der Verhandlung anordnen. Die Anordnung muß erfolgen, falls der Staatskommissar oder der Beschuldigte es beantragt, sofern nicht die Voraussetzungen des § 173 des Gerichtsverfassungsgesetzes[4] vorliegen.

Der Beschuldigte ist befugt, sich des Beistandes eines Verteidigers zu bedienen[5].

Das Ehrengericht ist berechtigt, Zeugen und Sachverständige vorzuladen[6] und eidlich zu vernehmen[7—9].

**1.** Der Beschuldigte muß aber geladen sein. Über die Form vgl. A. 6 zu § 12. Ein Zwang zum Erscheinen kann nicht ausgeübt werden. Dem Vertagungsantrage des nichterschienenen Beschuldigten ist nicht zu entsprechen, wenn kein bestimmter Verhinderungsgrund angegeben ist (BerK. 13. Okt. 1902).

**2.** Auf die Ausschließung und Ablehnung von Mitgliedern des Ehrengerichts finden die Bestimmungen der Strafprozeßordnung (§§ 22ff.) entsprechende Anwendung (vgl. aber A. 2 zu § 13). Wird durch das Ausscheiden der abgelehnten Mitglieder das Ehrengericht beschlußunfähig, so entscheidet über das Ablehnungsgesuch die Berufungskammer (BerK. 28. März 1898).

3. Daß für den Regelfall die Hauptverhandlung nicht öffentlich ist, wurde vorgesehen, weil der kaufmännische Kredit auch des zu Unrecht Beschuldigten unter öffentlicher Verhandlung empfindlich leiden kann, und weil häufig ein berechtigtes Interesse vorliegen wird, die vor dem Ehrengerichte zur Sprache kommenden Geschäftsangelegenheiten geheim zu halten (Begr. I, 30). Diese Erwägungen sprechen auch dafür, grundsätzlich die Akten des Ehrengerichts vor der Einsicht und Kenntnis Unbeteiligter zu schützen und auch nicht an ordentliche Gerichte auszufolgen, selbst wenn die darin etwa befindlichen Entscheidungen öffentlich bekanntgemacht worden sind (§ 16). Nur wenn bei objektiver Würdigung der Sachlage das Interesse der ersuchenden Behörde oder des Beweisführers an der Kenntnis und Verwertung des Akteninhalts das berechtigte Interesse des von dem ehrengerichtlichen Verfahren Betroffenen an der Geheimhaltung der Akten erheblich überwiegt, wird deren Mitteilung als zulässig und geboten anzusehen sein (VerK. 23. Jan. 1912).

4. § 173 GVG. lautet: „In allen Sachen kann durch das Gericht für die Verhandlung oder für einen Teil derselben die Öffentlichkeit ausgeschlossen werden, wenn sie eine Gefährdung der öffentlichen Ordnung, insbesondere der Staatssicherheit, oder eine Gefährdung der Sittlichkeit besorgen läßt."

5. Der Verteidiger braucht nicht Rechtsanwalt zu sein.

6. Vgl. A. 6 zu § 12.

7. Der Berechtigung des Ehrengerichts, Zeugen und Sachverständige vorzuladen und eidlich zu vernehmen, steht eine Verpflichtung dieser Personen, der Vorladung Folge zu leisten und sich vernehmen und beeidigen zu lassen, nicht gegenüber. Das Ehrengericht kann daher im Falle des Nichterscheinens oder der unbefugten Aussage- oder Eidesverweigerung nur mit Hilfe der ordentlichen Gerichte einen Zwang ausüben (§ 26).

8. Die Bestimmungen der Strafprozeßordnung über Zeugnis- und Gutachtenverweigerungsrecht, unbeeidigte Vernehmung und Form der Vernehmung und Beeidigung (§§ 51 ff.)

finden entsprechende Anwendung. Doch ist abweichend von den §§ 60, 79 StPO. die Beeidigung der Zeugen und Sachverständigen nicht grundsätzlich erforderlich.

Unter den vorerwähnten Bestimmungen über die Form der Beeidigung sind die für die Übung wichtigsten:

§ 60. Jeder Zeuge ist einzeln und vor seiner Vernehmung zu beeidigen. Die Beeidigung kann jedoch aus besonderen Gründen, namentlich wenn Bedenken gegen ihre Zulässigkeit obwalten, bis nach Abschluß der Vernehmung ausgesetzt werden.

§ 61. Der vor der Vernehmung zu leistende Eid lautet:

daß Zeuge nach bestem Wissen die reine Wahrheit sagen, nichts verschweigen und nichts hinzusetzen werde;

der nach der Vernehmung zu leistende Eid lautet:

daß Zeuge nach bestem Wissen die reine Wahrheit gesagt nichts verschwiegen und nichts hinzugesetzt habe.

§ 62. Der Eid beginnt mit den Worten:

„Ich schwöre bei Gott dem Allmächtigen und Allwissenden"

und schließt mit den Worten:

„So wahr mir Gott helfe".

§ 63 Abs. 1. Der Eid wird mittelst Nachsprechens oder Ablesens der die Eidesnorm enthaltenden Eidesformel geleistet. Der Schwörende soll bei der Eidesleistung die rechte Hand erheben.

§ 66. Wird der Zeuge, nachdem er eidlich vernommen worden ist, in demselben Vorverfahren oder in demselben Hauptverfahren nochmals vernommen, so kann der Richter statt der nochmaligen Beeidigung den Zeugen die Richtigkeit seiner Aussage unter Berufung auf den früher geleisteten Eid versichern lassen.

§ 79. Der Sachverständige hat vor Erstattung des Gutachtens einen Eid dahin zu leisten:

daß er das von ihm erforderte Gutachten unparteiisch und nach bestem Wissen und Gewissen erstatten werde.

Ist der Sachverständige für die Erstattung von Gutachten der betreffenden Art im allgemeinen beeidigt, so genügt die Berufung auf den geleisteten Eid.

**9.** Ist der Beschuldigte erschienen, so sind — mangels zwingender Gegengründe — Zeugen und Sachverständige in seiner Anwesenheit zu vernehmen. Ein Verstoß hiergegen führt indes nicht zur Aufhebung des erstinstanzlichen Urteils, wenn es als ausgeschlossen gelten muß, daß die Zeugen und Sachverständigen in seiner Anwesenheit in irgendeiner wesentlichen Beziehung anders ausgesagt hätten, als es in seiner Abwesenheit geschehen ist (BerK. 19. Sept. 1908).

## § 15.

**Die Strafen[1]) bestehen in Verweis[2]) sowie in zeitweiliger oder dauernder Ausschließung von der Börse[3–5]).**

**Ergibt sich, daß keine unehrenhafte Handlung[6]), sondern nur eine Störung der Ordnung oder des Geschäftsverkehrs an der Börse vorliegt[7]), so kann die Bestrafung gemäß § 8 Absatz 2 durch das Ehrengericht stattfinden[8]).**

**1.** Geldstrafe ist als Strafe für die unter § 10 fallenden Handlungen nicht zugelassen. Sie kann vom Ehrengerichte nur verhängt werden, wenn eine Verurteilung auf Grund des § 15 Abs. 2 stattfindet.

**2.** In welcher Weise die Strafe des Verweises vollstreckt wird, hängt von dem Ermessen des Ehrengerichts ab. Gewöhnlich findet neben der Verkündigung und gegebenenfalls (§ 16) Zustellung der auf Verweis lautenden Entscheidung eine förmliche Erteilung des Verweises nicht statt.

**3.** Die gleichzeitige Verhängung der beiden Strafen des Verweises und der Ausschließung von der Börse wegen derselben Handlung ist unzulässig (BerK. 16. Dez. 1908).

**4.** Bei zeitweiliger Ausschließung liegt die kalendermäßige Festsetzung der Ausschließungsfrist, auch abgesehen von dem Falle des

§ 16 Abs. 4, dem Ehrengericht ob, demzufolge auch die Erteilung der Erlaubnis zu Unterbrechungen der Strafverbüßung. Doch kann die Befugnis dem Börsenvorstand übertragen werden (vgl. § 23 Abs. 4 BörsO. f. Berlin). Nach Ablauf der Frist ist der Ausgeschlossene zum Börsenbesuche wieder berechtigt, ohne daß es einer förmlichen Wiederzulassung bedarf (vgl. A. 12 zu § 7 u. BörsO. f. Berlin § 17 Abs. 3). — Die dauernde Ausschließung tritt, abgesehen von dem Falle des § 16 Abs. 4, mit der Rechtskraft der Entscheidung in Wirksamkeit. Die tatsächliche Durchführung der Ausschließung ist Sache des Börsenvorstandes (vgl. § 8 u. A. 4 dazu).

**5.** Über die Wirkung der Ausschließung für alle deutsche Börsen vgl. § 7 Abs. 1 Ziff. 7 u. A. 2 u. 9 dazu, über die Zulässigkeit der Ausnahmen hiervon § 7 Abs. 4 u. A. 17 dazu, über die Wirkung der Ausschließung auf Personen, deren Fähigkeit, die Börse zu besuchen, lediglich von der Zulassung des Ausgeschlossenen abgeleitet ist, A. 2 zu § 7.

**6.** Unter unehrenhafter Handlung ist hier jeder nach § 10 zur ehrengerichtlichen Ahndung geeignete Tatbestand zu verstehen. Die Verschiedenheit der Ausdrucksweise gegenüber § 10 ist darauf zurückzuführen, daß die in der Reichstagskommission an dem Regierungsentwurfe bewirkte Änderung der Bezeichnung im § 10 bei der Fassung des § 15 vom Gesetzgeber versehentlich nicht berücksichtigt worden ist.

**7.** Wenn eine Handlung zugleich nach § 10 und § 8 Abs. 2 strafbar ist, kann das Ehrengericht nicht neben der Strafe des § 15 Abs. 1 noch eine Ordnungsstrafe gemäß § 8 Abs. 2 verhängen. Strenggenommen müßte dann die Handlung insoweit noch zur Aburteilung des Börsenvorstandes gelangen; in der Übung wird das aber kaum vorkommen.

**8.** Die Wiederaufnahme des durch rechtskräftige Entscheidung beschlossenen Verfahrens ist zulässig, aber nur aus Gründen der in § 399 StPO. bezeichneten Art, nicht wegen der im Strafprozesse zur Begründung der ordentlichen Rechtsmittel der Berufung und der Revision geeigneten Gesetzesverletzungen und

Verfahrensmängel (BerK. 25. Nov. 1911). Über die Zulassung des Antrags auf Wiederaufnahme befindet, wenn eine Entscheidung der Berufungskammer angefochten wird, diese, sonst das Ehrengericht (vgl. § 407 StPO.). — Über die Begnadigung vgl. A. 17 a. E. zu § 7.

## § 16.

Die Entscheidung[1, 2] wird in der Sitzung, in welcher die mündliche Verhandlung geschlossen wird, unter Angabe der Gründe verkündet oder spätestens innerhalb zwei Wochen nach dem Schlusse der Verhandlung dem Staatskommissar und dem Beschuldigten in einer mit Gründen versehenen Ausfertigung[3]) zugestellt[4]).

Dem nicht erschienenen Beschuldigten ist auch die verkündete Entscheidung zuzustellen[4]). Sowohl der Staatskommissar wie der Beschuldigte können auch bei in ihrer Gegenwart erfolgter Verkündung der Entscheidung eine mit Gründen versehene Ausfertigung derselben beanspruchen.

Das Ehrengericht kann in der Entscheidung anordnen, daß und auf welche Weise sie öffentlich bekanntzumachen ist[5]).

Das Ehrengericht kann, wenn auf zeitweilige oder dauernde Ausschließung von der Börse erkannt ist, anordnen, daß die Wirkung der Entscheidung sofort eintrete[6]).

Auf Antrag des freigesprochenen Beschuldigten hat das Gericht die öffentliche Bekanntmachung der Freisprechung anzuordnen[7]).

1. Die Entscheidung kann auf Bestrafung, Freisprechung und — wenn sich in der Hauptverhandlung die Unzulässigkeit

des Verfahrens ergibt — auf Einstellung des Verfahrens lauten. Auf die innerhalb der Hauptverhandlung erfolgende Einstellung findet § 13 keine Anwendung.

2. Auf Beratung und Abstimmung finden die §§ 194 ff. GVG. entsprechende Anwendung. Doch ist für die Entscheidung in allen Fällen, also abweichend vom Strafprozeß auch für Verurteilung, einfache Mehrheit ausreichend. Bilden sich in bezug auf die Strafbemessung mehr als zwei Meinungen, deren keine die Mehrheit hat, so sind — entsprechend § 198 Abs. 3 aaO. — die für die höchste Strafe abgegebenen Stimmen den für die nächstgeringere abgegebenen so lange hinzuzurechnen, bis sich eine Mehrheit ergibt.

3. Das Urteil braucht nur vom Vorsitzenden oder, im Falle seiner Behinderung, von einem ihn vertretenden Mitgliede des Ehrengerichts unterzeichnet zu sein. Für die Ausfertigung genügt die Beglaubigung durch den als Gerichtsschreiber fungierenden Beamten des Ehrengerichts.

4. Vgl. A. 6 zu § 12. Die Zustellung an den Verteidiger ist nicht ausreichend.

5. Die Berufungskammer hat in mehreren älteren Entscheidungen (zwei vom 5. Juni 1899, ferner vom 4. Juni 1901) ausgesprochen, daß die Veröffentlichung der Entscheidung keine Verschärfung der Strafe und daher nicht auf schwere Fälle beschränkt sei, die diesbezügliche Bestimmung vielmehr nur einen Teil der das Verfahren regelnden Vorschriften bilde. Die Bedeutung dieser Vorschrift liege in der abschreckenden, erzieherischen Wirkung, welche die Veröffentlichung einer Entscheidung äußern kann. Deshalb empfehle es sich auch nicht, nur den Tenor zu veröffentlichen, sondern auch den Grund anzugeben. — Später ist die Berufungskammer jedoch von dem Standpunkte, daß die Veröffentlichung keine Strafverschärfung sei, abgegangen, wie insbesondere eine Entscheidung vom 22. Sept. 1906 zeigt, derzufolge mit Rücksicht auf die Jugend des Bestraften unter Abänderung der erstinstanzlichen Entscheidung von der Veröffentlichung abgesehen worden ist.

Die spätere Auffassung stimmt mit der Begründung (I, 30) überein und ist als zutreffend zu erachten.

**6.** Grundsätzlich tritt die Wirkung erst mit der Rechtskraft oder an dem vom Ehrengerichte festgesetzten späteren Termin ein. Der Abs. 4 gestattet eine Ausnahme für Fälle, in denen die Verfehlung derart ist, daß das Verbleiben des Bestraften an der Börse eine Fortsetzung oder Wiederholung der strafbaren Handlung befürchten läßt. Auf Grund des Abs. 4 ist das Ehrengericht auch in der Lage, die Entscheidung vor erlangter Rechtskraft zu veröffentlichen (BerK. 13. Jan. 1902).

**7.** Gemäß dem Zwecke dieser Bestimmung, dem Freigesprochenen ein Mittel zu seiner Rehabilitierung in der öffentlichen Meinung zu geben, hat die öffentliche Bekanntmachung der Freisprechung nur zu erfolgen, wenn der Freigesprochene sie beantragt (BerK. 28. Sept. 1900). Wegen der Kosten vgl. A. 1 u. 6 zu § 25.

## § 17.

Gegen die Entscheidung des Ehrengerichts[1]) steht sowohl dem Staatskommissar[2]) als dem Beschuldigten die Berufung an die periodisch zu bildende Berufungskammer offen[3]).

Die Berufungskammer besteht aus einem Vorsitzenden und sechs Beisitzern. Der Vorsitzende wird von dem Bundesrate bestimmt. Die Beisitzer werden von dem Börsenausschuß aus seinen auf Vorschlag der Börsenorgane berufenen Mitgliedern gewählt[4]); von den Beisitzern dürfen nicht mehr als zwei derselben Börse angehören.

Für den Vorsitzenden und die Beisitzer werden in gleicher Weise Stellvertreter bestellt[5]).

In einer Spruchsitzung dürfen nicht mehr als zwei Beisitzer mitwirken, welche derselben Börse angehören.

**1.** Eine durch Berufung anfechtbare Entscheidung liegt auch dann vor, wenn das Ehrengericht auf Grund des § 15 Abs. 2 nur über eine Störung der Ordnung oder des Geschäftsverkehrs an der Börse geurteilt hat. Ebenso sind Entscheidungen, wie beispielsweise die Ablehnung einer Entscheidung wegen Unzuständigkeit, durch die Berufung anfechtbar; hieran ändert auch nichts, daß das Ehrengericht sie in die Form eines Beschlusses kleidet (VerK. 21. Jan. 1898). Die Berufung kann sich auch lediglich gegen die Anordnung der öffentlichen Bekanntmachung (§ 16 Abs. 3) richten, da diese ein Teil der Entscheidung ist (vgl. A. 5 zu § 16).

**2.** Der Staatskommissar kann auch zugunsten des Beschuldigten Berufung einlegen.

**3.** Der Berufungskammer ist die Entscheidung über das Rechtsmittel der Berufung ohne jede Einschränkung übertragen. Sie ist daher auch berechtigt, erforderlichenfalls eine Sache in die Vorinstanz zurückzuverweisen; zu sachlicher Entscheidung ist die Berufungsinstanz nicht stets verpflichtet (VerK. 21. Jan. 1898).

**4.** Vgl. A. 7 zu § 3.

**5.** Die Heranziehung der Stellvertreter hat nur für den Fall der Behinderung der ordentlichen Beisitzer zu erfolgen.

## § 18.

**Die Einlegung der Berufung geschieht zu Protokoll[1]) oder schriftlich bei dem Ehrengerichte, welches die anzugreifende Entscheidung erlassen hat.**

**Die Frist zur Einlegung der Berufung beträgt eine Woche[2]).**

**Sie beginnt, falls die Entscheidung verkündet worden ist, für den Staatskommissar und den erschienenen Beschuldigten mit der Verkündung, im übrigen mit der Zustellung der Entscheidung.**

1. Die Erklärung kann in das Sitzungsprotokoll eingefügt oder nachträglich von dem als Gerichtsschreiber fungierenden Beamten des Ehrengerichts aufgenommen werden. Immerhin empfiehlt sich, mangels gesetzlicher Regelung der Protokollaufnahme, für den Verurteilten, die Berufung schriftlich bei dem Ehrengericht einzulegen.

2. Die Frist ist eine Notfrist und kann nicht verlängert werden. Auf die Fristberechnung und die Wiedereinsetzung in den vorigen Stand finden die Bestimmungen der Strafprozeßordnung (§§ 42ff.) entsprechende Anwendung.

## § 19.

**Nach Einlegung der Berufung ist dem Staatskommissare sowie dem Beschuldigten, sofern es nicht bereits geschehen[1]), die angefochtene Entscheidung, mit Gründen versehen, zuzustellen[2, 3]).**

1. Vgl. § 16 Abs. 1 u. 2.

2. Die Zustellung an den Staatskommissar und den Beschuldigten muß erfolgen, wenn auch nur einer von beiden Berufung eingelegt hat.

3. Über die Form der Zustellung vgl. A. 6 zu § 12.

## § 20.

**Zur schriftlichen Rechtfertigung der Berufung[1]) steht demjenigen, der sie rechtzeitig eingelegt hat[2]), eine Frist von einer Woche offen. Sie beginnt mit dem Ablaufe der Einlegungsfrist oder, wenn zu dieser Zeit die Entcheidung noch nicht zugestellt war, mit deren Zustellung[3]).**

1. Die Berufungsrechtfertigung ist zur Wirksamkeit der Berufung nicht erforderlich.

2. Vgl. § 18.

3. Über die Berechnung der Frist vgl. A. 2 zu § 18, über die Befugnis des Ehrengerichts, sie zu verlängern, vgl. § 22, über die Folge der Versäumnis vgl. A. 3 ebenda.

## § 21.

Die Berufungsschrift[1]) des Beschuldigten und die etwa eingehende Rechtfertigung wird dem Staatskommissare, die Berufungsschrift und die Rechtfertigung des Staatskommissars dem Beschuldigten mitgeteilt. Innerhalb einer Woche nach der Mitteilung[2]) kann eine Beantwortungsschrift eingereicht werden.

1. Falls die Berufung zu Protokoll eingelegt worden ist (§ 18 Abs. 1), tritt an die Stelle der Berufungsschrift die Protokollabschrift.

2. Über die Berechnung der Frist vgl. A. 2 zu § 18, über die Befugnis des Ehrengerichts, sie zu verlängern, vgl. § 22, über die Folge der Versäumnis vgl. A. 3 ebenda.

## § 22.

Die Fristen zur Rechtfertigung und zur Beantwortung der Berufung[1]) können auf Antrag von dem Ehrengerichte verlängert werden[2, 3]).

1. Die Frist zur Einlegung der Berufung kann somit nicht verlängert werden (vgl. A. 2 zu § 18).

2. Ein Rechtsmittel gegen die Ablehnung des Verlängerungsantrags gibt es nicht.

3. Die Versäumnis der im § 22 behandelten Fristen hindert nicht an der Einreichung weiterer schriftlicher Erklärungen; doch braucht die Berufungskammer den Inhalt verspätet eingegangener Schriftsätze nicht von Amts wegen zu berücksichtigen.

## § 23.

Nach Ablauf der in den §§ 18, 20, 21 und 22 bestimmten Fristen werden die Akten an die Berufungskammer eingesandt[1]). Zu der Verhandlung ist der Beschuldigte vorzuladen[2]) und der Staatskommissar[3]) zuzuziehen.

**Die Berufungskammer kann zur Aufklärung des Sachverhalts vorherige Beweiserhebungen veranlassen[4]).**

**Auf das Verfahren vor der Berufungskammer finden die Vorschriften der §§ 11, 14, 15 und 16 Anwendung[5], [6]).**

1. Das hat stets zu geschehen, wenn überhaupt Berufung eingelegt ist. Die Entscheidung über Wahrung der vorgeschriebenen Fristen steht der Berufungskammer zu. Das Ehrengericht hat also auch bei verspäteter Einlegung der Berufung die Akten an die Berufsungskammer einzusenden, wenn sie nicht auf sein Anraten zurückgenommen wird.

2. Vgl. A. 1 zu § 14. Die strafprozessuale Vorschrift, wonach bei Ausbleiben des Beschuldigten die von ihm eingelegte Berufung sofort zu verwerfen ist (§ 370 StPO.), findet keine Anwendung.

3. Nämlich der Staatskommissar bei derjenigen Börse, deren Ehrengericht die angefochtene Entscheidung gefällt hat.

4. Da die Beweiserhebungen ausdrücklich als „vorherige" bezeichnet werden, so können sie von der Berufungskammer — in einer Sitzung oder auf schriftlichem Wege — beschlossen werden, bevor die in Abs. 1 erwähnte Verhandlung mit Zuziehung des Beschuldigten und des Staatskommissars stattfindet. Wegen des Zwanges zum Erscheinen und Aussagen gilt dasselbe wie für die erstinstanzliche Voruntersuchung (vgl. A. 7 u. 9 zu § 12); dagegen ist aus dem Ausschlusse der Anwendbarkeit des § 12 auf das Verfahren vor der Berufungskammer (vgl. Abs. 3) zu folgern, daß bei den von dieser veranlaßten Beweiserhebungen die Beeidigung von Zeugen und Sachverständigen durch das ersuchte Gericht gegebenenfalls erfolgen kann, während das beauftragte Kammermitglied auch hier nicht dazu befugt ist.

5. Nicht angezogen sind hier von den für die erste Instanz geltenden Vorschriften die §§ 12 und 13. An Stelle des § 12 tritt für die Berufungskammer die Vorschrift des Abs. 2 dieses Paragraphen (vgl. oben A. 4). Aus der Übergehung des § 13

ergibt sich, daß die Berufungskammer ein Verfahren, das bereits zu einer erstinstanzlichen Entscheidung geführt hat, nicht mehr einstellen kann. Dagegen kann sie, wenn erhebliche Mängel des Verfahrens vorliegen, oder wenn sie die Sache nicht für spruchreif erachtet, die Entscheidung des Ehrengerichts aufheben und die Sache an die Vorinstanz zurückverweisen (BerK. 3. Nov. 1897; 21. Jan. 1898). In solchem Falle wird die Sache in die Lage zurückversetzt, in der sie sich vor der aufgehobenen Entscheidung befand; es kann dann also auch wieder gemäß § 13 mit Zustimmung des Staatskommissars die Einstellung des Verfahrens seitens des Ehrengerichts beschlossen werden. Jedenfalls ist jedoch das Ehrengericht an die ihm von der Berufungskammer erteilten Direktiven gebunden.

**6.** Eine Verschärfung der vom Ehrengerichte verhängten Strafe ist entsprechend § 372 StPO. nur zulässig, wenn die Berufung vom Staatskommissar zuungunsten des Beschuldigten eingelegt worden ist.

## § 24.

**Über jede Vernehmung in der Voruntersuchung[1]) und über die Hauptverhandlung[2]) ist durch einen vereideten Protokollführer[3]) ein Protokoll aufzunehmen[4]).**

**1.** Auch über die gemäß § 23 Abs. 2 von der Berufungskammer veranlaßten Vernehmungen. Dagegen ist für Vernehmungen im Ermittelungsverfahren (vgl. A. 1 zu § 12) die Zuziehung eines vereideten Protokollführers nicht erforderlich.

**2.** Das gilt für die Hauptverhandlung beider Instanzen.

**3.** Wenn der Protokollführer nicht bereits den allgemeinen Diensteid geleistet hat — was bei allen Staatsbeamten, insbesondere auch den Handelskammerbeamten als mittelbaren Staatsbeamten, der Fall ist —, so muß er darauf vereidigt werden, daß er die ihm als Protokollführer obliegenden Pflichten getreu erfüllen werde (entspr. der Formel im § 30 Abs. 1 a. E.). Wer in diesem Falle die Vereidigung vorzunehmen hat, ist im Gesetze nicht gesagt. In Bayern ist hierzu auf Grund besonderer

Bestimmung der Landesregierung (Bek. v. 21. Nov. 1896 § 4) der Staatskommissar zuständig, im übrigen nach herrschender Meinung der Vorsitzende des Ehrengerichts und der Berufungskammer.

**4.** Die in der Entscheidung als wesentlich verwerteten Tatsachen müssen protokolliert werden (BerK. 5. Juni 1899). Ist die Zuziehung eines vereidigten Protokollführers bei Vernehmungen in der Voruntersuchung, auf die sich die Entscheidung nicht stützt, versäumt worden, so liegt hierin kein wesentlicher Mangel des Verfahrens (BerK. 3. Nov. 1897). Das Protokoll ist von dem Vorsitzenden und dem Protokollführer zu unterzeichnen.

## § 25.

**Neben der Strafe[1]) kann[2]) auf vollständigen oder teilweisen Ersatz der durch das Verfahren entstandenen baren Auslagen[3]) erkannt werden[4–6]).**

**1.** Dem freigesprochenen Beschuldigten dürfen Kosten nicht auferlegt werden, auch nicht für die öffentliche Bekanntmachung, die er nach § 16 Abs. 5 verlangen kann; andrerseits sind die ihm erwachsenen Auslagen nicht erstattungsfähig.

**2.** Bei Verurteilung des Beschuldigten muß nicht stets auf Ersatz der durch das Verfahren entstandenen baren Auslagen erkannt werden; die diesbezügliche Entscheidung steht vielmehr im freien Ermessen des Gerichts (BerK. 20. Juli 1897).

**3.** Zu den baren Auslagen gehören auch die durch Zusammentritt des Gerichts entstehenden Kosten, die namentlich in der zweiten Instanz erheblich sind, da die Beisitzer Tagegelder, die auswärtigen Beisitzer — das müssen gemäß § 17 Abs. 4 in jeder Spruchsitzung mindestens vier sein — auch Reisevergütungen erhalten (vgl. A. 10 zu § 3). Anderweite Kosten des Verfahrens als die tatsächlich entstandenen baren Auslagen dürfen dem Beschuldigten nicht auferlegt werden (BerK. 9. Mai 1898; zwei Entsch. v. 5. Juni 1899).

4. Da auf den Ersatz der Auslagen „erkannt" wird, so gehört diese Entscheidung in den Tenor des Urteils.

5. Für die Beitreibung gilt dasselbe wie für die Beitreibung der gemäß § 8 Abs. 2 auferlegten Geldstrafen (vgl. A. 6 zu § 8).

6. Die dem Beschuldigten nicht zur Last fallenden oder nicht beitreibbaren Auslagen und Kosten für das ehrengerichtliche Verfahren einschl. der allgemeinen Verwaltungskosten für Bureau und Personal sind, soweit das Verfahren erster Instanz in Betracht kommt, von demjenigen zu tragen, dem die Börseneinnahmen zufließen, d. h. von dem Börsenunternehmer (Erl. d. Pr. Min. f. Handel u. Gewerbe v. 18. Sept. 1897 u. 4. März 1898), soweit es sich um Kosten der Berufungsinstanz handelt, vom Reich.

## § 26.

**Die Gerichte[1]) sind verpflichtet, dem Ersuchen des Ehrengerichts sowie der Berufungskammer um Vernehmung von Zeugen und Sachverständigen[2]) zu entsprechen[3]).**

1. Zuständig für die Rechtshilfe ist das Amtsgericht, in dessen Bezirke die Amtshandlung vorgenommen werden soll (vgl. §§ 158ff. GVG.). Um Herbeiführung von Vernehmungen im Auslande muß die Landesregierung angegangen werden.

2. Auf die Vernehmung des Beschuldigten ist die Rechtshilfspflicht des Gerichts nicht ausgedehnt.

3. Die Inanspruchnahme der Rechtshilfe kann zweckmäßig sein, wenn der zu Vernehmende weit abwohnt, und ist geboten, wenn er einer Ladung nicht folgt oder unbefugt die Aussage oder die Eidesleistung verweigert. Die Beeidigung der Zeugen und Sachverständigen steht aber auch dem ordentlichen Gerichte nur zu, wenn bereits die erstinstanzliche Hauptverhandlung anberaumt ist (vgl. A. 9 zu § 12, A. 7 zu § 14, A. 4 zu § 23).

## § 27.

**Die mit der Aufsicht über die Börsen betrauten Organe[1]) sind verpflichtet[2]), Handlungen der Börsenbesucher, welche zu einem ehrengerichtlichen Verfahren Anlaß geben, zur Kenntnis des Staatskommissars oder, wenn ein solcher nicht bestellt ist[3]), zur Kenntnis des Ehrengerichts zu bringen.**

1. Vgl. § 1 Abs. 2.

2. Das Gesetz legt nur den Börsenaufsichtsorganen eine Anzeigepflicht auf; die Berechtigung dazu steht selbstverständlich, wie jedermann, so auch anderen Organen und Behörden zu (Begr. I, 31; KB. I, 9).

3. Vgl. A. 8 zu § 2.

## § 28.

**Eine Vereinbarung, durch welche die Beteiligten sich der Entscheidung eines Börsenschiedsgerichts[1]) unterwerfen[2]), ist nur verbindlich, wenn beide Teile zu den Personen gehören, die nach § 53 Börsentermingeschäfte abschließen können[3, 4]), oder wenn die Unterwerfung unter das Schiedsgericht nach Entstehung des Streitfalls erfolgt[5, 6]).**

1. Unter Börsenschiedsgerichten sind alle Schiedsgerichte zu verstehen, die zur Entscheidung von Streitigkeiten aus Börsengeschäften berufen sind, sei es, daß sie vom Börsenvorstande gebildet sind, sei es, daß sie sich aus bestimmten an der Börse tätigen Personen zusammensetzen, die von den Vertragsparteien als Schiedsrichter gewählt worden sind (vgl. Begr. I, 31). Nicht als Schiedsgerichte i. S. des § 28 sind die Sachverständigenkommissionen zur Entscheidung über die Lieferbarkeit von Waren oder Wertpapieren anzusehen (Begr. aaO.; vgl. RG. 45, 351; JW. 02, 636; 10, 836).

2. Eine Form für die Unterwerfung ist nicht vorgeschrieben.

Sie kann also auch mündlich und sogar stillschweigend erfolgen, letzteres beispielsweise beim Abschlusse von Geschäften, aus denen Streitigkeiten usancemäßig durch ein Börsenschiedsgericht zu entscheiden sind. Wegen der Unterwerfung durch Einlassung auf das schiedsrichterliche Verfahren vgl. unten A. 5.

**3.** Diese Fähigkeit muß zur Zeit der Vereinbarung vorhanden sein. Späterer Erwerb begründet nicht, späterer Verlust beeinträchtigt nicht die Wirksamkeit der Vereinbarung. Bei späterer Abtretung der Rechte aus einem Vertrage, der eine Schiedsgerichtsklausel enthält, gehen die Ansprüche aus dieser auf den Rechtserwerber über (RG. 56, 183). An einen rechtsverbindlichen Schiedsvertrag des Gemeinschuldners ist auch der Konkursverwalter gebunden (KG. in BA. 12, 321).

**4.** Neben dieser besonderen Voraussetzung, an die § 28 die Wirksamkeit der vor Entstehung des Streitfalls getroffenen Vereinbarung eines Börsenschiedsgerichts zum Schutz außerhalb der Börse stehender, der Tragweite der Vereinbarung nicht genügend bewußter Personen knüpft (Begr. I, 31), gelten natürlich die allgemeinen Voraussetzungen für die Wirksamkeit jedes Schiedsvertrags über künftige Rechtsstreitigkeiten. Hierzu gehört insbesondere, daß er sich auf ein bestimmtes Rechtsverhältnis und die daraus entspringenden Rechtsstreitigkeiten bezieht (§ 1026 ZPO.); ein Schiedsvertrag über „alle Streitigkeiten aus der Geschäftsverbindung" erfüllt diese Vorschrift nicht, wenn nicht bei den einzelnen Geschäften darauf besonders Bezug genommen wird (RG. 36, 422; JW. 08, 458); dagegen gilt ein Kontokorrentverhältnis als ein bestimmtes Rechtsverhältnis i. S. des § 1026 (BA. 4, 157). Ferner muß, wenn die Schiedsabrede Bestandteil eines anderen Vertrags ist, dieser selbst wirksam sein; dabei kommt es nicht darauf an, ob sie gleichzeitig mit dem Hauptvertrage geschlossen ist, sondern sie gilt als Bestandteil auch solcher Verträge, bezüglich deren sie **vor** dem Abschlusse der Verträge getroffen worden ist, so daß also namentlich durch vorherige Vereinbarung von die Schiedsgerichtsklausel enthaltenden allgemeinen Geschäftsbedingungen zwischen Kommissionär und Kommittenten kein selbständiger Schiedsvertrag zustande kommt, die Schiedsgerichtsklausel vielmehr (als lex contractus) einen Bestandteil der später abgeschlossenen einzelnen Geschäfte bildet (RG. 43, 408; 58, 155; JW. 04, 76; 05, 401). Das Erfordernis der Wirksamkeit des Hauptvertrags spielt für die Börsenschiedsgerichte eine große Rolle, weil den dort geltend gemachten Klagen häufig die Behauptung entgegengesetzt wird, daß die Forderung aus einem verbotenen oder dem Differenz- oder Spieleinwand unterliegenden Börsentermingeschäfte herrühre; trifft diese Behauptung zu, so ist auch der Schiedsvertrag unwirksam (RG. 27, 379; 31, 398; 36, S. 245, 423; 43, 408; JW. 01, 286; RG. 56, 20; JW. 04, 76; RG. 58, 154; JW. 05, 401). In diesen Fällen ruht, auch wenn das Schiedsgericht sich trotz Geltendmachung der Unzuständigkeit seitens des Beklagten (vgl. unten A. 5) für zuständig erklärt und den Beklagten durch Schiedsspruch verurteilt hat, die Entscheidung tatsächlich beim ordentlichen Gerichte, das, sei es anläßlich der Klage auf Erlaß des Vollstreckungsurteils, sei es anläßlich der Klage auf Aufhebung des Schiedsspruchs, die Rechtswirksamkeit des Hauptvertrags als Voraussetzung der Zulässigkeit des schiedsrichterlichen Verfahrens festzustellen hat (§§ 1041, 1042 ZPO.); mit der Verneinung der Zulässigkeit wird der Schiedsspruch hinfällig.

5. Die Unterwerfung unter das Schiedsgericht nach Entstehung des Streitfalls ist stets als ein selbständiger Schiedsvertrag zu erachten, dessen Wirksamkeit von der Wirksamkeit des Geschäfts, aus dem die Streitigkeit herrührt, unabhängig ist. Der häufigste hier in Betracht kommende Fall ist, daß der Beklagte sich auf das Verfahren vor dem Schiedsgericht einläßt, ohne den Nichtbestand eines rechtsgültigen Schiedsvertrags unter Vorbringung der Tatsachen, die den Schluß auf solchen Bestand aus den Unterlagen der dort vorgebrachten Klage entkräften sollen, geltend zu machen (RG. 27, 381). Doch ist es, um die Folgerung der Unterwerfung unter das

Schiedsgericht auszuschließen, nicht erforderlich, daß der sich auf das Schiedsverfahren einlassende Beklagte die Zuständigkeit ausdrücklich bestreitet; eine Unterwerfung unter das Schiedsgericht ist auch dann nicht anzunehmen, wenn der Beklagte die Zuständigkeit stillschweigend bestreitet. Ob in der Behauptung der Unwirksamkeit des Geschäfts, aus dem die Streitigkeit herrührt, ein stillschweigendes Bestreiten der Zuständigkeit des Schiedsgerichts liegt, hängt davon ab, von welcher Art, im ganzen genommen, die Stellungnahme des Beklagten vor dem Schiedsgerichte gegenüber der Klage ist: das Bestreiten ist anzunehmen, wenn er beispielsweise unter Erhebung des Differenzeinwands lediglich die Klageabweisung fordert, während das aus der Stellung eines Widerklageantrags — z. B. auf Herausgabe des Einschusses — hervorgehende Verlangen einer sachlichen Entscheidung den Schluß rechtfertigt, daß er sich die schiedsrichterliche Erledigung gefallen läßt (RG. 43, 407). Hat der Beklagte — ausdrücklich oder stillschweigend — die Zuständigkeit des Schiedsgerichts bestritten, so geht er durch weiteres sachliches Verhandeln vor dem Schiedsgerichte des Einwandes der Unzuständigkeit nicht verlustig (BA. 4, 156).

6. Auf das Verfahren vor dem Börsenschiedsgerichte finden die Vorschriften des 10. Buches der Zivilprozeßordnung Anwendung, soweit sie nicht durch Schiedsgerichtsordnung oder Vereinbarung abgeändert sind.

## II. Feststellung des Börsenpreises und Maklerwesen.

### § 29.

Bei Waren[1]) oder Wertpapieren[2]), deren Börsenpreis[3, 4]) amtlich festgestellt wird[5]), erfolgt diese Feststellung sowohl für Kassa- wie für Zeitgeschäfte[6]) durch

**den Börsenvorstand[7]), soweit die Börsenordnung nicht die Mitwirkung von Vertretern anderer Berufszweige vorschreibt[8]).**

**Bei der Feststellung darf außer dem Staatskommissar, dem Börsenvorstande, den Börsensekretären, den Kursmaklern und den Vertretern der beteiligten Berufszweige, deren Mitwirkung die Börsenordnung vorschreibt, niemand zugegen sein[9, 10]).**

**Als Börsenpreis ist derjenige Preis festzusetzen[11]), welcher der wirklichen Geschäftslage des Verkehrs an der Börse entspricht[12–15]).**

1. Ob für Waren, und gegebenenfalls für welche die amtliche Feststellung des Börsenpreises erfolgt, sollte gemäß § 5 Ziff. 2 aus der Börsenordnung hervorgehen; insoweit das nicht der Fall ist (vgl. A. 4 zu § 5), richtet es sich nach den tatsächlichen Verhältnissen, deren Berücksichtigung Sache des Börsenvorstandes ist. Vgl. auch § 35 Abs. 1 Ziff. 2 und Abs. 2. — Die einzige deutsche Warenbörse, an der überhaupt keine amtliche Preisfeststellung stattfindet, ist die Handels- und Industriebörse in Stuttgart.

2. Der Ausdruck „Wertpapiere" ist hier im weiteren Sinne zu verstehen, so daß auch Zins- und Gewinnanteilscheine, Banknoten, Münzen, Papiergeld, Wechsel, Schecks, Anweisungen und Auszahlungen darunter fallen (Begr. I, 59; vgl. auch § 96). Doch ist bei den Wertpapieren im engeren Sinn, auf die sich der Abschnitt III des Gesetzes bezieht (vgl. A. 1 zu § 36), Voraussetzung der amtlichen Preisfeststellung die Zulassung der Wertpapiere zum Börsenhandel (vgl. §§ 36, 39, 40) und die Innehaltung der für die Einführung vorgeschriebenen Fristen (vgl. §§ 38 Abs. 1, 42 und ZulBek. § 17), während bei den übrigen, ebenso wie bei Waren (vgl. oben A. 1), die Bestimmung der Börsenordnung oder des Börsenvorstandes maßgeblich ist. — Eine amtliche Preisfeststellung findet an allen deutschen Wertpapierbörsen statt.

3. Die Begriffsbestimmung des Börsenpreises ergibt sich aus Abs. 3. Kein Begriffsmerkmal des Börsenpreises ist dessen amtliche Feststellung (vgl. unten A. 5). Das Börsengesetz beschäftigt sich allerdings nur mit dem amtlich festgestellten Börsenpreis; es ist aber nicht vorgeschrieben, daß für die an der Börse gehandelten Waren und Wertpapiere eine amtliche Feststellung des Börsenpreises stattfinden muß (vgl. jedoch für Waren § 35 Abs. 1 Ziff. 2 und Abs. 2).

4. Dem Börsenpreis ist durch eine Reihe gesetzlicher Vorschriften wie durch die allgemeine Verkehrsanschauung eine Bedeutung beigelegt, die sich auf zahlreiche Rechtsbeziehungen auch außerhalb der Börse erstreckt. Hierbei ist regelmäßig kein Unterschied gemacht, ob der Börsenpreis amtlich festgestellt ist (vgl. unten A. 5) oder nicht; nur ausnahmsweise — im § 400 HGB. (für das Effektenkommissionsgeschäft, vgl. unten) und im § 14 HypBankG. — werden vom Gesetze besonders bestimmte Wirkungen lediglich an das Vorhandensein eines amtlich festgestellten Börsenpreises geknüpft (wegen der durch die amtliche Preisfeststellung begründeten Vermutung der Richtigkeit des festgestellten Preises vgl. unten A. 5). Überaus wichtig ist der Börsenpreis für das Kommissionsgeschäft: bei Waren, die einen Börsen- (oder Markt-) Preis haben, und bei Wertpapieren, bei denen ein Börsen- (oder Markt-) Preis amtlich festgestellt wird, kann der Kommissionär den ihm erteilten Kauf- oder Verkaufsauftrag durch Selbsteintritt ausführen und diesen Preis dem Kommittenten in Rechnung stellen (§ 400 HGB.). Der Börsenpreis dient ferner als Grundlage für die Ermittelung des Schadensersatzes wegen Nichterfüllung von Fixgeschäften (§ 376 Abs. 2 HGB., vgl. auch für den Konkursfall § 18 KO.), als Bewertungsfaktor bei der Aufstellung der Bilanz von Aktiengesellschaften (§ 261 Ziff. 1 HGB.) und mehrfach im Stempelrecht, als Maßstab der Lombardfähigkeit von Schuldverschreibungen und Wechseln (§ 13 Ziff. 3b bis d BankG.); sein Vorhandensein begründet vielfach für den zur Vornahme eines Selbsthilfe-, Zwangs- oder Notverkaufs

oder Deckungskaufs Befugten das Recht, einen solchen Verkauf oder Kauf statt auf dem Wege der öffentlichen Versteigerung freihändig durch die gesetzlich hierzu ermächtigten Personen (vgl. § 34, und wegen der einzelnen Fälle A. 1 zu § 34) zu bewirken. Wegen weiterer Fälle, in denen dem Börsenpreise kraft reichsgesetzlicher Vorschrift Bedeutung beigelegt ist, vgl. §§ 220 Abs. 3, 290 Abs. 3 HGB.; § 821 ZPO. Auch landesgesetzliche Vorschriften kommen in Betracht. Endlich spielt der Börsenpreis in Usancen sowie bei Verträgen, insbesondere Auseinandersetzungen aller Art, als Bewertungsgrundlage eine große Rolle. — Hingegen hat für die Börsenbesucher im Verkehr untereinander der Börsenpreis natürlich insoweit kein Interesse, als sie ihre Geschäfte zu festen, d. i. individuell vereinbarten Kursen abschließen (vgl. unten A. 13).

**5.** Die amtliche Feststellung des Börsenpreises ist diejenige, die von den auf Grund des Gesetzes dazu Berufenen nach Maßgabe der für die einzelne Börse getroffenen Bestimmungen (§ 5 Ziff. 4) vollzogen wird. Sie ist verboten, insoweit für Geschäfte die Benutzung der Börseneinrichtungen untersagt ist (§§ 42, 43, 51); weitere Beschränkungen ergeben sich aus A. 1 u. 2 oben. Die amtliche Feststellung des Börsenpreises begründet die Vermutung der Richtigkeit des festgestellten Kurses (vgl. Abs. 3), die jedoch durch den Nachweis, daß die amtliche Feststellung den gesetzlichen Anforderungen und somit der wahren Sachlage widerspreche, widerlegt werden kann (Begr. I, 33; RG. 12, 8).

**6.** Kassa- — im Warenverkehre Loko- — Geschäfte sind solche, die alsbald oder doch innerhalb einer kurzen, hauptsächlich der Erfüllungsvorbereitung wegen vorgesehenen Frist zu erfüllen sind. Den Kassageschäften werden nach den Usancen der meisten Börsen als wirtschaftlich zugehörig auch gewisse kurzfristige Zeitgeschäfte, z. B. „per morgen“, „per einige Tage“, zugerechnet, sowie alle Geschäfte mit nicht ausdrücklich bestimmter Lieferungsfrist, sofern nicht die sonstigen Umstände auf die Absicht der Parteien, ein Zeitgeschäft abzuschließen, hindeuten (vgl. z. B. § 13 d. Bedingungen für die Geschäfte an der Berliner Fondsbörse — abgedruckt im Anhang, Anl. 8 —). Zeitgeschäfte sind Geschäfte, bei denen sich Käufer und Verkäufer durch Hinausschiebung der Erfüllung auf einen in der Zukunft liegenden Termin gegenseitig Kredit gewähren. Sie werden im Wertpapierhandel zumeist auf den letzten Monatstag (ultimo), im Warenhandel auf einen vom Verkäufer zu bestimmenden Tag des vereinbarten Erfüllungsmonats abgeschlossen; sie können aber auch bei Kündigung des einen oder anderen Teils — wenn „täglich" oder „auf Ankündigung" gehandelt ist — fällig werden. Die Termingeschäfte (§§ 50 ff.) sind eine Art der Zeitgeschäfte. — Die Hervorhebung der beiden Geschäftsarten soll besagen, daß die Preise für jede gesondert festzustellen sind. Die Verschiedenheit der Preise für Zeitgeschäfte gegenüber den Kassapreisen ergibt sich im Wertpapierhandel daraus, daß auf erstere neben den für die Bildung der letzteren bestimmenden Momenten noch weitere Umstände — die wechselseitige Kreditgewährung und die übrigen Zeitgeschäftsbedingungen, bei Aktien und sonstigen Anteilscheinen auch das Anwachsen des Gewinnanteils — einwirken. Im Warenhandel entspricht den verschiedenen Preisen überhaupt verschiedene Ware. Denn hier wird im Terminmarkt einschl. des handelsrechtlichen Lieferungsgeschäfts Ware mit feststehender Lieferungsqualität börsenmäßig gehandelt (vgl. A. 8 zu § 50 und § 67), wohingegen die Lokogeschäfte und diejenigen Zeitgeschäfte, die nicht Börsentermingeschäfte sind, einfache Marktgeschäfte mit individuellem Vertragsinhalte sind, bei denen insbesondere in der Regel eine von den Parteien jeweils im Vertrage bezeichnete Qualität in Betracht kommt. Während daher für Warentermingeschäfte, ebenso wie im Wertpapierhandel, die wirklich gezahlten Preise genau registriert werden (vgl. unten A. 14), geht bei den übrigen Warengeschäften vielfach — z. B. an der Berliner Produktenbörse — die Übung dahin, auf Grund der Ermittelung der gezahlten Preise und der verschiedenen Qualitäten usw., für die sie sich verstehen, Spannungspreise zu notieren, die ein Bild von der Marktlage geben sollen, ohne die Bedeutung einer vollständigen Registrierung der gezahlten Preise zu haben.

7. Der Börsenvorstand kann hiermit ein Mitglied oder mehrere Mitglieder betrauen (§ 29 BörsO. für Berlin). Gemäß § 35 Abs. 1 Ziff. 1 kann die Feststellung mit Erlaubnis des Bundesrats auch anderen Organen übertragen werden; so ist in Frankfurt damit die Maklerkammer betraut.

8. Diese Bestimmung ist nur auf solche Berufsvertreter zu beziehen, die nicht gemäß § 4 Abs. 2 Satz 2 dem Börsenvorstand als Mitglieder angehören.

9. Von der Vorschrift der Nichtöffentlichkeit der endgültigen Feststellung sind gemäß § 35 Abs. 1 Ziff. 1 Ausnahmen zugelassen für die Börsen in Bremen, Hamburg (hinsichtlich der Feststellung der Warenpreise), Lübeck, Mannheim und Stettin.

10. Von der hier behandelten endgültigen Feststellung zu unterscheiden ist die unter der Kontrolle und lebhaften Mitwirkung der Börsenbesucher an der Börse sich vollziehende vorbereitende Feststellung durch die Kursmakler, wie sie insbesondere an der Berliner Fondsbörse üblich ist (sog. Kursmachen). Wenngleich es in der Praxis nur selten vorkommt, daß der beim „Kursmachen" ermittelte Börsenpreis nicht auch als amtlicher festgestellt wird, so erfolgt rechtlich die verantwortliche Feststellung doch erst bei dem im Abs. 2 vorgeschriebenen Vorgang durch die hierzu berufene Instanz (Abs. 1, vgl. oben A. 7), die auch, abgesehen von der Nachprüfung der Angaben der Kursmakler, selbständige Ermittelungen vornehmen kann (Begr. 1, 33; § 31 BörsO. für Berlin; vgl. auch unten A. 13 a. E.).

11. Das Gesetz wendet hier und im § 30 Abs. 1 Satz 1 die Ausdrücke „festsetzen" und „Festsetzung" an, während im übrigen im Abschnitte II von „feststellen" und „Feststellung" des Börsenpreises die Rede ist. Ein innerer Grund für den Gebrauch dieser verschiedenen Ausdrücke ist nicht ersichtlich.

12. Aus der Begriffsbestimmung des „Börsenpreises" in

Abs. 3 geht hervor, daß er nur auf Grund von an der Börse abgeschlossenen Geschäften festgestellt werden kann. Damit er der wirklichen Geschäftslage an der Börse — nur auf diese, nicht etwa auf die Geschäftslage außerhalb der Börse oder gar den „inneren Wert" kommt es an — entspricht, müssen bei seiner Feststellung alle Geschäfte außer Betracht bleiben, deren Preise durch besondere persönliche Beziehungen und sonstige nicht den Handel im ganzen berührende Umstände beeinflußt sind (Begr. I, 33). Solche Umstände können namentlich in den individuellen Verhältnissen des Käufers oder Verkäufers beruhen, ferner in Vereinbarungen, durch welche die usancemäßigen, für die Preisbemessung erheblichen Bedingungen des Geschäfts abgeändert werden. Selbstverständlich sind ferner Scheingeschäfte jeder Art auszuscheiden (vgl. auch die Strafvorschriften in den §§ 88, 92). Sie zu erkennen, ist Aufgabe der die Preisfeststellung bewirkenden Instanz; doch besteht, da in der Regel vermöge des Zusammentreffens von Verkauflustigen und Kauflustigen an der Börse einem Käufer, der zu auffallend hohem Kurse kaufen will, und einem Verkäufer, der zu auffallend niedrigem Kurse verkaufen will, alsbald zahlreiche Verkäufer oder Käufer gegenübertreten würden, die Gefahr von Scheingeschäften — abgesehen von dem Falle des Zusammenwirkens beider Vertragsparteien — ernstlich nur bei solchen Wertpapieren und Warengattungen, für die es an Interessenten an der Börse fehlt. — Andrerseits muß die feststellende Instanz dafür sorgen, daß möglichst alle der Berücksichtigung fähigen Geschäfte zur Berücksichtigung gelangen. Gewinnt sie die Überzeugung, daß die abgeschlossenen Geschäfte der wirklichen Geschäftslage des Verkehrs an der Börse nicht entsprechen, so ist die Feststellung des Börsenpreises zu verweigern; dagegen darf nicht, wie in der Reichstagskommission (KB. I, 11) irrtümlich angenommen wurde, ein von den tatsächlichen Abschlußpreisen abweichender „angemessener" Börsenpreis festgestellt werden, vielmehr ist die Feststellung eines auf bloßer Schätzung beruhenden Börsenpreises ausgeschlossen.

**13.** Das Gesetz legt im Abs. 3 nur das Erfordernis der Kurswahrheit für die Feststellung des Börsenpreises fest, überläßt aber die Art der Feststellung im übrigen der, den verschiedenen Verhältnissen an den einzelnen Börsen entsprechend verschiedenen Übung. Es kommen hauptsächlich zwei Methoden in Betracht: die Feststellung fester (variabler) Kurse und die Feststellung des Einheitskurses. Bei der Feststellung fester Kurse werden die verschiedenen Kurse, die im Laufe der Börsenzeit bei den an der Börse — zwischen Käufern und Verkäufern unmittelbar oder durch Vermittelung von Maklern — abgeschlossenen Geschäften vereinbart worden sind, registriert; überwiegend werden hierbei die Anfangs- und Schlußkurse sowie die in der Zwischenzeit eingetretenen Schwankungen berücksichtigt. Bei der Feststellung des Einheitskurses wird durch ein der freien Vereinbarung entzogenes Verfahren für jedes Wertpapier — im Warenhandel gibt es keine Einheitskurse, vgl. unten — auf Grund des den Kursmaklern vor und bei der — vorläufigen, vgl. oben A. 10 — Preisfeststellung erteilten Aufträge ein einheitlicher, für das gesamte Geschäft maßgeblicher Kurs ermittelt. Der Einheitskurs, der mithin die gleichmäßige Behandlung aller Aufträge gewährleistet, muß so beschaffen sein, daß dazu so viele Aufträge wie möglich, und zwar alle nicht limitierten (Bestens-) Aufträge sowie alle unter ihm limitierten Verkaufs- und über ihm limitierten Kaufaufträge voll und die zum Kurse limitierten Aufträge wenigstens teilweise, zur Ausführung gelangen. Liegen z. B. folgende Aufträge vor:

| Verkauf (Brief) | | | | Kauf (Geld) | | | |
|---|---|---|---|---|---|---|---|
| 5000 | M. | bestens | | 4000 | M. | bestens | |
| 6000 | „ | nicht unter | 92 | 3000 | „ | nicht über | 93 |
| 2000 | „ | „ „ | 93 | 2000 | „ | „ „ | 92 |
| 4000 | „ | „ „ | 94 | 8000 | „ | „ „ | 91 |

so würde der Einheitskurs 92 betragen, da bei diesem Kurs Aufträge in Höhe von 9000 M. ausführbar sind, während bei

94 solche in Höhe von nur 4000, bei 93 von nur 7000, bei 91 von nur 5000 ausführbar wären. [Der Kursnotiz 92 würde im vorliegenden Falle der Vermerk bez. B. (bezahlt — Brief) hinzugefügt werden, um zum Ausdrucke zu bringen, daß ein Teil des dem notierten Kurs entsprechenden Angebots (2000 M.) unberücksichtigt bleiben mußte; bei Nichtbefriedigung eines Teiles der dem Kurs entsprechenden Nachfrage wird der Zusatz bez. G. (bezahlt — Geld), bei voller Berücksichtigung der dem Kurs entsprechenden beiderseitigen Aufträge bez. (bezahlt) hinzugefügt.] Bis zur Feststellung des Einheitskurses bleiben alle den Kursmaklern erteilten Aufträge in der Schwebe, und nach seiner Bemessung richtet sich, welche davon zu Geschäftsabschlüssen führen. — Die Feststellung von Einheitskursen erfolgt in Berlin und Frankfurt im Wertpapierkassahandel; ein entsprechendes Verfahren findet an denselben Börsen bei Feststellung des Anfangskurses („ersten Kurses") im Wertpapierterminhandel statt. Kassageschäfte zu festen, vom Einheitskurs unabhängigen Kursen kommen hier im wesentlichen nur bei von der Spekulation besonders bevorzugten Wertpapieren vor, für die das Bedürfnis des Verkehrs eine beweglichere Preisbildung erheischt, wohingegen allerdings häufig Geschäfte ohne Vermittelung der Kursmakler zu dem — erst später zur Feststellung kommenden — Einheitskurse („zur Notiz") fest abgeschlossen werden.

Aus dem Gesagten ergibt sich, daß sowohl die festen Kurse wie der Einheitskurs Börsenpreise sind, zu denen sich Umsätze tatsächlich vollzogen haben. Die grundsätzliche Verschiedenheit zwischen dem Handel nach festen Kursen und dem Handel nach Einheitskurs besteht darin, daß sich jener frei abspielt, während dieser reglementiert und unter die Leitung des Kursmaklers gestellt ist, indem alle bei der Kursbildung zu berücksichtigenden Geschäfte durch ihn vermittelt werden müssen und er nicht nur die zusammenpassenden Aufträge zusammenzubringen, sondern nach den dargelegten Grundsätzen den Kurs zu errechnen hat, der für seine Vermittelungstätigkeit alsdann bestimmend ist. Die Feststellung des Kurses liegt auch beim Handel nach Einheitskurs der an sich dazu berufenen Instanz ob (Abs. 1, vgl. oben A. 7 u. 10); sie kann aber dafür nur die Errechnung des Kurses nachprüfen und erforderlichenfalls den Kursmakler veranlassen, die unrichtige Errechnung zu berichtigen, jedoch nicht die Vermittelungstätigkeit des Kursmaklers übernehmen.

**14.** Ohne Geschäftsabschlüsse können Börsenpreise begrifflich nicht entstehen. Wenn dem Angebot keine oder auch eine verhältnismäßig nur ganz geringe Nachfrage gegenübersteht und umgekehrt, oder wenn die geforderten und gebotenen Preise zu weit auseinandergehen, um zu Abschlüssen zu führen, so werden üblicherweise auf Grund der Kaufangebote „Geldkurse" oder auf Grund der Verkaufsangebote „Briefkurse" festgestellt. Diese Kurse sind keine Börsenpreise im Sinne des Gesetzes und begründen nicht das gesetzliche Selbsteintrittsrecht des Kommissionärs (RG. 34, 117); sie sind aber nicht nur als Bewertungsmaßstab weiten Interessentenkreisen ein Ersatz für die Börsenpreise — das gilt namentlich für die Geldkurse —, sondern spielen insbesondere auch für die Börsenmakelei und das Börsenkommissionsgeschäft eine große Rolle, indem sie dem Auftraggeber zu dem Nachweise der Ausführbarkeit seines Auftrags und damit zu dem Anspruch auf Schadloshaltung wegen unterlassener Ausführung verhelfen können, und endlich sogar ein vereinbarungs- oder usancemäßiges Selbsteintrittsrecht des Kommissionärs zu begründen vermögen — eine Usance dieser Art besteht beispielsweise in Berlin —. Daher ist die Vorschrift des Abs. 3 auch auf sie anzuwenden, und es ist insbesondere bei Werten, in denen öfters längere Zeit gänzliche Geschäftslosigkeit besteht, die Ernstlichkeit der Angebote und Nachfragen streng zu prüfen und bei erheblichen Spannungen zwischen Angebot und Nachfrage oder erheblichen Abweichungen gegenüber den zuletzt festgestellten Börsenpreisen der Kurs völlig zu streichen.

**15.** Irrtümlich festgestellte Kurse können von der zur Feststellung berufenen Instanz (Abs. 1, vgl. oben A. 7) berichtigt werden. Vielfach ist der Antrag auf Berichtigung nach herrschender Praxis — z. B. in Berlin, wo er nur am selben Tage zugelassen wird — oder durch ausdrückliche Bestimmung der Börsenordnung an eine (Ausschluß-) Frist gebunden; durch deren Versäumnis wird aber ebensowenig wie durch die Ablehnung der fristgemäß beantragten Berichtigung das Recht, die Unrichtigkeit amtlich festgestellter Kurse gerichtlich geltend zu machen, berührt (vgl. oben A. 5).

## § 30.

Zur Mitwirkung bei der amtlichen Festsetzung[1]) des Börsenpreises von Waren und Wertpapieren sind Hilfspersonen (Kursmakler) zu ernennen[2—4]). Sie müssen, solange sie die Tätigkeit als Kursmakler ausüben, die Vermittelung von Börsengeschäften in den betreffenden Waren oder Wertpapieren betreiben[5]). Sie werden von der Landesregierung bestellt und entlassen[6]) und leisten vor Antritt ihrer Stellung den Eid, daß sie die ihnen obliegenden Pflichten getreu erfüllen werden[7]).

Eine Vertretung der Kursmakler (Maklerkammer)[8]) ist bei der Bestellung neuer Kursmakler und bei Verteilung der Geschäfte unter die einzelnen Makler gutachtlich zu hören[9, 10]). Die näheren Bestimmungen über die Bestellung und Entlassung der Kursmakler und die Organisation ihrer Vertretung sowie über ihr Verhältnis zu den Staatskommissaren und den Börsenorganen werden von der Landesregierung erlassen[11]).

**1.** Vgl. A. 10 zu § 29.

**2.** Von der Vorschrift der Mitwirkung von Kursmaklern bei der amtlichen Preisfeststellung kann der Bundesrat gemäß § 35 Abs. 1 Ziff. 1 Ausnahmen zulassen. Demgemäß sind Kursmakler nicht ernannt für die Abteilung Metallbörse der

Berliner Börse, die Börsen zu Chemnitz und Danzig, die Dresdener Produktenbörse, die Börse in Hamburg, die Abteilung Produktenbörse der Leipziger Börse, die Börsen in Lübeck, Magdeburg, Mannheim, Stettin und Straßburg, die Landesproduktenbörse in Stuttgart und die Börse in Zwickau; für Börsen, an denen eine amtliche Preisfeststellung nicht stattfindet (Handels- und Industriebörse in Stuttgart, vgl. A. 1 zu § 29), kommt eine Ernennung von Kursmaklern selbstverständlich nicht in Frage. Für alle diese Börsen entfällt die Anwendbarkeit der §§ 30—34. Insbesondere gilt das auch hinsichtlich der an einem Teile der genannten Börsen zur Mitwirkung an der amtlichen Preisfeststellung berufenen sonstigen Hilfspersonen (Makler, Agenten usw., vgl. § 31 BörsO. für Berlin), insoweit nicht etwa durch Börsenordnungen, Anstellungsbedingungen usw. ein anderes bestimmt ist.

3. Die Kursmakler werden durch die Ernennung nicht Beamte und leisten daher auch nicht den Beamteneid, sondern den in Abs. 1 a. E. für sie besonders normierten Eid. Sie sind Makler i. S. der §§ 652 ff. BGB. und Handelsmakler i. S. der §§ 93 ff. HGB. und als solche handelsregisterpflichtige Kaufleute (KG. in Jahrb. 17, 6; OLG. Dresden in Rspr. 8, 245), denen aber — ähnlich wie den Rechtsanwälten — die Erfüllung bestimmter amtlicher Aufgaben zugewiesen und deshalb in gewissem Umfang amtlicher Charakter beigelegt ist. Die Kursmakler unterstehen der Staatsaufsicht (vgl. A. 8 zu § 1); außerdem kann die Landesregierung auf Grund des Abs. 2 Satz 2 noch andere Aufsichtsinstanzen und -maßnahmen anordnen (vgl. §§ 4, 28 ff. MO. für Berlin). Endlich unterliegen sie als Börsenbesucher den für die Börsenbesucher geltenden Vorschriften des Börsengesetzes und der Börsenordnungen (vgl. § 6 d. Erl. d. Pr. Min. f. Handel u. Gewerbe v. 14. Nov. 1896 — abgedruckt im Anhang Anl. 4 —), insoweit nicht die von den Landesregierungen erlassenen Bestimmungen ein anderes vorschreiben (vgl. z. B. für die Zulassung zum Börsenbesuch in Berlin § 5 MO.); sie sind auch zur Zahlung der

Gebühren für den Börsenbesuch verpflichtet (vgl. § 13 Abs. 3 BörsO. für Berlin). Die Kursmakler erhalten kein Gehalt. Die Höhe des Maklerlohns (Courtage) ist meist durch Usance oder in der Börsenordnung geregelt; er ist gemäß § 99 HGB. mangels einer besonderen Vereinbarung oder eines abweichenden Handelsgebrauchs von jeder Partei zur Hälfte zu bezahlen.

**4.** Der Umfang und die Art der Mitwirkung der Kursmakler bei der amtlichen Feststellung des Börsenpreises wird durch die Börsenordnung bestimmt (§ 5 Ziff. 4; vgl. § 31 BörsO. für Berlin). Hierbei muß es sich stets um eine Hilfstätigkeit i. S. des Abs. 1 handeln; die selbständige Feststellung des Börsenpreises kann ihnen nur gemäß § 35 Abs. 1 Ziff. 1 durch den Bundesrat übertragen werden. Die für die Feststellung besonders wichtige Pflicht der Kursmakler, der feststellenden Instanz die erforderlichen Auskünfte zu geben, erstreckt sich auf alle einschlägigen zu ihrer Kenntnis gelangenden Umstände (Begr. I, 34); deshalb werden, soweit nicht Einheitskurse festgestellt werden (vgl. A. 13 zu § 29), auch die ohne ihre Vermittelung abgeschlossenen Geschäfte bei den Kursmaklern angemeldet, um für die Kursfeststellung deren Berücksichtigung — auf die kein Anspruch besteht, die aber normalerweise stattfindet (§ 31; vgl. A. 2 dazu) — zu erwirken.

**5.** Der Betrieb des Maklergewerbes ist hiernach nicht Voraussetzung der Ernennung, so daß auch Personen aus anderen Berufskreisen zu Kursmaklern ernannt werden können. Im übrigen ergibt sich aus dieser Bestimmung im Zusammenhange mit § 31 Satz 1 die Verpflichtung der Kursmakler, von jedem zur Teilnahme am Börsenhandel befugten Börsenbesucher Aufträge in den Waren und Wertpapieren, an deren amtlicher Feststellung sie mitzuwirken berufen sind, anzunehmen. Von sonstigen Börsenbesuchern sowie von Nichtbörsenbesuchern dürfen sie, der Natur der Sache gemäß, Aufträge nicht annehmen (vgl. § 25 MO. für Berlin).

**6.** Ob die Bestellung auf bestimmte Zeit oder auf Lebenszeit erfolgt, und ob die Entlassung ein förmliches Disziplinarverfahren voraussetzt oder nach freier Entschließung der Landesregierung erfolgt, ist deren Bestimmung überlassen (vgl. für Preußen § 4 d. MinErl. v. 14. Nov. 1896, sowie § 4 MO. für Berlin).

7. Darüber, wer zur Abnahme des Eides zuständig ist, enthält das Gesetz keine Vorschrift. Nach den Maklerordnungen ist sie in der Regel den Staatskommissaren übertragen (vgl. § 1 MO. für Berlin).

8. Ob und gegebenenfalls in welcher Weise die Vertretung der Kursmakler vorhanden ist, hängt von der Bestimmung der Landesregierung (Abs. 2 Satz 2) ab. Maklerkammern bestehen in Berlin (§§ 7ff. MO.), Breslau, Cöln, Duisburg-Ruhrort, Frankfurt und München. Außerdem sind an mehreren Börsen durch die Börsen- und Maklerordnungen der Gesamtheit oder einem Ausschusse der Kursmakler einige Aufgaben ähnlicher Art, wie sie den Maklerkammern zustehen (vgl. unten A. 9), zugewiesen. Auch die Regelung der Aufsicht über die Vertretung der Kursmakler unterliegt dem freien Ermessen der Landesregierung; hierzu ist insbesondere stets das Recht des Staatskommissars, den Sitzungen beizuwohnen, festgesetzt (vgl. § 19 MO. für Berlin). An einer Reihe von Börsen ist von der Einrichtung einer Vertretung der Kursmakler ganz abgesehen.

9. Das Gesetz regelt von den Aufgaben der Maklerkammer nur die gutachtliche Äußerung bei der Bestellung neuer Kursmakler und bei Verteilung der Geschäfte unter die einzelnen Makler. Hierzu treten auf Grund der Maklerordnungen für die einzelnen Börsen namentlich die Aufsicht über die Kursmakler, die mit dem Rechte disziplinarischer Bestrafung wegen Verletzung der Kursmaklerpflichten — wegen sonstiger Ordnungs- oder Ehrverletzungen bleibt die Zuständigkeit des Börsenvorstandes und des Ehrengerichts unberührt (vgl. oben A. 3) — ausgestattet ist, die Schlichtung von Streitigkeiten zwischen Kursmaklern untereinander und zwischen Kursmakler und Auftraggeber, sowie die Erstattung von Gutachten auf Erfordern staatlicher Behörden (vgl. § 13 MO. für Berlin).

An der Berliner und an der Breslauer Börse ist durch ausdrückliche Bestimmung der Maklerordnung (für Berlin § 13 Ziff. 2 MO.) der Maklerkammer auch die Verteilung der Geschäfte unter die einzelnen Kursmakler übertragen; der gegen die Berliner Regelung erhobene Widerspruch, der sich darauf stützte, daß das Gesetz der Maklerkammer nur das Recht der Äußerung hierzu einräumt, die Verteilung selbst aber ein Akt der Börsenleitung ist, ist durch Erlaß des Oberpräsidenten vom 11. Juni 1897 verworfen worden.

**10.** Die Verpflichtung der Landesregierung, bei der Bestellung neuer Kursmakler die Maklerkammer gutachtlich zu hören, schließt nicht deren Berechtigung aus, vor Bestellung oder Entlassung der Kursmakler auch die aufsichtsführenden Handelsorgane und die Börsenvorstände hierüber gutachtlich zu hören oder sich in bezug auf die Bestellung der Kursmakler Vorschläge von ihnen machen zu lassen (KB. I, 12; vgl. § 2 MO. für Berlin).

**11.** In Preußen sind die Bestimmungen über die Bestellung und Entlassung der Kursmakler durch den MinErl. v. 14. Nov. 1896 getroffen. Die weiteren in Abs. 2 Satz 2 vorgesehenen Bestimmungen haben ihre Regelung in den, ebenfalls vom Minister, für die einzelnen Börsen erlassenen Maklerordnungen gefunden. In diesen Erlassen sind auch die Vorschriften über die Stellvertretung der Kursmakler enthalten (vgl. § 5 d. MinErl. v. 14. Nov. 1896 u. § 6 MO. für Berlin).

## § 31.

Bei Geschäften in Waren oder Wertpapieren kann ein Anspruch auf Berücksichtigung bei der amtlichen Feststellung des Börsenpreises nur erhoben werden, wenn sie durch Vermittelung eines Kursmaklers abgeschlossen sind[1]. Die Berechtigung des Börsenvorstandes, auch andere Geschäfte zu berücksichtigen[2], bleibt hierdurch unberührt.

1. Aus der Bestimmung, daß nur für die durch Kursmakler abgeschlossenen Geschäfte ein Anspruch auf Berücksichtigung bei der amtlichen Preisfeststellung erhoben werden kann, ergibt sich das einzige gesetzliche Vorrecht, das den Kursmaklern vor den „freien Maklern“ eingeräumt ist. Die Vorschrift versteht sich von selbst, soweit Einheitskurse festgestellt werden, da hier ohnehin nur die von den Kursmaklern vermittelten Geschäfte Berücksichtigung finden (vgl. A. 13 zu § 29), ist aber von großer praktischer Bedeutung, soweit feste Kurse festgestellt werden (vgl. aaO.). Denn bei allen Geschäften, bei denen es auch nur einem Beteiligten auf die amtliche Preisfeststellung ankommt, wird hier, um diese zu sichern, die Vermittelung durch einen Kursmakler herbeigeführt werden müssen. Freilich ist in jedem Falle der Anspruch auf amtliche Preisfeststellung noch davon abhängig, daß das Erfordernis des § 29 Abs. 3 (vgl. A. 12 dazu) erfüllt ist. Ferner gibt es keinen gesetzlichen Anspruch auf tägliche Kursfeststellung; vielmehr bestimmt die Börsenordnung oder das von ihr hiermit betraute Börsenorgan, an welchen Tagen und in welchen Zwischenräumen die Feststellung erfolgt (vgl. für Berlin § 30 BörsO. u. Anhang zu d. Bedingungen für die Geschäfte an der Berl. Fondsbörse).

2. Die Berücksichtigung der nicht durch Kursmakler vermittelten Geschäfte ist, soweit nicht nach Einheitskurs gehandelt wird (vgl. A. 13 zu § 29), i. S. des § 29 Abs. 3 dann geboten, wenn die von den Kursmaklern abgeschlossenen Geschäfte ein richtiges Urteil über die Lage des Marktes nicht gestatten (KB. I, 13; vgl. auch A. 12 zu § 29, sowie A. 4 zu § 30).

## § 32.

Die Kursmakler dürfen in den Geschäftszweigen, für welche sie bei der amtlichen Feststellung des Börsenpreises mitwirken[1]), nur insoweit für eigene Rechnung oder in eigenem Namen Handelsgeschäfte schließen[2]) oder eine Bürgschaft für die von ihnen vermittelten Geschäfte übernehmen, als dies zur Ausführung der ihnen erteilten Aufträge nötig ist[3]; die Landesregierung bestimmt, in welcher Weise die Beobachtung dieser Vorschrift zu überwachen ist[4]. Die Gültigkeit der abgeschlossenen Geschäfte wird hierdurch nicht berührt[5].

Die Kursmakler dürfen, soweit nicht die Landesregierung Ausnahmen zuläßt[6], kein sonstiges Handelsgewerbe betreiben[7], auch nicht an einem solchen als Kommanditist oder stiller Gesellschafter beteiligt sein[8]; ebensowenig dürfen sie zu einem Kaufmann in dem Verhältnis eines Prokuristen, Handlungsbevollmächtigten oder Handlungsgehilfen stehen[9, 10].

**1.** In Berücksichtigung des Zweckes des § 32, die Autorität der Kursmakler und das Vertrauen in ihre Unbefangenheit zu wahren (Begr. I, 21), sind unter den Geschäftszweigen, für welche die Kursmakler bei der amtlichen Feststellung des Börsenpreises mitwirken, an den Börsen, an denen eine Geschäftsverteilung unter die Kursmakler stattfindet, nur die den einzelnen zugewiesenen bestimmten Warengattungen oder Wertpapiere zu verstehen; ob dafür — nach erfolgter Zuteilung — die amtliche Feststellung des Börsenpreises schon stattfindet oder noch bevorsteht, ist hingegen, wiederum im Hinblick auf den Zweck der Vorschrift, für deren Zugehörigkeit zu diesen Geschäftszweigen gleichgültig (E. d. HK. zu Berlin in Mitt. 1906, 667).

**2.** In den bezeichneten Geschäftszweigen (vgl. A. 1) dürfen die Kursmakler nur die Vermittelung von Börsengeschäften betreiben, im übrigen aber — abgesehen von den besonders zugelassenen Ausnahmen (vgl. A. 3) — Handelsgeschäfte weder für eigene Rechnung in eigenem oder fremdem Namen, noch in eigenem Namen für fremde Rechnung schließen. Das Verbot erstreckt sich auch auf Handelsgeschäfte an wie außerhalb der Börse; Geschäfte im Rahmen der Vermögensverwaltung sind jedoch keine Handelsgeschäfte. In anderen als den bezeichneten Geschäftszweigen ist es den Kursmaklern erlaubt, Handelsgeschäfte zu schließen, indes gemäß Abs. 3 außer Handelsmaklergeschäften nicht gewerbsmäßig (vgl. unten A. 7); weitere Beschränkungen können die Landesregierungen gemäß § 30 Abs. 2 — insbesondere durch die Anstellungsbedingungen — anordnen.

3. Die Notwendigkeit kann rechtlich wie wirtschaftlich begründet sein. Die Fälle der rechtlichen Notwendigkeit ergeben sich aus § 95 HGB. Als Fälle wirtschaftlicher Notwendigkeit gelten solche, in denen die Kursmakler sonst außerstande wären, ihnen erteilte Aufträge sachgemäß auszuführen, m. a. W., der Selbsteintritt ist ihnen erlaubt als Mittel, sich die Courtage oder den Auftraggeber zu erhalten, nicht aber, um aus der Börsentendenz Kursgewinn zu ziehen. Deshalb gehört hierher insbesondere der Fall, daß ein Kauf- oder Verkaufsauftrag durch Abschluß mit einem Dritten nicht in vollem Umfange zu erledigen ist, weil das Angebot oder die Nachfrage nicht dafür ausreicht; alsdann wird der Kursmakler den fehlenden oder überschießenden Teilbetrag (Spitze) selbst abgeben oder übernehmen, um nicht auf das ganze Geschäft verzichten zu müssen. Der Kursmakler überschreitet auch dann nicht die Grenzen der ihm erlaubten Vermittelung, wenn er, um die zeitlichen Lücken zwischen dem Eingehen der Aufträge auszufüllen oder um nicht unlimitierte Aufträge mit solchen Gegenaufträgen, die der Marktlage widersprechen, zusammenzubringen, zunächst selbst gibt oder nimmt — vorausgesetzt, daß er nicht in der Spekulation bleiben will, sondern sobald als möglich sich selbst eine Gegenpartei sucht; namentlich im spekulativen Geschäft erfordert es oft das Bedürfnis des Verkehrs, daß er dergestalt sein Kapital oder seinen darauf beruhenden Kredit in den Dienst seiner Vermittelungstätigkeit stellt. In allen Fällen — abgesehen von dem im § 95 Abs. 3 HGB. geregelten — handelt es sich jedoch lediglich um ein Recht des Kursmaklers, auf dessen Ausübung der Auftraggeber keinen Ver-

tragsanspruch hat. — In der Übung wird die Frage, ob eigene Geschäfte des Kursmaklers sich innerhalb der Grenzen des Zulässigen bewegt haben, immer nur von Fall zu Fall nach den begleitenden Umständen zu entscheiden sein. Ist z. B. in einem Wertpapiere, dessen Kurs sich um 100% herum bewegt hat, dem Kursmakler ein Auftrag erteilt, 10000 M. bestens zu verkaufen, und müßte er beim Mangel entsprechender Kaufaufträge den Einheitskurs auf 99% herabsetzen, so handelt er in sachgemäßer Ausführung des Auftrags, wenn er den Kurs wie bisher auf 100% feststellt und zu diesem Kurse den Rest oder sogar die gesamten 10000 selbst übernimmt. Dagegen wäre es im gleichen Falle nicht zulässig, wenn er den Kurs auf 99,10% feststellte und somit die Kauflustigen, die 99% geboten haben, ausfallen ließe, um an deren Stelle mit dem geringen Unterschiede von 0,10% einen vermeintlich billigen Kauf für sich selbst abzuschließen. Könnte wiederum der Kursmakler nachweisen, daß er infolge eines früheren Fehlers oder einer nach den oben dargelegten Börsengebräuchen entstandenen eigenen Verpflichtung 10000 dieses Papiers schuldig war, so wäre in der Eindeckung keine Überschreitung seiner Befugnisse zu erblicken, selbst dann nicht, wenn er alle Kauflustigen bis zu 100% ausfallen ließe und den Kurs auf 100,10% feststellte, um die 10000 für eigene Rechnung zu erwerben. Daher ist in Zweifelsfällen stets zu prüfen, ob durch den Selbsteintritt des Kursmaklers eine der wirklichen Geschäftslage des Verkehrs an der Börse nicht entsprechende Preisfeststellung herbeigeführt worden ist, wobei zu berücksichtigen ist, daß die Verpflichtungen des Kursmaklers, in welche er, wie geschildert, sogar wider seinen Willen und wider seine Absicht kommen kann, zur Geschäftslage des Verkehrs an der Börse gehören.

**4.** Zum Zwecke der Überwachung ist in den meisten Maklerordnungen bestimmt, daß die Kursmakler in ihrem Tagebuche (§ 33) die für eigene Rechnung oder in eigenem Namen abgeschlossenen Geschäfte täglich zusammenzustellen haben, und daß den Aufsichtsbehörden die Einsicht in das Tagebuch zusteht (vgl. §§ 26, 30 MO. für Berlin).

5. Zuwiderhandlungen der Kursmakler gegen § 32 Abs. 1 beeinträchtigen also nicht die Wirksamkeit der verbotswidrig abgeschlossenen Geschäfte, auch ist die Benutzung der Börseneinrichtungen hierfür nicht ausgeschlossen. Der zuwiderhandelnde Kursmakler setzt sich jedoch disziplinarer, unter Umständen auch ehrengerichtlicher Bestrafung (vgl. A. 3 u. 9 zu § 30) aus.

6. Von dem Verbote des Betriebs eines „sonstigen" Handelsgewerbes (vgl. unten A. 7) und der Beteiligung daran (vgl. unten A. 8) sind vielfach Ausnahmen zugelassen, sowohl für einzelne Fälle, in denen Kursmakler durch Erbgang, Eheschließung u. dgl. in die Lage kommen, ein Geschäft zu betreiben oder daran beteiligt zu sein, als auch allgemein für die Kursmakler verschiedener Börsen, an denen die Kursmaklertätigkeit allein kein hinreichendes Einkommen gewährt.

7. Freigegeben ist den Kursmaklern nur das Gewerbe des Handelsmaklers, das sie, soweit ihnen die Landesregierung nicht gemäß § 30 Abs. 2 — insbesondere durch die Anstellungsbedingungen — Beschränkungen auferlegt, an wie außerhalb der Börse betreiben dürfen. Das Verbot, ein „sonstiges Handelsgewerbe zu betreiben", bedeutet, daß sie andere Handelsgeschäfte als die eines Handelsmaklers nicht gewerbsmäßig betreiben dürfen, u. z. auch nicht als gesetzliche Vertreter geschäftsunfähiger Personen, Vorstandsmitglieder von Aktiengesellschaften usw., Geschäftsführer von Gesellschaften mit beschränkter Haftung oder sonst in fremdem Namen. Dagegen ist ihnen die Tätigkeit als Aufsichtsratsmitglied durch das Gesetz nicht untersagt; doch wird hier die Untersagung seitens der Landesregierung gemäß § 30 Abs. 2 stets dann erfolgen, wenn diese Tätigkeit für Gesellschaften ausgeübt wird, deren Waren oder Wertpapiere unter die im Abs. 1 bezeichneten Geschäftszweige fallen.

8. Hieraus folgt, daß der Kursmakler auch nicht ein Handelsgewerbe auf seine Rechnung durch Dritte betreiben lassen darf. Nicht verboten ist die Beteiligung als Aktionär

eines Aktienunternehmens oder als Mitglied einer eingetragenen Genossenschaft; ob eine Beteiligung als Gesellschafter an einer Gesellschaft mit beschränkter Haftung zulässig ist, dürfte nach den Umständen des Falles zu beurteilen sein. Für alle derartigen Beteiligungen besteht indes wiederum die Untersagungsbefugnis der Landesregierung gemäß § 30 Abs. 2.

**9.** Von dem Verbot, in einem derartigen Abhängigkeitsverhältnisse zu stehen, kann die Landesregierung den Kursmaklern keine Befreiung gewähren.

**10.** Für Verletzungen der Verbote im Abs. 2 gilt sinngemäß dasselbe wie für Zuwiderhandlungen gegen Abs. 1 (vgl. oben A. 5).

## § 33.

Das von dem Kursmakler zu führende Tagebuch[1]) ist vor dem Gebrauche dem Börsenvorstande zur Beglaubigung der Zahl der Blätter oder Seiten vorzulegen[2]).

Wenn ein Kursmakler stirbt oder aus dem Amte scheidet, ist sein Tagebuch bei dem Börsenvorstande niederzulegen[3]).

**1.** Das Tagebuch hat der Kursmakler als Handelsmakler gemäß § 100 HGB. zu führen (vgl. A. 3 zu § 30). Es gelten deshalb dafür die §§ 43, 44, 100—103 HGB.

**2.** Weitere Vorschriften können von den Landesregierungen erlassen werden (vgl. §§ 26, 30 MO. für Berlin). Auf solche Vorschriften bezieht sich aber nicht die Strafvorschrift des § 103 HGB.

**3.** Die Verpflichtung erstreckt sich auf alle Tagebücher, in denen sich Eintragungen befinden, seit deren Vornahme noch nicht zehn Jahre verstrichen sind (§ 44 Abs. 1 HGB.). Im Todesfalle geht sie auf die Erben über. Zwangsmittel zur Erfüllung fehlen jedoch.

## § 34.

**Die Kursmakler sind zur Vornahme von Verkäufen und Käufen befugt, die durch einen dazu öffentlich ermächtigten Handelsmakler[1]) zu bewirken sind[2, 3]).**

1. Die öffentliche Ermächtigung von Handelsmaklern zur Vornahme von Verkäufen und Käufen wird nach Maßgabe der Landesgesetze erteilt (in Preußen gemäß Art. 13 Ausf-Ges. z. BGB.). Sie bezieht sich auf den durch Reichs- oder Landesrecht oder Vertrag — an Stelle der Versteigerung — zugelassenen freihändigen Verkauf und Kauf von Waren, die einen Börsen- oder Marktpreis haben. Als reichsgesetzliche Bestimmungen, durch welche Verkäufe dieser Art zugelassen sind, kommen in Betracht: §§ 371, 373 Abs. 2, 376 Abs. 3, 379 Abs. 2, 388 Abs. 2, 389, 391, 407, 417 Abs. 1, 437 Abs. 2 HGB.; §§ 385, 753, 1221, 1235 Abs. 2, 1295, 1477, 2042 BGB.; § 20 BankG.; hierzu tritt der Deckungskauf gemäß § 376 Abs. 3 HGB.

2. Bei der Ausübung dieser Befugnis — nicht Verpflichtung — unterliegen die Kursmakler denselben Rechte wie die öffentlich ermächtigten Handelsmakler, nicht den besonderen börsenrechtlichen Vorschriften. Daraus folgt u. a., daß sie Aufträge zu den in Betracht kommenden Verkäufen und Käufen auch von Nichtbörsenbesuchern annehmen und auch außerhalb der Börse ausführen dürfen, daß das Selbsteintrittsrecht (§ 32) nicht besteht (vgl. § 457 BGB.), usw. Für Berlin sind für Zwangsverkäufe und Zwangsdeckungskäufe an der Produktenbörse besondere Feststellungen durch den Börsenvorstand getroffen, und es ist hierdurch dem Kursmakler der Verkauf an die betreibende Partei oder der Kauf von dieser für den Fall untersagt, daß außer der betreibenden Partei kein anderer Interessent sich am Gebot oder Angebote beteiligt (Mitt. d. HK. zu Berlin 1907, 47).

3. Zur Vornahme öffentlicher Versteigerungen i. S. des § 383 Abs. 3 BGB. und verwandter Gesetzesstellen sind die

Kursmakler an sich nicht befugt (KG. in Rspr. 6, 89, vgl. auch ausdrückliche Bestimmung in § 25 Abs. 2 a. E. MO. für Berlin); sie bedürfen vielmehr hierzu einer besonderen, nach Landesrecht — in Preußen gemäß Erl. d. Min. für Handel u. Gewerbe v. 10. Juli 1902 (MinBl. der Handels- und Gewerbeverwaltung 279) durch öffentliche Anstellung als Versteigerer — zu erteilenden Ermächtigung.

## § 35.

Der Bundesrat ist befugt:

1. eine von den Vorschriften im § 29 Abs. 1 und 2 und in den §§ 30 und 31 abweichende amtliche Feststellung des Börsenpreises von Waren oder Wertpapieren für einzelne Börsen zuzulassen[1]);
2. eine amtliche Feststellung des Börsenpreises bestimmter Waren allgemein oder für einzelne Börsen vorzuschreiben[2]);
3. Bestimmungen zu erlassen, um eine Einheitlichkeit der Grundsätze über die den Feststellungen von Warenpreisen zugrunde zu legenden Mengen und über die für die Feststellung der Preise von Wertpapieren maßgebenden Gebräuche herbeizuführen[3]).

Die Befugnis der Landesregierung zu Anordnungen der im Abs. 1 Ziff. 2 und 3 bezeichneten Art[4]) wird hierdurch nicht berührt, soweit der Bundesrat von seiner Befugnis keinen Gebrauch gemacht hat. Diese Anordnungen sind dem Reichskanzler zur Kenntnisnahme mitzuteilen.

**1.** Der Bundesrat kann die Abweichungen nur zulassen, nicht verfügen. Sie müssen daher zunächst in den Börsenordnungen vorgesehen (§ 5 Ziff. 4) und mithin von der Landesregierung genehmigt oder angeordnet sein (§ 4 Abs. 2). Die demgemäß zugelassenen Abweichungen sind so zahlreich, daß die gesetzliche Regelung nur für wenige Börsen — darunter allerdings die Berliner Börse, Abteilungen Fondsbörse und Produktenbörse — maßgebend ist (vgl. A. 7 u. 9 zu § 29, A. 2 zu § 30). Die Zulassung ist in jenen Fällen teils durch formellen Beschluß, teils aber auch stillschweigend erfolgt.

**2.** Der Erlaß der in Ziff. 2 — insbesondere im Hinblick auf die Preisfeststellung für landwirtschaftliche Erzeugnisse (KB. I, 15) — vorgesehenen Vorschriften würde nur insofern wirksam sein, als die Waren an den Börsen tatsächlich gehandelt werden. Der Bundesrat hat von dieser Befugnis bisher keinen Gebrauch gemacht.

**3.** Auf Grund dieser Bestimmung ist die Bekanntmachung v. 21. Nov. 1912 (abgedruckt im Anhang, Anl. 2) ergangen.

**4.** Die Befugnis der Landesregierung zu Anordnungen der in Abs. 1 Ziff. 2 und 3 bezeichneten Art ergibt sich aus § 4 Abs. 2 Satz 2.

## III. Zulassung von Wertpapieren zum Börsenhandel.

### § 36.

Die Zulassung von Wertpapieren[1]) zum Börsenhandel[2]) erfolgt an jeder Börse[3]) durch eine Kommission (Zulassungsstelle)[4]), von deren Mitgliedern mindestens die Hälfte aus Personen bestehen muß, die sich nicht berufsmäßig am Börsenhandel mit Wertpapieren beteiligen[5, 6]).

Von der Beratung und Beschlußfassung über die Zulassung eines Wertpapiers zum Börsenhandel sind diejenigen Mitglieder ausgeschlossen, welche an der Einführung dieses Wertpapiers in den Börsenhandel beteiligt sind[7]); für die ausscheidenden Mitglieder sind

Stellvertreter nach näherer Bestimmung der Börsenordnung zu berufen[8]).

Die Zulassungsstelle hat die Aufgabe und die Pflicht[9]):

a) die Vorlegung der Urkunden, welche die Grundlage für die zu emittierenden[10]) Wertpapiere bilden[11]), zu verlangen und diese Urkunden zu prüfen;

b) dafür zu sorgen, daß das Publikum über alle zur Beurteilung der zu emittierenden[12]) Wertpapiere notwendigen tatsächlichen und rechtlichen Verhältnisse soweit als möglich informiert wird[13]), und bei Unvollständigkeit der Angaben die Emission[14]) nicht zuzulassen[15]);

c)[16]) Emissionen nicht zuzulassen, durch welche erhebliche allgemeine Interessen geschädigt werden oder welche offenbar zu einer Übervorteilung des Publikums führen.

Die Zulassungsstelle darf die Emission[17]) ohne Angabe von Gründen ablehnen[18]). Im übrigen werden die Bestimmungen über die Zusammensetzung der Zulassungsstelle[19]), sowie über die Zulässigkeit einer Beschwerde gegen deren Entscheidungen[20—22]) durch die Börsenordnungen[23]) getroffen. Die Zulassungsstelle ist befugt, zum Börsenhandel zugelassene Wertpapiere von demselben auszuschließen[24, 25]).

**1.** Zulassungsfähige Wertpapiere sind auch Kuxe des neuen Rechtes und Genußscheine (vgl. § 2 ZulBek.). Zertifikate sind als Wertpapiere zu erachten, wenn die Verwertung des in ihnen verbrieften Rechtes an den Besitz der Urkunde geknüpft ist, sie also nicht bloße Legitimationspapiere sind. Urkunden über Anteile von Gesellschaften mit beschränkter Haftung sind

Beweisurkunden ohne Wertpapiercharakter. Daß Wechsel nicht unter die Wertpapiere im Sinne des III. Abschnitts des Gesetzes fallen, ergibt sich aus § 96. Im übrigen bestimmt sich der Begriff der zulassungsfähigen Wertpapiere aus dem durch die Bedürfnisse des Börsenhandels, insbesondere dem Erfordernisse leichter Übertragbarkeit, geschaffenen Herkommen. Demgemäß werden von Gesellschaften, die Inhaber- und Namenaktien ausgeben, regelmäßig nur die ersteren zugelassen.

2. Die Zulassung von Wertpapieren zum Börsenhandel, d. i. zum Börsenhandel unter Benutzung der Börseneinrichtungen, Vermittelung durch die Kursmakler und amtlicher Kursfeststellung (vgl. § 43), ist zu unterscheiden von der tatsächlichen Einführung an der Börse, von der § 38 handelt, und von der Zulassung zum Börsenterminhandel (§§ 50 ff.).

3. D. i. an jeder Börse, die dem Handel mit Wertpapieren dient.

4. Die Zulassungsstelle ist ein Börsenorgan, dessen Beratungen der Staatskommissar beizuwohnen berechtigt ist (vgl. A. 3 zu § 2).

5. Der Grund, aus dem die Zahl der berufsmäßig am Börsenhandel mit Wertpapieren beteiligten Mitglieder beschränkt ist, besteht in der Erwägung, daß neben den Emissions- und Bankinteressen auch die Interessen der Gesamtheit, insbesondere des kaufenden Publikums, Vertretung finden sollen. Das Merkmal der berufsmäßigen — nicht der gewerbsmäßigen — Beteiligung ist gewählt, um die Beschränkung auch auf die Vorstandsmitglieder der an dem Wertpapierhandel beteiligten juristischen Personen zu erstrecken (Begr. II, 16). Aufsichtsratsmitglieder von Banken fallen nicht unter die Beschränkung (KB. II, 11), ebensowenig Personen, die sich, ohne durch ihren Beruf darauf hingewiesen zu sein, am Wertpapierhandel beteiligen.

6. Die Beschränkung bezieht sich nur auf die Zusammensetzung der Zulassungsstelle als solcher, nicht auf die jeweilige Zusammensetzung bei der einzelnen Abstimmung; doch können

auch hierfür ähnliche Vorschriften durch die Börsenordnung getroffen sein. Die Verletzung der Beschränkung bietet einen Beschwerdegrund gegen die bei ordnungswidriger Zusammensetzung gefaßten Beschlüsse, macht diese aber nicht ohne weiteres unwirksam.

7. Da der Zweck dieser Vorschrift ist, daß die Entscheidungen der Zulassungsstelle mit größtmöglicher Unbefangenheit gefällt werden, so ist der Begriff der Beteiligung hier weit auszulegen. Als beteiligt sind daher stets anzusehen die Inhaber und Verwaltungs- — also auch Aufsichtsrats- — Mitglieder des Unternehmens, für dessen Wertpapiere die Zulassung beantragt wird, die Firmen, die den Antrag auf Zulassung stellen, sowie solcher, die als Konsortialbeteiligte interessiert sind (Beschl. d. dtsch. Zul.-St. v. 21. Febr. 1908). In anderen, zweifelhaften Fällen muß die Zulassungsstelle darüber entscheiden, ob eine Beteiligung im Sinne des § 36 vorliegt. Das ausgeschlossene Mitglied darf den Verhandlungen auch nicht als Zuhörer beiwohnen. — Wegen der Folgen einer Verletzung dieser Vorschrift gilt das oben in A. 6 Gesagte.

8. Die Börsenordnungen dehnen zumeist, dem praktischen Bedürfnisse entsprechend, die Einrichtung der Stellvertreter auf alle Fälle der Behinderung der Mitglieder aus (vgl. § 23 BörsO. für Berlin). Bei der Berufung der Stellvertreter muß ebenfalls die Vorschrift des Abs. 1 beachtet werden.

9. Abweichend vom Entwurfe des Börsengesetzes, demzufolge die sachlichen Voraussetzungen für die Zulassung und das Verfahren vor der Zulassung nicht reichsgesetzlich festgelegt, sondern lediglich dem Bundesrate die Befugnis zu diesbezüglichen Anordnungen erteilt werden sollte (Begr. I, 38), sind infolge Reichstagsbeschlusses einerseits im § 36 Abs. 3 die Aufgaben und Pflichten der Zulassungsstelle in das Gesetz selbst aufgenommen, andrerseits im § 44 Abs. 2 „weitere Bestimmungen über die Aufgaben der Zulassungsstelle und die Voraussetzungen der Zulassungsstelle" in das Ermessen des Bundesrats gestellt worden. Da der Bundesrat derartige Bestimmungen durch die

Bekanntmachung vom 4. Juli 1910 (ZulBek.) erlassen hat, ist die Aufzählung im Gesetze nunmehr unvollständig; dagegen sind im § 14 aaO. sämtliche Gründe zusammengestellt, aus denen die Ablehnung eines Zulassungsantrags zu erfolgen hat. Vor Erlaß der geltenden Bekanntmachung war es eine der meisterörterten börsenrechtlichen Streitfragen, ob die Zulassungsstellen nur aus den im Börsengesetz angegebenen oder gemäß § 44 etwa vom Bundesrate festgestellten Gründen Zulassungsanträge zurückweisen dürfen, mithin mangels solcher Gründe ein Anspruch auf Zulassung besteht, oder ob die Zulassungsstellen aus jedem anderen, nach ihrer Meinung durchgreifenden Grunde die Zulassung versagen können. Der Bundesrat hat durch die Fassung des § 14 aaO. die Streitfrage für die Übung im Sinne der ersteren Ansicht erledigt (Erl. 18). Insoweit also nicht gemäß § 14 aaO. der Zulassungsantrag zurückzuweisen ist, hat die Zulassungsstelle lediglich den Beruf, die Vollständigkeit des Prospektes und seiner Unterlagen herbeizuführen, ohne aber mit der Zulassung irgend welche moralische Verantwortlichkeit für die Güte und Sicherheit des Wertpapiers und die Richtigkeit der Prospektangaben zu übernehmen (Prospekttheorie). Eine zivilrechtliche Verantwortlichkeit der Zulassungsstelle oder ihrer Mitglieder kommt überhaupt nicht in Betracht.

**10.** Der Ausdruck ist ungenau. Gemeint ist „zum Börsenhandel zuzulassenden".

**11.** Der Kreis der Urkunden, deren Vorlegung verlangt werden muß, ist näher bestimmt durch § 9 ZulBek. Die Prüfung hat sich auch auf die Rechtsgültigkeit der Urkunden zu erstrecken.

**12.** Vgl. oben A. 10.

**13.** Die Angaben, deren Veröffentlichung im Prospekte (§ 38 Abs. 2) verlangt werden muß, sind zusammengestellt in den §§ 6—8 ZulBek. Die Zulassungsstelle kann weitere i. S. des § 36 Abs. 3 b notwendige Angaben fordern. Derartige Angaben werden besonders für die Zulassung von Wertpapieren von

Aktienunternehmen, namentlich von Aktien, verlangt. Näheres hierüber vgl. insbesondere A. 14 zu § 8 ZulBek. Zu der erforderlichen Information des Publikums, auf welche die Zulassungsstelle hinzuwirken hat, ist es auch notwendig, daß die Angaben in deutlicher und übersichtlicher Fassung gemacht werden. Dagegen gehört es nicht zur Zuständigkeit der Zulassungsstelle, in Fällen, in denen über eine Verpflichtung des Wertpapierausstellers Zweifel bestehen, eine bindende Erklärung des letzteren im Sinne der Übernahme der Verpflichtung herbeizuführen; in diesen Fällen kann die im Hinblick auf § 36 Abs. 3b nötige Klarstellung nur derart beansprucht werden, daß in dem Prospekte der subjektive Rechtsstandpunkt des Ausstellers zum Ausdrucke kommt (J. d. HK. zu Berlin 1910, 52). Insoweit Verhältnisse in Frage kommen, die sonst als Geschäftsgeheimnisse der Öffentlichkeit vorenthalten werden (z. B. Höhe der Umsätze), ist von Fall zu Fall zu prüfen, ob deren Offenlegung zu einer sachgemäßen Beurteilung seitens der Erwerber der zuzulassenden Wertpapiere erforderlich ist. Natürlich besteht hinsichtlich aller nicht allgemein bekannter Tatsachen, durch die eine ungünstige Beeinflussung der Rentabilität eintreten kann — z. B. eines großen Prozesses mit unsicherem Ausgange — die Angabepflicht der für den Prospekt Haftenden (§ 45), ohne daß es hierzu einer Aufforderung seitens der Zulassungsstelle bedarf. — Das Recht der Zulassungsstelle, unnütze Angaben im Prospekte zu streichen, ist durch § 13 Abs. 3 ZulBek. festgestellt.

**14.** Emission bedeutet hier wie unter c und in Abs. 4 den Inbegriff der Wertpapiere, deren Zulassung beantragt ist. Die Emission nicht zulassen oder ablehnen heißt also, die Zulassung verweigern.

**15.** In der Übung kommt es öfter vor, daß Vertagung auf unbestimmte Zeit oder bis zu einem Zeitpunkte beschlossen wird, zu dem eine bessere Information als zur Zeit des Beschlusses möglich ist, z. B. bis zum Vorliegen der nächsten Bilanz. Derartige Beschlüsse finden im Gesetze keine Stütze, da nach § 36 Abs. 3b nur für die Information über die Verhältnisse soweit als möglich, d. i. als zur Zeit möglich, zu sorgen ist. Anderseits sind sie vielfach zweckmäßig, und sie können auch für den Antragsteller vorteilhaft sein, namentlich, wenn andernfalls eine Ablehnung in Betracht kommt. Doch bleibt dem Antragsteller immer das Recht, sich mit einer solchen Vertagung nicht einverstanden zu erklären und eine sachliche Entscheidung über den Antrag zu verlangen.

**16.** Die unter c angeführten materiellen Gründe für die Ablehnung von „Emissionen" (vgl. A. 14) sind durch § 14 Ziff. 2 ZulBek. erweitert; vgl. deshalb die Erläuterungen dazu aaO.

**17.** Vgl. oben A. 14.

**18.** Dieses Recht, dem Antragsteller die Gründe der Ablehnung nicht anzugeben, entbindet die Zulassungsstelle aber nicht davon, sich bei jeder Ablehnung über ihre Gründe klar zu werden, die später auch auf Erfordern der Beschwerde- oder sonstigen Aufsichtsinstanz mitgeteilt werden müssen.

**19.** Vgl. §§ 24 ff. BörsO. für Berlin. Auch die Frage, wer die Zulassungsstelle zusammenzusetzen hat, ist im Gesetze nicht geregelt, sondern der Erledigung durch die Börsenordnungen überlassen. Die diesbezüglichen Bestimmungen sind daher für die einzelnen Börsen ganz verschieden. In Berlin werden die Mitglieder der Zulassungsstelle von der Handelskammer gewählt (§ 24 Abs. 2 BörsO.). An den übrigen Börsen wird die Wahl teilweise von der das Börsenunternehmen führenden Korporation — die häufig mit den aufsichtsführenden Handelsorganen identisch ist (vgl. A. 2 zu § 1) — oder deren Vorstande, teilweise vom Börsenvorstande, teilweise von den Börsenmitgliedern usw. vollzogen.

**20.** Vgl. § 27 BörsO. für Berlin. Nach der Vorschrift der Börsenordnung richtet sich nicht nur, ob gegen die Entscheidungen der Zulassungsstelle überhaupt die Beschwerde als Rechtsmittel (vgl. A. 8 zu § 1) stattfindet — das ist auf Grund der meisten Börsenordnungen der Fall —, sondern bejahendenfalls auch, welche Stelle als Beschwerdeinstanz eingesetzt ist — als solche ist ausnahmslos das aufsichtsführende Handelsorgan bestimmt —, ob die Beschwerde an eine Frist gebunden ist, und ob sie — wie in Berlin — nur gegen Entscheidungen bestimmter Art oder ohne solche Beschränkung zulässig ist. Die Berechtigung, die börsenordnungsmäßige Beschwerde einzulegen, steht mangels einer anderweiten Regelung in der Börsenordnung nur demjenigen zu, der die Zulassung der Wertpapiere, auf die sich die anzufechtende Entscheidung bezieht, beantragt hat.

**21.** Die börsenordnungsmäßig festgesetzte Beschwerdeinstanz kann, wenn die Beschwerde nicht zurückzuweisen ist, sowohl selbst die angefochtene Entscheidung abändern — also auch die Zulassung aussprechen —, als auch die Sache, gegebenenfalls mit bindender Weisung für eine anderweite Entscheidung, an die Zulassungsstelle zurückverweisen. Die Bestimmung des Abs. 2 bezüglich des Ausschlusses Beteiligter von der Beratung und Beschlußfassung (vgl. oben A. 7) ist auch auf die Beschwerdeinstanz auszudehnen; Mitglieder der Beschwerdeinstanz, die als Mitglieder der Zulassungsstelle an der angefochtenen Entscheidung mitgewirkt haben, dürfen an der Entscheidung über die Beschwerde nicht mitwirken (in Berlin sind weitergehend gemäß § 27 Abs. 2 BörsO. alle der Zulassungsstelle angehörigen Mitglieder der Handelskammer von der Abstimmung über die Beschwerde ausgeschlossen). Im übrigen richtet sich das Verfahren der Beschwerdeinstanz nach deren geschäftsordnungsmäßigen Grundsätzen.

**22.** Streitig ist, ob außerhalb des börsenordnungsmäßig geregelten Instanzenzuges im Aufsichtsweg in die Entscheidungen der Zulassungsstelle eingegriffen werden kann. Der Preußische Minister für Handel und Gewerbe hat dauernd den Standpunkt eingenommen, daß die Landesregierung das Recht habe, die Zulassungsstelle wirksam mit Anweisungen im Aufsichtswege zu versehen, u. z. nicht nur unter rechtlich formalen, sondern auch unter Zweckmäßigkeitsgesichtspunkten, und daß sie ferner befugt sei, dem mit der unmittelbaren Börsenaufsicht betrauten Handelsorgan als einem ihr untergeordneten Verwaltungsorgane Direktiven für die Ausübung der Aufsicht und die zu treffenden Entscheidungen zu geben (MinErl. an die HK. zu Berlin v. 16. Febr. 1907; AH. StenB. 21. LegPer. 4. Sess. 1911, 2906; 5. Sess. 1912/13, 11708, 11746); der gleiche Standpunkt ist seitens der Reichsregierung vertreten worden (RT. StenB. 12. LegPer, 2. Sess. 1910/11, 4555; 13. LegPer., 1. Sess. 1912/13, 3868). Keinesfalls kann jedoch im Aufsichtsweg eine der Zulassungsstelle zustehende Entscheidung getroffen werden, es kann vielmehr nur die Befolgung der Aufsichtsanweisungen durch Aufsichtszwangsmittel erzwungen, beispielsweise für anweisungswidrig zugelassene Wertpapiere die amtliche Kursfeststellung verhindert werden (vgl. A. 8 zu § 1).

**23.** Die Börsenordnungen haben auch die ergänzenden Bestimmungen über den Geschäftsgang und das Verfahren der Zulassungsstellen zu treffen, insoweit sie nicht durch den Bundesrat (§§ 5, 12, 13, 15 ZulBek.) getroffen sind (vgl. §§ 25ff. BörsO. für Berlin). — Für die Festsetzung und Einziehung der Gebühren für Zulassung und Einführung von Wertpapieren zum Börsenhandel gilt dasselbe wie hinsichtlich der Gebühren für den Börsenbesuch (vgl. A. 5 zu § 5.)

**24.** Eines Antrags bedarf es nicht. Die Befugnis — nicht Pflicht — besteht für die Zulassungsstelle sinngemäß nur bei Vorliegen derselben Gründe, aus denen ein Zulassungsantrag abzulehnen ist (§ 14 ZulBek.), oder im Falle der Nichterfüllung von bei der Zulassung von Wertpapieren übernommenen Verpflichtungen (§ 4 a. E. ZulBek). Sie erstreckt sich auf die vor Einrichtung der Zulassungsstelle zum Börsenhandel gelangten Wertpapiere, nicht dagegen auf die kraft Gesetzes (§ 39) oder durch Anordnung der Landesregierung (§ 40 Abs. 1) zugelassenen.

**25.** Zweifelhaft ist, ob der Börsenvorstand befugt ist, ohne daß die Zulassung zurückgenommen ist, die Notiz eines Wertpapieres aus dem amtlichen Kursblatte zu entfernen, wenn — beispielsweise infolge Konversion, Zusammenlegung, Tilgung, Liquidation, Konkurses — die noch im Umlaufe befindlichen Stücke zu einem eigentlichen Börsenhandel nicht mehr ausreichen. Gegen die Befugnis spricht die Erwägung, daß dadurch eine wesentliche Wirkung der Zulassung ohne Mitwirkung der Zulassungsstelle aufgehoben wird. In der Übung hat sich aber diese Handhabung bisher durchführen lassen, weil sie hinsichtlich ihrer Wirkung, namentlich auch wegen der Möglichkeit, sie durch einfachen Beschluß wieder rückgängig zu machen, milder ist als die Zurücknahme der Zulassung, die in den in Betracht kommenden Fällen gewöhnlich auch statthaft wäre.

## § 37.

**Wird von der Zulassungsstelle einer Börse der Antrag auf Zulassung von Wertpapieren zum Börsenhandel abgelehnt, so hat die Zulassungsstelle den Vorständen der übrigen deutschen Börsen für Wertpapiere[1]) Mitteilung zu machen[2]). Dabei ist anzugeben, ob die Ablehnung mit Rücksicht auf örtliche Verhältnisse[3]) oder aus anderen Gründen[4]) erfolgt ist. In letzterem Falle darf die Zulassung von einer anderen Börse nur mit Zustimmung derjenigen Stelle erteilt werden, welche die Zulassung abgelehnt hat[5, 6]).**

**Der Antragsteller hat anzugeben, ob das Gesuch um Zulassung bereits bei einer anderen Börse eingereicht ist[7]) oder gleichzeitig eingereicht wird[8]). Ist dies der Fall[9]), so sollen die Wertpapiere nur mit Zustimmung der anderen Zahlungsstelle zugelassen werden[10]).**

**1.** Die Börsenvorstände haben die Mitteilung an die Zulassungsstelle ihrer Börse weiterzugeben.

**2.** Insoweit gegen den Beschluß Beschwerde zulässig ist (§ 36 Abs. 4), wird zweckmäßigerweise der Ablauf der Beschwerdefrist, und, wenn Beschwerde eingelegt ist, die Entscheidung der

Beschwerdeinstanz abgewartet werden; andernfalls bedarf es bei Abänderung des Beschlusses nochmaliger Mitteilung.

**3.** Vgl. ZulBek. § 14 Ziff. 2.

**4.** Eine Angabe der „anderen" Gründe ist nicht erforderlich. Es genügt also die Mitteilung, daß die Ablehnung nicht aus örtlichen Gründen erfolgt ist (KB. I, 20).

**5.** Wegen der Zulässigkeit einer Beschwerde über die Verweigerung der Zustimmung vgl. § 36 Abs. 4.

**6.** Wird ein Zulassungsantrag, der bereits von der Zulassungsstelle einer Börse genehmigt ist, durch eine zweite unmittelbar nachher, aber nicht gleichzeitig angegangene Zulassungsstelle abgelehnt, so hat diese Ablehnung an sich keine Folge für den Beschluß der Zulassungsstelle, die den Zulassungsantrag genehmigt hat; doch steht es letzterer frei, in eine erneute Beratung über den bereits genehmigten Zulassungsantrag einzutreten und das Wertpapier gemäß § 36 Abs. 4 wieder auszuschließen, wenn die Ablehnungsgründe der zweiten Zulassungsstelle ihr auf Grund selbständiger Prüfung hierzu einen Anlaß bieten (Beschl. d. dtsch. Zul.-St. v. 21. Febr. 1898).

**7.** Diese Verpflichtung erstreckt sich auf alle früher bei anderen Börsen gestellten Zulassungsanträge, über die bereits entschieden ist oder die Entscheidung noch aussteht, nicht aber auf wieder zurückgenommene. Die Zurücknahme ist bis zur endgültigen Beschlußfassung möglich; doch sollen davon, wenn der gleiche Antrag bei mehreren Börsen gestellt war, die beteiligten Zulassungsstellen seitens derjenigen, bei der er zurückgenommen worden ist, in Kenntnis gesetzt werden (Beschl. d. dtsch. Zul.-St. v. 21. Febr. 1898).

**8.** Die Verletzung dieser Vorschrift kann zu ehrengerichtlichem Einschreiten Anlaß geben (Begr. I, 41; vgl. A. 4 zu § 10).

**9.** D. h. wenn der Antrag bei einer anderen Börse schwebt. Ist er von der anderen Börse bereits genehmigt, so braucht deren Zustimmung nicht mehr eingeholt werden.

**10.** Vgl. oben A. 5.

## § 38.

Der Antrag auf Zulassung von Wertpapieren[1, 2]) ist von der Zulassungsstelle unter Bezeichnung des Antragstellers, des Betrags sowie der Art der einzuführenden Wertpapiere zu veröffentlichen[3]). Zwischen dieser Veröffentlichung und der Einführung an der Börse[4]) muß eine Frist von mindestens sechs Tagen liegen[5]).

Vor der Einführung an der Börse ist ein Prospekt zu veröffentlichen[6]), der die für die Beurteilung der einzuführenden Wertpapiere wesentlichen Angaben enthält[7, 8]). Das gleiche gilt für Konvertierungen[9]) und Kapitalserhöhungen. Wird der Antrag gestellt, ein an einer deutschen Börse eingeführtes Wertpapier an einer anderen Börse zuzulassen[10]), so kann die Landesregierung[11]) auf Antrag der Zulassungsstelle[12]) genehmigen, daß von der Veröffentlichung eines Prospekts abgesehen wird[13]).

**1.** Der § 38 bezieht sich nur auf die Wertpapiere, für die es einer Zulassung durch die Zulassungsstelle und der Veröffentlichung eines Prospektes bedarf. Hinsichtlich der Deutschen Reichs- und Staatsanleihen, die gemäß § 39 an jeder deutschen Börse zugelassen sind, und der in § 40 bezeichneten Schuldverschreibungen, insoweit sie durch Befreiung vom Prospektzwange seitens der Landesregierung als zugelassen gelten, sind die für die Einführung an der Börse (vgl. unten A. 4) notwendigen Mitteilungen in den genannten Paragraphen besonders geregelt.

**2.** Darüber, wer zur Antragstellung befugt ist, sowie wegen der formellen Erfordernisse des Antrags vgl. § 5 ZulBek.

**3.** Näheres hierüber bestimmt § 12 ZulBek.

**4.** Unter Einführung an der Börse ist der Beginn des offiziellen Börsenhandels unter Benutzung der Börseneinrichtungen zu verstehen.

**5.** Durch § 17 ZulBek. ist die Einführung noch an die Innehaltung anderer Mindestfristen geknüpft. Ferner sind an einzelnen Börsen Längstfristen für die Einführung festgesetzt, so an der Berliner Börse ein Monat nach der letzten Prospektveröffentlichung und drei Monate nach der Bekanntgabe des Zulassungsbeschlusses an den Antragsteller; wird die letztere nicht gewahrt, so tritt der Zulassungsbeschluß außer Kraft (§ 8 GeschO. d. Zul.-St.). Vgl. auch § 42 Satz 1.

**6.** Näheres hierüber bestimmt § 16 ZulBek. Aus der genannten Vorschrift ergibt sich auch, daß die Veröffentlichung des Prospekts zu erfolgen hat, nachdem er durch die Zulassungsstelle genehmigt worden ist.

**7.** Vgl. § 36 Abs. 3b.

**8.** Wegen der Zulässigkeit abgekürzter Prospekte in bestimmten Fällen vgl. § 11 ZulBek. — Nicht zu verwechseln hiermit sind die Auszüge aus Prospekten, die außerhalb der gesetzlichen Verpflichtung in anderen als den sog. Pflichtblättern (vgl. § 16 ZulBek.) von den Emissionshäusern veröffentlicht werden. Auf deren Abfassung hat die Zulassungsstelle an sich keinen Einfluß und es liegt ihr auch eine Kontrolle darüber nicht ob; sie kann aber — äußerstenfalls durch Zurücknahme der Zulassung (§ 36 a. E.) — dagegen einschreiten, daß auf diesem Weg irreführende Informationen ins Publikum getragen werden.

**9.** Unter Konvertierungen sind hier alle Änderungen des durch ein Wertpapier verbrieften Rechtes zu verstehen, sowohl solche, die das Kapital selbst unberührt lassen, wie bei Schuldverschreibungen Veränderungen des Zinssatzes, der zu Grunde liegenden Sicherheiten oder der Rückzahlungsbedingungen, als auch insbesondere bei Aktien die im Wege der Zusammenlegung erfolgende Herabsetzung des Grundkapitals (Gutachten des Börsenausschusses v. 6. Febr. 1900, dem sich der Pr. Min. für Handel u. Gewerbe durch Erl. v. 19. April 1900 angeschlossen hat); dagegen fallen nicht hierunter Änderungen in der Stückelung ohne Verschiebung der Gesamtsumme der Wertpapiere, sowie Herabsetzungen des

Nennwerts der einzelnen Stücke bei barer Rückzahlung des abgesetzten Betrages, wie es im Falle der Liquidation der Aktiengesellschaften durch Zahlung der einzelnen Liquidationsraten geschieht, und bei Anleihen durch Teilrückzahlungen möglich ist. Vgl. hierzu auch § 11 Satz 2 ZulBek.

**10.** Ob die Einführung zuerst an einer Provinzialbörse oder zuerst an einer Zentralbörse erfolgt ist, macht für die Anwendbarkeit der Vorschrift keinen Unterschied (Erl. des Pr. Min. für Handel u. Gewerbe v. 21. Mai 1910, vgl. unten A. 12).

**11.** D. i. die Landesregierung, der die Börse untersteht, an der die Einführung ohne erneute Prospektveröffentlichung erfolgen soll.

**12.** D. i. der Zulassungsstelle an der in A. 11 bezeichneten Börse. Über das Verfahren bei Stellung des Antrags ist in Preußen durch Erl. des Min. für Handel u. Gewerbe v. 21. Mai 1910 folgendes bestimmt: Die Zulassungsstelle hat sich unverzüglich nach Eingang eines Gesuchs schlüssig zu machen, ob sie den Antrag auf Genehmigung beim Minister stellen will. Der Antrag muß enthalten:

1. die Bezeichnung der Wertpapiere und die Mitteilung, daß ihre Zulassung beschlossen ist;
2. die Bezeichnung des Antragstellers, von dem der für die Genehmigungsurkunde zu entrichtende Stempel eingezogen werden kann;
3. die Angabe der Börse, an der die Einführung bereits erfolgt ist, und den Zeitpunkt der Einführung. Eine Bescheinigung des Börsenvorstandes dieser Börse über die erfolgte Einführung (Notierung eines ersten Kurses) oder ein Exemplar des amtlichen Kurszettels, aus dem die erfolgte Notierung hervorgeht, ist beizufügen. Eines solchen Nachweises bedarf es nicht, wenn die Einführung an die Berliner Börse erfolgt ist;
4. die Angabe der Blätter, in denen die Veröffentlichung des Prospekts vor der ersten Einführung erfolgt ist. Ein Abdruck des Prospekts ist beizufügen;

5. die Erklärung der Zulassungsstelle, daß sie mit Rücksicht auf die bereits erfolgte Prospektveröffentlichung oder auf andere Umstände (z. B. Zeichnungsaufforderung oder sonstige öffentliche Mitteilungen) das für die Börse in Betracht kommende Publikum für hinreichend unterrichtet hält.

Erachtet es die Zulassungsstelle nicht für angängig, von jeder Veröffentlichung abzusehen, hält sie aber einen abgekürzten Prospekt für ausreichend, so ist mitzuteilen, welche Angaben in diesem abgekürzten Prospekt enthalten sein sollen und wie dieser abgekürzte Prospekt zu veröffentlichen ist. Es wird nicht immer erforderlich sein, den abgekürzten Prospekt in der in § 16 ZulBek. vorgeschriebenen Weise zu veröffentlichen. Übrigens kann die Zulassungsstelle ihren Antrag auch darauf beschränken, daß nur Erleichterungen für die Veröffentlichung eines im übrigen vollständigen Prospekts gewährt werden, also z. B. gestattet wird, daß der Prospekt nur in einer am Börsenplatz erscheinenden Zeitung abgedruckt zu werden braucht. — Der Antrag der Zulassungsstelle ist unmittelbar beim Minister als Eilsache einzureichen. Abschrift des Antrags ohne Anlagen ist dem die unmittelbare Aufsicht über die Börse führenden Handelsorgan und dem Staatskommissar, wo ein Staatskommissar nicht bestellt ist, dem Regierungspräsidenten einzureichen. Wünscht sich die Börsenaufsichtsbehörde zu äußern, so ist dies dem Minister unverzüglich telegraphisch mitzuteilen. Geht keine Mitteilung ein, so wird der Minister annehmen, daß keine Bedenken gegen die Genehmigung des Antrags bestehen.

**13.** Die Landesregierung kann die Ausnahmebewilligung auch in der Weise geben, daß sie bei der Einführung an der anderen Börse eine abgekürzte Prospektveröffentlichung gestattet (Begr. II, 18; vgl. auch MinErl. oben in A. 12). Die Befreiung von der Einreichung eines Prospekts ist ebenso wie die gänzliche Befreiung von der Veröffentlichung ausgeschlossen.

## § 39.

**Deutsche Reichs- und Staatsanleihen[1]) sind an jeder Börse zum Börsenhandel zugelassen. Zum Zwecke der Einführung an der Börse[2]) sind dem Börsenvorstande[3]) die Merkmale der einzuführenden Wertpapiere[4]) mitzuteilen[5]); die Veröffentlichung eines Prospekts ist nicht erforderlich.**

1. Unter den ohne Mitwirkung der Zulassungsstelle zugelassenen Wertpapieren sind die deutschen Reichs- und Staatsanleihen von den im § 40 behandelten Wertpapieren dadurch bevorzugt, daß jene kraft Gesetzes zugelassen sind, während diese durch Anordnung der Landesregierung zugelassen werden können. Deutsche Reichs- und Staatsanleihen sind solche, für deren Verzinsung und Rückzahlung das Reich oder ein Bundesstaat als Darlehnsschuldner haftet — im Unterschiede von Schuldverschreibungen, deren Verzinsung und Rückzahlung von dem Reich oder einem Bundesstaate lediglich gewährleistet ist (§ 40). Ob das eine oder das andere zutrifft, läßt sich vielfach nur durch Prüfung des Rechtsverhältnisses ermitteln; der Umstand, daß in den maßgeblichen Gesetzen von der Gewährleistung oder Garantie des Staates für die Verpflichtungen der ausstellenden Anstalt (Bank, Kasse) die Rede ist, genügt allein nicht, um solche Schuldverschreibungen zu den im § 40 besonders behandelten Wertpapieren zu rechnen, wenn sich aus der Organisation und rechtlichen Konstruktion der Anstalt ergibt, daß trotz der gewählten Ausdrücke die Anstalt kein selbstständiges Rechtssubjekt, sondern nur eine Staatseinrichtung (statio fisci) ist, so daß zwar die Einnahmen und Ausgaben der Anstalt gesondert verwaltet werden, der Staat aber für letztere Selbstschuldner, nicht Bürge ist. Daher sind u. a. die nach dem Pr. G. über die Errichtung von Rentenbanken v. 2. März 1850 (GS. 112) und dem Pr. G. betr. die Beförderung der Errichtung von Rentengütern v. 7. Juli 1891 (GS. 279) ausgegebenen Rentenbriefe den preußischen Staats-

anleihen gleichzustellen (Erl. d. Min. für Handel u. Gewerbe v. 22. Febr. 1906 in Mitt. d. HK. zu Berlin 67). Die Entscheidung in Zweifelsfällen liegt zunächst dem Börsenvorstand ob; in letzter Linie steht sie der Landesregierung als höchster Aufsichtsbehörde zu (Begr. II, 17).

2. Gebühren für die Zulassung und Einführung deutscher Reichs- und Staatsanleihen werden an deutschen Börsen nicht erhoben.

3. Hier ist der Börsenvorstand genannt als das Organ, dem die Sorge für die Benutzung der Börseneinrichtungen, insbesondere die Kursnotierung, zukommt und obliegt.

4. Zu den Merkmalen gehören die Stückelung, der Zinssatz, die Zinstermine und die Rückzahlungsbedingungen, nicht dagegen die Gesamtsumme des auszugebenden Betrages (KB. II, 7 f.) und infolgedessen auch nicht die Unterscheidungsnummern der einzelnen Wertpapiere (typenmäßige Zulassung). Damit sind das Reich und die Bundesstaaten in die Lage versetzt, neue Anleihen ohne weiteres an der Börse einzuführen, sofern die zum Zwecke der Einführung früherer Anleihen mitgeteilten Merkmale auch auf die neue Anleihe zutreffen; nur sind sie, wenn die einzuführenden Wertpapiere zur öffentlichen Zeichnung aufgelegt sind, gemäß § 42 verpflichtet, die Beendigung der Zuteilung abzuwarten.

5. Befugt, die Mitteilung zu machen, dürften außer den mit der Unterbringung der Anleihen betrauten Reichs- oder Staatsbehörden auch die bei der Emission beteiligten Firmen sein.

## § 40.

Für Schuldverschreibungen, deren Verzinsung und Rückzahlung von dem Reiche oder einem Bundesstaate gewährleistet ist[1]), und für Schuldverschreibungen einer kommunalen Körperschaft[2]), der Kreditanstalt einer solchen Körperschaft[3]), einer kommunalständischen Kreditanstalt[4]) oder einer unter staatlicher Aufsicht stehenden Pfandbriefanstalt[5]) kann die Landesregierung (§ 1) anordnen, daß es der Einreichung eines Prospekts nicht bedarf[6]). Mit dieser Anordnung gilt die Zulassung zum Börsenhandel als erfolgt.[7, 8]).

Zum Zwecke der Einführung an der Börse[9]) sind dem Börsenvorstande[10]) der Betrag[11]) und die Merkmale[12]) der einzuführenden Wertpapiere mitzuteilen; bei den Pfandbriefen und gleichartigen Schuldverschreibungen einer kommunalständischen öffentlichen Grundkreditanstalt oder einer unter staatlicher Aufsicht stehenden öffentlichen Pfandbriefanstalt bedarf es der Angabe des Betrags nicht[13]).

1. Vgl. A. 1 zu § 39. Zu den hier behandelten Schuldverschreibungen gehören u. a. die Schutzgebietsanleihen nach dem G. v. 18. Mai 1908 (RGBl. 207).

2. In Preußen Kreise, Städte, Landgemeinden.

3. Z. B. das Berliner Pfandbriefamt, das Brandenburgische Pfandbriefamt für Hausgrundstücke, die Grundrenten- und Hypothekenanstalt der Stadt Dresden.

4. Z. B. der Calenberg-Göttingen-Grubenhagen-Hildesheimsche ritterschaftliche Kreditverein zu Hannover, die Kur- und Neumärkische ritterschaftliche Darlehnskasse zu Berlin.

5. Hierunter fallen die Landschaften und die dem Hypothekenbankgesetz unterliegenden Gesellschaften.

6. Die Anwendung kann an Bedingungen geknüpft werden. Von der preußischen Regierung wird in dem Erlasse, der die Prospektbefreiung für ein an der Berliner Börse einzuführendes Papier anordnet, dem Aussteller der Werte die Verpflichtung auferlegt,

   1. alle die Anleihen betreffenden Bekanntmachungen, insbesondere die Nummern der gezogenen und der in früheren Ziehungen ausgelosten, aber noch nicht eingelösten Schuldverschreibungen in mindestens zwei Berliner Zeitungen zu veröffentlichen;

2. die Zinsscheine sowie die gekündigten und verlosten Stücke kostenfrei in Berlin einzulösen und die neuen Zinsscheinbogen ebendaselbst kostenfrei zur Ausgabe zu bringen;
3. öffentlich bekannt zu machen:
   a) die Merkmale (Beträge, Reihe, Nummern, Zinsfuß) der auszugebenden Stücke, und ob diese auf Namen oder Inhaber lauten oder ob Interimsscheine ausgegeben werden,
   b) den Tag der Fälligkeit der Zinsscheine,
   c) die Bestimmungen über Kündbarkeit und Unkündbarkeit sowie über die Art der Amortisation und Tilgung,
   d) bei Pfandbriefen die Höhe des Taxwertes, bis zu welcher die Beleihungen stattfinden, ob dieselben ausschließlich zur ersten oder auch an zweiter Stelle, und in diesem Falle, nach welchen Grundsätzen sie erfolgen,
   e) welche Garantien neben der hypothekarischen Sicherheit (solidarische oder beschränkte Haftung) den Gläubigern gewährt sind;
4. bei Pfandbriefen alljährlich bis zum 31. Januar eine Übersicht der bis zum 31. Dezember des vorhergehenden Jahres ausgegebenen Pfandbriefe an den Minister für Handel und Gewerbe einzureichen.

Die Erfüllung dieser Bedingungen hat der Börsenvorstand zu überwachen.

**7.** Die durch die Anordnung erfolgte Zulassung kann nur von der Landesregierung zurückgenommen werden.

**8.** Ergeht die Anordnung nicht, so sind die Wertpapiere gleich den übrigen, nicht privilegierten gemäß §§ 36—38 zu behandeln.

**9.** Die Frage, ob der Börsenunternehmer für die Zulassung und Einführung der im § 40 behandelten Wertpapiere Gebühren erheben darf, wenn gemäß Abs. 1 die Zulassung durch Anordnung der Landesregierung, also unter Ausschaltung jeder Tätigkeit der Zulassungsstelle, als erfolgt gilt, hat in der Übung die Lösung gefunden, daß in solchen Fällen keine Zulassungsgebühr, wohl aber eine Einführungsgebühr als Abgeltung für die Benutzung der Börseneinrichtungen erhoben wird. Die Befugnis hierzu ist in mehreren Börsenordnungen, die nach der durch die Novelle bewirkten Einfügung der Bestimmung des § 40 in das Gesetz erlassen und von der Landesregierung genehmigt worden sind, besonders ausgesprochen worden, z. B. für Breslau und Cöln. Vgl. auch A. 3 zu § 44.

**10.** Vgl. A. 3 zu § 39.

**11.** Durch das Erfordernis, den Betrag mitzuteilen, ist für die im § 40 behandelten Wertpapiere — mit Ausnahme der a. E. hervorgehobenen — im Unterschiede von den im § 39 behandelten die typenmäßige Zulassung (vgl. A. 4 zu § 39) ausgeschlossen.

**12.** Vgl. A. 4 zu § 39. Doch gehören zu den Merkmalen von Wertpapieren, die nicht typenmäßig zugelassen werden, auch die Unterscheidungsnummern der einzelnen Wertpapiere.

**13.** Hier also auch nicht der Angabe der Unterscheidungsnummern der einzelnen Wertpapiere (vgl. A. 4 zu § 39).

## § 41.

Die Zulassung von Aktien eines zur Aktiengesellschaft oder zur Kommanditgesellschaft auf Aktien umgewandelten Unternehmens[1]) zum Börsenhandel darf vor Ablauf eines Jahres nach Eintragung der Gesellschaft in das Handelsregister[2]) und vor der Veröffentlichung der ersten Jahresbilanz[3]) nebst Gewinn- und Verlustrechnung nicht erfolgen. In besonderen Fällen kann diese Frist von der Landesregierung (§ 1) ganz oder teilweise erlassen werden[4]).

**Die Zulassung von Anteilsscheinen oder staatlich nicht garantierten Obligationen ausländischer Erwerbsgesellschaften[5]) ist davon abhängig, daß die Emittenten[6]) sich auf die Dauer von fünf Jahren verpflichten, die Bilanz sowie die Gewinn- und Verlustrechnung jährlich nach Feststellung derselben in einer oder mehreren von der Zulassungsstelle zu bestimmenden deutschen Zeitungen zu veröffentlichen[7]).**

1. Die im § 41 für die Zulassung der durch Umwandlung von nicht aktiengesellschaftlichen Unternehmungen — also auch Gesellschaften m. b. H. und Gewerkschaften — in Aktiengesellschaften usw. geschaffenen Aktien vorgeschriebene Innehaltung eines Sperrjahrs, durch die verhindert werden soll, daß derartige Aktien in den Börsenhandel gelangen, bevor eine begründete Beurteilung der Entwickelung der Gesellschaft möglich ist (KB. I, 22f.), findet auf neugegründete Aktiengesellschaften und Kommanditgesellschaften auf Aktien keine Anwendung. Zweifelhaft ist die Anwendbarkeit in Fällen, in denen eine bereits bestehende Gesellschaft dieser Art ein bisher nicht aktiengesellschaftliches Unternehmen im Wege der sog. Nachgründung (§ 207 HGB.) erworben oder zum Zwecke des Erwerbs ihr Grundkapital erhöht hat. Insofern damit — z. B. bei Verbindung ganz verschiedenartiger Geschäftszweige miteinander — eine Umgehung des § 41 bezweckt wird, hat die Zulassungsstelle auf der Innehaltung des Sperrjahrs und der Veröffentlichung der Bilanz des ersten Geschäftsjahrs zu bestehen (Beschl. d. dtsch. Zul.-St. v. 21. Febr. 1898); doch wird eine solche Umgehung niemals dann anzunehmen sein, wenn die Bedeutung des erworbenen Unternehmens im Verhältnisse zu dem erwerbenden derart ist, daß die Beurteilung jenes Unternehmens keine wesentliche Voraussetzung für die Beurteilung des Wertes der zuzulassenden Aktien bildet.

2. Ist die Umwandlung im Wege der Kapitalserhöhung einer bestehenden Gesellschaft erfolgt (vgl. oben A. 1), so läuft

die Frist von der Eintragung der Erhöhung in das Handelsregister.

3. D. i. der Bilanz des ersten Geschäftsjahres.

4. Gedacht ist an Fälle, in denen die Abkürzung der Frist aus allgemeinen Interessen geboten ist (KB. I, 23). Über einen Fall, in dem von dieser Befugnis Gebrauch gemacht worden ist, vgl. J. d. HK. zu Berlin 1912, 43.

5. Ausländische Erwerbsgesellschaften sind solche Erwerbsgesellschaften, die den Sitz ihrer Hauptniederlassung im Auslande haben. Die deutschen Schutzgebiete sind als Inland i. S. des § 41 zu betrachten, die deutschen Konsulargerichtsbezirke jedoch nur dann, wenn sie gemäß § 26 KonsGG. durch Kaiserliche Verordnung als Inland i. S. des § 41 erklärt worden sind. Auf ausländische Staats- und Kommunalanleihen bezieht sich die Vorschrift des Abs. 2 nicht, weil sie nur eine Gleichstellung der ausländischen Erwerbsgesellschaften mit den zu den Veröffentlichungen nach § 265 HGB. verpflichteten inländischen Aktiengesellschaften bezweckt, auf staatlich garantierte Obligationen ausländischer Erwerbsgesellschaften — d. h. solche Obligationen, deren Verzinsung und Rückzahlung von einem Staate gewährleistet ist (meist Eisenbahnobligationen), — nicht, weil bei ihnen die staatliche Garantie das für die Beurteilung des Wertes wesentlichste ist, demgegenüber die fortlaufende Kenntnis der Bilanzen des Unternehmens selbst entbehrlich ist (KB. I, 22).

6. Hier sind unter Emittenten die Aussteller der Wertpapiere zu verstehen.

7. Hinsichtlich der Dauer wird regelmäßig eine über die gesetzliche Vorschrift hinausreichende Verpflichtung gefordert, z. B. von der Zulassungsstelle zu Berlin, welche die Aufnahme folgender Erklärung in die Prospekte verlangt: „Die Gesellschaft verpflichtet sich, solange ihre Aktien (Schuldverschreibungen) an der Berliner Börse notiert werden, mindestens aber für die Dauer von fünf Jahren, ihre Bilanz und Gewinn- und Verlustrechnungen außer im Reichsanzeiger in zwei Berliner Zeitungen zu veröffentlichen, als welche bis auf weiteres die . . . von

der Zulassungsstelle bestimmt sind". Bei Nichterfüllung der Verpflichtungen ist letzten Endes die Ausschließung vom Börsenhandel zulässig (§ 36 a. E.; ZulBek. § 4 a. E.).

## § 42.

**Für Wertpapiere, welche zur öffentlichen Zeichnung aufgelegt werden, darf vor beendeter Zuteilung an die Zeichner eine amtliche Feststellung des Preises nicht erfolgen[1]. Vor diesem Zeitpunkt sind Geschäfte von der Benutzung der Börseneinrichtungen ausgeschlossen[2] und dürfen von den Kursmaklern nicht notiert werden. Auch dürfen für solche Geschäfte[3] Preislisten (Kurszettel)[4] nicht veröffentlicht[5] oder in mechanisch hergestellter Vervielfältigung verbreitet werden[6].**

1. Der „Handel per Erscheinen", d. i. der Abschluß von Geschäften in zur öffentlichen Zeichnung aufgelegten Wertpapieren vor Ausgabe der Stücke zur Erfüllung bei oder nach der Einführung, gewährt den Käufern die Möglichkeit, den begehrten Posten sicher zu erwerben, statt auf das erfahrungsgemäß stets unsichere Ergebnis der Zuteilung auf ihre Zeichnung angewiesen zu sein. Die Erschwerung dieses Handels durch § 42 beruht demgegenüber auf der Erwägung, daß dadurch die Emissionshäuser in die Lage versetzt würden, wenn sie die zur öffentlichen Zeichnung aufgelegten Wertpapiere gleichzeitig im Wege des Handels per Erscheinen zu höherem Kurs als dem Zeichnungspreise verkaufen könnten, die Zeichner bei der Zuteilung wenig oder gar nicht zu berücksichtigen, andrerseits dagegen, wenn der Kurs beim Handel per Erscheinen unter den Zeichnungspreis herabgedrückt würde, genötigt wären, im Wege dieses Handels die Wertpapiere wieder aufzunehmen (KB. I, 23). Daher unterwirft das Gesetz die Geschäfte per Erscheinen, ohne ihre zivilrechtliche Gültigkeit zu berühren, bis zur beendeten Zuteilung — also unter Umständen über

die im § 38 Abs. 1 festgesetzte Mindestfrist hinaus — den im § 42 vorgesehenen börsenpolizeilichen Einschränkungen. Letztere greifen indessen nur insoweit durch, als die Wertpapiere tatsächlich zur öffentlichen Zeichnung aufgelegt worden sind; ist ein Teilbetrag aufgelegt, ein anderer von der Zeichnung ausgeschlossen, so finden auf diesen Restbetrag nach der von den deutschen Zulassungsstellen vereinbarten Übung die Untersagungsvorschriften des § 42 keine Anwendung; freilich dürfen dann bei der Preisfeststellung lediglich solche Geschäfte berücksichtigt werden, die zu den gewöhnlichen börsenmäßigen Bedingungen, also zur Lieferung und Abnahme am folgenden Tage, geschlossen sind und daher nur den Restbetrag betreffen können.

2. Zu den Börseneinrichtungen gehören die im § 1 Abs. 3 behandelten Einrichtungen, ferner die Börsenschiedsgerichte, Sachverständigenkommissionen usw. Der Börsenvorstand soll auch verhindern, daß sich für die Geschäfte ein „Markt“ in den Börsenräumen bildet; in der Übung wird freilich nicht verhütet werden können, daß Börsenbesucher unter sich oder durch Vermittlung freier Makler die Geschäfte an der Börse abschließen.

3. Ob die Geschäfte an oder außerhalb der Börse abgeschlossen sind, ist unerheblich.

4. Nach dem Kommissionsbeschluß erster Lesung sollte verboten sein, vor dem im § 42 umschriebenen Zeitpunkte „Preise öffentlich oder in mechanisch hergestellten Preislisten“ zu notieren, um zu verhindern, daß sich mit der Nichtzulassung ein gewerbsmäßiger Handel außerhalb der Börse bilde (KB. I, 24). Wenngleich die spätere Änderung der Fassung offenbar nur aus redaktionellen Gründen hervorgegangen ist, läßt der nunmehrige Wortlaut des Gesetzes jedenfalls gelegentliche Mitteilungen einzelner Preise nicht mehr als unzulässig erscheinen. Dagegen dürfte eine regelmäßig an der gleichen Stelle wiederkehrende Preisveröffentlichung nach Entstehungsgeschichte und Sinn des Gesetzes als „Preisliste“ i. S. des § 42 auch dann anzusehen sein, wenn dies nicht in Listenform geschieht und selbst, wenn es sich nur um den Preis eines

Wertpapiers handelt (a. M. Bernstein, 158; Dove, A. 2 zu § 42; Nußbaum, § 42 IId; Schmidt-Ernsthausen, A. 4 zu § 91). Das bezieht sich aber nur auf Börsenpreise i. S. des § 29, nicht auf Geld- und Briefkurse (vgl. A. 14 zu § 29).

5. Nicht bloß die Veröffentlichung in der Presse, sondern auch das Auslegen, der Aushang oder das Anschlagen an Orten, die dem Publikum zugänglich sind, ist verboten (KB. I, 54).

6. Vgl. die Strafbestimmung im § 90.

## § 43.

**Für Wertpapiere, deren Zulassung zum Börsenhandel verweigert oder nicht nachgesucht ist[1]), darf eine amtliche Feststellung des Preises nicht erfolgen. Geschäfte in solchen Wertpapieren sind von der Benutzung der Börseneinrichtungen ausgeschlossen[2]) und dürfen von den Kursmaklern nicht vermittelt werden. Auch dürfen für solche an der Börse[3]) abgeschlossenen Geschäfte Preislisten (Kurszettel)[4]) nicht veröffentlicht oder in mechanisch hergestellter Vervielfältigung verbreitet werden[5]), soweit nicht die Börsenordnung für besondere Fälle Ausnahmen gestattet[6]).**

1. Der § 43 bezieht sich — was durch den Wortlaut des Relativsatzes verdunkelt wird — allgemein auf nicht zugelassene Wertpapiere (Begr. I, 38, KB. I, 24). Die Geschäfte hierin sind nicht verboten, unterliegen aber — abgesehen von den a. E. vorgesehenen Ausnahmen und der aus A. 2 ersichtlichen Verschiedenheit — denselben Erschwerungen wie die in § 42 behandelten Geschäfte (vgl. A. 1 zu § 42).

2. Vgl. A. 2 zu § 42.

3. Hier ist — im Unterschiede zu § 42 (vgl. A. 3 zu § 42) — das Verbot beschränkt auf die Veröffentlichung von Preisen solcher Geschäfte in nicht zugelassenen Papieren,

die an der Börse — d. h. an einer deutschen Börse, an der sie nicht zugelassen sind, — abgeschlossen sind. Nicht verbotswidrig ist die Veröffentlichung von Preisen, bei deren Ermittelung die an der Börse getätigten Abschlüsse zwar auch berücksichtigt, in der Hauptsache aber andere, außerhalb der Börse entstandene Preisbildungen zum Anhalte genommen worden sind (RG. II. StS. 2. Mai 1911).

4. Vgl. A. 4 zu § 42.

5. Vgl. die Strafbestimmung im § 90.

6. Durch diese Bestimmung sollte ein sog. nichtamtlicher Handel in Kreisobligationen, Obligationen von Kleinbahnen und ähnlichen Wertpapieren von geringem Gesamtkapital an den Börsen und eine nichtamtliche Veröffentlichung der durch diesen Handel an den Börsen gebildeten Preise nach näherer Bestimmung der Börsenordnung erleichtert und gestattet werden (KB. I, 24). Ausnahmen dieser und ähnlicher Art sind in der Hamburgischen Börsenordnung vorgesehen.

## § 44.

Der Bundesrat bestimmt den Mindestbetrag des Grundkapitals, welcher für die Zulassung von Aktien an den einzelnen Börsen maßgebend sein soll[1]), sowie den Mindestbetrag der einzelnen Stücke der zum Handel an der Börse zuzulassenden Wertpapiere[2]).

Weitere Bestimmungen über die Aufgaben der Zulassungsstelle und die Voraussetzungen der Zulassung[3]) trifft der Bundesrat[4]).

Die Befugnis der Landesregierung, ergänzende Bestimmungen zu treffen[5]), wird hierdurch nicht berührt; diese Bestimmungen sind dem Reichskanzler mitzuteilen.

1. Vgl. § 1 ZulBek..

2. Vgl. §§ 2, 3 ZulBek.

3. Die Zahlung der Gebühren für Zulassung von Wert-

papieren zum Börsenhandel und deren Einführung an der Börse gehört nicht zu den „Voraussetzungen" der Zulassung i. S. des Gesetzes. Vgl. über diese Gebühren A. 23 zu § 36, A. 2 zu § 39 u. A. 9 zu § 40.

4. Diese Befugnis des Bundesrats ist, ebenso wie die im Abs. 3 behandelte Befugnis der Landesregierung, nicht auf den Erlaß formeller Vorschriften beschränkt; demgemäß ist in der ZulBek. v. 4. Juli 1910, neben den darin enthaltenen, die formellen Voraussetzungen der Zulassung und das Verfahren betreffenden Bestimmungen, auch — im § 14 — das gesetzliche Recht der Zulassungsstelle, Zulassungsanträge aus sachlichen Gründen abzulehnen (§ 36 Abs. 3 c), erweitert. Natürlich dürfen die „weiteren Bestimmungen" nicht im Widerspruche zu dem Gesetze stehen.

5. Vgl. oben A. 4. Die Befugnis der Landesregierung besteht nur, insoweit Bestimmungen der im Abs. 2 bezeichneten Art vom Bundesrate nicht getroffen sind (KB. I, 26). Soweit sie besteht, können solche Bestimmungen auch in der Börsenordnung getroffen werden (vgl. § 26 BörsO. für Berlin).

## § 45.

Sind in einem Prospekt, auf Grund dessen Wertpapiere zum Börsenhandel zugelassen sind [1]), Angaben [2]), welche für die Beurteilung des Wertes erheblich sind, unrichtig, so haften diejenigen, welche den Prospekt erlassen haben [3]), sowie diejenigen, von denen der Erlaß des Prospekts ausgeht [4, 5]), wenn sie die Unrichtigkeit gekannt haben [6]) oder ohne grobes Verschulden hätten kennen müssen [7]), als Gesamtschuldner jedem Besitzer [8]) eines solchen Wertpapiers [9]) für den Schaden, welcher demselben aus der von den gemachten Angaben abweichenden Sachlage erwächst [10, 11]). Das Gleiche gilt, wenn der Prospekt infolge der Fortlassung wesentlicher

Tatsachen unvollständig ist[12]) und diese Unvollständigkeit auf böslichem[13]) Verschweigen oder auf der böslichen[13]) Unterlassung einer ausreichenden Prüfung seitens derjenigen, welche den Prospekt erlassen haben[14]), oder derjenigen, von denen der Erlaß des Prospekts ausgeht[15]), beruht[16]).

Die Ersatzpflicht wird dadurch nicht ausgeschlossen, daß der Prospekt die Angaben als von einem Dritten herrührend bezeichnet[17]).

1. Die Prospekthaftung aus § 45 ist beschränkt auf die Fälle, in denen die Zulassung durch Beschluß der Zulassungsstelle erfolgt; die Fälle, in denen die Zulassungsstelle für die Zulassung ausgeschaltet ist (§§ 39, 40), scheiden daher von vornherein aus. Weiter ist unter dem Prospekt, auf Grund dessen Wertpapiere zum Börsenhandel zugelassen sind, nur der Prospekt in seiner endgültigen, von der Zulassungsstelle genehmigten Form zu verstehen; auf anderweite Fassungen, mögen sie auch vor oder nach der Zulassung unter der Bezeichnung „Prospekt" veröffentlicht worden sein, können Ansprüche aus den §§ 45 ff. nicht gestützt werden (vgl. aber unten A. 16, sowie wegen der möglichen Strafbarkeit § 88 Abs. 3).

2. Unter „Angaben" fallen nicht subjektive Urteile. Doch ist beispielsweise der nach einer Bemerkung über das Steigen der Einnahmen sich findende Zusatz: „Auch stehen den Mehreinnahmen entsprechende Ausgaben gegenüber", als Versicherung einer Tatsache, nämlich, daß prozentual die Ausgaben nicht in höherem Maß als die Einnahmen gestiegen seien, anzusehen (RG. 43, 84). Welche Angaben für die Beurteilung des Wertes erheblich sind, ist von Fall zu Fall zu entscheiden.

3. Wie die Entstehungsgeschichte des Gesetzes beweist, wurde der Hauptwert auf die Haftpflicht der Emissionshäuser gelegt (Begr. I, 38 f., 41, KB. I, 28). Trotzdem ergab sich die Streitfrage, ob das Emissionshaus als „Erlasser" des Prospekts gemäß Abs. 1 haftbar gemacht werden könne, wenn — wie üblich —

der eigentliche Prospekt lediglich von dem Aussteller der zugelassenen Wertpapiere vollzogen, von dem Emissionshaus aber nur eine Nachschrift unterzeichnet ist, des Inhalts, daß die Wertpapiere zugelassen sind und von ihm eingeführt werden; auf Abs. 2, der gerade mit Rücksicht auf diese Handhabung aufgenommen wurde (KB. I, 27), ließ sich die Haftbarkeit nicht stützen, da er sie nur „nicht ausschließt", nicht begründet. Das Reichsgericht hat die Haftbarkeit des Emissionshauses als „Erlassers" bejaht (RG. 80, 197). Für Prospekte, die nach dem Inkrafttreten der ZulBek. v. 4. Juli 1910, d. i. seit dem 15. Juli 1910, erlassen sind, wird die Frage nicht mehr praktisch werden; denn im § 5 Abs. 3 aaO. ist nunmehr bestimmt, daß der Prospekt von denen, die ihn erlassen, zu unterzeichnen ist, daß zu diesen der Antragsteller gehören muß, und daß die Unterschrift des Antragstellers unter eine Nachschrift gesetzt werden kann.

4. Hierdurch soll die Haftbarkeit derjenigen begründet werden, die „hinter dem Prospekt stehen", beispielsweise solventer Bankhäuser, die weniger solvente benützen, um Wertpapiere in den Verkehr zu bringen, nicht etwa Personen, die dem Emissionshause das Material zur Aufstellung des Prospektes geliefert haben (KB. I, 28).

5. Streitig ist, ob Aktiengesellschaften und Gesellschaften in verwandter Rechtsform als Erlasser oder Urheber des Prospektes über ihre eigenen Aktien von deren Erwerbern aus § 45 haftbar gemacht werden können. Das ist von besonderer Bedeutung für den früher allgemein und jetzt nach § 5 Abs. 1 u. 4 ZulBek. unter gewissen Voraussetzungen zulässigen Fall, daß der Aussteller allein die Zulassung beantragt hat. Das Reichsgericht hat diese Frage früher verneint, da der Aktionär nach handelsrechtlichen Grundsätzen (§§ 213, 215 HGB.) den ihm durch die Beteiligung an der Gesellschaft erwachsenden Schaden gegen diese nicht geltend machen könne (besonders RG. 54, 129 ff.; 62, 29 ff.). Später hat es aber diesen Standpunkt nur insoweit beibehalten, als es die Schadens-

ersatzansprüche aus § 45 demjenigen versagt, der seine durch Zeichnung oder durch Ausübung des Bezugsrechtes bei der Gründung oder Kapitalserhöhung erfolgte Beteiligung an einer Aktiengesellschaft ansicht; dagegen erblickt es nunmehr in einem späteren Erwerbe von Aktien, auch wenn die Gesellschaft selbst Verkäuferin ist, einen „auf Erwerb von Wertobjekten gegen Entgelt gerichteten Umsatzvertrag", der, obwohl er dem Effekte nach gleichfalls eine Beteiligung an der Gesellschaft herbeiführt, doch seinem Wesen nach kein unter dem Gesellschaftsrechte stehender Rechtsakt ist, sondern den allgemeinen Rechtsgrundsätzen unterliegt und insbesondere auch die Prospekthaftung gegen die Gesellschaft, um deren Anteile es sich handelt, begründen kann (RG. in BA. 7, 348; 8, 354 f.).

**6.** Vgl. die Strafbestimmung im § 88 Abs. 3.

**7.** Eine für alle Fälle gültige Regel, wann grobes Verschulden, d. i. ein auch ohne Anstrengung der Aufmerksamkeit zu vermeidendes Versehen (RG. 46, 85), vorliegt, läßt sich nicht geben, weil allein die Umstände in jedem einzelnen Fall über das Maß der anzuwendenden Sorgfalt entscheiden (RG. 80, 199). So ist es als grobes Versehen gekennzeichnet worden, daß der Vorstand eines Bahnunternehmens die oben in A. 2 erwähnte Bemerkung über die Ausgaben in den Prospekt aufnahm, obwohl eine Berechnung der Kosten, insbesondere des elektrischen Betriebs, die an sich möglich war, vorher nicht stattgefunden hat, der Vorstand sich vielmehr nur an die derart über die Kosten des elektrischen Betriebs allgemein herrschenden Ansichten gehalten haben kann (RG. 46, 84 f.). Eine allgemeine Gepflogenheit der Emissionsbanken, bei Einführung von Aktien die Richtigkeit der Buchführung des Unternehmens nachzuprüfen, ist nicht vorauszusetzen (RG. in BA. 10, 123 f.); sind ihnen aber Tatsachen bekannt, die eine Nachprüfung angebracht erscheinen lassen, so ist die Unterlassung der Nachprüfung als grobes Verschulden anzusehen (RG. 80, 199 ff.).

**8.** Vgl. A. 2 zu § 46.

**9.** Vgl. § 46 Abs. 1.

**10.** Der Anspruch auf Prospekthaftung setzt mindestens die Möglichkeit eines ursächlichen Zusammenhanges zwischen den unrichtigen Prospektangaben und dem Erwerbe der Wertpapiere zu einem bestimmten Preise durch den den Anspruch erhebenden Besitzer voraus. Diese Möglichkeit ist aber der Rechtsprechung des Reichsgerichts zufolge schon dann gegeben, wenn sich unter Mitwirkung der offenkundigen allgemeinen Verhältnisse eine dem Inhalte des Prospektes entsprechende Stimmung des zur Aufnahme der Papiere angerufenen Publikums gebildet hat und der Erwerber dadurch zum Erwerbe bestimmt worden ist. Wer den Anspruch auf Prospekthaftung erhebt, braucht danach den Prospekt nicht gelesen zu haben, ihn nicht einmal zu kennen, wenn er nur beeinflußt durch diese Stimmung, die Wertpapiere erworben hat. Der Erwerb infolge dieser Stimmung stellt den vom Gesetz erforderten Zusammenhang her. Keinesfalls kann der Anspruch dann erhoben werden, wenn die Besitzer der Wertpapiere diese bei Erscheinen des Prospekts, der ihre Zulassung bekannt gab, bereits erworben hatten (RG. 80, 203 ff. u. dort angeführte Entscheidungen).

**11.** Auf die Bemessung des Schadens — zu dem, wie aus dem Erfordernisse des möglichen ursächlichen Zusammenhanges mit der Prospektunrichtigkeit (vgl. oben A. 10) hervorgeht, Nachteile, die auch unabhängig von dem Inhalte des Prospekts, etwa infolge allgemeinen Rückganges der Konjunktur u. dergl., eingetreten sein würden, nicht gehören (Begr. I, 41) — finden die allgemeinen Bestimmungen des bürgerlichen Rechtes (§§ 249 ff. BGB.) Anwendung. Dem Besitzer steht daher entweder der Anspruch auf Erstattung des Unterschieds zwischen dem Erwerbspreise des Wertpapiers und dem geringeren wirklichen Werte zur Zeit des Erwerbes, oder auch, wenn anzunehmen ist, daß bei Kenntnis des wahren Sachverhaltes der Erwerb überhaupt unterblieben wäre, der Anspruch auf Rücknahme des Papiers gegen Zahlung des Erwerbspreises zu (RG. 46, 87); daneben ist er an der

Geltendmachung eines weiteren Schadens, z. B. des Zinsverlustes, keinesfalls gehindert. Indessen erfährt die Ersatzpflicht eine wesentliche Einschränkung durch § 46 Abs. 2 und 3, insbesondere durch das Übernahmerecht des Ersatzpflichtigen (vgl. A. 4 zu § 46). Über die Pflicht des Ersatzberechtigten, nach erlangter Kenntnis von seinen Ansprüchen dem Verpflichteten Mitteilung zu machen, vgl. A. 11 § 46. Zum Verkaufe des Wertpapiers zwecks Feststellung oder Verringerung des Schadens ist der Ersatzberechtigte nicht verpflichtet und auch mangels besonderer Vereinbarung nicht berechtigt (RG. 46, 89 f.; RG. in BA. 4, 188; vgl. auch A. 4 zu § 46).

**12.** Welche Tatsachen als wesentliche zur Vollständigkeit des Prospektes gehören, ist nach den Umständen des Einzelfalls zu beurteilen (vgl. A. 13 zu § 36).

**13.** „Böslich" ist eine Handlung oder Unterlassung dann, wenn eine Schädigung hiermit zwar nicht beabsichtigt, jedoch als mögliche Folge davon vorausgesehen wird (ROHG. 17, 301; RG. 1, 22 u. a.).

**14.** Vgl. oben A. 3.

**15.** Vgl. oben A. 4.

**16.** Von der Prospekthaftung aus den §§ 45 ff. zu unterscheiden ist die aus anderen zivilrechtlichen Bestimmungen hergeleitete Haftung der Emittenten oder sonstigen Erlasser von Prospekten oder prospektähnlichen Verlautbarungen. Hierhin gehören namentlich § 203 HGB. und §§ 823, 826 BGB. Die Bestimmung des § 203 HGB. bezieht sich auf die Haftung gegenüber der Gesellschaft, ist also von der börsenrechtlichen Haftung gegenüber dem Besitzer (vgl. A. 2 zu § 46) rechtlich ganz unabhängig. Die Bestimmungen der §§ 823, 826 BGB. finden insbesondere Anwendung, wenn es sich um Prospekte oder prospektähnliche Verlautbarungen handelt, die der Zulassung der Wertpapiere zum Börsenhandel nicht als Grundlage gedient haben. Dagegen kann nach herrschender Ansicht in allen Fällen, die unter § 45 fallen, die — in mehrfacher Hinsicht schärfere — Haftung aus den §§ 823, 826 BGB. von dem Wertpapierbesitzer nicht geltend gemacht werden, auch dann nicht, wenn die unrichtigen Prospektangaben in betrügerischer Absicht gemacht worden sind (§ 88 Abs. 3), weil aus der Fassung des Gesetzes (vgl. namentlich § 48 Abs. 2) und dem Zwecke des Gesetzes (vgl. Begr. I, 39) zu entnehmen ist, daß die gesetzliche Regreßpflicht gegenüber dem Wertpapierbesitzer für diese Fälle durch das Börsengesetz erschöpfend geregelt ist (a. M. Bernstein 165). Wegen weitergehender Ansprüche auf Grund von Verträgen vgl. § 48 Abs. 2.

**17.** Da nach dem oben in A. 3 Gesagten die Haftung des Emissionshauses, deren Sicherung Abs. 2 ursprünglich dienen sollte, anderweit feststeht, hat dieser nur noch Bedeutung für gelegentliche Angaben in den Prospekten, in denen Dritte als Urheber bezeichnet werden. Dahin gehören z. B. Angaben von Sachverständigen über die Bedeutung und den Wert von Grundstücken, Konzessionen, Patenten, über den mutmaßlichen Umfang von Erzvorkommen, Kohlenfeldern u. dgl. In solchen Fällen würden diejenigen, welche den Prospekt erlassen haben, sowie diejenigen, von denen der Erlaß des Prospekts ausgeht, ersatzpflichtig sein, wenn sie die Unrichtigkeit der Angabe des Dritten (Sachverständigen) gekannt haben oder ohne grobes Verschulden hätten kennen müssen, oder wenn sie die Unvollständigkeit einer solchen Angabe böslich verschwiegen oder eine ausreichende Prüfung nach dieser Richtung böslich unterlassen haben.

## § 46.

Die Ersatzpflicht erstreckt sich nur auf diejenigen Stücke, welche auf Grund des Prospekts zugelassen[1]) und von dem Besitzer[2]) auf Grund eines im Inland abgeschlossenen Geschäfts[3]) erworben sind.

Der Ersatzpflichtige kann der Ersatzpflicht dadurch genügen,[4]) daß er das Wertpapier gegen Erstattung des von dem Besitzer[5]) nachgewiesenen Erwerbspreises oder desjenigen Kurswerts übernimmt, den die Wertpapiere zur Zeit der Einführung hatten.[6])

Die Ersatzpflicht ist ausgeschlossen, wenn der Besitzer des Papiers die Unrichtigkeit oder Unvollständigkeit der Angaben des Prospekts bei dem Erwerbe kannte.[7]) Gleiches gilt, wenn der Besitzer des Papiers bei dem Erwerbe die Unrichtigkeit der Angaben des Prospekts bei Anwendung derjenigen Sorgfalt, welche er in eigenen Angelegenheiten beobachtet, kennen mußte[8]), es sei denn, daß die Ersatzpflicht durch bösliches Verhalten begründet ist[9, 10]).

1. Die Haftung ist nicht auf die von dem Ersatzpflichtigen selbst ausgegebenen Stücke beschränkt (Begr. I, 40).

2. Der Begriff des „Besitzers" bedarf im Hinblick auf die Befähigung zur Geltendmachung der Ersatzansprüche aus den §§ 45ff. einer besonderen Auslegung. Die Fassung des Abs. 1, derzufolge der Besitzer die Stücke auf Grund eines . . . Geschäfts erworben haben muß, beweist nämlich, daß weder der rein tatsächliche Besitz, noch der sog. abgeleitete Besitz im Sinne des § 868 BGB. ausreicht, sondern daß es sich um einen Eigentumsbesitz handelt, der auf einem Geschäfte beruhen muß; als weitere Begriffsbegrenzung ergibt sich aus dem im Abs. 2 dem Ersatzpflichtigen gewährten Rechte, die Ersatzansprüche durch Erstattung des Erwerbspreises abzufinden, daß das dem Erwerb zu Grunde liegende Geschäft ein entgeltliches sein muß. In Übereinstimmung hiermit kennzeichnet das Reichsgericht als Besitzer einer Aktie denjenigen, der auf Grund käuflichen Erwerbes des Wertpapiers in ein Rechtsverhältnis als Mitglied der Gesellschaft getreten ist und sich in den Besitz der Aktienurkunde gesetzt hat (RG. 80, 201). Durch Aufgabe des Besitzes geht die Aktivlegitimation verloren (vgl. unten A. 4); nicht dagegen durch einen infolge Aktienzusammenlegung herbeigeführten Umtausch der ursprünglich erworbenen Stücke in Aktien mit anderen Nummern und Genußscheine, da die in

ihrem Werte verminderte Aktie an Stelle der ursprünglichen Aktien tritt und in sich sämtliche Einzelrechte vereinigt, die mit den ursprünglichen Aktien erworben worden sind (RG. aaO.).

**3.** Ob ein Geschäft im Inland abgeschlossen ist, ist nach den allgemeinen Rechtsgrundsätzen zu beurteilen. Bei einem Vertrage unter Abwesenden ist das Rechtsgeschäft des Vertragsschlusses dort vorgenommen, wo der Antrag des einen Teiles von dem andern angenommen wird (RG. 62, 381 f.).

**4.** Der Besitzer kann seinerseits nur Schadensersatz gemäß § 45 (vgl. A. 11 dazu) verlangen. Das Gesetz gibt jedoch, um übertriebene Schadensberechnungen abzuschneiden, dem Ersatzpflichtigen das Recht, der Ersatzpflicht durch Übernahme des Wertpapiers, u. z. nach seiner Wahl zu einem der in Abs. 2 bezeichneten Preise (vgl. unten A. 6 u. 7), zu genügen und hierdurch alle weiteren Ansprüche des Besitzers aus § 45 auszuschließen. Über die Pflicht des Besitzers, dem Ersatzpflichtigen rechtzeitig die Möglichkeit zur Ausübung dieses Rechts zu gewähren, vgl. unten A. 11. Im Rechtsstreite wird das Übernahmerecht nicht von Amts wegen berücksichtigt, sondern es muß einwendungsweise geltend gemacht werden. Solange der Ersatzpflichtige das Übernahmerecht ausüben kann, ist der Besitzer, der einen Ersatzanspruch erhoben hat oder erheben will, gehindert, das Wertpapier zu veräußern, es sei denn, daß der Ersatzpflichtige den Anspruch als solchen anerkannt hat und daß zwischen den Beteiligten vereinbart wird, entweder, daß die Höhe des Schadens im besonderen Verfahren festgestellt werden, oder daß sie sich aus dem Unterschiede zwischen dem Erwerbspreis oder Einführungskurs und dem jetzigen Verkaufserlöse sich ergeben soll (RG. 46, 89).

**5.** Vgl. oben A. 2.

**6.** Einschließlich der vom Erwerber gezahlten Stempel-, Provisions- und Courtagekosten sowie des ihm etwa erwachsenen Zinsverlustes.

**7.** D. i. des ersten Börsenpreises, der für die Papiere bei ihrer Einführung festgestellt worden ist.

**8.** In diesem Falle stehen dem Besitzer Ersatzansprüche selbst dann nicht zu, wenn die Unrichtigkeit oder Unvollständigkeit des Prospekts auf Arglist zurückzuführen ist. Als Zeitpunkt des Erwerbes kommt der Zeitpunkt in Betracht, zu dem das (Anschaffungs-) Geschäft, auf Grund dessen der Kläger in den Besitz des Stückes gelangt ist (vgl. oben A. 2), abgeschlossen worden ist.

**9.** Infolge dieser Fassung kann im Falle der Prospektunrichtigkeit bezüglich derselben Wertpapiere die Ersatzpflicht geschäftsgewandten Besitzern, insbesondere Bankiers und Kaufleuten gegenüber, ausgeschlossen sein, während sie anderen, den weniger gebildeten und gewandten Bevölkerungsklassen angehörigen Besitzern gegenüber besteht (KB. I, 29), es sei denn, daß grobe Fahrlässigkeit vorliegt (§ 277 BGB.).

**10.** Der Ausschluß der Ersatzansprüche wegen Unrichtigkeit des Prospekts — ohne Anwendbarkeit der allgemeinen Grundsätze des § 254 BGB. — tritt also, wenn dem Besitzer eine Fahrlässigkeit der im Abs. 2 gekennzeichneten Art nachgewiesen werden kann, auch dann ein, wenn der Prospekterlasser oder -urheber selbst fahrlässig und sogar grob fahrlässig gehandelt hat. Nur bei böslichem Verhalten des Ersatzpflichtigen wird der Ersatzanspruch durch die eigene Fahrlässigkeit des Ersatzberechtigten nicht berührt. Für die Haftung wegen Unvollständigkeit des Prospektes aus § 45 ist die Böslichkeit Voraussetzung des Klageanspruchs (§ 45 Abs. 1), sodaß dem darauf gestützten Anspruche gegenüber der Einwand der Fahrlässigkeit des Besitzers nicht in Betracht kommt.

**11.** Der Ersatzverpflichtete kann ein konkurrierendes Verschulden des Ersatzberechtigten i. S. des § 254 BGB. dann geltend machen, wenn dieser nach erlangter Kenntnis von der Prospektunrichtigkeit einer Vergrößerung des Schadens im Interesse des Ersatzpflichtigen nicht dergestalt vorbeugt, daß er ihm durch Mitteilung seiner Ansprüche Gelegenheit gibt, von dem im § 46 Abs. 2 vorgesehenen Rechte der Übernahme Gebrauch zu machen und seinerseits mit den Wertpapieren so zu verfahren, wie es nach seinem Ermessen seinem Interesse entspricht (RG. 46, 89). Der Ersatzberechtigte braucht die Mitteilung an den Ersatzverpflichteten jedoch erst zu machen, nachdem er sich über die Sachlage unterrichtet und über einen bestimmten Inhalt der zu erhebenden Ansprüche schlüssig gemacht hat (RG. aaO.), und es kann auch aus der gänzlichen Unterlassung der Mitteilung ein konkurrierendes Verschulden dann nicht hergeleitet werden, wenn das Verhalten des Verpflichteten beweist, daß er sich doch nicht zur Übernahme der Wertpapiere verstanden hätte (RG. 80, 202f.).

## § 47.

**Der Ersatzanspruch verjährt[1]) in fünf Jahren seit der Zulassung der Wertpapiere[2]).**

1. Wenngleich der Gesetzgeber mit der fünfjährigen Frist ein für alle Mal die Dauer des Anspruchs begrenzen wollte (Ausschlußfrist), so zwingt doch der Wortlaut dazu, sie als Verjährungsfrist zu behandeln, so daß sie den Bestimmungen der §§ 202ff. BGB. über Hemmung, Unterbrechung, Wirkung usw. unterliegt.

2. Der Lauf der Frist beginnt mit dem Zulassungsbeschluß, also nicht erst mit der Einführung. Der Beginn wird nicht etwa dadurch gehemmt, daß die Zulassung unter Verletzung gesetzlicher Vorschriften beschlossen worden ist.

## § 48.

**Eine Vereinbarung, durch welche die nach den §§ 45 bis 47 begründete Haftung ermäßigt oder erlassen wird[1]), ist unwirksam.**

**Weitergehende Ansprüche, welche nach den Vorschriften des bürgerlichen Rechtes auf Grund von Verträgen erhoben werden können, bleiben unberührt[2]).**

1. Die Unwirksamkeit beschränkt sich auf im voraus getroffene Vereinbarungen zwischen dem Ersatzverpflichteten und dem Ersatzberechtigten. Dagegen sind solche Vereinbarungen wirksam, nachdem das Vorhandensein des Schadensersatzanspruchs aus den §§ 45—47 dem Grunde nach zur Kenntnis des Ersatzberechtigten gelangt ist.

2. Diese Ansprüche, die sowohl gegen die nach § 45 Ersatzverpflichteten — beispielsweise wegen leichten Verschuldens —, als auch gegen Dritte — z. B. Ratgeber, Garanten — vertragsmäßig begründet werden können, unterliegen nicht besonderen börsengesetzlichen Vorschriften, sondern den allgemeinen Bestimmungen des bürgerlichen Rechtes. Vgl. aber wegen der Zuständigkeit A. 1 zu § 49.

## § 49.

**Für die Entscheidung der Ansprüche aus den §§ 45 bis 48[1]) ist ohne Rücksicht auf den Wert des Streitgegenstandes ausschließlich das Landgericht des Ortes zuständig, an dessen Börse die Einführung des Wertpapiers erfolgte[2]). Besteht an diesem Landgericht eine Kammer für Handelssachen, so gehört der Rechtsstreit vor diese. Die Revision sowie die Beschwerde gegen Entscheidungen des Oberlandesgerichts geht an das Reichsgericht[3]).**

1. Ob hierunter auch die im § 48 Abs. 2 erwähnten vertraglichen Ansprüche fallen, ist zweifelhaft. Der Wortlaut des § 49 spricht für die Bejahung, die auch im Interesse einer sachgemäßen Rechtspflege erwünscht ist (a. M. Apt A. 1 zu § 49, Bernstein 183, Nußbaum zu § 49).

2. Hat die Einführung an mehreren Börsen stattgefunden, so hat der Kläger gemäß § 35 ZPO. zwischen den Landgerichten, in deren Bezirke diese Börsen liegen, die Wahl.

3. Ohne Rücksicht auf den Wert des Streitgegenstandes (§ 547 Ziff. 2 ZPO.).

# IV. Börsenterminhandel.

## § 50.

Die Zulassung von Waren[1]) oder Wertpapieren[2]) zum Börsenterminhandel[3]) erfolgt durch den Börsenvorstand[4, 5]) nach näherer Bestimmung der Börsenordnung[6]). Der Börsenvorstand ist befugt, die Zulassung zurückzunehmen[7]).

Vor der Zulassung sind die Geschäftsbedingungen für den Börsenterminhandel in den zuzulassenden Waren oder Wertpapieren festzusetzen[8]).

Der Börsenvorstand hat vor der Zulassung von Waren zum Börsenterminhandel in jedem einzelnen Falle Vertreter der beteiligten Erwerbskreise gutachtlich zu hören und das Ergebnis dem Reichskanzler mitzuteilen. Die Zulassung darf erst erfolgen, nachdem der Reichskanzler erklärt hat, daß er zu weiteren Ermittelungen keinen Anlaß finde[9]).

Die Zulassung von Wertpapieren zum Börsenterminhandel darf nur erfolgen, wenn die Gesamtsumme der Stücke, in denen der Börsenterminhandel stattfinden soll, sich nach ihrem Nennwerte mindestens auf 20 Millionen Mark beläuft[10–12]).

Anteile einer inländischen Erwerbsgesellschaft[13]) dürfen nur mit Zustimmung der Gesellschaft[14]) zum Börsenterminhandel zugelassen werden. Eine erfolgte Zulassung ist auf Verlangen der Gesellschaft spätestens nach Ablauf eines Jahres von dem Tage an gerechnet, an welchem das Verlangen dem Börsenvorstande gegenüber erklärt worden ist, zurückzunehmen.

Der Bundesrat kann weitere Bestimmungen über die Voraussetzungen der Zulassung treffen[15]).

1. Getreide und Erzeugnisse der Getreidemüllerei können gemäß § 65 nicht zum Börsenterminhandel zugelassen werden. Die Zulassung anderer Waren zum Börsenterminhandel hat, abgesehen von den Bestimmungen des § 50, zur Voraussetzung, daß die Einrichtungen der Börse, an der sie zum Börsenterminhandel zugelassen werden sollen, für den Handel in diesen Waren bestimmt sind (vgl. § 5 Ziff. 2 u. A. dazu), und daß der Benutzung keine Untersagung des Bundesrats entgegensteht (vgl. § 6 Satz 3); ferner, daß Börsentermingeschäfte darin nicht gemäß § 63 Abs. 2 verboten sind.

2. Der Ausdruck „Wertpapiere" ist hier im weiteren Sinne zu verstehen (vgl. A. 2 zu § 29); doch scheiden auf Grund des Abs. 4 als zum Börsenterminhandel nicht zulassungsfähig alle Wertpapiere aus, die keinen Nennwert haben oder für deren Gesamtsumme sich ein Mindestnennbetrag nicht feststellen läßt (vgl. unten A. 11). Im übrigen hat die Zulassung von Wertpapieren zum Börsenterminhandel, abgesehen von den Bestimmungen des § 50, zur Voraussetzung, daß die Einrichtungen der Börse, an der sie zum Börsenterminhandel zugelassen werden sollen, für den Handel in Wertpapieren bestimmt sind (§ 5 Ziff. 2), und daß der Benutzung keine Untersagung des Bundesrats entgegensteht (§ 6 Satz 3), bei den Wertpapieren, auf die sich Abschnitt III des Gesetzes bezieht (vgl. A. 1 zu § 36), außerdem, daß sie von der Zulassungsstelle zum Börsenhandel zugelassen sind; ferner, daß Börsentermingeschäfte darin nicht gemäß § 63 Abs. 2, oder gemäß § 63 Abs. 1 — in Anteilen von Bergwerks- oder Fabrikunternehmungen mangels Genehmigung des Bundesrats — verboten sind.

3. Börsenterminhandel ist der zum Gegenstand eines dauernden Handels gemachte Abschluß von Börsentermingeschäften. Das Börsentermingeschäft, im Wertpapierhandel auch „Ultimogeschäft" genannt, ist eine Art des Zeitgeschäfts (vgl. A. 6 zu § 29). In dem BörsG v. 96 (§ 48) wurde folgende Begriffsbestimmung des Börsentermingeschäfts gegeben:

„Als Börsentermingeschäfte in Waren oder Wertpapieren gelten Kauf- oder sonstige Anschaffungsgeschäfte auf eine festbestimmte Lieferungszeit oder mit einer festbestimmten Lieferungsfrist, wenn sie nach Geschäftsbedingungen geschlossen werden, die von dem Börsenvorstande für den Terminhandel festgesetzt sind, und wenn für die an der betreffenden Börse geschlossenen Geschäfte solcher Art eine amtliche Feststellung von Terminpreisen (§§ 29, 35) erfolgt."

Die Zulässigkeit der unter diese Begriffsbestimmung fallenden Geschäfte war objektiv und subjektiv erheblich eingeschränkt. Um den Einschränkungen zu entgehen, nahmen die Interessenten den Umstand, daß bestimmte Merkmale für die Qualifikation börsenmäßiger Zeitgeschäfte als Börsentermingeschäfte aufgestellt waren, zum Anlaß, in der Folgezeit Geschäfte gleicher Funktion unter Vermeidung dieser Merkmale, insbesondere unter scheinbarer Beseitigung des Fixcharakters oder Verabredung besonderer Geschäftsbedingungen, abzuschließen, so daß Börsentermingeschäfte mit den gesetzlichen Merkmalen kaum mehr vorkamen. Diesem Bestreben, das die Erreichung des Zweckes des Gesetzes zu vereiteln drohte, trat jedoch die Rechtsprechung der Reichsgerichts entgegen, indem die in der Begriffsbestimmung des Gesetzes angegebenen Merkmale des Börsentermingeschäfts nicht für allein ausschlaggebend erklärt wurden. Das Reichsgericht erachtete vielmehr die Vorschriften des Abschnitts IV für anwendbar auch auf solche börsenmäßigen Zeitgeschäfte, die nach ihrem materiellen Inhalt und nach ihrer wirtschaftlichen Natur und Zweckbestimmung unter die Geschäfte fallen, die der Gesetzgeber habe treffen wollen und ausdrücklich getroffen hätte, wenn er ihre Einkleidung in eine andere Rechtsform als diejenige, die er formuliert hat, vorausgesehen hätte (RG. 42, 43ff. u. insbes. 44, 107).

In der Novelle ist auf eine Begriffsbestimmung des Börsentermingeschäfts verzichtet worden, und zwar weniger mit Rücksicht auf die unbefriedigenden Erfahrungen mit der früheren Begriffsbestimmung, als vor allem in der Erkenntnis, daß das

Börsentermingeschäft eine wechselnde wirtschaftliche Erscheinungsform ist, die nicht an äußeren Merkmalen, sondern an ihrer Funktion feststellbar ist. Um seine wirtschaftlichen Aufgaben zu erfüllen — nämlich im Wertpapierhandel der Spekulation das technisch vollendetste Mittel zu leichter Bewältigung ihrer Umsätze unter möglichst geringer Bewegung von Geld und Wertpapieren zu geben, im Warenhandel als Effektivgeschäft die Lieferung der Waren in einem künftigen Zeitpunkt unter Vermeidung von Unkosten wie Lagergeld usw. zu gestatten oder als Hilfsgeschäft des Effektivgeschäfts zur zeitlichen und räumlichen Verteilung der im Effektivhandel gekauften Waren und zur Sicherung gegen Preisschwankungen zu dienen — muß das Börsentermingeschäft, nicht nur die Möglichkeit bieten, durch Abschluß eines Gegengeschäfts für das eingegangene Engagement Deckung zu suchen, sondern von vornherein darauf angelegt sein, die Benutzung dieser Möglichkeit in denkbar weitestem Maße zu erleichtern. Hierzu ist zunächst erforderlich, daß der Geschäftsinhalt alles Individuelle abgestreift hat und auf typische Bedingungen zurückgeführt ist. Weiter aber erhält gegenüber anderen Geschäften, bei denen ebenfalls das Bestreben herrscht, typische Abschlußbedingungen zugrunde zu legen, das Börsentermingeschäft seine Besonderheit durch die es zur Massenerscheinung machende Beziehung zu einem bestehenden Terminmarkt, auf dem jederzeit ein völlig gleiches Geschäft abgeschlossen werden kann und auf dem sich für solche Geschäfte Preise und Usancen bilden, welche die gleichzeitige Abwickelung großer Mengen von Geschäften im Wege der Überweisung und Verrechnung ermöglichen. Ein solcher Terminmarkt kann sich nur im Zusammenhange mit einer Börse bilden (Begr. II, 19ff.; vgl. Göppert in BA. 12, 271ff.).

Aus dem hiermit umrissenen Wesen des Börsentermingeschäfts folgt im einzelnen: Es ist nicht erforderlich, daß der Abschluß im Börsengebäude oder zur Börsenzeit bewirkt ist, wenn nur die Zugehörigkeit des Geschäfts zu einem Terminmarkt ersichtlich ist (RG. 47, 112; JW. 02, 638; RGSt. 44,

55 ff. u. a.). Es bedarf dafür weder Geschäftsbedingungen, die von dem Börsenvorstande für den Börsenterminhandel festgesetzt sind (RG. 42, 43 ff.), noch der amtlichen Feststellung von Terminpreisen (RG. 47, 112; übereinstimmend Begr. II, 19). Das Börsentermingeschäft kann auch im Inlande nach Geschäftsbedingungen einer ausländischen Börse eingegangen und nur im Inlande zu erfüllen sein (RG. 43, 92; 44, 56 ff.; JW. 02, 638; 03, Beil. 100; RG. in BA. 5, 95). Es braucht dem Börsentermingeschäfte kein Preis zugrunde zu liegen, der sich an der Börse gebildet hat oder von der Preisbildung an der Börse — sei es auch nur für Kassageschäfte oder an einer anderen Börse als der, an welcher der Abschluß erfolgt ist — beeinflußt ist (abweichend die bisherige Rechtsprechung — RG. 47, 112; RG. in BA. 2, 32; RG. 52, 181; 58, 367; JW. 06, 147; RGSt. 44, 57 —, die aber in der Begründung [II, 20] ihre zutreffende Widerlegung durch die Erwägung findet, daß die Preisvereinbarung lediglich von dem Parteiwillen abhängt und der Preis des Börsentermingeschäfts für ein etwa zu tätigendes Gegengeschäft völlig belanglos ist. Die hier vertretene Ansicht herrscht auch in der Theorie vor — vgl. Bernstein 198 f., Nußbaum Vorbem. vor § 50, Abs. 59, a. M. Staub Exk. zu § 376, A. 13 —). Endlich ist nach dem geltenden Gesetz auch der Fixcharakter kein unbedingtes Erfordernis des Börsentermingeschäfts, sondern nur insoweit wesentlich, als das Fixgeschäft allein befähigt ist, der Funktion des Börsenterminhandels zu dienen (vgl. Begr. II, 19; Göppert aaO. 275). Letztere Voraussetzung trifft auf den Wertpapierterminhandel allgemein zu (vgl. aber RG. 44, 115); inwieweit sie auf den Warenterminhandel zutrifft, hat die Übung zu entscheiden, jedoch mit der Maßgabe, daß das jetzt im § 67 behandelte, die Stellung einer angemessenen Nachfrist erheischende Zeitgeschäft in Getreide und Erzeugnissen der Getreidemüllerei nach dem unzweifelhaften Willen des Gesetzgebers als Börsentermingeschäft, u. z. als verbotenes und gemäß § 71 strafbares Börsentermingeschäft angesehen

werden muß, wenn bei seinem Abschlusse die im § 67 Abs. 1 gestellten Bedingungen nicht erfüllt sind (vgl. auch A. 2 zu § 65, A. 1 zu § 67 und A. 2 zu § 71; im Ergebnisse übereinstimmend RG. 79, 235 im Unterschiede von der früheren, im Hinblick auf das ältere Recht ständig festgehaltenen Ansicht des Reichsgerichts, derzufolge der Fixcharakter grundsätzlich zu den Begriffsmerkmalen des Börsentermingeschäfts gehörte — so zuletzt in BA. 8, 79 —; bei den Kommentatoren des Börsengesetzes ist die letztere Ansicht noch jetzt vorwiegend — vgl. insbesondere Bernstein 195; Staub Exk. zu § 376, A. 9; Neukamp Vorbem. vor § 50, A. 31; Nußbaum Vorbem. vor § 50, Abs. 56 —; dagegen, wie hier, Göppert, aaO. u. Börsentermingeschäft 26 Note 3).

Kassageschäfte können an sich nicht Börsentermingeschäfte sein (vgl. A. 6 zu § 29) und werden es auch nicht ohne weiteres dadurch, daß der Kaufpreis bis Ultimo gestundet wird (RG. in BA. 5, 190; 6, 242). Das gilt aber nicht für solche Geschäfte, bei denen die äußere Form des Kassageschäfts einen auf den Abschluß von Börsentermingeschäften gerichteten Parteiwillen verdeckt. Deshalb hat das Reichsgericht in ständiger Rechtsprechung die unter der Herrschaft des früheren Gesetzes häufig abgeschlossenen sog. Kontogeschäfte, das sind Kassageschäfte mit Hinausschiebung von Abnahme und Zahlung bis Ultimo, für Börsentermingeschäfte erachtet, wenn zwischen den Parteien diese, dem Wesen des Kassageschäfts fremde gegenseitige Kreditierung a l l g e m e i n für die Abrechnung ihrer Kassageschäfte — ausdrücklich oder stillschweigend — vereinbart war (RG. 45, 68; 59, 323 u. a.). Ebenso können sich aus wirklichen Kassageschäften durch Verschiebung der Abwickelung Börsentermingeschäfte — in Gestalt der einzelnen Prolongationen — entwickeln (RG. 66, 95 u. a.).

Unter den Börsentermingeschäften sind zu unterscheiden: erlaubte und verbotene (vgl. A. 1 zu § 51), unter den erlaubten Börsentermingeschäften offizielle und inoffizielle (vgl. A. 4 zu § 51).

**4.** Wenn an einer Börse besondere Abteilungen für einzelne Geschäftszweige bestehen, so erfolgt die Zulassung, ebenso wie alle anderen dem Börsenvorstande nach Abschnitt IV obliegenden Beschlußfassungen, durch die zuständige Abteilung (vgl. § 7 Abs. 2 BörsO. für Berlin).

**5.** Der Börsenvorstand kann von Amtswegen die Zulassung in die Wege leiten und beschließen, ohne daß es eines Antrags bedarf (Begr. II, 21). Ein Anspruch auf Zulassung zum Börsenterminhandel besteht nicht; der Börsenvorstand ist in der Lage, sie aus Zweckmäßigkeitsgründen zu verweigern, auch wenn alle gesetzlichen Voraussetzungen erfüllt sind. Gegen den — zulassenden oder ablehnenden — Beschluß des Börsenvorstandes ist eine besondere (Rechtsmittel-) Beschwerde (vgl. A. 8 zu § 1) im Gesetze nicht vorgesehen. Entsprechend der regierungsseitig vertretenen Auslegung der Börsenaufsicht (vgl. aaO.) schreibt die Begründung der Landesregierung die Macht zu, unerwünschte Zulassungen ohne weiteres auf Grund des Aufsichtsrechts außer Kraft zu setzen (II, 21).

**6.** Vgl. § 28 BörsO. für Berlin.

**7.** Über Fälle, in denen die Zulassung zurückgenommen werden m u ß, vgl. unten A. 10 u. Abs. 5 Satz 2. Im übrigen erfolgt die Zurücknahme wie die Zulassung nach freiem Ermessen des Börsenvorstandes. Die Zulassung wird, ohne daß es einer Zurücknahme bedarf, unwirksam, wenn die oben in A. 1 u. 2 angeführten Voraussetzungen der Zulassung fortfallen.

**8.** In den Geschäftsbedingungen sind namentlich die Mindestmengen und Mindesteigenschaften (Lieferungsqualität) der zu handelnden Waren, sowie die Mindestbeträge der zu handelnden Wertpapiere zu bestimmen. Sie können allgemein für ganze Kategorien festgesetzt werden (vgl. §§ 16ff. d. Bedingungen für die Geschäfte an der Berliner Fondsbörse). Die Landesregierungen sind in der Lage, sich durch das Verlangen der Aufnahme besonderer Vorschriften in die Börsenordnungen gemäß § 4 Abs. 2 einen Einfluß auf den Inhalt der Geschäftsbedingungen zu sichern (Begr. II, 21). Die Hauptbedeutung der Geschäftsbedingungen besteht darin, daß ihre Zugrundelegung ein wesentliches Tatbestandsmerkmal der offiziellen Börsentermingeschäfte (vgl. A. 4 zu § 51) ist.

**9.** Der Reichskanzler hat nicht, wie der Bundesrat (§ 63 Abs. 2), ein gesetzliches, noch, wie die Landesregierung (vgl. oben A. 5), ein aus der Börsenaufsicht hergeleitetes Untersagungsrecht; er kann aber die Zulassung tatsächlich verhindern, indem er die im Abs. 3 als Voraussetzung der Zulassung festgesetzte Erklärung nicht abgibt.

**10.** Der Mindestbetrag von 20 Millionen Mark muß — unabhängig von der Höhe des Gesamtkapitals — von den zu gleichem Kurse zu handelnden Stücken vorhanden sein. Sinkt die Gesamtsumme der Stücke durch Tilgungen oder Konvertierungen unter 20 Millionen Mark, so hat der Börsenvorstand die Zulassung gemäß Abs. 1 zurückzunehmen. Andrerseits ist im Falle der Vermehrung der Gesamtsumme der Stücke durch Kapitalserhöhungen, Erweiterungen des Anleihebetrags u. dgl. eine erneute Zulassung des neu ausgegebenen Betrags zum Börsenterminhandel nicht erforderlich, sofern nur die neuen Stücke gemäß Abschnitt III zum Börsenhandel zugelassen und mit den früher zugelassenen Stücken gleichwertig und gleich lieferbar sind.

**11.** Wertpapiere, die keinen Nennwert haben, wie z. B. Kuxe, können zum Börsenterminhandel nicht zugelassen werden (Begr. II, 21). Das gleiche gilt für solche Wertpapiere, für deren Gesamtsumme sich ein Mindestnennbetrag nicht feststellen läßt, wie Devisen und ausländische Geldsorten; der hierin stattfindende Zeithandel bewegt sich nicht in den charakteristischen Formen des Börsenterminhandels, sondern nach für den Einzelfall vereinbarten Bedingungen.

**12.** Bei Wertpapieren in ausländischer Währung muß der gemäß § 3 d. Bek. d. BR. v. 21. Nov. 1912 in deutsche Währung umgerechnete Nennbetrag den Mindestbetrag von 20 Millionen Mark erreichen.

**13.** Vgl. A. 5 zu § 41.

**14.** Die Erklärung der Zustimmung seitens des Vorstandes der Gesellschaft ist entscheidend (RT. StenB. II, 4770). Sie wirkt lediglich für die Börse, deren Börsenvorstande gegenüber sie erklärt ist.

**15.** Diese Bestimmung, von der bisher kein Gebrauch gemacht worden ist, ermöglicht den Erlaß gleichmäßiger Bestimmungen für alle deutschen Börsen.

## § 51.

Soweit Börsentermingeschäfte in bestimmten Waren oder Wertpapieren verboten sind [1]) oder die Zulassung zum Börsenterminhandel endgültig verweigert [2]) oder zurückgenommen worden ist [3, 4]), ist der Börsenterminhandel von der Benutzung der Börseneinrichtungen [5]) und der Vermittelung durch die Kursmakler ausgeschlossen [6]). Findet an einer Börse ein Börsenterminhandel nach Geschäftsbedingungen statt, die von den festgesetzten Geschäftsbedingungen (§ 50 Abs. 2) abweichen [7]), oder findet ein Börsenterminhandel in solchen Waren oder Wertpapieren statt, die zum Börsenterminhandel nicht zugelassen sind [8]), so ist er durch Anordnung des Börsenvorstandes von der Benutzung der Börseneinrichtungen und der Vermittelung durch die Kursmakler auszuschließen [9]). Der Börsenvorstand kann den Erlaß der Anordnung aussetzen, wenn Verhandlungen wegen Zulassung der Waren oder Wertpapiere zum Börsenterminhandel schweben [10]). Die Aussetzung darf höchstens auf ein Jahr erfolgen [11]).

Soweit der Börsenterminhandel auf Grund des Abs. 1 von der Benutzung der Börseneinrichtungen und der Vermittelung durch die Kursmakler ausgeschlossen ist, dürfen für Börsentermingeschäfte, sofern sie im Inland abgeschlossen sind [12]), Preislisten [13]) (Kurszettel) nicht

**veröffentlicht oder in mechanisch hergestellter Vervielfältigung verbreitet werden**[14]).

**1.** Verbotene — d. h. an und außerhalb der Börse (vgl. A. 3 zu § 50) verbotene — Börsentermingeschäfte sind a) Börsentermingeschäfte in Getreide und Erzeugnissen der Getreidemüllerei (§ 65), b) Börsentermingeschäfte in Anteilen von Bergwerks- und Fabrikunternehmungen ohne Genehmigung des Bundesrats (§ 63 Abs. 1), c) Börsentermingeschäfte, die vom Bundesrate verboten, oder bei denen die vom Bundesrate für ihre Zulässigkeit festgesetzten Bedingungen nicht beachtet sind (§ 63 Abs. 2).

**2.** Unter „endgültiger Verweigerung" ist ein Ablehnungsbeschluß aus materiellen Gründen zu verstehen — im Unterschiede zu einer Ablehnung aus formellen Gründen oder zu einer Vertagung der Entscheidung.

**3.** Vgl. A. 7 zu § 50.

**4.** Die Gleichstellung der Verweigerung und Zurücknahme der Zulassung mit dem Verbote von Börsentermingeschäften hat nur für die im § 51 behandelte börsenpolizeiliche Seite des Börsenterminhandels Bedeutung. In materiell-rechtlicher Beziehung sind die Börsentermingeschäfte in Waren oder Wertpapieren, deren Zulassung zum Börsenterminhandel verweigert oder zurückgenommen worden ist, von den verbotenen scharf zu unterscheiden. Sie bilden mit den in Satz 2 und 3 behandelten Börsentermingeschäften — in zugelassenen Waren oder Wertpapieren unter Nichtbeachtung der vom Börsenvorstande festgesetzten Geschäftsbedingungen; in Waren oder Wertpapieren, die deswegen nicht zugelassen sind, weil über ihre Zulassung überhaupt noch nicht Beschluß gefaßt worden ist; endlich in Waren oder Wertpapieren, über deren Zulassung noch Verhandlungen schweben — die Gruppe der sog. „inoffiziellen" Börsentermingeschäfte, und fallen als solche unter die Bestimmungen der §§ 52—62, im Gegensatze zu den verbotenen, für welche die Bestimmungen der §§ 64—66 gelten.

Den offiziellen, d. h. den i. S. des § 50 zugelassenen Geschäften gegenüber sind sie nur durch die im § 51 vorgesehenen Beschränkungen, sowie dadurch, daß sie nicht gegen die Einwände aus den §§ 762 und 764 BGB. geschützt sind (§ 58), zurückgesetzt.

**5.** Vgl. A. 2 zu § 42.

**6.** Der Ausschluß findet hier — im Gegensatze zu den anderen im Abs. 1 behandelten Fällen — kraft Gesetzes statt, ohne daß es eines Beschlusses des Börsenvorstandes bedarf. Bei den verbotenen Börsentermingeschäften (vgl. oben A. 1) trifft er auf alle Börsen zu, bei den übrigen nur auf die Börse, deren Vorstand den dem Ausschlusse zugrunde liegenden Beschluß gefaßt hat.

**7.** Vgl. A. 1 a. E. zu § 58.

**8.** D. i. deren Zulassung nicht beantragt oder noch nicht endgiltig verweigert (vgl oben A. 2) ist.

**9.** Die Anordnung setzt voraus, daß inoffizielle Geschäfte der gekennzeichneten Art in einer gewissen Anzahl und mit einer gewissen Regelmäßigkeit an der Börse abgeschlossen werden. Sie wirkt natürlich nur für die Börse, für die sie erlassen wird.

**10.** In diesem Fall ist die Benutzung der Börseneinrichtungen und die Vermittelung durch die Kursmakler, insbesondere auch die amtliche Kursfeststellung zulässig; dagegen sind die Geschäfte hinsichtlich der Einwände aus den §§ 762 und 764 BGB. den übrigen inoffiziellen Börsentermingeschäften gleichgestellt (vgl. oben A. 4 a. E.).

**11.** Die Frist läuft von dem Tag, an dem der Börsenvorstand beschlossen hat, den Erlaß der Ausschließungsanordnung auszusetzen. Bei Ablauf der Frist muß der Börsenvorstand entweder die Zulassung aussprechen oder die ausgesetzte Ausschließungsanordnung treffen

**12.** Da Börsentermingeschäfte auch außerhalb der Börse abgeschlossen werden können (vgl. A. 3 zu § 50), ist die Erstreckung dieses Verbots auf die im Inland abgeschlossenen

Geschäfte weitergehend als des ähnlichen Verbots im § 43 auf die an der Börse abgeschlossenen Geschäfte. Darüber, wann ein Geschäft im Inland abgeschlossen ist, vgl. A. 3 zu § 46.

**13.** Vgl. A. 4 zu § 42.

**14.** Vgl. die Strafbestimmung im § 90.

## § 52.

**Ein Börsentermingeschäft, das nicht gegen ein durch dieses Gesetz oder den Bundesrat erlassenes Verbot verstößt, ist nur nach Maßgabe der §§ 53 bis 56 wirksam** [1—3].

**1.** Vgl. die Verbotsfälle in A. 1 zu § 51. Soweit diese Fälle nicht vorliegen und es sich auch nicht um die einer Sonderregelung unterworfenen Geschäfte nach § 67 handelt, sind also die §§ 53 bis 56 für alle Börsentermingeschäfte, offizielle wie inoffizielle (vgl. A. 4 zu § 51), maßgeblich. Andrerseits sind aber diese Geschäfte nur nach Maßgabe der §§ 53 bis 56 wirksam, sie sind also nach diesem Gesetze zu beurteilen, und die Bestimmungen des HGB. und des BGB. können nur subsidiär zur Anwendung kommen, insoweit das Börsengesetz keine abweichenden Bestimmungen enthält, wie z. B. in bezug auf den Einwand aus Zwang, Betrug und Irrtum, Auslegung von Willenserklärungen u. dgl.

**2.** Die Überschreitung der dem erlaubten Börsentermingeschäfte gezogenen Grenzen erzeugt nicht nur eine Einrede, sondern hat ohne weiteres die Unwirksamkeit zur Folge (Begr. II, 26). Klagen aus unverbindlichen Börsentermingeschäften sind daher von Amtswegen abzuweisen, auch wenn der Beklagte nicht erscheint oder erklärt, sich auf die Unklagbarkeit nicht berufen zu wollen (RG. 44, 54). Wegen des Anerkenntnisses und Vergleichs vgl. § 59 u. A. 1 dazu. Die für die Verbindlichkeit maßgebenden Tatsachen hat die sich auf die Verbindlichkeit stützende Partei darzulegen und zu beweisen (RG. in Holdheims MSchr. 05, 21). Die Unwirksamkeit erstreckt sich auf alle Nebenansprüche sowie auf die Nebenabreden des Hauptgeschäfts, insbesondere auch auf die Vereinbarung des Schiedsgerichts (vgl. A. 4 zu § 28), ferner auf Sicherheitsbestellungen, soweit sie nicht den Erfordernissen des § 54 entsprechen, sowie Bürgschaftsübernahme aus unverbindlichen Börsentermingeschäften (RG. 30, 216; 38, 238; 52, 364). Ein Zurückbehaltungsrecht kann durch das unverbindliche Geschäft nicht begründet werden (JW. 97, 311). Hingegen wird durch das unverbindliche Börsentermingeschäft eine natürliche Verbindlichkeit begründet (vgl. §§ 55, 56); deshalb schließt die rechtliche Unwirksamkeit nicht die Stempelpflicht aus (RG. 49, 111).

3. Gegen die Berufung auf die Unwirksamkeit eines Börsentermingeschäfts kann nicht geltend gemacht werden, daß die von diesem Rechte Gebrauch machende Partei dadurch gegen Treu und Glauben oder gegen die guten Sitten verstößt (RG. in BA. 7, 202; JW. 08, 467; RG. in BA. 8, 125). Dagegen kann unter besonderen Umständen, insbesondere wegen der falschen Vorspiegelung von Tatsachen, aus denen die andere Partei im Hinblick auf § 53 beim Abschlusse des Geschäfts dessen Verbindlichkeit folgern durfte, ein Schadensersatzanspruch aus § 826 BGB. erhoben werden. Ferner kann in der Berufung auf die Unwirksamkeit eines Börsentermingeschäfts ein wichtiger Grund zur Entlassung von Gesellschaftsvorständen usw. erblickt werden (RG. 53, 267). Wegen der ehrengerichtlichen Strafbarkeit vgl. A. 4 zu § 10.

## § 53.

**Das Geschäft ist verbindlich[1]), wenn auf beiden Seiten als Vertragschließende Kaufleute, die in das Handelsregister eingetragen sind[2, 3]) oder deren Eintragung nach § 36 des Handelsgesetzbuchs nicht erforderlich ist[4]), oder eingetragene Genossenschaften[5]) beteiligt sind. Personen, deren Gewerbebetrieb über den Umfang des Kleingewerbes nicht hinausgeht[6]), gehören, auch wenn sie in**

das Handelsregister eingetragen sind, nicht zu den Kaufleuten im Sinne dieser Vorschrift.

Den im Abs. 1 bezeichneten Kaufleuten stehen gleich[7]):

1. Personen[8]), die zur Zeit des Geschäftsabschlusses oder früher berufsmäßig[9]) Börsentermingeschäfte oder Bankiergeschäfte[10]) betrieben haben oder zum Besuch einer dem Handel mit Waren der bei dem Geschäft in Frage kommenden Art[11]) oder einer dem Handel mit Wertpapieren[12]) dienenden Börse[13]) mit der Befugnis zur Teilnahme am Börsenhandel dauernd zugelassen waren[14]);
2. Personen[15]), die im Inlande[16]) zur Zeit des Geschäftsabschlusses weder einen Wohnsitz[17]) noch eine gewerbliche Niederlassung[18]) haben[19, 20]).

**1.** Der § 53 macht die Verbindlichkeit von erlaubten, also sowohl offiziellen wie inoffiziellen (vgl. A. 4 zu § 51) Börsentermingeschäften abhängig von der sog. Termingeschäftsfähigkeit der Vertragsparteien. Durch dieses Erfordernis, das an die Stelle des von dem früheren Rechte vorgeschriebenen Erfordernisse der Eintragung in das Börsenregister die Zugehörigkeit zu einem, vornehmlich nach dem Gesichtspunkte geschäftlicher Urteilsfähigkeit begrenzten Personenkreise setzt, wird eine Börsenrechtssphäre geschaffen, innerhalb deren allein dem Börsenterminhandel völlige Freiheit eingeräumt ist (Begr. II, 117).

**2.** In den in das Handelsregister — d. i. in das deutsche Handelsregister (Begr. II, 28) — eingetragenen Kaufleuten sind auch alle Handelsgesellschaften inbegriffen (Begr. II, 27). Nicht erforderlich ist, daß Kaufleute, die als Inhaber oder persönlich haftende Gesellschafter einer Firma eingetragen sind, das Börsentermingeschäft im Betriebe des Handelsgewerbes dieser Firma schließen.

**3.** Für den Fall einer zu Unrecht erfolgten oder fortbestehenden Eintragung ins Handelsregister finden die §§ 5 und 15 HGB. grundsätzlich Anwendung, insoweit nicht — für Kleingewerbetreibende — durch Satz 2 eine Ausnahme ausdrücklich festgesetzt ist. Hieraus folgt, daß auch Handwerker, obwohl deren Eintragung stets nur zu Unrecht erfolgt sein kann (KGJ. 35 A, 142; RJA 9, 109), die Unrechtmäßigkeit der Eintragung gegen Forderungen aus Börsentermingeschäften nicht geltend machen können, es sei denn, daß ihr Gewerbebetrieb nicht über den Umfang des Kleingewerbes hinausgeht (HansOLG. in BA. 12, 125 f.).

**4.** Zu den nach § 36 von der Eintragung befreiten Unternehmen des Reiches, eines Bundesstaats oder eines inländischen Kommunalverbandes gehören z. B. die Preußische Seehandlung und andere öffentliche Kreditanstalten, die Reichs-, Staats- und Kommunalbahnen, die kommunalen Gasanstalten, und Wasserwerke usw. Nicht als Kaufleute gelten die Postverwaltungen des Reiches und der Bundesstaaten (HGB. § 452); ebensowenig ist die Termingeschäftsfähigkeit der Reichsbank aus § 53 Abs. 1 herzuleiten, da ihre Eintragung nicht nach § 36 HGB., sondern nach § 66 BankG. unterbleibt. Übrigens ist nach § 7 Ziff. 2 BankG. der Reichsbank wie allen Notenbanken der Abschluß von Zeitgeschäften überhaupt nicht gestattet.

**5.** Die eingetragenen Genossenschaften sind besonders aufgeführt, weil sie nach § 17 GenG. nur als Kaufleute i. S. des HGB., nicht auch anderer Gesetze gelten (Begr. II, 25).

**6.** § 4 HGB. Wegen der Handwerker vgl. oben A. 3. Die Termingeschäftsfähigkeit muß bei Abschluß des Geschäfts vorhanden sein. In welchem Zeitpunkt ein Geschäft als abgeschlossen gilt, bestimmt sich nach Bürgerlichem Recht (§§ 151 ff. BGB.).

**7.** Die Gleichstellung der im Abs. 2 aufgeführten Personen mit dem im Abs. 1 umgrenzten Personenkreise bezieht sich nur auf Geschäfte i. S. des § 53, nämlich auf solche, bei denen beide Parteien börsentermingeschäftsfähig sind. Für Börsentermingeschäfte in Wertpapieren, bei denen ein Teil nicht börsentermingeschäftsfähig ist, sind die im Abs. 1 bezeichneten Kaufleute und Genossenschaften vor den im Abs. 2 aufgeführten Personen durch § 54 bevorzugt.

**8.** Abs. 2 Ziff. 1 bezieht sich lediglich auf physische Personen. Das geht schon daraus hervor, daß nur solche zum Besuch einer Börse zugelassen werden können (vgl. A. 1 zu § 7). Die hier aufgeführten Personen werden vielfach unter der Bezeichnung „Börsenleute“ zusammengefaßt.

**9.** Berufsmäßig geht weiter als gewerbsmäßig: es gehören zu denen, die berufsmäßig Börsentermin- und Bankiergeschäfte betreiben, neben den Kommissionären, Mäklern und Händlern an Terminbörsen auch Nichtkaufleute, wie Vorstandsmitglieder, Geschäftsführer, Prokuristen und Handelsbevollmächtigte von solchen Firmen, die Geschäfte der genannten Art betreiben, vorausgesetzt, daß deren Abschluß zu den beruflichen Obliegenheiten dieser Personen gehört. Dagegen trifft auf den gewohnheitsmäßig spekulierenden Privatmann das Merkmal der Berufsmäßigkeit nicht zu (vgl. auch A. 5 zu § 36).

**10.** § 1 Ziff. 4 HGB. Auf den Umfang kommt es hier nicht an.

**11.** Die qualifizierte Zulassung (vgl unten A. 14) zum Besuch einer Warenbörse begründet — im Unterschiede von der qualifizierten Zulassung zum Besuch einer Effektenbörse — nur eine beschränkte Börsentermingeschäftsfähigkeit, nämlich nur für Geschäfte in den an der in Betracht kommenden Warenbörse — loko oder auf Zeit — gehandelten Waren. Welche Waren an der einzelnen Börse gehandelt werden, ist wegen der in A. 4 zu § 5 näher dargelegten Umstände nach den tatsächlichen Verhältnissen festzustellen.

**12.** Die qualifizierte Zulassung (vgl. unten A. 14) zum Besuch einer Effektenbörse ist auch dann als vorhanden anzusehen, wenn die in Betracht kommende Börse in verschiedenen Abteilungen dem Handel in Wertpapieren und Waren dient und der Börsenbesucher der Abteilung Warenbörse zugerechnet ist oder war.

**13.** D. i. einer deutschen Börse, da nur hierfür eine Zulassung auf Grund einer von der Landesregierung genehmigten Börsenordnung (vgl. unten A. 14) stattfindet.

**14.** Wesentlich ist nicht der tatsächliche Börsenbesuch, sondern lediglich die dauernde Zulassung zum Börsenbesuch mit der Befugnis zur Teilnahme am Börsenhandel. Es wird also eine qualifizierte Zulassung erfordert. Wo nach der Börsenordnung die Berechtigung zum Börsenbesuch einem unbegrenzten Personenkreise zusteht (vgl. A. 5 zu § 5), ist die demgemäß gewährte und ausgeübte Berechtigung zum Börsenbesuche mithin nicht ausreichend; doch wird die Tatsache des Börsenbesuchs vielfach zum Nachweise des berufsmäßigen Abschlusses von Börsentermingeschäften verwertet werden können. Im übrigen richtet sich nach den Bestimmungen der Börsenordnung der einzelnen Börse, wann eine qualifizierte Zulassung i. S. des § 53 vorliegt (vgl. § 15 BörsO. für Berlin). Nach diesen Bestimmungen ist auch die Frage zu entscheiden, ob Angestellte als derart zugelassen zu gelten haben; meist ergibt sich die Verneinung aus der Vorschrift, daß deren Zulassung nicht dauernd erfolgen kann (so § 16 BörsO. für Berlin).

**15.** Physische und juristische Personen.

**16.** D. i. im Deutschen Reich.

**17.** § 7 BGB.

**18.** D. i. eine Niederlassung, von der aus unmittelbar Geschäfte gemacht werden. Die Unterhaltung eines Lagers und die Bestellung eines Agenten mit Abschlußprovision begründet keine gewerbliche Niederlassung (JW. 99, 2).

**19.** Für die Zugehörigkeit zu den im Abs. 2 Ziff. 2 bezeichneten Personen ist also die Staatsangehörigkeit nicht wesentlich. Immerhin werden in der Regel Ausländer darunter fallen; diesen will das Gesetz die Börsentermingeschäftsfähigkeit zuerkennen, einmal, weil der Staat kein Interesse hat, sie vor Verlusten an der Börse zu schützen, ferner aber, weil es im Sinne der internationalen Handelsbeziehungen liegt, ihnen den klagbaren Anspruch aus Börsentermingeschäften mit deutschen börsentermingeschäftsfähigen Personen nicht vorzuenthalten (Begr. II, 28).

**20.** Übergangsbestimmung. Bis zum Inkrafttreten der Novelle war gemäß § 66 BörsG. v. 96 die Wirksamkeit von Börsentermingeschäften von der Eintragung beider Parteien in das Börsenregister (§§ 54—65 aaO.) abhängig; nur in Ansehung von Personen, die im Inlande weder einen Wohnsitz noch eine gewerbliche Niederlassung hatten, war diese Eintragung zur Wirksamkeit des Geschäfts nicht erforderlich (§ 68 Abs. 2 aaO.). Der Bestimmung des jetzigen § 53 ist rückwirkende Kraft nicht beigelegt, so daß die vor dem 1. Juni 1908 abgeschlossenen Börsentermingeschäfte nicht ohne weiteres dadurch wirksam werden, daß die Parteien nach dem Abschlusse die Börsentermingeschäftsfähigkeit i. S. des § 53 erlangt haben. Vgl. aber wegen des Anerkenntnisses usw. A. 2 zu § 59.

## § 54.

Betrifft das Geschäft Wertpapiere[1]) und gehört der eine Teil nicht zu den Personen, die nach § 53 Börsentermingeschäfte abschließen können, ist aber der andere Teil ein Kaufmann oder eine Genossenschaft der im § 53 Abs. 1 bezeichneten Art und hat sich dieser Teil für die Erfüllung des Geschäfts eine Sicherheit bestellen lassen[2]), so ist er befugt, aus der Sicherheit Befriedigung zu suchen[3]); auch ist das Geschäft für ihn verbindlich[4]).

Die Sicherheitsleistung hat die im Abs. 1 bezeichneten Wirkungen nur, wenn die Sicherheit aus Geld[5]) oder aus Wertpapieren, die einen Kurswert haben[6]), besteht[7]) und der Besteller dem anderen Teile gegenüber schriftlich und ausdrücklich erklärt, daß die Sicherheit zur Deckung von Verlusten aus Börsentermingeschäften dienen soll[8, 9]).

Das Schriftstück, in dem die Erklärung abgegeben wird, darf andere Erklärungen des Bestellers der Sicherheit nicht enthalten[10]).

Besteht die Sicherheit aus Wertpapieren, so müssen sie in der Erklärung nach Gattung[11]) und nach Zahl oder Nennwert bezeichnet sein[12]).

Eine Erklärung, die diesen Vorschriften nicht entspricht, ist nichtig[13]).

Zur Wahrung der schriftlichen Form genügt die telegraphische Übermittelung. Wird diese Form gewählt, so kann nachträglich die Abgabe einer schriftlichen Erklärung verlangt werden.

Eine Erklärung, durch die eine Änderung der bestellten Sicherheit bewirkt wird, ist insoweit nicht stempelpflichtig, als der bisherige Gesamtnennwert der Sicherheit nicht überschritten wird[14, 15]).

1. Wegen des Begriffs Wertpapiere vgl. A. 2 zu § 50. Während die Wirksamkeit von Börsentermingeschäften in Waren, um diese entsprechend der wirtschaftlichen Funktion des Warenterminhandels (vgl. A. 3 zu § 50) der reinen Spekulation zu entziehen (KB. II, 90; RT. StenB. II, 4767), von der Börsentermingeschäftsfähigkeit beider Parteien abhängig gemacht ist, eröffnet der § 54 die Möglichkeit, an nicht verbotenen Börsentermingeschäften in Wertpapieren auch die nicht zur Börsenrechtssphäre gehörenden Personen zu beteiligen, indem er den erlaubten — offiziellen wie inoffiziellen (vgl. A. 4 zu § 51) — Börsentermingeschäften in Wertpapieren unter den darin bezeichneten Voraussetzungen eine beschränkte Wirksamkeit auch für den Fall zugesteht, daß sie von einer aus § 53 Abs. 1 börsentermingeschäftsfähigen Partei mit einer nicht börsentermingeschäftsfähigen Partei abgeschlossen sind, also insbesondere für den Verkehr zwischen Bankier und Publikum.

2. Die Sicherheit kann auch von Dritten für den nicht börsentermingeschäftsfähigen Teil bestellt sein.

3. Das Geschäft ist, wenn gemäß § 54 Sicherheit geleistet ist, ein sog. hinkendes: während es für die börsentermingeschäftsfähige Vertragspartei verbindlich ist (vgl. unten A. 4), ist die rechtliche Verbindlichkeit für die nicht börsentermingeschäftsfähige Vertragspartei durch den Betrag oder Wert der geleisteten Sicherheit begrenzt. Der Zweck der Begrenzung in Verbindung mit den ferneren Vorschriften des § 54 ist, der nicht termingeschäftsfähigen Partei die möglichste Klarheit über das von ihr eingegangene Risiko zu geben (Begr. II, 14). Mit dieser Maßgabe ist dann allerdings das Geschäft auch für die nicht börsentermingeschäftsfähige Partei voll wirksam (§ 52), also auch jede Nebenabrede, soweit sie innerhalb jener Grenze zur Ausführung gelangen kann. Die im Bankgeschäft übliche Nachschußklausel, das ist die Vereinbarung, daß der Kunde die geleistete Sicherheit, wenn sie sich als nicht ausreichend erweist, verstärken muß, widrigenfalls der Bankier befugt ist, das Engagement durch Gegengeschäft vorzeitig glattzustellen, gibt deshalb dem Bankier das Recht, gegebenenfalls die Zwangsregulierung vorzunehmen und sich wegen der Differenz an die Sicherheit zu halten; dagegen kann er weder die nachträgliche Ergänzung der Sicherheit erzwingen, noch einen, den Betrag oder Wert der geleisteten Sicherheit übersteigenden Ausspruch aus der Zwangsregulierung gegen den Kunden geltend machen. Wegen der Befriedigung aus der Sicherheit vgl. unten A. 7.

4. Im Gegensatze zu der nicht termingeschäftsfähigen Vertragspartei (vgl. oben A. 3) ist die termingeschäftsfähige, der gemäß § 54 Sicherheit geleistet ist, zur Erfüllung aller Verbindlichkeiten aus den Börsentermingeschäften, für welche die Sicherheit geleistet ist, verpflichtet, solange die Sicherheit — mag sie noch so gering sein — vorhanden ist. Der Sicherheitsempfänger wird weder durch Rückgabe der Sicherheit befreit, es sei denn, daß sie im Einverständnisse mit dem Vertragsgegner erfolgt, noch durch deren Verbrauch für ein anderes

Geschäft. Aber er braucht seine Verpflichtung lediglich so zu erfüllen, wie es dem Geschäft entspricht; er kann also insbesondere die ihm obliegende Leistung bis zur Bewirkung der Gegenleistung verweigern (Begr. II, 29).

**5.** Unter Geld ist nicht nur bares Währungsgeld, sondern usuelles Geld, d. h. alles, was der Verkehr als Zahlungsmittel gelten läßt, zu verstehen, also auch Banknoten, Reichskassenscheine, sowie ausländische Münzen und Banknoten (KB. II, 63). — Mit einer Geldsumme, die der Kunde sich erst zu diesem Zwecke von dem Bankier geliehen hat, kann eine wirksame Sicherheit für unklagbare Börsentermingeschäfte nicht geleistet werden (OLG. Hamm in BA. 13, 137).

**6.** „Wertpapiere" sind hier in engerem Sinne zu verstehen (vgl. A. 2 zu § 29), da der Gesetzgeber Wechsel, Schecks usw. ausschließen wollte (KB. II, 63). Das Erfordernis des Kurswerts — den die Wertpapiere zurzeit der Sicherheitsbestellung haben müssen — gilt als erfüllt, wenn sie an einer in- oder ausländischen Börse regelmäßig gehandelt und notiert werden; daß eine amtliche Preisfeststellung dafür erfolgt, ist nicht notwendig (KB. aaO.).

**7.** Über die Hingabe der Sicherheit enthält das Gesetz keine besondere Vorschrift Im Verkehr ist die Hinterlegung gemäß § 232 BGB. wegen der damit verbundenen Kosten, Zinsverluste und Unbequemlichkeiten nicht üblich, sondern nur die Verpfändung oder Sicherungsübereignung: der Bestellende zahlt das Geld beim Bankier ein oder gibt ihm die Wertpapiere ins Depot. In ersterem Falle wird der Empfänger dessen Eigentümer, und der Leistende hat lediglich die Forderung auf Rückerstattung; die Befriedigung des Empfängers geschieht durch Aufrechnung seiner aus dem Termingeschäfte herrührenden Forderung gegen diese Forderung. Ist die Sicherheit in Wertpapieren geleistet, so finden auf die Verwahrung die Bestimmungen des DepotG. Anwendung; die Befriedigung des Empfängers erfolgt alsdann mangels anderweiter Vereinbarung nach den Vorschriften des bürgerlichen Rechtes (§§ 1220 ff. BGB.)

und des Handelsrechts (§ 368 HGB.). Zur Erfüllung der schriftlichen Form genügt die eigenhändige Namensunterschrift (§ 126 BGB.). Vgl. auch Abs. 6.

**8.** Die Urkunde muß die im Text angegebenen Worte enthalten, und zwar zu der Zeit, da der Besteller sie durch Unterschrift vollzieht. Die Unterzeichnung von Blankeits würde der Vorschrift des Gesetzes nicht genügen (HansOLG. in BA. 11, 279), ebensowenig die Bezugnahme auf den in der Urkunde selbst nicht enthaltenen Text des Gesetzes (RG. 65, 179). Dagegen ist es nicht erforderlich, daß das einzelne Geschäft, für dessen Erfüllung die Sicherheit bestellt wird, ausdrücklich bezeichnet wird. Dadurch ist es ermöglicht, daß zwischen dem Besteller und dem Empfänger neben- oder nacheinander mehrere Börsentermingeschäfte abgeschlossen werden, für deren Erfüllung die Sicherheit gleichmäßig haftet (Begr. II, 29). Im Kontokorrentverkehr haftet nach Ziehung und Anerkennung des Saldos die Sicherheit für den aus Börsentermingeschäften herrührenden Passivsaldo des Bestellers. Über die Errechnung dieses Saldos beim Zusammentreffen von aus Börsentermingeschäften herrührenden mit vollwirksamen Verbindlichkeiten des Schuldners vgl. A. 3 zu § 55.

**9.** Die nachträgliche Abänderung oder Verstärkung der Sicherheit muß von neuem in der Form des § 54 erfolgen.

**10.** Auch Erklärungen des Bestellers, die sich auf die Verwahrung der Sicherheit, die Art der Befriedigung daraus u. dgl. beziehen, sind unzulässig.

**11.** Verkehrsübliche Gattungsbezeichnungen wie Lombarden, Edison u. dgl. sind als Abkürzungen zulässig.

**12.** Nummernangabe ist nicht erforderlich. Dadurch wird die Möglichkeit gewährt, daß der Empfänger sich gemäß § 2 DepotG. von dem Leistenden in einer besonderen, auch schriftlich und ausdrücklich abzugebenden Erklärung die Ermächtigung erteilen läßt, an Stelle der als Sicherheit verpfändeten Wertpapiere gleichartige Wertpapiere zurückzugewähren oder über die

Papiere zu seinem — des Empfängers — Nutzen zu verfügen, z. B. durch Lombardierung.

**13.** Ist auch nur eine der vorstehenden Formvorschriften verletzt, so ist die Sicherheitsbestellung wirkungslos. Die Sicherheit kann alsdann stets zurückgefordert werden (KB. II, 91), wobei sich die Rückgabepflicht auch auf den aus der Sicherheit erzielten Erlös erstreckt (JW. 98, 23 f.), wenn anders sich nicht der Besteller ausdrücklich damit einverstanden erklärt, daß der Empfänger den Erlös behalte (Hans. OLG. in BA. 3, 191).

**14.** Die Urkunde, durch die für die Erfüllung von Börsentermingeschäften eine Sicherheit bestellt oder die Änderung der bestellten Sicherheit bewirkt wird, ist einem Reichsstempel nicht unterworfen, und darüber hinaus der Besteuerung in den einzelnen Bundesstaaten dann entzogen, wenn — was die Regel ist — die Urkunde sich ausweislich ihres Inhalts lediglich auf Geschäfte bezieht, die nach Tarifnummer 4 RStempG. (reichsstempel-) abgabepflichtig oder -befreit sind (vgl. aaO. § 24 und Kommentare dazu). Andernfalls tritt in verschiedenen Bundesstaaten eine Stempelpflicht ein, wobei der Bemessung des Stempels der Wert, d. h. bei Sicherheitsleistung durch Wertpapiere deren Kurswert zugrunde gelegt wird (so in Preußen nach Tarifnummer 59 PrStempStG.). Dann genießt die Urkunde über die Änderung der gemäß § 54 bestellten Sicherheit die im Abs. 7 festgesetzte Vergünstigung, so daß der Besteller die Sicherheit durch Umtausch gegen Effekten, die höher im Kurse stehen, aber keinen höheren Nennwert haben, als die ursprünglich geleistete Sicherheit, stempelfrei verstärken kann, und, wenn durch die Änderung der Nennwert und der Kurswert erhöht wird, nur der dem überschießenden Nennbetrag entsprechende Kurswert der Verstempelung unterliegt.

**15.** Übergangsbestimmung. Nach Art. V der Novelle finden die Vorschriften über die Wirkungen einer Sicherheitsleistung auch auf vor dem 1. Juni 1908 abgeschlossene Geschäfte Anwendung, wenn die Sicherheit nach dem 31. Mai 1908 unter Innehaltung der Vorschriften des § 54 bestellt ist.

## § 55.

**Das auf Grund des Geschäfts Geleistete kann nicht deshalb zurückgefordert werden, weil für den Leistenden nach den §§ 52 bis 54 eine Verbindlichkeit nicht bestanden hat[1–4].**

**1.** Nach früherem Rechte (§ 66 Abs. 4 BörsG. v. 96) war nur das „bei oder nach Abwickelung des Geschäfts zu seiner Erfüllung Geleistete" der Rückforderung entzogen. Die jetzige, dem § 762 BGB. nachgebildete Fassung erstreckt den Ausschluß der Rückforderung auch auf Leistungen, die vor der Abwickelung des Geschäfts erfolgt sind. Hierbei ist jedoch das Anwendungsgebiet scharf von dem des § 54 abgegrenzt: nach § 54 macht die für die Erfüllung des Geschäfts geleistete Sicherheit das nicht verbotene Geschäft in Wertpapieren unter bestimmten Voraussetzungen und in bestimmtem Umfange rechtsverbindlich, nach § 55 wird dem nicht verbotenen rechtsunverbindlichen in Waren und in Wertpapieren die Erfüllbarkeit beigelegt, wenn und insoweit auf Grund des Geschäfts eine Leistung erfolgt ist. Daraus folgt, daß eine Sicherheitsleistung, auch wenn sie den Voraussetzungen des § 54 nicht entspricht — also eine für Warenbörsentermingeschäfte oder eine unter Außerachtlassung einer der im § 54 gegebenen Vorschriften für Wertpapierbörsentermingeschäfte geleistete Sicherheit —, niemals als Leistung auf Grund des Geschäfts gelten darf (KB. II, 91). Ob eine Leistung auf Grund des Geschäfts oder zur Sicherheit für die Erfüllung des Geschäfts erfolgt ist, kann im Einzelfalle zweifelhaft sein; letzteres ist aber immer dann der Fall, wenn zurzeit der Leistung eine — rechtliche oder natürliche — Verbindlichkeit des Leistenden aus bestimmten Geschäften nicht besteht. Daher sind die dem Kommissionär von dem Kunden auf den künftigen Saldo im allgemeinen geleisteten Zahlungen (Einschüsse), selbst bei entgegenstehender Parteierklärung, als Sicherheitsleistung, nicht als Leistung auf Grund des Geschäfts zu betrachten (RG. 38, 234ff.; 56, 23;

RG. in BA. 10, 335. Diese allerdings auf dem früheren Rechte fußenden Entscheidungen sind auch nach geltendem Recht als zutreffend zu erachten. Abweichend hiervon läßt das Reichsgericht in BA. 9, 27 eine Vorausbezahlung des Verkäufers auf die bei einer etwaigen verlustbringenden Abwickelung sich ergebende Differenz als Leistung i. S. des § 55 zu: es werde hierdurch zunächst ein Guthaben des Leistenden begründet, das sich mit seinen jeweils entstehenden Verbindlichkeiten „automatisch mindere". Letztere Entscheidung ist jedoch nicht überzeugend, da sie die vom Gesetz absichtlich und deutlich gezogene Grenzlinie zwischen der Leistung i. S. des § 54 und i. S. des § 55 verwischt und die zum Schutze der nicht termingeschäftsfähigen Vertragspartei dienenden Formvorschriften des § 54 gegenstandslos macht). Dagegen ist nach geltendem Recht — anders als nach früherem Rechte (JW. 02, 101 u. a.) — die beim Prämiengeschäfte gezahlte Vorprämie, gleichviel, ob man annimmt, daß sie für die Einräumung oder daß sie für die Ausübung des Wahlrechts des Käufers gewährt wird, der Rückforderung entzogen (RG. 79, 408; daß in dem hier entschiedenen Falle die Leistung nicht in bar, sondern in Konsols, deren Kurswert sich mit dem berechneten Prämienbetrag annähernd deckte, erfolgt ist, wurde mit Recht für unerheblich erachtet).

2. Das gemäß § 55 der Rückforderung entzogene „Geleistete" muß so beschaffen sein, daß es hinsichtlich der — ganzen oder Teil- — Forderung, auf die es geleistet wird, eine Verbindlichkeit des Leistenden weder übrig läßt noch begründet (RG. 47, 52; JW. 04, 124). Leistungen an Erfüllungsstatt (§ 364 Abs. 1 BGB.) fallen, unbeschadet der gesetzlichen Gewährleistungspflicht des Leistenden (§ 365 BGB.), grundsätzlich hierunter; doch ist die Übernahme einer neuen Verbindlichkeit zum Zwecke der Befriedigung des Gläubigers — abweichend von § 364 Abs. 2 BGB. — auch dann keine i. S. des § 55 wirksame Leistung, wenn sie an Erfüllungsstatt erfolgt. Das trifft namentlich zu auf die Eingehung einer Wechselverbindlichkeit

seitens des Schuldners (RG. 71, 292 u. dort angeführte Entsch.; 77, 280); erst die freiwillige Einlösung des Wechsels ist die Leistung (RG. 47, 50); bis dahin kann der Schuldner den Wechsel zurückfordern (RG. 51, 361). Hat der Gläubiger den Wechsel — sei es auch mit Zustimmung des Schuldners — an einen gutgläubigen Dritten weitergegeben, und bezahlt der Schuldner an diesen auf Grund einer Verurteilung im Wechselprozesse, so kann er den Termingeschäftsgläubiger hierfür mit der Bereicherungsklage, und, sofern die Weitergabe gegen den Willen des Schuldners, um ihm seine Einwendungen aus dem zugrunde liegenden Rechtsverhältnis abzuschneiden, geschehen ist, auch mit der Schadensersatzklage aus § 826 BGB. in Anspruch nehmen (RG. 51, 359; 56, 321; 77, 278); dieser Anspruch ist dem Wechselschuldner nur dann nicht zuzubilligen, wenn er es unterlassen hat, vor der Einklagung des Wechsels oder bis zu der zur Befriedigung des Wechselgläubigers führenden völligen Durchführung des Wechselverfahrens von dem ursprünglichen Wechselempfänger die Rückgabe des Wechsels oder Befreiung von der Wechselschuld zu verlangen, da hierin die freiwillige Erfüllung der Wechselschuld zu erblicken ist (RG. in Holdheims MSchr. 04, 27). — Entsprechendes gilt von Schecks. Die Einräumung eines rein dinglichen Rechts, z. B einer Grundschuld, ist, wenn sie zur Befriedigung, nicht bloß zur Sicherung erfolgt, eine wirksame Leistung, nicht dagegen die Bestellung einer Hypothek mit Rücksicht auf deren engen Zusammenhang mit der persönlichen Forderung (vgl. RG. 73, 143). Eine wirksame Leistung ist ferner die Abtretung von Forderungen gegen Dritte, daher auch die Hingabe von Wechseln, aus denen (nur oder — neben dem Schuldner, dessen Unterschrift in keinem Falle eine Forderung des Börsentermingeschäftsgläubigers gegen ihn begründet — auch) Dritte wirksam — nicht etwa nur als Bürgen für die Börsentermingeschäftsschuld — verpflichtet sind. Endlich ist Erfüllungsleistung die vertragsmäßige Aufrechnung (vgl. unten A. 3).

**3.** Die vertragsmäßige Aufrechnung als Leistung ist von

besonderer Bedeutung im Kontokorrentverkehr zwischen dem Bankier und dem Kunden. Sie vollzieht sich durch Übersendung des Kontoauszugs seitens des ersteren und der Anerkennung des hierin errechneten Saldos seitens des letzteren. Mit dieser Anerkennung sind alle aus erlaubten — wirksamen wie unwirksamen — Posten der Kredit- und Debetseite, insoweit sie sich im Endbetrage decken, aufgerechnet. Der Saldobetrag selbst wird jedoch durch das Anerkenntnis des damit Belasteten zu einer klagbaren Forderung nur, wenn die größere Kontoseite sich ausschließlich aus wirksamen Posten zusammensetzt; setzt sie sich ausschließlich aus unwirksamen Posten zusammen, so ist das Anerkenntnis gemäß § 59 hinfällig; setzt sie sich endlich aus Posten beiderlei Art zusammen, so ist nach der feststehenden Rechtsprechung des Reichsgerichts auf dem Wege der sog. verhältnismäßigen Aufrechnung zu ermitteln, inwieweit ihm eine rechtsverbindliche Kraft zukommt. Die verhältnismäßige Aufrechnung beruht auf der Erwägung, daß bei dem Aufrechnungsvertrage der Parteiwille auf gleichmäßige Behandlung aller Posten der Rechnungsperiode gerichtet ist; es findet deshalb nicht eine abgesonderte, gegenseitige Verrechnung der beiderseitigen börsentermingeschäftlichen Forderungen statt, sondern jeder Posten der höheren Summe gilt als verhältnismäßig getilgt, und zwar zu einem Bruchteile, dessen Nenner der Gesamtbetrag der Posten der größeren Seite und dessen Zähler der Gesamtbetrag der Posten der kleineren Seite ist. Die hierbei als ungetilgt geltenden Restbeträge der unverbindlichen Posten auf der größeren Seite bilden den unwirksamen Teil des Saldos; der nach Abzug dieser Summe etwa verbleibende Saldoteil ist wirksam. Stehen also auf der kleineren Seite insgesamt 30000 M., auf der größeren insgesamt 40000 M. und zwar je 20000 verbindliche und unverbindliche Posten, so sind durch die Anerkennung des Saldos zunächst die beiderseitigen Posten in Höhe von 30000 vertragsmäßig aufgerechnet; von dem überschießenden Saldo in Höhe von 10000 ist zwecks Feststellung des wirksamen Teils abzuziehen der Betrag, in dessen Höhe der unverbindliche Posten von 20000 als durch die Aufrechnung nicht getilgt gilt: das ist 5000, da dieser Posten als im Verhältnis von 30000 zu 40000, also in Höhe von 15000 getilgt gilt; der wirksame Teil des Saldos beträgt demnach 10000 — 5000 = 5000 M. Die Methode führt zu einem für den Gläubiger besonders ungünstigen Ergebnisse, wenn die kleinere Seite zu einem verhältnismäßig höheren Betrag aus unverbindlichen Posten besteht als die größere; das Reichsgericht ist jedoch über die hierauf gestützten Angriffe gegen die vertragsmäßige Aufrechnung bewußt hinweggegangen (insbesondere RG. 56, 23; 59, 193ff. [mit ziffernmäßiger Berechnungsdarstellung]; JW. 05, 186f.), und die von der Novelle durch § 56 festgesetzte Regelung der einseitigen Aufrechnung läßt die vertragsmäßige Aufrechnung, die schon nach früherem Rechte der Erfüllung gleichgestellt war, unberührt. Die Parteien können die verhältnismäßige Aufrechnung durch Vereinbarung ausschließen (vgl. RG. 59, 193), insbesondere durch die Abrede, daß bei der Saldofeststellung zuerst die aus Börsentermingeschäften stammenden Posten gegeneinander aufgerechnet werden und das hiernach auf der einen oder anderen Seite verbleibende Guthaben bei der weiteren Aufrechnung in erster Reihe getilgt wird; eine solche — in den Geschäftsbedingungen der Banken und Bankiers allgemein vorgesehene — Abrede ist (als lex contractus) nach Zustandekommen des Aufrechnungsvertrags für dessen Auslegung maßgeblich.

4. Übergangsbestimmung. Nach Art. V der Novelle finden die Vorschriften über die Zulässigkeit der Aufrechnung auch auf Geschäfte Anwendung, die vor dem 1. Juni 1908 geschlossen sind.

## § 56.

Gegen Forderungen aus Börsentermingeschäften [1]) ist eine Aufrechnung auf Grund anderer Börsentermingeschäfte auch dann zulässig, wenn diese Geschäfte nach

**den §§ 52 bis 54 für den Aufrechnenden eine Forderung nicht begründen[2, 3]).**

**1.** Unter Forderungen aus Börsentermingeschäften, gegen die nach § 56 der Aufrechnende auf Grund anderer Börsentermingeschäfte einseitig aufrechnen kann (vgl. unten A. 2), sind nur klagbare Forderungen zu verstehen (Begr. II, 30). Hierzu gehört auch die Forderung aus einem anerkannten Kontokorrentsaldo, wenn dem Abschlusse Posten aus wirksamen Börsentermingeschäften in einer Höhe zugrunde liegen, die mindestens dem Betrage des Saldos gleichkommt (Begr. z. Entw. der Börsengesetznovelle von 1904, 22f.). Gegen Forderungen, die nicht aus Börsentermingeschäften herrühren, z. B. aus Kassageschäften, Giroverkehr usw., findet die in § 56 zugelassene einseitige Aufrechnung nicht statt.

**2.** Der § 56 bezieht sich nur auf die gemäß § 388 BGB. erklärte einseitige Aufrechnung — im Unterschiede zu der der Leistung im Sinne des § 55 gleichstehenden vertragsmäßigen Aufrechnung (vgl. A. 3 zu § 55). — Die allgemeinen Vorschriften des Bürgerlichen Rechts für die einseitige Aufrechnung (§§ 387 ff. BGB), insbesondere das Erfordernis fälliger und gleichartiger Leistungen gemäß § 387 aaO., erhalten hier lediglich eine Erweiterung: während nach bürgerlichem Rechte nur klagbare Forderungen der einseitigen Aufrechnung unterliegen, kann hier der Aufrechnende auch seine unklagbaren Forderungen aus erlaubten Börsentermingeschäften zur Aufrechnung bringen; das ist aber nur statthaft gegen Forderungen der oben in A. 1 erläuterten Art. Als Anwendungsgebiet kommen die Fälle in Betracht, in denen zwischen den Parteien gemäß § 54 Geschäfte von verschiedenen Verbindlichkeitsgraden für jeden Teil, oder in denen zwischen ihnen sowohl unverbindliche als auch gemäß § 54 verbindliche oder gemäß § 57 als verbindlich geltende Geschäfte geschlossen worden sind, oder in denen die Geschäfte der Parteien wegen eines im Verlaufe der Geschäftsverbindung eingetretenen Wechsels in der Börsentermingeschäftsfähigkeit einer Partei teils wirksam, teils unwirksam sind. Von besonderer Bedeutung ist die Bestimmung für das Verhältnis zwischen dem Bankier und dem Kunden, der gemäß § 54 Sicherheit geleistet hat; ohne die Bestimmung würde der Bankier dem Kunden die Gewinne aus Börsentermingeschäften auszahlen müssen, während sich der Kunde der Bezahlung von Verlusten aus solchen Geschäften, insoweit sie nicht durch die Sicherheit gedeckt sind, entziehen könnte. Dieser Unbilligkeit wird durch den § 56 für den Fall abgeholfen, daß die Gegenforderung des Kunden noch schwebt; ist die Gegenforderung schon bezahlt, so ist ihre Verwendung zur Aufrechnung von selbst ausgeschlossen. Der Bankier ist im vorerwähnten Fall auch nicht verpflichtet, sich vorzugsweise aus der Sicherheit zu befriedigen, da er nach § 54 lediglich befugt ist, aus der Sicherheit Befriedigung zu suchen; er kann vielmehr zunächst die einseitige Aufrechnung gemäß § 56 vornehmen und die noch verbleibende Sicherheit zur Deckung anderer Geschäfte, für die sie vereinbarungsgemäß ebenfalls haften sollte, verwenden.

3. Übergangsbestimmung. Vgl. A. 4 zu § 55.

## § 57.

**Ein nicht verbotenes Börsentermingeschäft gilt als von Anfang an verbindlich[1]), wenn der eine Teil bei oder nach dem Eintritte der Fälligkeit[2]) sich dem anderen Teile gegenüber mit der Bewirkung der vereinbarten Leistung[3]) einverstanden erklärt[4]) und der andere Teil[5]) diese Leistung an ihn[6]) bewirkt hat[7, 8]).**

1. Die durch § 57 vorgesehene Mängelheilung bei Erfüllungsannahme dient dem Schutze der — wirtschaftlich die gleichen Zwecke wie gewöhnlich die Kassageschäfte erfüllenden — Börsentermingeschäfte, die nicht in spekulativer Absicht, sondern zu Verwendungs- und Anlagezwecken geschlossen werden. Das Merkmal der beiderseitigen Parteiabsicht tatsächlich zu veräußern und zu erwerben, sieht das Gesetz in der im beiderseitigen Ein-

verständnis auch nur von einer Seite erfolgten effektiven Erfüllung (Begr. II, 30). In solchen Fällen könnte, wenn nicht beide Teile börsentermingeschäftsfähig (§ 53) sind, ohne die Vorschrift des § 57 die Partei, welche die Leistung angenommen hat und gemäß § 55 nicht zurückzugeben braucht, sich gemäß § 52 trotzdem der Gegenleistung entziehen. Auf Grund des § 57 tritt jedoch durch die Erfüllungsannahme eine Mängelheilung derart ein, daß das Geschäft einschließlich aller Nebenabreden sowie der in § 59 behandelten Vereinbarungen und akzessorischer Verbindlichkeiten so angesehen wird, als sei es von Anfang an wirksam gewesen.

**2.** Also nicht vor dem festgesetzten Erfüllungstermin.

**3.** Unter der vereinbarten, d. h. der durch das Börsentermingeschäft vereinbarten Leistung ist nach der Erklärung des Regierungsvertreters in der Reichstagskommission „auf seiten des Verkäufers die Lieferung der Ware, auf seiten des Käufers die Zahlung des Kaufpreises" zu verstehen (KB. II, 67). Der Wortlaut des Gesetzes hindert jedoch nicht, in Übereinstimmung mit dem Zwecke der Vorschrift (vgl. A. 1) und der Verkehrssitte, auch auf andere Arten der Effektiverfüllung der vereinbarten Leistung die Bestimmung des § 57 anzuwenden. Die in A. 2 und 3 zu § 55 behandelten Erfüllungsarten sind somit grundsätzlich auch geeignet, die vereinbarte Leistung i. S. des § 57 zu bewirken; nur muß — im Unterschiede von der Erfüllung des auf Grund des Geschäfts Geleisteten i. S. des § 55 — die Erfüllung der vereinbarten Leistung i. S. des § 57 stets derart sein, daß dadurch die auf seiten des einen Teiles aus dem Geschäfte bestehende — rechtliche oder natürliche — Verbindlichkeit ihrem ganzen Umfange nach getilgt wird. Deshalb ist regelmäßig eine Teilleistung zwar i. S. des § 55, nicht aber i. S. des § 57 ausreichend; sie kann es allerdings sein, wenn sie als Erfüllung eines selbständig darstellbaren Teiles des Geschäftes hingegeben und angenommen wird: dann wird dadurch dieser Teil des Geschäfts nach dem Willen der Parteien zu einem selbständigen Geschäfte gemacht (unbestimmt

RG. 82, 177). Beim Prämiengeschäft ist, wenn der Käufer die Prämie im voraus bezahlt hat und demnächst erklärt, die Wertpapiere beziehen oder liefern zu wollen, nicht die Zahlung der Prämie — obschon sie auf Grund des Geschäfts geleistet ist (vgl. A. 1 zu § 55) —, sondern die Erfüllung der aus dieser Erklärung sich ergebenden Verpflichtung die vereinbarte Leistung. Am zweifelhaftesten gestaltet sich die Entscheidung, ob der Verkäufer die vereinbarte Leistung bewirkt hat, in den Fällen, in denen er nach ausdrücklicher oder stillschweigender Vereinbarung der Parteien im Besitze der verkauften Waren oder Wertpapiere verbleiben soll. Hier kann nach dem Sinne des Gesetzes die Vorschrift des § 57 nur dann zur Anwendung gelangen, wenn dem Käufer das Eigentum und der mittelbare Besitz gemäß § 930 BGB. übertragen worden sind; der vertragliche Vorbehalt des Pfandrechts seitens des Verkäufers schließt die Anwendung des § 57 zu seinen Gunsten nicht aus (für Wertpapiere RG. 82, 181). Der Entscheidung des Reichsgerichts, derzufolge der Bankier die vereinbarte Leistung dadurch bewirkt hat, daß er die Wertpapiere „angeschafft" und dem Kunden die „Anschaffung" bekanntgegeben hat (RG. in BA. 12, 301), ist nach dem Vorgesagten nur unter der Voraussetzung beizustimmen, daß er dem Käufer gemäß §§ 3, 7 DepotG. die Nummern aufgegeben oder die Stücke für ihn unter äußerlich erkennbarer Bezeichnung in Verwahrung genommen hat (RG. 52, 131; 63, 17; RG. in BA. S. 157, 203); dagegen ist die bloße Gutschrift auf Stückkonto, welche die tatsächliche Beschaffung der Stücke seitens des Verkäufers nicht voraussetzt und dem Käufer lediglich ein reines Forderungsrecht einräumt, keine effektive Leistung i. S. des § 57. Noch weniger kann in der auf Verlangen des Käufers vom Bankier vorgenommenen Prolongation die vereinbarte Leistung erblickt werden, da hierdurch die effektive Erfüllung nicht bewirkt, sondern im Gegenteil hinausgeschoben wird (abw. RG. 82, 181; RG. in BA. 13, 227; wie hier, Göppert Börsentermingeschäft 9, Note 2). Bei Kaufgeschäften über Namensshares unter der vielfach üblichen Vereinbarung, daß die Shares in den Büchern der Gesellschaft nicht auf den Namen des Käufers eingetragen werden, sondern der eingetragene oder einzutragende Verkäufer oder Dritte — vornehmlich ein in England ansässiges Bankinstitut — sie als Treuhänder für den Käufer besitzt, ist die vereinbarte Leistung als bewirkt anzusehen, wenn dem Käufer gegenüber klargestellt ist, daß der Verkäufer die Shares für den Käufer erworben hat und der vereinbarungsgemäß eingetragene Treuhänder sie für ihn hält (anscheinend übereinstimmend RG. 82, 179; RG. in BA. 12, 301).

4. Die Erklärung ist eine einseitige, empfangsbedürftige Willenserklärung. Es genügt eine stillschweigende, aus den Umständen zu folgernde Willenserklärung, insbesondere durch widerspruchslose Annahme der Leistung (RG. 76, 84). Die Anerkennung des Saldos schließt eine mindestens stillschweigende Einverständniserklärung mit den aus den Abrechnungen ersichtlichen Leistungen des anderen Teiles in sich (RG. 82, 181).

5. Oder ein Dritter im Einverständnisse mit ihm für ihn.

6. Oder an einen Dritten im Einverständnisse mit dem ursprünglich Empfangsberechtigten.

7. Auf die zeitliche Reihenfolge von Einverständniserklärung und Bewirkung der Leistung kommt es nicht an (Begr. II, 30). Die Leistung kann auch schon vor der Fälligkeit bewirkt worden sein.

8. Übergangsbestimmung. Nach Art. V der Novelle finden die Vorschriften über die Folgen der bewirkten Leistung auch auf vor dem 1. Mai 1908 abgeschlossene Geschäfte Anwendung, wenn die im § 57 bezeichnete Erklärung nach dem 31. Mai 1908 abgegeben ist.

## § 58.

**Gegen Ansprüche aus Börsentermingeschäften in Waren oder Wertpapieren, die zum Börsenterminhandel zugelassen sind (§ 50)[1], kann von demjenigen, für welchen**

das Geschäft nach den Vorschriften der §§ 53, 54, 57 verbindlich ist, ein Einwand aus den §§ 762 und 764 des Bürgerlichen Gesetzbuchs nicht erhoben werden [2, 3]. Soweit gegen die bezeichneten Ansprüche ein solcher Einwand zulässig bleibt, finden die Vorschriften der §§ 54 und 56 über die Befriedigung aus der Sicherheit und die Zulässigkeit der Aufrechnung entsprechende Anwendung [4–6].

1. Die Verweisung auf § 50 im Text zeigt, daß der Schutz gegen die Einwände aus den §§ 762, 764 BGB. nur den offiziellen Börsentermingeschäften (vgl. A. 4 zu § 51) gewährt ist (Begr. II, 31). Da im § 50 die Zulassung durch den Börsenvorstand unter Aufsicht einer deutschen Landesregierung vorausgesetzt ist, so kann auf an ausländischen Börsen abgeschlossene Börsentermingeschäfte die Vorschrift des § 58 keine Anwendung finden (RG. 76, 373; 79, 385). Ferner tritt die Vergünstigung nur ein, wenn die Geschäfte an der Börse, an der die Waren oder Wertpapiere zum Börsenterminhandel zugelassen sind, und nach den für diese Börse festgesetzten Geschäftsbedingungen abgeschlossen oder — sofern es sich um Kommissionsgeschäfte handelt — auszuführen sind. Doch wird die letztere Voraussetzung nicht dadurch beseitigt, daß neben den obligatorischen Geschäftsbedingungen noch weitere vereinbart sind, welche die obligatorischen unberührt lassen und nicht mit der Absicht des Gesetzes, die dem Börsenhandel Fernerstehenden zu schützen, im Widerspruche stehen (HansOLG. in BA. 13, 343).

2. Die Einwände aus den §§ 762, 764 BGB. sind also in den Fällen der §§ 53, 57 beiden Teilen, in den Fällen des § 54 dem Vollkaufmanne (§ 54 Abs 1), dem Sicherheit bestellt worden ist, versagt.

3. § 762 BGB. lautet:

„Durch Spiel oder durch Wette wird eine Verbindlichkeit nicht begründet. Das auf Grund des Spieles oder der Wette Geleistete kann nicht deshalb zurückgefordert werden, weil eine Verbindlichkeit nicht bestanden hat.

Diese Vorschriften gelten auch für eine Vereinbarung, durch die der verlierende Teil zum Zwecke der Erfüllung einer Spiel- oder einer Wettschuld dem gewinnenden Teile gegenüber eine Verbindlichkeit eingeht, insbesondere für ein Schuldanerkenntnis."

§ 764 BGB. lautet:

„Wird ein auf Lieferung von Waren oder Wertpapieren lautender Vertrag in der Absicht geschlossen, daß der Unterschied zwischen dem vereinbarten Preise und dem Börsen- oder Marktpreise der Lieferungszeit von dem verlierenden Teile an den gewinnenden gezahlt werden soll, so ist der Vertrag als Spiel anzusehen. Dies gilt auch dann, wenn nur die Absicht des einen Teiles auf die Zahlung des Unterschieds gerichtet ist, der andere Teil aber diese Absicht kennt oder kennen muß."

Spielverträge i. S. des § 762 sind Börsengeschäfte dann, wenn beide Parteien den Kauf zum Schein abschließen, in Wirklichkeit aber darüber einig sind, daß weder der Verkäufer zu liefern noch der Käufer den Kaufpreis zu zahlen hat, sondern das Recht des gewinnenden Teiles auf Empfang, die Pflicht des verlierenden auf Leistung einer nach Maßgabe der Kursbewegung zu berechnenden Geldsumme beschränkt ist. Durch § 764 werden diesen Spielgeschäften solche Geschäfte gleichgestellt, bei deren Abschlusse bei beiden Parteien, oder auch nur bei einer Partei unter Kenntnis oder fahrlässiger Nichtkenntnis der Gegenpartei die darin umschriebene „Differenzabsicht" obwaltet. Die hierdurch legalisierte Auffassung des Differenzeinwandes aus § 764 als eines Sonderfalls des Spieleinwandes aus § 762, die auch in der Einreihung in den 17. Titel des Bürgerlichen Gesetzbuchs: „Spiel, Wette" zum Ausdrucke kommt, ist darauf zurückzuführen, daß vor dem Erlasse des Bürgerlichen Gesetzbuchs die Rechtsprechung sich darauf angewiesen sah, mangels gesetzlicher Beschränkungen des Börsentermingeschäfts dem Mißbrauche dieser Geschäftsform durch erweiterte Auslegung der partikularrechtlichen Bestimmungen über das Spiel entgegenzutreten (vgl. insbesondere RG. 34, 85 ff.); der § 764 war vom Gesetzgeber dazu bestimmt, den hierbei herausgebildeten Begriff des „Differenzgeschäfts“ festzustellen. Durch die gewählte Formulierung ist jedoch diese Absicht nicht erreicht worden.

Der Wortlaut des § 764 bietet schon insofern Schwierigkeiten, als darin von dem Börsen- oder Marktpreise der Lieferungszeit die Rede ist, während in Wirklichkeit zur Lieferungszeit — sei sie, wie regelmäßig im Wertpapierhandel, ein Tag, sei sie gar, wie zumeist im Warenhandel, ein Monat oder ein noch längerer Zeitraum, — gewöhnlich eine Mehrheit schwankender Preise in Betracht kommt. Vor allem aber ist die Absicht jedes nicht ganz geschäftsunkundigen Differenzgeschäftskontrahenten nicht darauf gerichtet, durch den Unterschied zwischen den Preisen der Vertrags- und der Lieferungszeit einen Gewinn zu erzielen, sondern während dieses Zeitraums ein gewinnbringendes Gegengeschäft zu machen. Das Reichsgericht wendet den § 764, obwohl das mit seiner Fassung durchaus unvereinbar ist, auch auf solche Fälle an, indem es davon ausgeht, daß das von vornherein zum Abschlusse während des schwebenden Engagements in Aussicht genommene Gegengeschäft lediglich das Mittel sei, den Preisunterschied für einen bestimmten Zeitpunkt zu ermitteln, und es zum Wesen des Differenzgeschäfts nur gehöre, daß sich der Stichtag genau bestimmen läßt (RG. 79, 238; RG. in BA. 13, 102). Nach dieser, von der herrschenden Meinung bisher vergeblich bekämpften Auffassung tritt also an Stelle der Absicht auf die im § 764 gekennzeichnete Differenz als Merkmal des Differenzgeschäfts die Absicht, das Geschäft durch Ausgleich einer sich aus der Kursbewegung zwischen dem Vertragsschluß und einem bestimmten oder bestimmbaren Stichtag ergebenden Differenz abzuwickeln. Selbstverständliche Voraussetzung hierbei ist jedoch, daß diese Absicht auf beiden Seiten oder in rechtserheblicher Weise auf einer Seite sich als eine Spielabsicht darstellt und nicht einem schutzwürdigen wirtschaftlichen Interesse entspringt. Die Differenzabsicht in dem durch die Rechtsprechung erweiterten Sinne kommt nämlich keineswegs nur bei wirtschaftlich unberechtigten (Spiel-) Geschäften vor; sie ist namentlich regelmäßig vorhanden im Warenterminhandel, bei welchem wegen der naturgemäßen vielfachen Trennung von Terminmarkt und Effektivmarkt gerade für das unzweifelhaft wirtschaftlich berechtigte Deckungs- und Versicherungsgeschäft die Abwickelung durch Gegengeschäft als das Normale erscheint (vgl. Göppert, Börsentermingeschäft 24 u. A. 2 zu § 68; die dortigen Darlegungen über das börsenmäßige Lieferungsgeschäft in Getreide und Mehl gelten entsprechend für den gesamten Warenterminhandel). Gegen Ansprüche aus wirtschaftlich berechtigten Geschäften kann der Differenzeinwand nach seiner Konstruktion als Sonderfall des Spieleinwandes niemals durchgreifen; er ist insbesondere ausgeschlossen bei allen Geschäften, die dem Umsatze von Waren oder Wertpapieren dienen (vgl. RG. 34, 85). Aus letzterem Grunde fallen auch aus dem Rahmen der Differenzgeschäfte i. S. des § 764 heraus die zwischen Börsenbesuchern — an der Börse — abgeschlossenen Börsentermingeschäfte. Denn die Gegengeschäfte an der Börse werden regelmäßig mit Dritten, nicht mit dem ursprünglichen Vertragsgegner, abgeschlossen — sofern an Geschäft und Gegengeschäft dieselben Personen beteiligt sind, beruht das auf einem der Voraus- oder gar Absicht entzogenen Zufall —, und jeder in der sich so bildenden Kette Stehende ist verpflichtet, seine Verpflichtung zur Lieferung oder zur Abnahme und Zahlung zu erfüllen. Vermöge der an den meisten Börsen vorhandenen Liquidations- (Skontrations-) Einrichtungen zur möglichsten Beschränkung der Bewegung von Waren, Stücken und Umlaufsmitteln (vgl. A. 11—13 zu § 1) erfolgt allerdings die tatsächliche Lieferung nur vom ersten Verkäufer an den letzten Käufer, während im übrigen die Lieferungsverpflichtungen überwiesen und die Zahlungsverpflichtungen, vielfach — namentlich im Wertpapierhandel — unter Zuhilfenahme eines reinen Verrechnungskurses (Liquidationskurs), mittels Aufrechnung und etwaiger Differenzahlung ausgeglichen werden. Durch letzteres Verfahren wird aber der rechtliche Charakter der Erfüllung nicht berührt, es hat vielmehr die Verpflichtung zur effektiven Erfüllung zur Voraussetzung.

Insoweit hiernach überhaupt eine Differenz- (Spiel-) Absicht i. S. des § 764 BGB. in Betracht kommt — also im wesentlichen bei Geschäften zwischen Börsenkommissionär und Kunden —, besteht eine weitere Schwierigkeit in der tatsächlichen Feststellung dieser Absicht. Das Reichsgericht hat eine große Anzahl von Indizien geschaffen, aus denen diese Absicht im einzelnen Falle zu folgern ist. Unter den Indizien ist das wichtigste das Mißverhältnis des Vermögens einer Partei zu den von ihr eingegangenen Verpflichtungen (RG. 79, S. 236, 387); daneben werden als solche angesehen der dem Börsenverkehre fernliegende Lebensberuf eines Kontrahenten, der geringe Betrag der verlangten Sicherheitsleistung — nach einer neuen Entscheidung jedoch nur, wenn die Leistung eines höheren Betrags im regelmäßigen und effektiven Terminhandel üblich ist (RG. in BA. 13, 226) —, der Charakter der gehandelten Papiere als „Spielpapiere" usw. Doch bedarf es in jedem Einzelfalle besonderer Prüfung, ob diese Indizien wirklich beweiskräftig sind. Kein beweiskräftiges Indizium ist die bloße Tatsache, daß in dem ganzen Geschäftsverkehre der Parteien die Engagements stets durch ein Gegengeschäft abgewickelt worden sind (vgl. Göppert aaO. u. A. 2 zu § 68). Ausgeschlossen ist der Differenzeinwand, wenn der Bankier die Papiere für den Kunden in Verwahrung genommen, Dividenden eingezogen, Bezugsrechte ausgeübt hat usw. (RG. in Holdheims MSchr. 04, 252, JW. 05, 186). Der Abschluß von Deckungsgeschäften hat nur die Bedeutung eines mittelbar gegen die Spielnatur sprechenden Umstandes (RG. 79, 240). Vgl. im übrigen die Zusammenstellung der Rechtsprechung zur Indizienlehre bei Nußbaum Vorbem. vor § 50 Abs. 26 bis 30, sowie A. 4 zu § 68. Wird das Geschäft durch einen Agenten abgeschlossen, so muß der Geschäftsherr dessen Kenntnis oder Kennenmüssen der Differenzabsicht des anderen Teiles gegen sich gelten lassen (JW. 97, 574; 99, 99).

Für Kassageschäfte kommt der Differenzeinwand aus § 764 BGB. wegen der in § 764 vorausgesetzten Verschiedenheit der Zeitpunkte des Vertragsabschlusses und der Lieferung nicht in Betracht (RG. 52, 251ff.; 59, 323; 66, 97 u. a.), wohl aber der Spieleinwand aus § 762 BGB. Doch findet hier die termingeschäftliche Indizienlehre keine Anwendung, vielmehr ist die Annahme des Spielcharakters beim Kassageschäft an strenge Voraussetzungen geknüpft, wobei scharf zwischen Spiel und Spekulation zu unterscheiden ist (RG. 52, 251ff.; Zusammenstellung in JW. 04, 108; später u. a. RG. 59, 323; JW. 05, 187; 07, 279; RG. in BA. 10, S. 78, 239, 303; 11, 278).

Die Rechtslage der einem Einwand aus den §§ 762 und 764 BGB. unterliegenden Börsentermingeschäfte ist von der der an sich unwirksamen erlaubten Börsentermingeschäfte nicht wesentlich verschieden. In prozessualer Beziehung ist auch die Unwirksamkeit jener von Amts wegen zu beachten, nur mit der Maßgabe, daß eine Vermutung für die Gültigkeit eines formell ordnungsmäßigen Geschäfts spricht und deshalb der Gegenbeweis demjenigen obliegt, der sich auf die Ungiltigkeit beruft (JW. 97, S. 171, 349; RG. 79, 239; RG. in BA. 13, 225). In materiellrechtlicher Beziehung gelten folgende Unterschiede: während nach § 54 für unverbindliche erlaubte Börsentermingeschäfte — ohne Rücksicht, ob es offizielle oder inoffizielle (vgl. A. 4 zu § 51) sind — wirksam Sicherheit bestellt werden kann, macht den Einwand aus den §§ 762 und 764 BGB. die Sicherheitsbestellung unwirksam, wenn es sich um inoffizielle Geschäfte handelt (RG. 79, 381; RG. in BA. 13, 225); ferner können nach § 56 Forderungen aus jenen, ebenfalls unbeschränkt, gegen Forderungen aus verbindlichen Börsentermingeschäften aufgezeichnet werden, nicht aber Forderungen aus inoffiziellen Börsentermingeschäften, die dem Einwand aus den §§ 762 und 764 BGB. unterliegen.

Hinsichtlich der moralischen Beurteilung der Erhebung eines Einwandes aus den §§ 762, 764 vgl. A. 3 zu § 52 u. A 4 zu § 10.

**4.** Satz 2 bezieht sich ebenso wie Satz 1 auf Ansprüche aus offiziellen Börsentermingeschäften (vgl. A. 1); er regelt den im

Satz 1 nicht berücksichtigten Fall, in dem derartige Ansprüche gegen nicht börsentermingeschäftsfähige Personen erhoben werden, die gemäß § 54 Sicherheit bestellt haben: in diesem Falle wird nach Satz 2 die Gültigkeit der Sicherheitsbestellung sowie die Zulässigkeit der im § 56 vorgesehenen Aufrechnung durch Erhebung der Einwände aus den §§ 762 und 764 BGB. nicht berührt.

**5.** Nach dem in A. 1 bis 4 Dargelegten ist die Bedeutung der Einwände aus den §§ 762 und 764 BGB. für Börsentermingeschäfte nach geltendem Börsenrechte gering. Für verbindliche offizielle Börsentermingeschäfte sind sie durch § 58 Satz 1 ausgeschlossen. Andrerseits stellen die verbotenen Börsentermingeschäfte kein Anwendungsgebiet für sie dar, da deren Unwirksamkeit nach § 64 schärfere Folgen hat als der Spielcharakter eines Börsentermingeschäfts. Somit bleibt als Anwendungsgebiet — immer abgesehen von dem einer Sonderregelung unterworfenen Geschäft aus § 67 — nur der inoffizielle erlaubte Börsenterminhandel. Dabei kommt aber für wirksame, d. h. unter börsentermingeschäftsfähigen Personen abgeschlossene Börsentermingeschäfte in Betracht, daß deren Parteien in der Regel Börsenbesucher sind, bei denen die Annahme des Spiel- und Differenzgeschäfts nicht Platz greift (vgl. oben A. 3); die Einwände aus den §§ 762 und 764 BGB. werden hier also nur dann praktisch, wenn solche Geschäfte zwischen einem Kommissionär und einem börsentermingeschäftsfähigen Kommittenten außerhalb der Börse abgeschlossen worden sind. Gegenüber Ansprüchen aus nicht verbotenen, aber unverbindlichen inoffiziellen Börsentermingeschäften endlich werden sie neben dem leichter zu erweisenden Einwande des Börsentermingeschäfts nur in den aus A. 3 a. E. ersichtlichen Fällen, in denen sie weiter wirken als dieser, eine Rolle spielen.

**6. Übergangsbestimmung.** Bis zum Inkrafttreten der Novelle war gemäß § 69 BörsG. v. 96 der Spieleinwand nur denjenigen Börsentermingeschäftsparteien versagt, die im Börsenregister eingetragen waren oder im Inlande weder einen Wohnsitz noch eine gewerbliche Niederlassung hatten. Der Bestimmung des jetzigen § 58 ist in ihrer Gesamtheit rückwirkende Kraft nicht beigelegt; doch folgt aus den in A. 15 zu § 54, A. 4 zu § 55 und A. 8 zu § 57 erörterten Übergangsvorschriften, daß eine gemäß § 54 nach dem 31. Mai 1908 für vor dem Inkrafttreten der Novelle abgeschlossene Börsentermingeschäfte in gemäß § 49 des früheren Gesetzes zum Börsenterminhandel zugelassenen Waren oder Wertpapieren bestellte Sicherheit dem Empfänger die Möglichkeit nimmt, die Einwände aus den §§ 762, 764 BGB. zu erheben, und ihm das Recht gibt, sich ohne Rücksicht auf diese Einwände aus der Sicherheit zu befriedigen; ferner, daß Ansprüche aus vor dem 1. Juni 1908 abgeschlossenen Geschäften der vorbezeichneten Art ohne Rücksicht auf diese Einwände gegen klagbare Forderungen aus Börsentermingeschäften aufgerechnet werden können, und endlich, daß durch eine nach dem 31. März 1908 erfolgte Erfüllungsannahme i. S. des § 57 Geschäfte der vorbezeichneten Art als von Anfang an auch gegen diese Einwände geschützt gelten. Wegen des Anerkenntnisses usw. vgl. A. 2 zu § 59.

## § 59.

**Die Vorschriften der §§ 52 bis 58 gelten auch für eine Vereinbarung, durch die der eine Teil zum Zwecke der Erfüllung einer Schuld aus einem nicht verbotenen Börsentermingeschäfte dem anderen Teile gegenüber eine Verbindlichkeit eingeht, insbesondere für ein Schuldanerkenntnis**[1, 2].

**1.** Unter den im § 59 behandelten Vereinbarungen ist, wie die Hervorhebung des Schuldanerkenntnisses zeigt, in erster Reihe an solche gedacht, die zwischen Gläubiger und Schuldner zum Zwecke der nachträglichen Heilung unwirksamer Geschäfte getroffen werden (Begr. II, 157). Dazu gehören neben den Schuldanerkenntnissen — deren Hauptfall die Anerkennung des Debetsaldos im Kontokorrentverkehr ist (vgl. A. 3 zu § 55) —

Schuldversprechen, novatorische Verträge wie die Umwandlung der Termingeschäftsschuld in eine Darlehensschuld (RG. in BA. 6, 208; RG. in Holdheims MSchr. 09, 107), auch wenn für das Darlehen eine Hypothek bestellt wird (RG. 47, 50 ff), Eingehung von Wechsel- und Scheckverbindlichkeiten (vgl. A. 2 zu § 55), Sicherungsversprechen (Begr. II, 14) u. a. m., nicht dagegen Erfüllungsleistungen (vgl. A. 2 u. 3 zu § 55). Prozessuale Anerkenntnisse sind vor den außergerichtlichen nicht begünstigt. Vergleichsweise abgegebene Erfüllungsversprechen sind dann unbeschränkt wirksam, wenn zwischen den Parteien streitig ist, ob ein klagbares Geschäft vorliegt und der Streit hierüber durch den Vergleich erledigt wird; besteht dagegen über die Unverbindlichkeit des Geschäfts Einigkeit, so ist der Vergleich als eine Vereinbarung i. S. des § 59 zu behandeln (RG. 37, 416; 49, 193; RG. in BA. 2, 143); in ersterem Fall empfiehlt es sich, in die Vergleichsformel aufzunehmen, daß über die Klagbarkeit gestritten wurde. — Zweifel besteht über die Frage, ob der § 59 auch auf Vereinbarungen zu beziehen ist, die zum Zwecke der Erfüllung der Schuld aus einem nicht verbotenen Börsentermingeschäfte von einem Dritten dem Gläubiger gegenüber oder von dem Schuldner einem Dritten gegenüber eingegangen werden. Der — insoweit von der ähnlichen Vorschrift des § 762 Abs. 2 BGB. abweichende — Wortlaut und noch mehr der Sinn des Gesetzes sprechen für die Bejahung der Frage. Außerdem ist die Wirksamkeit akzessorischer Verpflichtungen, Bürgschaft, Schuldübernahme usw., natürlich von der Wirksamkeit des Hauptgeschäfts abhängig. Nicht unter den § 59 fällt die Hingabe eines Darlehens seitens eines Dritten an den Termingeschäftsschuldner zwecks Erfüllung des (unwirksamen) Termingeschäftes; solche Darlehen können aber als gegen die guten Sitten (§ 138 BGB.) verstoßend, nichtig sein (RG. 67, 356; 70, 2). Wegen der Hingabe des Darlehens seitens der Gegenpartei vgl. A. 5 a. E. zu § 54.

**2.** Die Regel, daß unwirksame Börsentermingeschäfte durch die zwischen Gläubiger und Schuldner nachträglich getroffenen

Vereinbarungen der unter § 59 fallenden Art nicht wirksam werden, erleidet — natürlich nur hinsichtlich erlaubter Geschäfte — eine Ausnahme dann, wenn die Unwirksamkeit des Geschäfts auf mangelnder Termingeschäftsfähigkeit beruhte, dieser Mangel aber bei der Vereinbarung beseitigt ist, und nach dem Parteiwillen die Wirksamkeit der neuen Verpflichtung von der ursprünglichen Verpflichtung nicht abhängig sein soll. Dagegen können inoffizielle Börsentermingeschäfte, die einem Einwand aus den §§ 762 und 764 BGB. unterliegen, durch solche Vereinbarungen niemals wirksam gemacht werden

## § 60.

**Die Vorschriften der §§ 52 bis 59 finden auch Anwendung auf die Erteilung und Übernahme von Aufträgen[1]) sowie auf die Vereinigung zum Zwecke des Abschlusses von nicht verbotenen Börsentermingeschäften[2,3]).**

1. Zu den Aufträgen i. S. des § 60, der dem § 66 Abs. 2 BörsG. v. 96 entspricht, gehören vornehmlich die Kommissionsaufträge; für die im Börsenverkehre die Regel bildenden Kommissionsgeschäfte, die durch Selbsteintritt des Kommissionärs zu Kaufgeschäften werden, ist aber nach vollzogenem Selbsteintritt die Bestimmung des § 60 ohne Bedeutung, da auf diese die §§ 52—59 unmittelbar anwendbar sind. Nicht unter den § 60 fallen Aufträge zu An- und Verkäufen, die — wie die an der Londoner Börse auszuführenden (vgl. A. 2 zu § 61) — nur im Wege des Termingeschäfts bewirkt werden können, aber im Verhältnisse zwischen Kommittenten und Kommissionär als Kassageschäfte zu festem, von dem Terminpreis unabhängigen Preise, wenn auch mit hinausgeschobener Lieferzeit, abgeschlossen und abgerechnet werden (RG. in BA. 10, 317; 11, 263; 13, 259).

2. Damit soll verhindert werden, daß nicht börsentermingeschäftsfähige Personen, indem sie sich mit börsentermingeschäftsfähigen zum Abschlusse von Börsentermingeschäften ver-

einigen und diesen den verbindlichen Abschluß der Geschäfte überlassen, im Wege der Abrechnung an den Geschäften beteiligt werden. In Betracht kommen hierfür in erster Reihe Gelegenheitsgesellschaften, ferner stille oder kommanditistische Beteiligungen sowie offene Handelsgesellschaften vor ihrer Eintragung, vorausgesetzt, daß der Abschluß von Börsentermingeschäften der wesentliche Zweck der Vereinigung ist. Auf Gesellschaften mit selbständiger Rechtspersönlichkeit wie Aktiengesellschaften usw. bezieht sich der § 60 nicht, während die persönlich haftenden Gesellschafter sonstiger eingetragener Firmen schon als solche gemäß § 53 unbeschränkt börsentermingeschäftsfähig sind.

**3.** Für Aufträge und Vereinigungen zu Spiel- und Differenzgeschäften fehlt eine dem § 60 entsprechende Bestimmung. Infolgedessen sind diese — insoweit sie nicht zugleich unter den Tatbestand des § 60 fallen — rechtlich günstiger gestellt als die im § 60 behandelten Aufträge und Vereinigungen. Sie begründen zwar, ebensowenig wie diese, einen Anspruch auf Vornahme des Geschäfts oder auf Schadenersatz wegen Nichterfüllung; hingegen ist, wenn daraus Geschäfte vorgenommen worden sind, die Klage auf Herausgabe des erzielten Gewinns, bei Gesellschaftsverträgen auch auf anteilmäßige Tragung des Verlustes, nach überwiegender Ansicht zulässig (RG. 40, 256; 43, 152; 51, 15; 58, 280). Das trifft natürlich nicht auf Fälle zu, in denen das Auftragsverhältnis lediglich die Einkleidung des zwischen den Beteiligten selbst abgeschlossenen Spiel- oder Differenzgeschäfts ist (RG. 34, 91 u. a.).

## § 61.

**Die Vorschriften der §§ 52 bis 60 finden auch Anwendung, wenn das Geschäft im Auslande geschlossen oder zu erfüllen ist[1–3]).**

**1.** Die zwingende, durch Parteivereinbarung nicht abänderbare Vorschrift des § 61, die dem § 68 Abs. 1 BörsG. v. 96 entspricht, soll verhindern, daß ausländische Börsentermingeschäfte eine günstigere Rechtsstellung genießen, als inländische, weil andernfalls das deutsche Publikum auf die Spekulation an ausländischen Börsen, für die weniger strenge Gesetze als in Deutschland gelten, hingewiesen wäre (Begr. I, 52). Sie beschränkt aber die Anwendbarkeit des deutschen Rechtes — insoweit es nicht nach den Grundsätzen des internationalen Privatrechts oder infolge der Vereinbarung eines deutschen Erfüllungsorts ohnehin Anwendung findet — auf die §§ 52—60; die Vorschriften für die verbotenen Börsentermingeschäfte (§§ 63 ff.) sind also auf Auslandsgeschäfte nicht ohne weiteres anwendbar.

**2.** Ob ein Zeitgeschäft unter die Bestimmungen über den Börsenterminhandel fällt, ist für Auslandsgeschäfte nach denselben Grundsätzen zu entscheiden wie für Inlandsgeschäfte (RG. 43, 92; 44, 57; JW. 03, 318; 03, Beil. 100). Als Börsentermingeschäfte sind insbesondere Börsengeschäfte anzusehen, die an der Londoner und Pariser Börse in Shares gemacht werden (RG. 79, 382; BA 11, 263; 13, 136; vgl. aber A. 1 zu § 60).

**3.** Ausländische Urteile, welche die Wirksamkeitsbeschränkungen der §§ 52—60 unberücksichtigt lassen, können, weil die Anerkennung gegen den Zweck des § 61 (vgl. oben A 1) verstoßen würde, in Deutschland nach § 328 Ziff. 4 ZPO. nicht anerkannt und demgemäß nach § 723 Abs. 2 aaO. nicht für vollstreckbar erklärt werden.

## § 62.

**Bei einem Börsentermingeschäft in Waren[1]) kommt der Verkäufer, der nach erfolgter Kündigung eine nicht vertragsmäßige Ware[2]) liefert, in Verzug, auch wenn die Lieferungsfrist noch nicht abgelaufen ist[3]).**

**Eine entgegenstehende Vereinbarung ist nichtig.**

**1.** Die Vorschrift, die dem § 53 BörsG. v. 96 entspricht, bezieht sich nur auf den Börsenterminhandel in Waren (vgl. jedoch die ähnliche Bestimmung des § 67 Abs. 2 Ziff. 2 für Lieferungsgeschäfte in Getreide und Erzeugnissen der Getreidemüllerei). Sie schließt die vor Erlaß des Börsengesetzes dem Verkäufer gewährte Befugnis, nach erfolgter Andienung vertragswidriger Ware bis zum Ablaufe der — im Warenterminhandel regelmäßig nach Monaten bemessenen — Lieferungsfrist die Ankündigung nochmals und wiederholt zu bewirken, aus, weil in dem Mißbrauche des Erfüllungsversuchs mittels vertragswidriger Ware eine Schädigung des Käufers und die Gefahr eines die Preisbildung beeinflussenden Preisdrucks erblickt wurde (Begr. I, 49).

2. Wann eine Ware vertragsmäßig ist, richtet sich nach den Usancen, die meist eine bestimmte Abweichung von der Normalqualität zulassen. Ein Verschulden des Verkäufers setzt der § 62 nicht voraus.

3. Der Käufer hat also alsdann, wenn es sich um Fixgeschäfte handelt, gemäß § 376 HGB. das Recht, ohne Gewährung einer Nachfrist vom Vertrage zurückzutreten oder statt der Erfüllung Schadenersatz wegen Nichterfüllung zu verlangen oder auf Erfüllung zu bestehen. Dem ihm in diesem Falle drohenden Nachteile kann der Verkäufer nur dadurch entgehen, daß er die Ware vor der Kündigung (Ankündigung, Andienung, Lieferungsbereitschaftserklärung) durch Sachverständige untersuchen läßt und erst zur Kündigung schreitet, nachdem die Vertragsmäßigkeit hierbei festgestellt ist.

## § 63.

Börsentermingeschäfte in Anteilen[1]) von Bergwerks- und Fabrikunternehmungen[2, 3]) sind nur mit Genehmigung des Bundesrats zulässig[4, 5]).

Der Bundesrat kann Börsentermingeschäfte in bestimmten Waren und Wertpapieren verbieten[6]) oder die Zulässigkeit von Bedingungen abhängig machen[7, 8])

**1.** Auf Schuldverschreibungen und solche Genußscheine, die keine Aktienrechte verleihen, bezieht sich der § 63 nicht.

**2.** Bergwerksunternehmungen i. S. des § 63 sind Unternehmungen, welche die Gewinnung unterirdischer Mineralien in bergtechnischem Verfahren zum Gegenstande haben (RG. 19, 192), Fabrikunternehmungen Gewerbebetriebe, die sich mit der Bearbeitung, Verarbeitung und Veredelung von Rohstoffen, Halbfabrikaten und fertigen Erzeugnissen befassen (vgl. Landmann, GewO., A. 3g zu § 100). Maßgebend sind die tatsächlichen Verhältnisse, nicht die Satzungsbestimmungen. Unter den § 63 fallen auch solche Unternehmen, die nicht ausschließlich oder vorwiegend auf Bergbau oder Fabrikbetrieb gerichtet sind, sofern nur der Bergwerks- oder Fabrikbetrieb zu ihren wesentlichen Geschäften gehört (z. B. Otavi-Minen- und Eisenbahngesellschaft, RGSt. 44, 55), dagegen nicht Trustgesellschaften, die Anteile von Bergwerks- und Fabrikunternehmungen besitzen. Nimmt eine Gesellschaft nach Zulassung ihrer Anteile zum Börsenterminhandel den Bergwerks- oder Fabrikbetrieb auf, so ist zur Fortsetzung dieses Börsenterminhandels die Genehmigung des Bundesrats erforderlich.

**3.** Ob es sich um in- oder ausländische Unternehmungen handelt, ist nach dem Wortlaute des Gesetzes und der Handhabung des Bundesrats gleichgültig (vgl. Bekanntmachungen d. RK. in RGBl. 03, 585; 10, 910 und 11, 917 bezüglich eines schweizerischen Fabrik- und eines englischen und eines belgischen Bergwerksunternehmens). Wegen der in Anteilen dieser Unternehmungen an ausländischen Börsen abgeschlossenen Termingeschäfte vgl. A. 1 zu § 61.

**4.** Die Bestimmung, daß die Geschäfte nur mit Genehmigung des Bundesrats zulässig sind, hat die Bedeutung, daß Börsentermingeschäfte in Anteilen von Bergwerks- und Fabrikunternehmungen mangels der Genehmigung grundsätzlich verboten sind. Das ergibt sich daraus, daß im § 64 Abs. 1 von den „verbotenen" Börsentermingeschäften in Anteilen von Bergwerks- oder Fabrikunternehmungen die Rede ist unter ausdrücklicher Verweisung auf die Bestimmung dieses Paragraphen. Die Zulassung von Ausnahmen kann nur durch den Bundesrat erfolgen. Der Bundesrat ist aber nicht befugt, die Ausnahme allgemein für alle zum Börsenterminhandel geeigneten Anteile von Bergwerks- und Fabrikunternehmungen oder etwa für gewisse Kategorien auszusprechen, sondern er muß für jedes einzelne Bergwerks- und Fabrikunternehmen, für das er die Ausnahme bewilligen will, eine besondere dahingehende Verfügung erlassen (KB. II, 96). Ist eine solche Verfügung des Bundesrats bezüglich eines bestimmten Unternehmens erlassen, so sind Börsentermingeschäfte in dessen Anteilen nicht mehr verbotene Börsentermingeschäfte, wohl aber bis zu der gemäß § 50 erfolgten Zulassung durch den Börsenvorstand inoffizielle (vgl. A. 4 zu § 51). In der Übung wird die nach § 63 erforderliche Genehmigung des Bundesrats von dem Börsenvorstande herbeigeführt, nachdem dieser sich schlüssig geworden ist, die in Frage kommenden Anteile im Falle der Genehmigung des Bundesrats zum Börsenterminhandel zuzulassen, und die hierfür im § 50 geforderten Voraussetzungen erfüllt sind. Der Bundesrat kann die Genehmigung für mehrere oder alle deutschen Börsen erteilen, was auch der Übung entspricht. Er kann ferner die Genehmigung jederzeit zurücknehmen.

**5.** Über die bisher erteilten Genehmigungen vgl. RGBl. 08, S. 239, 465, 585, 647; 09, S. 435, 1000; 10, 910; 11, 917; 12, 255; 13, S. 47, 313, 623, sowie Anhang Anl. 3.

**6.** Ein Verbot ist bisher lediglich für Börsentermingeschäfte in Kammgarn erlassen worden (Bek. v. 21. April 1899 in RGBl. 266).

**7.** Die Befugnis, die Zulässigkeit von Börsentermingeschäften von Bedingungen abhängig zu machen, ist bisher vom Bundesrat nicht ausgeübt worden. In den ihm durch diese Befugnis zugewiesenen Machtbereich fällt das Verbot bestimmter Formen der Börsentermingeschäfte, z. B. der Prämien-, Stellage- und Nochgeschäfte (Begr. I, 43). Ferner ist der Bundesrat in der Lage, für Börsentermingeschäfte in bestimmten Gegenständen die Benutzung gewisser Einrichtungen, wie der Liquidationskassen, mit der Wirkung vorzuschreiben, daß unter Nichtbeachtung dieser Vorschriften abgeschlossene Geschäfte verboten sind (Begr. II, 22). Derartige Beschränkungen des Börsenterminhandels durch Anordnung des Bundesrats würden dann die Bedeutung haben, daß, wenn auch im übrigen die Börsentermingeschäfte in den betreffenden Waren oder Wertpapieren als nicht verbotene mit der durch die §§ 50 ff. umschriebenen Wirksamkeit abgeschlossen werden könnten, solche Börsentermingeschäfte in denselben Waren oder Wertpapieren, bei denen gegen die Anordnungen des Bundesrats über Ausschluß gewisser Bedingungen oder über die notwendige Einhaltung gewisser Bedingungen verstoßen wird, als verbotene im Sinne der §§ 63 ff. zu behandeln wären.

8. Übergangsbestimmung. Nach dem BörsG. v. 1896 (§ 50 Abs. 2) war der Börsenterminhandel in Anteilen von Bergwerks- und Fabrikunternehmungen untersagt. Die Unwirksamkeit der vor dem 1. Juni 1908 in diesen Anteilen abgeschlossenen Geschäfte wird durch die Novelle nur insofern berührt, als nach der gemäß Art. V mit rückwirkender Kraft ausgestatteten Bestimmung des § 64 Abs. 2 das auf Grund dieser Geschäfte Geleistete nicht deshalb zurückgefordert werden kann, weil infolge des Verbots eine Verbindlichkeit nicht bestanden habe.

## § 64.

**Durch ein verbotenes Börsentermingeschäft in Anteilen von Bergwerks- oder Fabrikunternehmungen (§ 63 Abs. 1)[1]) sowie durch ein Börsentermingeschäft, das gegen ein von dem Bundesrat erlassenes Verbot verstößt (§ 63 Abs. 2)[2]), wird eine Verbindlichkeit nicht begründet[3]). Die Unwirksamkeit erstreckt sich auch auf die Bestellung einer Sicherheit[4]).**

**Das auf Grund des Geschäfts Geleistete kann nicht deshalb zurückgefordert werden, weil nach Abs. 1 Satz 1 eine Verbindlichkeit nicht bestanden hat[5–7].**

**1.** Vgl. A. 1–5 zu § 63.

**2.** Vgl. A. 6 u. 7 zu § 63.

**3.** Im § 64 werden in Verbindung mit den §§ 69 und 70 die zivilrechtlichen Bestimmungen für die nach § 63 verbotenen Börsentermingeschäfte getroffen. Durch Satz 1 wird deren Unwirksamkeit und Unklagbarkeit unabhängig von der Termingeschäftsfähigkeit des Beteiligten ausdrücklich festgestellt, und damit der vorher durch die auf § 134 BGB. gestützte Rechtsprechung des Reichsgerichts (RG. 47, 110; 59, 325) geschaffene Zustand vorbehaltlich der durch Abs. 2 bewirkten Einschränkung gebilligt.

**4.** Auch unter den Voraussetzungen des § 54 kann mithin keine Sicherheit rechtswirksam für verbotene Börsentermingeschäfte bestellt werden. Hierdurch sowie durch die Nichtanwendbarkeit der §§ 56 und 57 unterscheiden sich diese von den in den §§ 52—62 behandelten unverbindlichen erlaubten Börsentermingeschäften.

**5.** Diese Bestimmung, welche die Wirkung der Nichtigkeit verbotener Geschäfte aus § 134 BGB. abschwächt, entspricht der für die unverbindlichen erlaubten Börsentermingeschäfte im § 55 gegebenen Vorschrift. Vgl. darüber die Anmerkungen zu § 55. Wegen der abweichenden Regelung für verbotene Börsentermingeschäfte in Getreide oder Erzeugnissen der Getreidemüllerei vgl. § 66 Abs. 2.

**6.** Wegen des Spiel- und Differenzeinwandes bei verbotenen Börsentermingeschäften vgl. A. 5 zu § 58.

**7.** Übergangsbestimmung. Vgl. A. 8 zu § 63.

## § 65.

**Börsentermingeschäfte in Getreide und Erzeugnissen der Getreidemüllerei sind verboten.**

1. Durch den Wortlaut „Erzeugnisse der Getreidemüllerei" — in dem im übrigen dem § 65 entsprechenden § 50 Abs. 3 BörsG. von 1896 hieß es statt dessen „Mühlenfabrikaten" — ist klargestellt, daß insbesondere der Terminhandel in Rüböl als einem Erzeugnisse der Ölmüllerei nicht unter das Verbot fällt.

2. Von dem Verbote des § 65, der dem § 50 Abs. 3 BörsG. v. 1896 entspricht, werden, wie sich aus der Darlegung des Börsentermingeschäftsbegriffs in A. 3 zu § 50 ergibt, nicht betroffen die im Getreidegroßverkehr häufigen Geschäfte, denen, insbesondere durch Vereinbarung einer individuellen Lieferungsqualität, der börsenmäßige Charakter fehlt (vgl. auch A. 2 zu § 67). Dagegen ist die Anwendung des § 65 nicht dadurch ausgeschlossen, daß das Geschäft nicht als Fixgeschäft vereinbart ist (vgl. ebenfalls A. 3 zu § 50). Dieser Auffassung zufolge stellen sich die im § 67 geregelten Zeitgeschäfte in Getreide und Erzeugnissen der Getreidemüllerei, wenn die dortselbst bezeichneten Personen daran beteiligt sind, als Ausnahme von der Regel des § 65 dar (vgl. A. 3 zu § 50, A. 1 zu § 67 u. A. 2 zu § 71) — Über die Strafbarkeit verbotener Börsentermingeschäfte in Getreide und Erzeugnissen der Getreidemüllerei vgl. §§ 71 ff., 91.

3. Wegen der Auslandstermingeschäfte in Getreide und Erzeugnissen der Getreidemüllerei vgl. A. 1 zu § 61.

## § 66.

**Durch ein verbotenes Börsentermingeschäft in Getreide oder Erzeugnissen der Getreidemüllerei [1]) wird eine Verbindlichkeit nicht begründet. Die Unwirksamkeit erstreckt sich auch auf die Bestellung einer Sicherheit [2]).**

**Das Recht, das auf Grund des Geschäfts Geleistete [3]) deshalb zurückzufordern, weil nach Abs. 1 Satz 1 eine Verbindlichkeit nicht bestanden hat, erlischt mit dem Ablaufe von zwei Jahren seit der Bewirkung der Leistung,**

es sei denn, daß der zur Rückforderung Berechtigte vor dem Ablaufe der Frist dem Verpflichteten gegenüber schriftlich erklärt hat, daß er die Herausgabe verlange[4—6]).

1. Vgl. § 65 u. Anmerkungen dazu.

2. Im § 66 werden in Verbindung mit den §§ 69 und 70 die zivilrechtlichen Bestimmungen für die nach § 65 verbotenen Börsentermingeschäfte getroffen. Der erste Absatz des § 66 entspricht dem ersten Absatz des § 64, so daß insoweit das hierzu Bemerkte (A. 3 u. 4 zu § 64) auch für § 66 zutrifft.

3. Vgl. die Anmerkungen zu § 55.

4. Abweichend von der Regelung der Verhältnisse für die übrigen verbotenen Börsentermingeschäfte im § 64 wird für die nach § 65 verbotenen Börsentermingeschäfte ein mehr der Nichtigkeit sich nähernder Zustand geschaffen, um in stärkerem Maße von dem Abschlusse solcher Geschäfte abzuschrecken. Das Gesetz erkennt grundsätzlich das Recht an, das auf Grund des nach § 65 verbotenen Geschäfts Geleistete zurückzufordern — nur mit der besonderen Einschränkung, daß dieses Recht nicht, wie nach bürgerlichem Recht, in 30 Jahren verjährt, sondern bereits nach zwei Jahren seit der Bewirkung der Leistung erlischt; letztere Einschränkung kann aber der Leistende wiederum dadurch beseitigen, daß er vor Ablauf der Frist dem anderen Teile gegenüber schriftlich die Rückgabe verlangt (wegen der hierfür erforderlichen Form usw. vgl. §§ 126, 130 ff. BGB.). Im übrigen ist der Rückforderungsanspruch nach §§ 812 ff. BGB. zu behandeln; er fällt also fort, wenn der Leistende wußte, daß er zur Leistung nicht verpflichtet war — § 814 aaO. — (RG. in BA. 5. 119; JW. 08, 467), wenn der Empfänger zu der Zeit, in der er die Nichtigkeit der Leistung erfährt oder der Herausgabeanspruch rechtshängig wird, durch den Empfang der Leistung nicht mehr bereichert ist — §§ 818, 819 aaO. —, und endlich, wenn der Leistende durch Weiterveräußerung oder Verbrauch der empfangenen

Gegenleistung seinerseits zu deren Rückgewährung außerstande ist (RG. in BA. 5, 262). Daß die Erfüllung verbotener Geschäfte einer sittlichen oder Anstandspflicht entsprechen und aus diesem Grunde die Rückforderung des Geleisteten gemäß § 814 BGB. ausgeschlossen sein kann, wird vom Reichsgerichte verneint (in BA. 4, 60; 5, 262; 10, 13).

5. Über den Spiel- und Differenzeinwand bei Börsentermingeschäften in Getreide und Erzeugnissen der Getreidemüllerei vgl. § 68, über die Strafbarkeit von verbotenen Geschäften der in Rede stehenden Art §§ 71 ff., 91 ff.

6. Übergangsbestimmung. Nach Art. V der Novelle findet die Vorschrift über den Ausschluß des Rückforderungsrechtes auch Anwendung auf die vor dem 1. Juni 1908 abgeschlossenen Geschäfte.

## § 67.

Die Vorschriften der §§ 50 bis 66 finden keine Anwendung[1]) auf den Kauf oder die sonstige Anschaffung von Getreide oder Erzeugnissen der Getreidemüllerei[2]), wenn der Abschluß nach Geschäftsbedingungen erfolgt, die der Bundesrat genehmigt hat[3]), und als Vertragschließende nur beteiligt sind[4]):

1. Erzeuger oder Verarbeiter von Waren derselben Art, wie die, welche den Gegenstand des Geschäfts bilden[5, 6]), oder
2. solche Kaufleute oder eingetragene Genossenschaften, zu deren Geschäftsbetriebe der Ankauf, der Verkauf oder die Beleihung von Getreide oder Erzeugnissen der Getreidemüllerei gehört[7, 8]).

In den Geschäftsbedingungen muß festgesetzt sein:

1. daß im Falle des Verzugs der nicht säumige Teil die Annahme der Leistung nicht ablehnen kann,

ohne dem säumigen Teile eine angemessene Frist zur Bewirkung der Leistung zu bestimmen[9—10]);

2. daß nur eine Ware geliefert werden darf, die vor der Erklärung der Lieferungsbereitschaft (Andienung) von beeidigten Sachverständigen untersucht und lieferbar befunden worden ist[11]);

3. daß auch eine nicht vertragsmäßig beschaffene Ware geliefert werden darf, wenn der Minderwert nach der Feststellung der Sachverständigen eine bestimmte Höhe nicht überschreitet und dem Käufer der Minderwert vergütet wird, sowie daß ein von den Sachverständigen festgestellter Mehrwert bis zu einer bestimmten Höhe dem Verkäufer zu vergüten ist[12]).

**1.** Der § 67 bezweckt die Sicherstellung der börsenmäßigen Zeitgeschäfte nach dem sogenannten „Berliner Schlußschein". Die darin geregelten Geschäfte waren vor Erlaß der Novelle von den beteiligten Verkehrskreisen als Ersatz für den gesetzlich verbotenen, aber wirtschaftlich unentbehrlichen börsenmäßigen Zeithandel in Getreide und Mehl geschaffen worden; hierbei sollte durch die obligatorische Nachfristgewährung der Anwendung der Bestimmungen über Börsentermingeschäfte vorgebeugt werden, da diese nach dem Wortlaute des damaligen § 48 den Fixcharakter zur begrifflichen Voraussetzung hatten. Das Reichsgericht erhielt keine Gelegenheit, zu entscheiden, ob diese Konstruktion seiner Auslegung des früheren Rechts standhielt. Jedenfalls würden nach der in dem nunmehrigen Gesetze herrschenden Auffassung des Begriffs „Börsentermingeschäfte" (vgl. A. 3 zu § 50) die im § 67 geregelten Geschäfte als Börsentermingeschäfte an sich unzweifelhaft als verbotene unter §§ 65, 66 usw. fallen; um das zu verhindern, sind die im § 67 umschriebenen Geschäfte, sofern sie sich innerhalb der darin bezeichneten Personenkreise halten, aus den Vorschriften über das Börsentermingeschäft herausgenommen und einer besonderen Regelung, derzufolge sie unter Berücksichtigung des § 68 den allgemeinen Vorschriften des Handelsgesetzbuchs und des Bürgerlichen Gesetzbuchs unterliegen, zugeführt worden. Damit ist aber lediglich ausgesprochen, daß ein Geschäft der in § 67 bezeichneten Art, bei dem nur die gesetzlich legitimierten Personen beteiligt sind, kein verbotenes Börsentermingeschäft ist; seine Börsentermingeschäftsnatur wird davon nicht berührt, und es wird demgemäß, sobald der legitimierte Personenkreis überschritten wird, zum verbotenen Börsentermingeschäft (vgl. Göppert in BA. 12, 274, sowie A. 2 zu § 71; abw. die herrschende Ansicht, der zufolge der Fixcharakter Begriffsmerkmal des Börsentermingeschäfts ist — vgl. A. 3 zu § 50 —).

2. Auf Zeitgeschäfte ohne börsenmäßigen Charakter bezieht sich der § 67 ebenso wie der § 65 (vgl. A. 2 dazu) und die sonstigen Bestimmungen des IV. Abschnitts des Börsengesetzes überhaupt nicht. Dahin gehören alle Kaufgeschäfte, über individuell bestimmte Ware, z. B. Kauf nach Probe, Kauf nach einer bestimmten Herkunft (Schlesischer Roggen, Kansasweizen u. dgl). Solche werden häufig zwischen Händlern untereinander, ferner regelmäßig zwischen Landwirten einerseits, Müllern, Händlern oder Verbrauchern anderseits über der ersteren eigene Produktion, zwischen Müllern einerseits, Händlern, Bäckern oder sonstigen Verbrauchern anderseits über der ersteren eigenes Fabrikat geschlossen. Das gleiche gilt von Geschäften auf spätere Lieferung, bei denen zwar der Gegenstand der Lieferung eine im börsenmäßigen Lieferungsgeschäfte gehandelte Ware ist, aber durch anderweite Individualisierung des Vertragsinhalts die jederzeitige Möglichkeit eines adäquaten Gegengeschäfts ausgeschlossen erscheint, wie z. B. Lieferung in kleineren Mengen, an verschiedenen Orten, zu verschiedenen Zeiten, Ausschluß der Übertragbarkeit der Abnahme auf andere u. dgl. Inwieweit diese Individualisierung tatsächlich vorhanden ist, muß immer Tatfrage bleiben.

**3.** Vgl. Bek. d. RK. v. 29. Mai 1908, 4. Juni 1910 u. 14. Okt. 1913 (abgedr. im Anhang, Anl. 9)

**4.** Die im folgenden umschriebenen Eigenschaften müssen beim Vertragsabschlusse vorhanden sein.

**5.** Erzeuger und Verarbeiter sind nur solche Personen, welche die Waren im eigenen Betriebe erzeugen oder verarbeiten.

**6.** Da die Legitimation der in Ziffer 1 genannten Personen zu Geschäften nach § 67 sich auf Geschäfte über Waren derselben Art beschränkt wie die, welche sie erzeugen oder verarbeiten, kann beispielsweise ein nur Roggen, Hafer oder Mais anbauender Landwirt keine Geschäfte nach § 67 über Weizen abschließen.

**7.** Ohne Rücksicht auf die Eintragung ins Handelsregister. Daher fallen auch Bäcker — als Minderkaufleute — unter Ziffer 2. Bankiers fallen darunter, wenn sie sich mit der Beleihung von Getreide und Mehl befassen.

**8.** Der Gegenstand des einzelnen Geschäfts braucht bei den Personen der Ziffer 2 nicht auch Gegenstand ihres Geschäftsbetriebs zu sein. Es kommt nur darauf an, daß sie überhaupt zu dem Personenkreise der Ziffer 2 gehören (KG. in BA. 10, 303).

**9.** Die (Nach-) Frist darf ihrer Dauer nach nicht von vornherein fest bestimmt sein (RG. 44, 103); sie ist nicht zu verwechseln mit den in den genehmigten Geschäftsbedingungen (vgl. oben A. 3) fest bestimmten Abnahmefristen, nach deren Ablauf erst von einem Verzuge des Käufers die Rede sein kann.

**10.** Durch § 67 Abs. 2 Ziffer 1 wird die aus § 286 Abs. 1 BGB. begründete Verpflichtung des erst innerhalb der Nachfrist leistenden Teiles zum Ersatze des dem anderen Teile hierdurch bis zur Bewirkung der Leistung entstehenden Schadens nicht berührt (E. d. Schiedsgerichts an der Berliner Produktenbörse in Mitt. d. HK. zu Berlin 10, 255).

**11.** Über die mit Abs. 2 Ziffer 2 verfolgte Absicht vgl. A. 1 zu § 62. Durch die Andienung wird die Lieferungspflicht fällig.

**12.** Durch diese Bestimmung wird dem Lieferer einer besonders guten Ware eine Vergünstigung gewährt. Andrerseits soll auch eine Ware, die nur wenig hinter der normalen Qualität zurückbleibt, deren sonstige Eigenschaften aber den Verwendungszweck nicht beeinträchtigen, von der Lieferung nicht ausgeschlossen sein, damit nicht der Markt in weiterer Folge durch Zwangsgeschäfte ungerechtfertigten Preisschwankungen unterliegt. Die Lieferungsqualität bildet dann nicht das alleinige Erfüllungsmittel, sondern nur die Preisbasis für den Kontrakt. Das Wesen des Geschäfts als Börsentermingeschäft wird hiervon nicht berührt; das gleiche ist vielmehr auch auf verschiedenen anderen Gebieten des Börsenterminhandels — z. B. im Magdeburger Rohzuckerterminhandel, im Berliner und Hamburger Kupferterminhandel — üblich.

## § 68.

Wird ein auf Lieferung von Getreide oder Erzeugnissen der Getreidemüllerei lautender Vertrag in der Absicht geschlossen[1]), daß der Unterschied zwischen dem vereinbarten Preise und dem Börsen- oder Marktpreise der Lieferungszeit von dem verlierenden Teile an den gewinnenden gezahlt werden soll[2]), so finden die Vorschriften des § 66 auch dann Anwendung, wenn es sich nicht um ein verbotenes Börsentermingeschäft handelt[3]). Dies gilt auch dann, wenn nur die Absicht des einen Teiles auf die Zahlung des Unterschieds gerichtet ist, der andere Teil aber diese Absicht kennt oder kennen muß[4]).

Die Vorschriften der §§ 762, 764 des Bürgerlichen Gesetzbuchs bleiben bei einem auf die Lieferung von Getreide oder Erzeugnissen der Getreidemüllerei lautenden Vertrag[5]) außer Anwendung[6]).

1. Der mit § 68 vom Gesetzgeber verfolgte Zweck ist zu verhindern, daß die Geschäftsform des § 67 für wirtschaftlich unberechtigte Zwecke mißbraucht werde (RT. StenB. II, 4748, 4760, 4766, 4768, 4773). Demgegenüber läßt die Fassung die Möglichkeit offen, auch Zeitgeschäfte in Getreide und Erzeugnissen der Getreidemüllerei ohne börsenmäßigen Charakter darunter fallen zu lassen; die dem Zwecke des Gesetzes entsprechende Beschränkung der Anwendung auf Geschäfte nach § 67 ist aber um so gerechtfertigter, als der gesamte IV. Abschnitt sich nur auf börsenmäßige Zeitgeschäfte bezieht (a. M. Bernstein 316f., Nußbaum § 68 II). Loko- und Auslandsgeschäfte kommen für § 68 keinesfalls in Betracht.

2. Die im § 68 bezeichneten Tatbestandsmerkmale des Getreidedifferenzgeschäfts entsprechen wörtlich den Tatbestandsmerkmalen des Differenzgeschäfts im § 764 BGB. Infolgedessen trifft das in A. 3 zu § 58 über die Tatbestandsmerkmale der Differenzgeschäfte Bemerkte auch auf jene zu, nur mit der Maßgabe, daß gerade die wörtliche Übernahme dieser Merkmale, von denen der Gesetzgeber aus langjähriger Erfahrung wußte, daß sie auf die in der Übung regelmäßig vorkommenden Tatbestände nicht zutreffen, in noch höherem Maße gegen die Zulässigkeit der erweiternden Auslegung für den § 68 als für den § 764 BGB. spricht. Da das Reichsgericht aber bisher diesem Gesichtspunkte nicht Rechnung trägt (RG. 79, 238; BA. 13, 102), bedarf es an dieser Stelle nochmals besonderer Hervorhebung, daß wirtschaftlich berechtigte Geschäfte selbst dann keine Differenzgeschäfte sind, wenn im übrigen die Tatbestandsmerkmale des § 68 für darauf zutreffend erachtet werden. Das trifft namentlich zu auf die nach § 67 abgeschlossenen sog. Deckungs- und Versicherungsgeschäfte, die den am Umsatze von Getreide und Mehl beteiligten Kreisen die Möglichkeit bieten, sich gegen Verluste aus ihren dem Umsatze dienenden Lieferungsgeschäften zu versichern und damit gefährliche Spekulationen zu vermeiden. Wer, um das mit einem langfristigen Abschluß in Getreide oder Mehl verbundene Risiko zu vermeiden, ein

entsprechendes Lieferungsgeschäft an der Börse eingeht, hat im allgemeinen die Absicht, das Börsenengagement zu geeigneter Zeit durch ein Gegengeschäft aufzulösen und durch den sich dabei ergebenden Gewinn oder Verlust die Verlust- oder Gewinnchance bei dem zugrunde liegenden Geschäft zu begrenzen, und wird, sofern sich für die Ware anderweit bessere Verwendung findet, auch diese Absicht regelmäßig ausführen. Obwohl hier also unleugbar eine Differenzabsicht vorliegen und normaler Weise auch zur Verwirklichung gelangen kann, handelt es sich um ein wirtschaftlich berechtigtes Geschäft Der Wille des Gesetzgebers, die Rechtsbeständigkeit der Versicherungsgeschäfte durch § 68 nicht zu gefährden, ist bei den Reichstagsverhandlungen von seiten des Berichterstatters, des Bundesratsbevollmächtigten und verschiedener Redner aus dem Hause geflissentlich betont worden (RT. StenB. II; vgl. oben A. 1). Insbesondere erklärte unter Bezugnahme auf die Feststellung des Berichterstatters, daß § 68 nur Anwendung finden solle auf Geschäfte, „die unter Mißbrauch der Bedingungen zum Zwecke des Börsenspiels benutzt werden", der Minister für Handel und Gewerbe: „Die verbündeten Regierungen stehen in bezug auf den Zweck und die Bedeutung des § 66 (jetzt 68) vollständig auf dem Standpunkt, den der Herr Referent in der am Eingang unserer heutigen Verhandlungen gegebenen Erklärung festgelegt hat. Wir sind der Ansicht, daß wirtschaftlich berechtigte Geschäfte, die unter Benutzung der Vorschriften des § 65 (jetzt 67) abgeschlossen werden, nicht alteriert werden in ihrer Rechtsbeständigkeit durch die Vorschriften des § 66 (jetzt § 68), sondern daß nur das wirtschaftlich unberechtigte Geschäft, das Spielgeschäft, durch diese Bestimmungen getroffen werden soll" (StenB. II, S. 4766 A). — Aus dem Dargelegten folgt ohne weiteres, daß ein gemäß § 67 abgeschlossenes Lieferungsgeschäft keinesfalls deshalb als Geschäft i. S. des § 68 behandelt werden darf, weil die früheren Geschäfte der Parteien zumeist oder auch sämtlich durch Gegengeschäfte abgewickelt worden sind (abw. RG. aaO.; wie hier Göppert, Börsentermingeschäft 24).

3. Die zivilrechtliche Lage der nicht verbotenen Differenzgeschäfte in Getreide und Erzeugnissen der Getreidemüllerei ist somit ungünstiger als die der sonstigen nicht verbotenen Spiel- und Differenzgeschäfte, da infolge der diesbezüglichen Gleichstellung mit den nach § 65 verbotenen Börsentermingeschäften die Rückforderung des Geleisteten grundsätzlich (vgl. § 66) statthaft ist. Dagegen sind die Strafbestimmungen über verbotene Börsentermingeschäfte mit Ausnahme des § 92 auf nicht verbotene Differenzgeschäfte in Getreide und Erzeugnissen der Getreidemüllerei nicht anwendbar.

4. Vgl. A. 2. Die Feststellung, daß dem anderen Teile die wirtschaftlich unberechtigte Spielabsicht seines Vertragsgegners beim Vertragsabschlusse bekannt war oder bekannt sein mußte, ist sehr schwierig (vgl. auch A. 3 zu § 58). Es ist hierbei davon auszugehen, daß bei Geschäften, die von den im Abs. 1 bezeichneten Personen abgeschlossen werden, eine Vermutung für die wirtschaftliche Berechtigung spricht. Dieser Vermutung gegenüber muß der sich auf § 68 Berufende den Beweis führen, daß sein Vertragsgegner wußte oder wissen mußte, daß er die Geschäfte nur in Spielabsicht abschloß, beispielsweise, weil dies bei den Vorverhandlungen zum Ausdrucke gekommen ist oder weil der Vertragsgegner aus eingezogenen Auskünften oder dergleichen seine wirtschaftliche Unfähigkeit, Geschäfte der in Frage stehenden Art, sei es auch nur als Versicherungsgeschäfte, im Rahmen seines Betriebs abzuschließen, ersehen hat oder ersehen mußte. Dagegen hat der Vertragsgegner nicht die Pflicht und auch nicht die Möglichkeit im Einzelfalle zu prüfen, ob eine im Abs. 1 bezeichnete Person das Geschäft durch Lieferung oder Abnahme zu erfüllen oder durch ein Gegengeschäft aufzulösen beabsichtigt und in letzterem Fall, ob ihm ein bestimmtes Umsatzgeschäft zugrunde liegt. Beispielsweise kann es sehr wohl vorkommen, daß ein Getreidehändler in Mannheim Roggen in Berlin verkauft, obwohl der Preis an ersterem Platze höher ist als in Berlin, ohne daß auch nur im entferntesten eine Spielabsicht vorzuliegen braucht: natürlich erfolgt die Lieferung dann

nicht von Mannheim, sie kann aber von jedem anderen in der Preisparität günstiger belegenen Platz aus bewirkt werden.

5. Vgl. oben A. 1.

6. Diese Bestimmung erklärt sich daraus, daß infolge der durch Abs. 1 herbeigeführten Verschärfung der Unwirksamkeit von Differenzgeschäften in Getreide und Erzeugnissen der Getreidemüllerei gegenüber der Unwirksamkeit der sonstigen, einem Einwand aus den §§ 762 und 764 BGB. unterliegenden Geschäften die Anwendung der letzteren Vorschriften hier für überflüssig erachtet wurde (KB. II, 89).

## § 69.

Die Vorschriften der §§ 64, 66, 68 gelten auch für eine Vereinbarung, durch die der eine Teil zum Zwecke der Erfüllung einer Schuld aus einem verbotenen Börsentermingeschäft oder einem Geschäfte der im § 68 bezeichneten Art dem anderen Teile gegenüber eine Verbindlichkeit eingeht, insbesondere für ein Schuldanerkenntnis [1]).

1. Der § 69 trifft für die verbotenen Börsentermingeschäfte und die Differenzgeschäfte des § 68 die gleiche Anordnung wie der § 59 für die sonstigen nicht verbotenen Börsentermingeschäfte. Vgl. die Anmerkungen zu § 59.

## § 70.

Die Vorschriften der §§ 64, 66, 68, 69 finden auch Anwendung auf die Erteilung und Übernahme von Aufträgen sowie auf die Vereinigung zum Zwecke des Abschlusses von verbotenen Börsentermingeschäften oder von Geschäften der im § 68 bezeichneten Art [1]).

1. Wie der § 69 dem § 59, so entspricht der § 70 dem § 60. Vgl. die Anmerkungen zu § 60.

## V. Ordnungsstrafverfahren.

### § 71.

**Wer[1]) ein verbotenes Börsentermingeschäft in Getreide oder Erzeugnissen der Getreidemüllerei[2]) schließt[3]), hat, wenn die Zuwiderhandlung[4]) vorsätzlich[5]) begangen ist, eine Ordnungsstrafe bis zu zehntausend Mark verwirkt[6–8]).**

**1.** Das Ordnungsstrafverfahren findet nicht nur gegen Börsenbesucher, sondern gegen jedermann, der ein nach § 65 verbotenes Börsentermingeschäft macht, statt (KB. II, 100).

**2.** Vgl. § 65 und Anmerkungen dazu, sowie A. 3 zu § 50 und A. 1 zu § 67. Der wichtigste Zweck des Ordnungsstrafverfahrens ist, die im § 67 bezeichneten Geschäfte in den dort angegebenen Personenkreisen zu halten (vgl. Göppert, Börsentermingeschäft 27). Der Abschluß solcher Geschäfte unter Beteiligung hierzu nicht gesetzlich legitimierter Personen kommt auch für die Übung als Hauptanwendungsfall in Betracht, da die Ausbildung eines selbständigen Terminhandels neben dem nach § 67 geregelten nicht wahrscheinlich ist.

**3.** Die strafrechtlichen Vorschriften über die Bestrafung der Anstiftung, der Beihilfe und des Versuchs kommen nicht in Betracht (vgl. unten A. 4).

**4.** Die „Zuwiderhandlung" ist keine „strafbare Handlung" im Sinne des Strafgesetzbuchs, sondern ein besonders geregeltes Ordnungsvergehen. Die allgemeinen Bestimmungen des Strafgesetzbuchs treffen deshalb nicht darauf zu, insoweit es nicht ausdrücklich vorgeschrieben (vgl. § 72) oder deren analoge Anwendung sinngemäß ist (vgl. unten A. 5 u. 6). Aus dem Wesen des Ordnungsstrafverfahrens folgt auch, daß die Strafbarkeit aus § 71 durch die Ahndung derselben Handlung auf Grund krimineller Strafgesetze — z. B. des § 92 BörsG. — nicht berührt wird, ebensowenig selbstverständlich durch die börsenehrengerichtliche Verfolgung gemäß §§ 10 ff. Nur die

Verurteilung nach § 91 schließt, wie sich aus dem Zusammenhange dieser Bestimmung mit dem § 71 ergibt, die Ordnungsstrafe des § 71 aus.

5. Unter Vorsatz ist die Kenntnis der zum gesetzlichen Tatbestande gehörenden Tatumstände zu verstehen; der Rechtsirrtum darüber, daß diese Tatumstände das Geschäft zu einem verbotenen machen, dürfte die Strafbarkeit nicht ausschließen (vgl. die Kommentare zu § 59 StGB.). Die Vorsätzlichkeit ist bei jedem der beiden Vertragschließenden besonders festzustellen. Wenn bei Geschäften nach § 67 der eine Teil den anderen über seine Zugehörigkeit zu dem im § 67 Abs. 1 Ziff. 1 und 2 umschriebenen Personenkreise getäuscht hat, so hat zwar der Getäuschte ein verbotenes und deshalb gemäß § 66 unwirksames Geschäft abgeschlossen, aber nicht dem Verbote des § 65 vorsätzlich zuwidergehandelt, also nicht die Ordnungsstrafe verwirkt. Befand sich der Täuschende selbst über seine Legitimation in einem Irrtume, so hat auch er die Strafe nicht verwirkt.

6. Ob mehrere verbotene Börsentermingeschäfte, als aus demselben Vorsatze hervorgegangen, eine fortgesetzte Zuwiderhandlung darstellen, ist Tatfrage des Einzelfalls.

7. Eine nicht beizutreibende Ordnungsstrafe kann nicht in Freiheitsstrafe umgewandelt werden (vgl. oben A. 4).

8. Wegen der kriminellen Bestrafung des Abschlusses verbotener Börsentermingeschäfte vgl. §§ 91 und 92.

## § 72.

**Die Verfolgung der nach § 71 strafbaren Handlungen verjährt in drei Jahren von dem Tage an gerechnet, an welchem sie begangen sind[1]. Die Vorschriften der §§ 68, 69 des Strafgesetzbuchs finden entsprechende Anwendung[2, 3].**

1. Der Tag, an dem die Handlung begangen ist, dürfte demnach — wie gemäß § 67 Abs. 4 StGB. — mitzurechnen sein.

2. § 68 StGB. lautet:

Jede Handlung des Richters, welche wegen der begangenen Tat gegen den Täter gerichtet ist, unterbricht die Verjährung.

Die Unterbrechung findet nur rücksichtlich desjenigen statt, auf welchen die Handlung sich bezieht.

Nach der Unterbrechung beginnt eine neue Verjährung.

§ 69 StGB. lautet:

Die Verjährung ruht während der Zeit, in welcher auf Grund gesetzlicher Vorschrift die Strafverfolgung nicht begonnen oder nicht fortgesetzt werden kann. Ist der Beginn oder die Fortsetzung eines Strafverfahrens von einer Vorfrage abhängig, deren Entscheidung in einem anderen Verfahren erfolgen muß, so ruht die Verjährung bis zu dessen Beendigung.

Ist zur Strafverfolgung ein Antrag oder eine Ermächtigung nach dem Strafgesetz erforderlich, so wird der Lauf der Verjährung durch den Mangel des Antrages oder der Ermächtigung nicht gehindert.

3. Als Handlungen des Richters kommen danach nur Handlungen der zur Mitwirkung im Ordnungsstrafverfahren berufenen Behörden (§§ 73, 74), deren Vorsitzenden und beauftragten Mitglieder sowie der um solche Handlungen ersuchten ordentlichen Gerichte, nicht aber des Staatskommissars in Betracht.

## § 73.

**Für die Verhandlung und Entscheidung über die Festsetzung von Ordnungsstrafen werden durch die Landesregierungen bei den Börsen, welche dem Handel mit Getreide oder Erzeugnissen der Getreidemüllerei dienen, Kommissionen gebildet[1].**

**Die Landesregierungen können für mehrere Börsen eine gemeinschaftliche Kommission bei einer dieser Börsen bilden[2].**

1. Das ist für Preußen durch Verordnung vom 13. Juni 1908 (abgedr. im Anhang, Anl. 5), für Sachsen durch Verordnung des Min. des Innern vom 24. August 1908 geschehen.

2. Das ist durch die oben in A. 1 angeführten Verordnungen geschehen, und zwar für die preußischen Börsen bei der Berliner Börse (aaO. § 1), für die sächsischen bei der Dresdener Produktenbörse.

## § 74.

Die Entscheidung der Kommissionen über die Festsetzung von Ordnungsstrafen[1]) können von dem Staatskommissar sowie von dem Beschuldigten mit der Berufung angefochten werden. Für die Verhandlung und Entscheidung über die Berufung wird durch den Bundesrat eine Berufungskommission gebildet.

1. Hierunter fallen auch Entscheidungen, durch welche Ordnungsstrafen nicht festgesetzt werden (Freisprechungen).

## § 75.

Die Kommissionen entscheiden in der Besetzung von fünf Mitgliedern, die Berufungskommission entscheidet in der Besetzung von sieben Mitgliedern, einschließlich der Vorsitzenden. Die Hälfte der Beisitzer muß aus Vertretern des Handels, die andere Hälfte muß aus Vertretern der Landwirtschaft bestehen[1]).

1. Vgl. § 3 d. Pr. Verordnung v. 13. Juni 1908.

## § 76.

Die Vorsitzenden der Kommissionen und der Berufungskommission müssen Reichs- oder Staatsbeamte sein.

Die Bestimmungen über die Berufung der erforderlichen Zahl von Beisitzern für die Kommissionen erläßt die Landesregierung[1]).

Die Bestimmungen über die Berufung der erforderlichen Zahl von Beisitzern für die Berufungskommission erläßt der Bundesrat.

Das Amt der Beisitzer ist ein Ehrenamt. Die Beisitzer erhalten Vergütung der Reisekosten[2]. Die Vorschriften des § 56 des Gerichtsverfassungsgesetzes[3]) finden mit der Maßgabe entsprechende Anwendung, daß über die Beschwerde der Vorsitzende der Berufungskommission entscheidet.

1. Vgl. § 3 d. Pr. Verordnung v. 13. Juni 1908.

2. Vgl. § 4 der in A. 1 angeführten Verordnung.

3. § 56 GVG. lautet:

Schöffen und Vertrauensmänner des Ausschusses, welche ohne genügende Entschuldigung zu den Sitzungen nicht rechtzeitig sich einfinden oder ihren Obliegenheiten in anderer Weise sich entziehen, sind zu einer Ordnungsstrafe von fünf bis zu eintausend Mark sowie in die verursachten Kosten zu verurteilen.

Die Verurteilung wird durch den Amtsrichter nach Anhörung der Staatsanwaltschaft ausgesprochen. Erfolgt nachträglich genügende Entschuldigung, so kann die Verurteilung ganz oder teilweise zurückgenommen werden. Gegen die Entscheidungen findet Beschwerde von seiten des Verurteilten nach den Vorschriften der Strafprozeßordnung statt.

## § 77.

Zuständig ist die Kommission, die für diejenige Börse gebildet ist, welche für das Geschäft in Betracht kommt.

Ist ungewiß, welche Kommission zuständig ist, so erfolgt die Bestimmung der zuständigen Kommission durch den Vorsitzenden der Berufungskommission.

## § 78.

Anzeigen von Zuwiderhandlungen können bei dem Vorsitzenden der Kommission mündlich oder schriftlich angebracht werden.

Die mit der Aufsicht über die Börsen[1]) oder mit der Börsenleitung betrauten Organe[2]) sind verpflichtet, Handlungen, die zur Festsetzung einer Ordnungsstrafe Anlaß geben können[3]), zur Kenntnis des Vorsitzenden der Kommission zu bringen

Personen[4]), die der Begehung einer durch dieses Gesetz mit Ordnungsstrafe bedrohten Handlung verdächtig sind[5]), ist auf Antrag des Staatskommissars[6]) oder von Amtswegen durch Anordnung des Vorsitzenden die Vorlegung eines Verzeichnisses aufzugeben, in welchem die von ihnen über Getreide oder Erzeugnisse der Getreidemüllerei abgeschlossenen Geschäfte, insoweit sie der unter Tarifnummer 4b des Reichsstempelgesetzes vom 3. Juni 1906 (Reichs-Gesetzbl. S. 695) angeordneten Abgabe unterliegen[7]), aufzuführen sind[8]). Die Zeit, auf welche das Verzeichnis sich zu erstrecken hat, bestimmt der Vorsitzende[9]). Dem Verzeichnisse sind die aus Anlaß der Geschäfte[10]) abgesandten und empfangenen Handelsbriefe in Abschrift oder Urschrift sowie die Schlußnoten (§ 12 des Reichsstempelgesetzes) beizufügen.

**1.** Vgl. § 1 Abs. 2.

**2.** Vgl. A. 3 zu § 5.

**3.** Es ist nicht erforderlich, daß die Zuwiderhandlung gegen das Verbot des § 65 bereits klar erhellt; die im Abs. 2 genannten Organe sind vielmehr schon dann zur Anzeige verpflichtet, wenn Umstände vorliegen, die eine Zuwiderhandlung als möglich erscheinen lassen.

**4.** Vgl. A. 1 zu § 71.

5. Eine gemäß Abs. 1 erstattete Anzeige allein genügt nicht, um die im Abs. 3 angeordneten Maßnahmen — den sog. Deklarationszwang — zu rechtfertigen. Es muß vielmehr durch die vorgebrachten oder sonst zur Kenntnis gelangten Umstände nach dem Ermessen des Staatskommissars oder des Vorsitzenden der Kommission der Verdacht der Zuwiderhandlung begründet sein.

6. Der Antrag des Staatskommissars kann, wie sich aus der besonderen Hervorhebung im Gesetze neben der Möglichkeit des Verfahrens von Amtswegen ergibt, nicht abgelehnt werden.

7. Unter Tarif-Nr. 4b RStG. fallen:

Kauf- und sonstige Anschaffungsgeschäfte, welche unter Zugrundelegung von Usancen einer Börse geschlossen werden (Loko-, Zeit-, Fix-, Termin-, Prämien- usw. Geschäfte), über Mengen von Waren, die börsenmäßig gehandelt werden.

Als börsenmäßig gehandelt gelten diejenigen Waren, für welche an der Börse, deren Usancen für das Geschäft maßgebend sind, Terminpreise notiert werden, und bei Waren, in denen der Börsenterminhandel untersagt ist (§ 63 Abs. 2 und § 65 des Börsengesetzes vom 8. Mai 1908), diejenigen, für welche an der in Betracht kommenden Börse Preise für Zeitgeschäfte notiert werden.

Doch unterliegen der in dieser Tarifnummer angeordneten Abgabe nicht Geschäfte, falls die ihren Gegenstand bildenden Waren von einem der Vertragschließenden im Inland erzeugt oder hergestellt sind (Befreiungen aaO. Ziffer 1).

Für die Berliner Börse kommen z. Zt. Geschäfte in Weizen, Roggen, Hafer, Mais und Roggenmehl in Betracht.

8. Gegen die Anordnung ist ein Rechtsmittel nicht vorgesehen, sondern nur — durch § 82 Abs. 3 — gegen die Entscheidung über die Festsetzung einer Ordnungsstrafe, durch die nach § 82 Abs. 2 und 3 die Befolgung der Anordnung erzwungen werden kann.

9. Auf länger als drei Jahre zurückliegende Geschäfte kann wegen der Verjährungsbestimmung des § 72 der Deklarationszwang nicht erstreckt werden.

10. Dazu gehören auch die vor Abschluß der Geschäfte gewechselten Handelsbriefe.

## § 79.

Auf das Verfahren finden die Vorschriften des § 11, des § 12 Abs. 1, des § 14, des § 16 Abs. 1 bis 3, 5 sowie der §§ 18 bis 25 entsprechende Anwendung, soweit sich nicht aus den nachfolgenden Vorschriften Abweichungen ergeben.

1. Das Verfahren ist im allgemeinen dem ehrengerichtlichen Verfahren nachgebildet. Es sind deshalb in der Aufzählung der entsprechend anzuwendenden Vorschriften aus Abschnitt I nur die fortgelassen, die auf das Ordnungsstrafverfahren überhaupt nicht zutreffen können oder hier abweichend geregelt sind. Nach § 12 Abs. 2 dürfen in der Voruntersuchung Zeugen und Sachverständige nur unbeeidigt vernommen werden, § 81 Abs. 2 gestattet dagegen die Beeidigung schon im Vorverfahren. An Stelle des § 13 tritt hier der § 80 Satz 3. § 15 bestimmt die ehrengerichtlichen Strafen, an deren Stelle die Ordnungsstrafe des § 71 tritt. § 16 Abs. 4 handelt von der Ausschließung von der Börse, die hier nicht in Betracht kommt, und § 17 von der Berufungskammer, an deren Stelle hier nach § 74 die Berufungskommission tritt.

## § 80.

Die Entscheidungen der Kommissionen erfolgen nach Stimmenmehrheit[1]). Die außerhalb der Hauptverhandlung erforderlich werdenden Entscheidungen werden von dem Vorsitzenden erlassen. Die Einstellung des Verfahrens darf nur mit Zustimmung des Staatskommissars erfolgen. Der Vorsitzende kann von allen öffentlichen

Behörden Auskunft verlangen und Ermittelungen vornehmen [2]).

1. Vgl. Pr. Verordnung v. 13. Juni 1908.

2. Der Vorsitzende der Kommission kann danach, auch ohne daß die Kommission eine förmliche Voruntersuchung durch ein Mitglied gemäß § 12 Abs. 1 beschlossen hat, zur Vorbereitung der Beschlußfassung der Kommission über Einstellung oder weitere Verfolgung der Sache Auskünfte einholen und Ermittelungen vornehmen.

## § 81.

Auf die Vernehmung von Zeugen und Sachverständigen finden die Vorschriften der §§ 48 bis 64, 66 bis 80, 82 bis 86 der Strafprozeßordnung entsprechende Anwendung [1]).

Die Beeidigung von Zeugen und Sachverständigen darf unterbleiben, wenn der Staatskommissar zustimmt. Sie kann bereits im Vorverfahren [2]) erfolgen [3]).

Die Verhängung von Zwangsmaßregeln sowie die Festsetzung von Strafen gegen Zeugen und Sachverständige, welche der Ladung keine Folge leisten oder ihre Aussage oder deren Beeidigung verweigern [4]), erfolgt auf Ersuchen durch das Amtsgericht, in dessen Bezirke die Zeugen oder Sachverständigen ihren Wohnsitz und in Ermangelung eines solchen ihren Aufenthalt haben.

1. Durch die ausdrückliche Bestimmung der Anwendbarkeit der Vorschriften der Strafprozeßordnung auf die Vernehmung von Zeugen und Sachverständigen ist für das Ordnungsstrafverfahren eine zwingend maßgebende Analogie festgestellt, während es beim ehrengerichtlichen Verfahren bezüglich der Zeugen- und Sachverständigenvernehmung wie auch bezüglich aller übrigen Fragen der Ordnung des Verfahrens, insoweit

nicht das Börsengesetz bestimmte Vorschriften enthält, dem Ehrengericht überlassen ist, Analogieen aus anderen ähnlichen Vorschriften zu entnehmen (vgl. A. 1 zu § 12). Aus der Reihe der Einzelbestimmungen der Strafprozeßordnung sind die §§ 65 und 81 fortgelassen. An Stelle des § 65 StPO. tritt Abs. 2 dieses Paragraphen, während § 81 StPO., der die Unterbringung eines Beschuldigten in einer öffentlichen Anstalt zur Beobachtung des Geisteszustandes betrifft, für das Ordnungsstrafverfahren nicht in Betracht kommt.

2. Vorverfahren ist das gesamte Verfahren vor der Hauptverhandlung.

3. Die Vorschrift, die von der ehrengerichtlichen Vorschrift des § 12 Abs. 2 abweicht, ersetzt den § 65 StPO.

4. Vgl. die §§ 50, 69, 77 StPO.

## § 82.

Im Laufe des Verfahrens kann die Vorlegung der Handelsbücher eines Beschuldigten angeordnet werden[1]).

Der Beschuldigte kann zur Befolgung der Anordnung durch Ordnungsstrafen angehalten werden[2]); die einzelne Strafe darf den Betrag von eintausend Mark nicht übersteigen[3]). Gegen Entscheidungen über die Festsetzung von Ordnungsstrafen findet die Beschwerde statt[4]). Über die Beschwerde entscheidet der Vorsitzende der Berufungskommission.

Die Vorschrift des Abs. 2 findet auch Anwendung, wenn der im § 78 Abs. 3 bezeichneten Anordnung nicht entsprochen wird.

1. Außerhalb der Hauptverhandlung kann diese Anordnung gemäß § 80 Satz 2 vom Vorsitzenden der Kommission getroffen werden.

2. Unmittelbare Zwangsmittel, Beschlagnahmen und Durchsuchungen sind im Ordnungsstrafverfahren nicht zulässig. Die

Ordnungsstrafe darf nur gegen den Beschuldigten, nicht gegen einen anderen Besitzer der Handelsbücher verhängt werden.

3. Umwandlung in Haft findet nicht statt. Die Zahl der Strafen ist nicht begrenzt.

4. Die Beschwerde ist an keine Frist gebunden.

## § 83.

Anträgen der Kommissionen, der Berufungskommission sowie der Vorsitzenden sind die Gerichte innerhalb der Grenzen ihrer Zuständigkeit zu entsprechen verpflichtet[1]).

Gegen die Entscheidungen der Gerichte findet die Beschwerde unter entsprechender Anwendung der Vorschriften der Strafprozeßordnung statt[2]).

1. Die Bestimmung geht weiter als die im § 26 für das Ehrengericht getroffene, indem sie die Rechtshilfe nicht auf die Vernehmung von Zeugen und Sachverständigen beschränkt. Das Ersuchen kann daher auch insbesondere auf Vernehmung des Beschuldigten lauten.

2. vgl. §§ 346ff. StPO.

## § 84.

Die Landesregierungen sind befugt, ergänzende Bestimmungen über das Verfahren in erster Instanz zu erlassen[1]); sie können insbesondere auch über die Beitreibung der in die Staatskasse fließenden Ordnungsstrafen und Kosten Bestimmungen treffen[2]).

Für das Verfahren in zweiter Instanz kann der Bundesrat ergänzende Bestimmungen erlassen[3]).

Auf die Beitreibung von Ordnungsstrafen und Kosten finden die Vorschriften des Gesetzes über den Beistand bei Einziehung von Abgaben und Vollstreckung von Vermögensstrafen vom 9. Juni 1895 (Reichs-Gesetzbl. S. 256) Anwendung[4]).

1. Vgl. die in A. 1 zu § 73 genannten Verordnungen.

2. Vgl. § 14 d. Pr. Verordnung vom 13. Juni 1908.

3. Das ist bisher nicht geschehen.

4. Das Gesetz betrifft den Beistand, den die Behörden eines Bundesstaats denen des anderen zu leisten haben.

## § 85.

Eine auf Grund des § 71 festgesetzte Ordnungsstrafe [1]) fällt dem Staate zu, dessen Kommission die Entscheidung in erster Instanz erlassen hat [2]), Kosten, die nicht von einem Beschuldigten zu erstatten sind [3]), oder die von dem Erstattungspflichtigen nicht beigetrieben werden können, fallen der Staatskasse zur Last.

1. Das gleiche gilt von den gemäß § 82 Abs. 2 verhängten Ordnungsstrafen.

2. Ohne diese Bestimmung würde die Reichskasse als empfangsberechtigt zu gelten haben, insoweit die Ordnungsstrafen von der Berufungskommission, die eine Reichsbehörde ist, oder deren Vorsitzendem festgesetzt sind.

3. Vgl. A. 2 und 3 zu § 25.

## § 86.

Die Beitreibung der auf Grund des § 71 festgesetzten Ordnungsstrafen verjährt in zwei Jahren von dem Tage an gerechnet, an welchem die Entscheidung rechtskräftig geworden ist [1]). Jede auf Beitreibung der Strafe gerichtete Handlung derjenigen Behörde, welcher die Vollstreckung obliegt [2]), unterbricht die Verjährung.

1. Vgl. A. 1 zu § 72.

2. Vgl. Pr. Verordnung v. 15. Nov. 1899 (GS. 573).

## § 87.

Unbeschadet einer verwirkten Ordnungsstrafe kann das Ehrengericht (§ 10) Börsenbesucher wegen der in dem

§ 71 bezeichneten Handlungen mit Verweis sowie zeitweiliger oder dauernder Ausschließung von der Börse bestrafen[1]).

1. Da die im § 71 angedrohte Ordnungsstrafe lediglich den durch Abschluß eines verbotenen Börsentermingeschäfts in Getreide oder Erzeugnissen der Getreidemüllerei begangenen Verstoß gegen das Verbot des § 65 ahnden soll, der an sich eine mit der Ehre und dem Anspruch auf kaufmännisches Vertrauen nicht zu vereinbarende Handlung nicht darstellt, so bleibt für die Fälle, in denen daneben noch ein unehrenhaftes Verhalten vorliegt, die Verhängung der Ehrenstrafen im ehrengerichtlichen Verfahren vorbehalten.

## VI. Straf- und Schlußbestimmungen.

### § 88.

Wer in betrügerischer Absicht auf Täuschung berechnete Mittel anwendet, um auf den Börsen- oder Marktpreis[1]) von Waren oder Wertpapieren[2]) einzuwirken[3]), wird mit Gefängnis und zugleich mit Geldstrafe bis zu fünfzehntausend Mark bestraft. Auch kann auf Verlust der bürgerlichen Ehrenrechte erkannt werden[4]). Sind mildernde Umstände vorhanden, so kann ausschließlich auf die Geldstrafe erkannt werden.

Die gleiche Strafe[4]) trifft denjenigen, welcher in betrügerischer Absicht[5]) wissentlich unrichtige Angaben[6]) in Prospekten (§ 38)[7]) oder in öffentlichen Kundgebungen[8]) macht, durch welche die Zeichnung oder der Ankauf oder Verkauf von Wertpapieren[9, 10]) herbeigeführt werden soll[11, 12]).

1. Über den Begriff des Börsenpreises vgl. A. 12 zu § 29, über den Begriff des Marktpreises Staub, Exk. vor § 373,

A. 29. Durch die Aufnahme des Marktpreises in den Tatbestand des im § 88 Abs. 1 umschriebenen Vergehens — des sog. Kursbetrugs — tritt die Strafbestimmung über den Rahmen des Börsengesetzes hinaus; das entspricht der Absicht des Gesetzgebers, die an den öffentlichen Märkten zur Notierung gelangenden Preise ebenso vor einer betrügerischen Einwirkung zu schützen wie die Börsenpreise (KB. I, 52).

**2.** Den Wertpapieren stehen hier Wechsel und ausländische Geldsorten gleich (§ 96); dagegen bezieht sich der § 88 nicht auf unverbriefte Rechte.

**3.** Der Tatbestand des Kursbetrugs erfordert in subjektiver Beziehung

a) die betrügerische Absicht des Täters,

b) daß das angewandte Mittel auf Täuschung berechnet ist,

c) daß mit der Anwendung eine Einwirkung auf den Börsen- oder Marktpreis von Waren oder Wertpapieren bezweckt wird.

Betrügerische Absicht ist die Absicht, sich oder einem anderen einen rechtswidrigen Vermögensvorteil zu verschaffen; ob ein Vermögensvorteil rechtswidrig ist, muß unter Berücksichtigung der Verkehrssitte der beteiligten Kreise entschieden werden. Das die Preisbeeinflussung bezweckende Mittel ist auf Täuschung berechnet, wenn damit eine irrtümliche Vorstellung hervorgerufen werden soll; es kommt also nicht nur, wie beim strafrechtlichen Betruge (§ 263 StGB.), die Täuschung über Tatsachen, sondern auch über Absichten, Meinungen usw. in Betracht (RGSt. 23, 440). Zu solchen Mitteln können Scheingeschäfte, Scheinangebote — z. B. das bei den sog. Ausweichkursen geübte Verfahren — sowie Veröffentlichungen und Mitteilungen jeder Art gehören, sofern sie zum Zwecke der Preisbeeinflussung angewendet werden. Nicht erforderlich ist, daß damit der Preis *bestimmter* Waren oder Wertpapiere beeinflußt werden soll. Es genügt die Anwendung auf Täuschung berechneter Mittel in der Absicht, an der Börse oder dem Markt im allgemeinen eine günstige oder ungünstige Stimmung hervorzurufen (KB. I, 52). Bei wirtschaftlich berechtigten Einwirkungen auf die Preisbildung sind die vorgenannten subjektiven Merkmale nicht vorhanden, z. B. bei den namentlich gelegentlich der Einführung neuer Wertpapiere vielfach vorkommenden fingierten Käufen oder Verkäufen, deren Zweck es ist, überhaupt die Feststellung eines Kurses zu ermöglichen (vgl. KB. zur Novelle zum HGB. von 1884, 1027), sowie bei Ankäufen, die Bankhäuser an der Börse vornehmen, um den Kurs eines Wertpapieres zu halten oder auch zu steigern (Begr. I, 57).

In objektiver Beziehung genügt die Anwendung des Mittels. Besteht es in einer Mitteilung an die zu täuschende Person, so gilt es als angewandt, wenn diese die Mitteilung erhält (RGSt. 23, 138 ff.). Ob der Zweck der Preisbeeinflussung erreicht ist oder mit dem angewandten Mittel überhaupt erreicht werden konnte, ist unerheblich.

**4.** Stellt sich eine nach § 88 strafbare Handlung zugleich als vollendeter oder versuchter Betrug (§ 263 StGB.) oder als Verstoß gegen § 4 UnlWG. dar, so findet gemäß § 73 StGB. der § 88 als das die schwerere Strafe androhende Gesetz Anwendung; über die Konkurrenz des § 88 mit § 89 vgl. A. 7 zu § 89. Über die Verjährung vgl. §§ 67 ff. StGB. u. unten A. 12.

**5.** Vgl. oben A. 3.

**6.** Unvollständigkeit sowie fahrlässige Unrichtigkeit sind nicht strafbar (vgl. dagegen über die zivilrechtliche Prospekthaftung § 45).

**7.** Zur Strafbarkeit des sog. Prospektbetrugs ist nicht erforderlich, daß die Prospekte veröffentlicht, wohl aber, daß sie der Zulassungsstelle eingereicht sind. Strafrechtlich verantwortlich für die Prospekte sind dieselben Personen, denen gemäß § 45 die zivilrechtliche Verantwortlichkeit obliegt.

**8.** Öffentliche Kundgebungen sind solche, die einer unbestimmt großen Personenanzahl zugänglich sind, z. B. in Zeitungen oder durch Anschläge.

**9.** Vgl. oben A. 2. Auf Waren bezieht sich Abs. 3 nicht.

**10.** Auch die Bestimmung des Abs. 3 geht über den Rahmen des Börsengesetzes hinaus, indem sie die Auflegung von Wertpapieren zur Zeichnung vor der Einführung an der Börse und sogar diejenigen Fälle trifft, in denen überhaupt die Benutzung der Börse und ihrer Einrichtungen nicht in Aussicht genommen und nicht erfolgt ist.

**11.** Die Strafbarkeit der Handlung ist von dem Erfolge nicht abhängig.

**12.** Bei durch die Presse begangenen Vergehen gegen § 88 vgl. über die Strafbarkeit des verantwortlichen Redakteurs als Täters § 20 PreßG. (vgl. hierzu insbes. RGSt. 22, 65 ff.), über die Strafbarkeit des verantwortlichen Redakteurs, Verlegers, Druckers und Verbreiters unter dem Gesichtspunkte der Fahrlässigkeit § 21 aaO., über die Verjährung bei — ausschließlich, vgl. RGSt. 23, 440 — durch die Verbreitung von Druckschriften strafbaren Inhalts begangenen Vergehen § 22 aaO.

## § 89.

**Wer für Mitteilungen in der Presse[1, 2]), durch welche auf den Börsenpreis eingewirkt werden soll[3]), Vorteile[4]) gewährt oder verspricht oder sich gewähren oder versprechen läßt[5]), welche in auffälligem Mißverhältnisse zu der Leistung stehen[6]), wird mit Gefängnis bis zu einem Jahre und zugleich mit Geldstrafe bis zu fünftausend Mark bestraft[7]).**

**Die gleiche Strafe[7]) trifft denjenigen, der sich für die Unterlassung von Mitteilungen der bezeichneten Art[8]) Vorteile[9]) gewähren oder versprechen läßt[10]).**

**Der Versuch ist strafbar[11]).**

**Sind mildernde Umstände vorhanden, so kann ausschließlich auf die Geldstrafe erkannt werden.**

**1.** Als Mitteilung in der Presse gilt jede in einer Druckschrift i. S. des § 2 PreßG. enthaltene Mitteilung.

2. Von Waren oder Wertpapieren (vgl. auch A. 2 zu § 88). Die Einwirkung auf den Marktpreis kommt für den § 89 — im Unterschiede zum § 88 — nicht in Betracht.

3. Ob die Mitteilung richtig oder unrichtig ist, ist für die Strafbarkeit unerheblich (KB. I, 53; RT. StenB. I, 2063), ebenso, ob mit ihr der Zweck der Preisbeeinflussung erreicht werden kann oder nicht. Dagegen gehört zur Strafbarkeit mindestens die Kenntnis des Täters von dem bezeichneten Zwecke der Mitteilung; das Kennenmüssen genügt nicht.

4. Die Vorteile brauchen nicht Vermögensvorteile zu sein.

5. Auch die nachträgliche Belohnung und deren Annahme fallen hierunter.

6. Wann dieses, dem § 302a StGB. entnommene Tatbestandsmerkmal vorliegt, ist nach den Umständen des Einzelfalles zu beurteilen (RGSt. 4, 392).

7. Verstößt die nach § 89 strafbare Handlung zugleich gegen § 88 oder gegen § 253 StGB., so ist gemäß § 73 StGB. nach diesen Bestimmungen zu strafen. Wegen der Verjährung vgl. §§ 67ff. StGB.

8. Durch die in ihrem Wortlaut unklare Bestimmung des § 89 Abs. 2 soll verhindert werden, daß jemand sich Vorteile dadurch zu verschaffen sucht, daß er sich bereit erklärt, Mitteilungen, an denen die Börsenkreise ein Interesse hätten, nicht zur Veröffentlichung zu bringen (KB. I, 53; RT. StenB. I, 2064). Eine Kursbeeinflussung wird hierbei mit der Unterlassung bezweckt, indem verhindert werden soll, daß die Mitteilung auf den Kurs einwirkt. Ob die Unterlassung der Mitteilung gegen die Berufspflicht des Täters verstößt, ist unerheblich.

9. Vgl. oben A. 4. Auf die Höhe der Vorteile kommt es nach Abs. 2 — im Unterschiede zum Abs. 1 — nicht an.

10. Die aktive Bestechung ist hier — im Unterschiede zum Abs. 1 — straffrei.

11. Als strafbarer Versuch stellt sich in den Fällen des § 89 das Fordern und Anbieten des Vorteils dar, sofern die be-

zügliche Erklärung dem anderen Teile zugegangen ist. Über die Bemessung der Versuchsstrafe vgl. §§ 43ff. StGB.

## § 90.

Wer wissentlich[1]) den Vorschriften der §§ 42, 43 oder des § 51 Abs. 2[2]) zuwider Preislisten (Kurszettel)[3]) veröffentlicht[4]) oder in mechanisch hergestellter Vervielfältigung verbreitet, wird mit Geldstrafe bis zu eintausend Mark oder mit Haft oder mit Gefängnis bis zu sechs Monaten bestraft[5]).

1. D. i. unter Kenntnis der nach den §§ 42, 43 oder 51 Abs. 2 die Verbote begründenden Tatumstände.

2. Vgl. die angeführten Bestimmungen und die Anmerkungen dazu.

3. Vgl. A. 4 zu § 42.

4. Vgl. A. 5 zu § 42.

5. Über die Verjährung vgl. §§ 67ff. StGB. u. § 22 PreßG., über die Verantwortlichkeit für die durch die Presse begangenen Vergehen gegen § 90 vgl. PreßG. §§ 20, 21 sowie A. 12 zu § 88.

## § 91.

Mit Gefängnis und mit Geldstrafe bis zu zehntausend Mark wird bestraft, wer aus dem Abschlusse von verbotenen Börsentermingeschäften in Getreide oder Erzeugnissen der Getreidemüllerei[1]) ein Gewerbe macht[2]), nachdem er auf Grund des § 71 rechtskräftig zur Zahlung einer Ordnungsstrafe verurteilt worden ist, darauf abermals ein verbotenes Börsentermingeschäft in Getreide oder Erzeugnissen der Getreidemüllerei abgeschlossen hat und deshalb rechtskräftig verurteilt worden ist[3, 4]).

1. Vgl. A. 2 und 5 zu § 71.

2. Gewerbsmäßigkeit liegt vor, wenn der Täter die Absicht hat, sich durch wiederholte Begehung eine Einnahmequelle zu

verschaffen; diese Absicht kann auch einer einzelnen Handlung entnommen werden (RGSt. 12, 391). Ob Gewerbsmäßigkeit vorliegt, ist von dem Richter auf Grund selbständiger Prüfung zu entscheiden; an die Vorentscheidungen der Ordnungskommissionen ist er nicht gebunden (KB. II, 101).

3. Auch die zweite Verurteilung muß im Ordnungsstrafverfahren erfolgt sein (KB. II, 101); eine Verurteilung auf Grund des § 92 kommt somit hier nicht in Betracht. Ob die Ordnungsstrafen vollzogen sind, ist unerheblich.

4. Über die Verjährung vgl. §§ 67ff. StGB., über das Verhältnis zwischen Ordnungsstrafe und Kriminalstrafe A. 4 a. E. zu § 71.

## § 92.

**Mit Gefängnis und mit Geldstrafe bis zu zehntausend Mark wird bestraft, wer[1]) in gewinnsüchtiger Absicht[2]), um den Preis von Getreide oder Erzeugnissen der Getreidemüllerei im Widerspruche mit der durch die allgemeine Marktlage gegebenen Entwickelung zu beeinflussen[3]), verbotene Börsentermingeschäfte[4]) oder Geschäfte schließt, die unter die Begriffsbestimmung des § 68 fallen[5, 6]). Sind mildernde Umstände vorhanden, so kann allein auf die Geldstrafe erkannt werden.**

1. Durch die Bestimmung des § 92 soll künstlichen Preisbewegungen vorgebeugt werden, insbesondere den sog. Schwänzen (corner). Man versteht hierunter die Vornahme massenhafter Ankäufe zu dem Zwecke, zur Lieferungszeit möglichst viel Ware aufzuspeichern und dadurch die Verkäufer, die ohne Deckung verkauft hatten, in die Zwangslage zu versetzen, zu weiter gesteigerten Preisen, also mit Verlust, die Ware von ihrem früheren Käufer zurückzukaufen. Die Absicht des Schwänzers ist dabei auf den tatsächlichen Erwerb der Ware gerichtet, während sie auf seiten der Verkäufer allerdings häufig auf die Ausgleichung des Preisunterschieds gerichtet sein wird.

**2.** „Gewinnsüchtige Absicht" ist die Absicht, sich oder einem anderen einen materiellen Vorteil zu verschaffen (RGSt. 43, 176).

**3.** Zur Strafbarkeit gehört hiernach die Gegensätzlichkeit der von dem Täter erstrebten Entwickelung zu der durch die allgemeine Marktlage gegebenen. Letztere muß dem Täter bekannt sein.

**4.** Vgl. A. 2 zu § 71. Daß eine Schwänze (vgl. oben A. 1) durch verbotene Börsentermingeschäfte versucht wird, erscheint ausgeschlossen. Die in die Zwangslage versetzten Verkäufer würden, wenn das dennoch geschehen sein sollte, ohne weiteres durch Erhebung des Einwandes aus § 66 in der Lage sein, sich aus ihrer Zwangslage zu befreien, und in einem derartigen Falle würden auch die kaufmännischen Grundsätze über Treu und Glauben einen solchen Weg zur Vereitelung einer Schwänze zulassen.

**5.** Vgl. die Anmerkungen zu § 68. Die dort in A. 2 hervorgehobenen Bedenken gegen die Begriffsbestimmung des § 68 dürften für die strafrechtliche Übung unüberwindlich sein, so daß aus diesem Grunde die Anwendbarkeit des § 92 auf die im Verkehre tatsächlich vorkommenden Spekulationsgeschäfte regelmäßig zu verneinen ist. Für die Schwänzen kommt hinzu, daß die Absicht des Schwänzers stets auf tatsächlichen Erwerb gerichtet ist (vgl. oben A. 1).

**6.** Über die Möglichkeit der gleichzeitigen Verfolgung einer Handlung gemäß § 92 und im Ordnungsstrafverfahren vgl. A. 4 zu § 71.

## § 93.

**Auf Personen, die der Begehung der im § 92 bezeichneten strafbaren Handlung verdächtig sind, finden die Vorschriften des § 78 Abs. 3 und des § 82 Abs. 3 Anwendung[1]).**

**1.** Vgl. über Voraussetzungen und Inhalt des durch § 93 auf die des Vergehens gegen § 92 verdächtigen Personen ausgedehnten Deklarationszwangs A. 4 zu § 78. Neben dem dem Kommissionsvorsitzenden zugesprochenen Rechte besteht natürlich noch die Befugnis der Strafverfolgungsbehörde, selbständig mit den ihr durch die Strafprozeßordnung eingeräumten Mitteln, zu denen aber nicht die dem Kommissionsvorsitzenden gemäß § 78 Abs. 3 vorbehaltene Anordnung auf Vorlegung des dort erwähnten Verzeichnisses gehört, vorzugehen.

## § 94.

**Wer[1]) gewohnheitsmäßig[2]) in gewinnsüchtiger Absicht[3]) andere unter Ausbeutung[4]) ihrer Unerfahrenheit[5]) oder ihres Leichtsinns[6]) zu Börsenspekulationsgeschäften[7]) verleitet[8]), welche nicht zu ihrem Gewerbebetriebe gehören[9]), wird mit Gefängnis und zugleich mit Geldstrafe bis zu fünfzehntausend Mark bestraft. Auch kann auf Verlust der bürgerlichen Ehrenrechte erkannt werden[10]).**

**1.** Die Strafandrohung richtet sich gegen jedermann, nicht nur gegen Börsenbesucher (RG. StS. II, 20. Mai 1914).

**2.** Die Gewohnheitsmäßigkeit erfordert nichts weiteres als einen Hang zur wiederholten Vornahme der Handlung; sie kann daher, ohne daß es auf die Zahl der nachgewiesenen Verleitungsfälle ankommt, schon aus den allgemeinen Einrichtungen des Gewerbebetriebs abgeleitet werden, sowie daraus, daß sich der Täter fortdauernd der gleichen unerlaubten Lockmittel zum Kundenfange bedient (KB. I, 55; JW. 13, 1050). — Alle bis zur Aburteilung begangenen Fälle bilden nur e i n Vergehen gegen § 94 (Kollektivdelikt).

**3.** Vgl. A. 2 zu § 92.

**4.** D. h. unter bewußter Ausnutzung der Unerfahrenheit oder des Leichtsinns; es gehört also zur Strafbarkeit, daß der Täter diese Eigenschaften bei Eingehung oder doch im Verlaufe der Geschäftsverbindung erkannt hat (JW. 13, 1051).

5. Unerfahrenheit i. S. des § 94 bedeutet Mangel an Erfahrung in Börsenspekulationsgeschäften; sie liegt vor, wenn der Verleitete infolge fehlender geschäftlicher Einsicht die Tragweite solcher Unternehmungen nicht genügend zu übersehen vermag (JW. 13, 1050).

6. Leichtsinnig handelt, wer den Folgen seiner Handlung aus Sorglosigkeit oder aus Mangel genügender Überlegung die ihnen zukommende Bedeutung nicht beilegt (RGSt. 17, 26), also hier insbesondere, wer sich, unbekümmert um die wirtschaftlichen Folgen, zu Börsenspekulationsgeschäften verleiten läßt, die seine Kräfte weit übersteigen (JW. 13, 1050).

7. Börsenspekulationsgeschäfte sind an einer Börse oder unter Zugrundelegung von Usancen einer solchen geschlossene Geschäfte — Kassa- wie Zeitgeschäfte —, bei denen es lediglich auf die Erzielung eines Gewinns aus der Kursbewegung abgesehen ist; den Gegensatz dazu bilden z. B. Börsengeschäfte zum Zwecke der Kapitalsanlage, der Deckung, der Versicherung (Begr. I, 58). Der rechtliche Charakter eines Prämiengeschäfts als Börsenspekulationsgeschäft wird nicht dadurch berührt, daß der Täter es dem erklärten Willen seines Auftraggebers zuwider schließlich nicht ausgeführt und von vornherein auch nicht auszuführen beabsichtigt hat (RG. StS. II, 10. Oktober 1912).

8. Der Begriff des Verleitens erfordert nur, daß mit irgendwelchen Mitteln auf den Willen eines anderen zu dem Zweck eingewirkt worden ist, ihn zum Abschlusse von Börsenspekulationsgeschäften zu bestimmen, und daß diese Einwirkungen Erfolg gehabt haben. Es gibt keine Mittel, die in ihrer Anwendung gegen leichtsinnige oder unerfahrene Personen bei Verfolgung jenes Zweckes als erlaubt angesehen werden könnten; die bloße Entsendung von Agenten behufs Anknüpfung von Geschäftsverbindungen stellt sich daher i. S. des § 94 schon als ein unzulässiges Verleiten dar (JW. 13, 1049). Unerheblich ist, ob der Täter als

Kommissionär oder als Eigenhändler aufgetreten ist (RG. in der in A. 7 zit. Entsch.); ebenso, ob er die Kunden neu erworben oder von anderen Bankfirmen übernommen hat (RG. aaO.), überhaupt, ob die Kunden vorher schon Spekulationsgeschäfte an der Börse gemacht hatten oder von Haus aus dazu geneigt waren, da hierdurch nicht ausgeschlossen ist, daß sie zu den im einzelnen Fall abgeschlossenen Geschäften durch das Zureden des Täters oder seiner Vertreter veranlaßt worden sind (RG. in beiden vorerwähnten Entsch.).

**9.** Der Gesetzgeber hielt Personen, deren Gewerbe den Abschluß von Börsenspekulationsgeschäften mit sich bringt, eines besonderen strafrechtlichen Schutzes gegen Verleitung nicht für bedürftig (Begr. I, 58). Nach dem Wortlaute der Vorschrift dürfte die Strafbarkeit aber nur dann ausgeschlossen sein, wenn die Verleitung sich auf solche Börsenspekulationsgeschäfte bezieht, die zum Gewerbebetriebe des Verleiteten gehören.

**10.** In zivilrechtlicher Beziehung macht die nach § 91 strafbare Verleitung die infolge der Verleitung abgeschlossenen Börsenspekulationsgeschäfte nicht nichtig, da wohl die Verleitung gegen ein gesetzliches Verbot und die guten Sitten verstößt (§§ 134, 138 BGB.), hinsichtlich der Geschäfte selbst aber beides nicht der Fall zu sein braucht. Doch hat der Verleitete gegen den Verleiter wegen eines ihm entstandenen Verlustes Schadenersatzansprüche aus den §§ 823 Abs. 2, 826 BGB. Ferner tritt Nichtigkeit der Geschäfte selbst ein, wenn bei den Geschäften zugleich die Tatbestandsmerkmale des Betrugs (§ 263 StGB.) erfüllt sind; letzteres ist vom Reichsgericht in den, den mehrfach zitierten Entscheidungen zugrunde liegenden Strafsachen — gegen Animierbankiers, sog. bucketshops, die sämtliche Geschäfte „in sich“ erledigten, ohne sich wegen des Risikos Deckung zu verschaffen, und die zwar die Einschüsse und Prämien vereinnahmten, etwaige Kursgewinne ihres „Gegenspielers“ aber von vornherein nicht auszuzahlen beabsichtigten und auch regelmäßig nicht ausgezahlt haben — angenommen worden.

## § 95.

Ein Kommissionär[1]), welcher, um sich oder einem Dritten einen Vermögensvorteil[2]) zu verschaffen,

1. das Vermögen des Kommittenten dadurch beschädigt[3]), daß er hinsichtlich eines abzuschließenden Geschäfts wider besseres Wissen unrichtigen Rat oder unrichtige Auskunft erteilt[4, 5]), oder
2. bei der Ausführung eines Auftrags[6]) oder bei der Abwickelung eines Geschäfts absichtlich[7]) zum Nachteile des Kommittenten handelt[8, 9]),

wird mit Gefängnis bestraft. Neben der Gefängnisstrafe kann auf Geldstrafe bis zu dreitausend Mark sowie auf Verlust der bürgerlichen Ehrenrechte erkannt werden.

Sind mildernde Umstände vorhanden, so kann ausschließlich auf die Geldstrafe erkannt werden.

Der Versuch ist strafbar in den Fällen der Ziffer 1[10]).

1. Das BörsG. v. 96 enthielt in den §§ 71—74 ausführliche Vorschriften über das Selbsteintrittsrecht im Kommissionshandel. Diese Vorschriften wurden alsdann durch Art. 14 EGHGB. aufgehoben, da sie in die §§ 400—405 HGB. übernommen worden sind. Nur die Strafvorschrift für pflichtwidrig handelnde Kommissionäre ist im Börsengesetze stehen geblieben, obwohl sie mit den aufgehobenen Vorschriften innerlich zusammenhängt, und obwohl sie sich auf Kommissionsgeschäfte aller Art, nicht nur auf solche in Börsenwerten, bezieht, also über den Rahmen des Börsengesetzes hinausgeht. Über die Begriffsbestimmung des Kommissionärs vgl. § 383 HGB. Kommissionäre sind auch die persönlich haftenden Gesellschafter einer Kommandit- oder Aktienkommanditgesellschaft, die gewerbsmäßig Kommissionsaufträge der im § 383 HGB. bezeichneten Art übernehmen (RGSt. 34, 379), nicht dagegen die gesetzlichen Vertreter einer das Kommissionsgewerbe betreibenden Aktiengesellschaft, G. m. b. H. usw. Ob es sich um ein rechtlich ver-

bindliches oder um ein gemäß §§ 60, 70 BörsG. unverbindliches (termingeschäftliches) Kommissionsverhältnis handelt, dürfte für die Anwendbarkeit des § 95 ohne Bedeutung sein (vgl. RG. 41, 265). Nicht anwendbar ist der § 95 auf Geschäfte, die ein das Kommissionsgewerbe betreibender Kaufmann als Eigenhändler mit seinem Kunden abschließt; ob das Geschäft im einzelnen Falle ein Kommissions- oder ein Propergeschäft ist, ist nach seinem Inhalte, nicht nach seiner ihm von den Parteien gegebenen Bezeichnung zu beurteilen.

2. Der Vermögensvorteil braucht kein rechtswidriger zu sein.

3. Über den Begriff der Vermögensbeschädigung vgl. die zu § 263 StGB. ergangenen Entscheidungen. Zur Strafbarkeit ist das Bewußtsein des Täters von der Möglichkeit der Vermögensbeschädigung erforderlich.

4. Die Erteilung des Auftrags dürfte nicht notwendige Voraussetzung für die Anwendbarkeit des § 95 Ziff. 1 sein, der Tatbestand vielmehr auch durch doloses Abraten von einem Geschäft oder wahrheitswidrige Auskunft, die zu diesem Zwecke gegeben wird, erfüllt werden können. In allen Fällen muß dem Kommissionär die Unrichtigkeit des Rates oder der Auskunft bekannt sein; dolus eventualis genügt nicht. Durch Unterlassung einer Warnung macht sich der Kommissionär nicht strafbar.

5. Das Vergehen gegen § 95 Ziff. 1 ist nicht eine Sonderart des strafbaren Betrugs (§ 263 StGB.), sondern kann mit diesem konkurrieren, was gewöhnlich der Fall sein wird.

6. Bei der Ausführung des Auftrags handelt auch der, der auftragswidrig handelt (RGSt. 34, 377).

7. Absichtlich bedeutet hier so viel wie wissentlich oder vorsätzlich (RG. in Recht 07, 716); es genügt daher in bezug auf die Benachteiligung des Kommittenten der dolus eventualis.

8. Hierunter fällt jedes positive Handeln gegen den Zweck des Vertrags (RGSt. 34, 377). In Betracht kommen als Anwendungsfälle insbesondere arglistige Erteilung unrichtiger

Ratschläge in Ansehung der Abwickelung eines Geschäfts, die wissentliche Berechnung unrichtiger Kurse, das absichtliche Auswählen eines ungünstigen Zeitpunkts für den Abschluß des Abwickelungsgeschäfts, die nachteilige Beeinflussung des Kurses, die Ankündigung nicht vorhandener Ware. Selbstverständlich bleibt es dem Kommissionär unbenommen, für Rechnung eines anderen Auftraggebers oder auch als Eigenhänder die durch den ordnungsmäßigen Gewerbebetrieb veranlaßten Handlungen vorzunehmen, wenn diese auch, z. B. durch Steigen oder Fallen des Kurses, dem Kommittenten Nachteil bringen können (Begr. I, 58).

**9.** Das Vergehen gegen § 95 Ziff. 2 ist mit dem Vergehen gegen § 266 Ziff. 2 StGB. verwandt, aber ebensowenig eine Sonderart der nach letzterer Bestimmung strafbaren Untreue, wie das Vergehen gegen § 95 Ziff. 1 eine Sonderart des Betrugs ist (vgl. oben A. 5). Verstößt die nach § 95 Ziff. 2 strafbare Handlung zugleich gegen § 266 StGB., so ist gemäß § 73 StGB. nach letzterer Bestimmung zu strafen.

**10.** Über die Bemessung der Versuchsstrafe vgl. §§ 43 ff. StGB.

## § 96.

**Die in dem II. und IV. Abschnitte sowie im § 88 bezüglich der Wertpapiere getroffenen Bestimmungen gelten auch für Wechsel und ausländische Geldsorten[1]).**

1. Zinsscheine und Banknoten sind Wertpapiere.

# Anhang.

## A. Bestimmungen für das Reich.

Anlage 1.

### 1. Bekanntmachung, betreffend die Zulassung von Wertpapieren zum Börsenhandel.

Vom 4. Juli 1910 (RGBl. 917ff.).

Auf Grund des § 44 Abs. 1, 2 des Börsengesetzes (Reichsgesetzbl. 1908 S. 215) hat der Bundesrat folgende Bestimmungen, betreffend die Zulassung von Wertpapieren zum Börsenhandel, beschlossen, die mit dem 15. Juli 1910 an die Stelle der geltenden Bestimmungen (Bekanntmachung des Reichskanzlers vom 11. Dezember 1896, Reichsgesetzbl. S. 763, Bekanntmachung des Reichskanzlers vom 20. Dezember 1900, Reichsgesetzbl. S. 1014) treten:

§ 1.

Wertpapiere, die auf einen Geldbetrag gestellt sind, dürfen zum Börsenhandel nur zugelassen werden, wenn von den Stücken, in denen der Börsenhandel stattfinden soll, mindestens vorhanden ist:

bei den Börsen zu Berlin, Frankfurt am Main und Hamburg ein Gesamtnennwert von einer Million Mark, bei den übrigen Börsen ein Gesamtnennwert von 500000 Mark[1, 2]).

Die Zulassungsstelle kann von diesem Erfordernis absehen[3]):

1. wenn Wertpapiere desselben Ausstellers bereits an der Börse zum Handel zugelassen sind[4]);
2. bei Anteilen einer Gesellschaft, deren Kapital herabgesetzt worden ist, wenn die Anteile der Gesellschaft vor der Herabsetzung an der Börse zum Handel zugelassen waren[5]).

In besonderen Fällen kann die Landesregierung Ausnahmen zulassen; bei den Börsen zu Berlin, Frankfurt am Main und Hamburg genügt die Genehmigung der Börsenaufsichtsbehörde[6]), wenn sich der Betrag auf nicht weniger als 500 000 Mark beläuft[7,8]).

**1.** Der im § 1 erforderte Mindestnennbetrag muß im Zeitpunkte der Einführung, wenn nicht bereits begeben sein, so doch jederzeit, sei es auch nur in der Form von Interimsscheinen, begeben werden können (Erl. 13).

**2.** Bei Wertpapieren, die auf einen nur in außerdeutscher Währung angegebenen Geldbetrag lauten, muß auf Grund des von der Zulassungsstelle festgesetzten Umrechnungskurses der im § 1 erforderte Mindestbetrag vorhanden sein (vgl. § 4 Abs. 1 Ziff. 2 und Abs. 2 Satz 3 ZulBek.).

**3.** Es ist dem Ermessen der Zulassungsstelle überlassen, inwieweit sie im Rahmen der ihr im Abs. 2 gewährten Befugnis Ausnahmen zu gestatten hat (Erl. 13).

**4.** Gleichartigkeit der zugelassenen mit den zuzulassenden Wertpapieren ist nicht notwendig, so daß also einer Gesellschaft, die 1 Million Mark Schuldverschreibungen in den Börsenhandel eingeführt hat, gestattet werden kann, darauf ihre Aktien im Gesamtnennwert von 250 000 M. zur Zulassung zu bringen. Die hierin liegende Durchbrechung des im Abs. 1 aufgestellten Grundsatzes wird im wesentlichen nur für kleinere Börsen in Betracht kommen (Erl. 13).

5. Die Vorschrift bezieht sich auch u. a. auf Anteile einer deutschen Kolonialgesellschaft. Dagegen ist für konvertierte Schuldverschreibungen eine ähnliche Vorschrift nicht getroffen. Ist daher z. B. eine an der Berliner Börse in Höhe von 1 Million Mark zugelassene Anleihe durch Tilgung auf 750 000 M. zurückgegangen, so kann bei demnächstiger Herabsetzung des Zinsfußes ihre Neuzulassung nicht erfolgen.

6. D. i. der zuständigen Handelskammer.

7. Für die Fälle, in denen eine Genehmigung der Börsenaufsichtsbehörde genügt, kann eine Besonderheit, die ausnahmsweise die Zulassung eines Betrags von weniger als 1 Million statthaft erscheinen läßt, nur angenommen werden, wenn die Emission auf die Börse angewiesen ist, weil sie bei dem Publikum anderer Börsen kein Interesse finden würde, sofern nicht überhaupt die Zurückweisung des Zulassungsantrags aus örtlichen Gründen zu erwarten wäre (Erl. 14).

8. Wird gemäß Abs. 3 eine Ausnahme zugelassen, so kann die Zulassungsstelle die Höhe des Kapitals nicht mehr beanstanden; im übrigen ist damit ihrer Entscheidung nicht vorgegriffen.

## § 2.

**Wertpapiere, die nicht auf einen Geldbetrag gestellt sind (Kuxe[1]), Genußscheine[2]) usw.[3]), dürfen zum Börsenhandel nur zugelassen werden, wenn von den Stücken, in denen der Börsenhandel stattfinden soll, mindestens 1000 vorhanden sind. In besonderen Fällen kann die Börsenaufsichtsbehörde Ausnahmen zulassen[4]).**

1. D. i. Kuxe des neuen Rechts. Kuxe alten Rechts gelten als Immobilien und sind für den Börsenhandel nicht geeignet.

2. Hiermit ist — im Gegensatze zu der früheren Übung — grundsätzlich die Zulassungsfähigkeit auch von solchen Genußscheinen ausgesprochen, die, ohne eine Beteiligung an dem Grundkapitale der Gesellschaft oder eine Forderung auf Zahlung eines bestimmten Geldbetrags zu gewähren, lediglich eine

Gewinnberechtigung verbriefen. — Übrigens wird durch diese Vorschrift nicht ausgeschlossen, daß Aktien, zu denen Genußscheine ausgegeben sind, nur mit den Genußscheinen für lieferbar erklärt werden (Erl. 14).

3. In Betracht können z. B. noch Anteile von Kolonialgesellschaften kommen. Der Börsenhandel in Lagerscheinen (Warrants) gilt als Börsenhandel in Waren.

4. Dies ist u. a. mit Rücksicht darauf vorgesehen, daß bei tausendteiligen Gewerkschaften nicht sämtliche Kuxe mehr vorhanden zu sein brauchen — vgl. § 131 Abs. 3 PrBergG. — (Erl. 14).

## § 3.

**Anteile einer ausländischen Gesellschaft[1]), die auf weniger als eintausend Mark gestellt sind, dürfen nur mit Genehmigung der Landesregierung zugelassen werden[2, 3]).**

1. Hier ist der Ausdruck „Anteile" gewählt, um auch die Fälle zu treffen, in denen die Rechtsform der ausländischen Gesellschaft der Form der deutschen Aktiengesellschaft oder Kommanditgesellschaft auf Aktien nicht ähnelt (Erl. 14).

2. Sind in einer Urkunde so viele Anteilsrechte verbrieft, daß dadurch der Mindestbetrag erreicht wird, so ist die Genehmigung nicht erforderlich. Die Zulassungsstellen verlangen in solchen Fällen aber, daß die Bildung derartiger Urkunden leicht und kostenfrei geschieht.

3. Für die unter deutschem Rechte stehenden Erwerbsgesellschaften einschl. der deutschen Kolonialgesellschaften ist die Festsetzung eines Mindestbetrags, auf den über Geldbeträge lautende Anteile gestellt sein müssen, unterblieben. Soweit das deutsche Recht den Mindestbetrag auf 1000 Mark festsetzt, können kleinere Stücke überhaupt nicht zur Ausgabe gelangen, und soweit kleinere Stücke nach deutschem Rechte zulässig sind (vgl. § 180 HGB., Art. 24 EGHGB., §§ 11—13 SchutzgG.), ist ihnen auch die Zulassung zum Börsenhandel freigegeben (Erl. 14).

## § 4.

Die Zulassung hat zur Voraussetzung[1]):

1. daß die Wertpapiere vollbezahlt sind oder ihre Vollzahlung jederzeit zulässig ist; auf Aktien und Interimsscheine von Versicherungsgesellschaften findet diese Vorschrift keine Anwendung;
2. daß der Geldbetrag, auf den sie lauten, in deutscher Währung oder gleichzeitig in dieser und einer anderen Währung angegeben ist[2]);
3. daß die Verpflichtung übernommen wird[3]), die Auszahlung der Zinsen oder Gewinnanteile sowie verloster oder gekündigter Stücke und die Aushändigung neuer Zins- oder Gewinnanteilscheinbogen an einem deutschen Börsenplatze[4]) kostenfrei[5]) zu bewirken;
4. bei Schuldverschreibungen, daß die Verpflichtung übernommen wird[6]), die Kündigungen und Verlosungen, sowie einmal jährlich Verzeichnisse der früher gekündigten oder verlosten, aber noch nicht eingelösten Stücke (Restantenlisten) in mindestens einer an einem deutschen Börsenplatz erscheinenden Zeitung zu veröffentlichen[7]);
5. bei Aktien inländischer Kreditbanken[8]), daß die Verpflichtung übernommen wird[9, 10]), neben der Jahresbilanz regelmäßig Bilanzübersichten zu veröffentlichen[11]). Für die Zwischenräume, in denen die Aufstellung und die Veröffentlichung zu erfolgen hat, und für das den Übersichten zugrunde zu legende Muster ist das Abkommen maßgebend, das eine Anzahl von Mitgliedern der Berliner Abrechnungsstelle untereinander und der Berliner

Abrechnungsstelle gegenüber mit Zustimmung des Präsidenten des Reichsbankdirektoriums getroffen hat. Die diesem Abkommen entsprechenden Bestimmungen sowie spätere vom Reichskanzler genehmigte Änderungen werden im „Reichsanzeiger" veröffentlicht, und zwar die Änderungen unter Angabe des Zeitpunkts des Inkrafttretens [12, 13]).

Die Zulassungsstelle kann in geeigneten Fällen von diesen Voraussetzungen absehen. Ausnahmen von der Vorschrift unter Nr. 5[14]) bedürfen der Zustimmung der Landesregierung. Sieht die Zulassungsstelle von der Vorschrift unter Nr. 2 ab, so hat sie den Kurs für die Umrechnung der fremden Währung in deutsche Währung für den Börsenhandel festzusetzen[15]). Ausnahmen von den Vorschriften unter Nr. 1 bis 4 sind dem Staatskommissar unter Angabe der Gründe mitzuteilen[16]).

Die Zulassungsstelle kann die Zulassung von der Erfüllung weiterer Voraussetzungen abhängig machen, die eine Erleichterung des Börsenverkehrs[17]) oder der Ausübung der den Erwerbern der Wertpapiere zustehenden Rechte[18]) bezwecken oder die hinsichtlich der Wertpapiere zu bewirkenden Bekanntmachungen[19]) betreffen.

Werden die bei der Zulassung von Wertpapieren übernommenen Verpflichtungen (Abs. 1 Nr. 3 bis 5, Abs. 3) nicht erfüllt, so kann die Zulassungsstelle die Wertpapiere vom Börsenhandel ausschließen[20]).

**1.** Über die Voraussetzung der Rechtsgültigkeit der Wertpapiere vgl. A. 4 zu § 6 ZulBek.

**2.** Diese Angabe muß in dem Sinne erfolgen, daß der Schuldner auf Verlangen des Gläubigers zur Zahlung in deutschem Gelde verpflichtet ist. Vgl. aber Abs. 2.

**3.** Die Verpflichtung muß der Aussteller der Wertpapiere übernehmen.

**4.** Hiernach braucht das nicht an dem Börsenplatz, an dem das Wertpapier eingeführt werden soll, zu geschehen; doch wird dies vielfach gemäß Abs. 3 verlangt, insbesondere von der Berliner Zulassungsstelle (vgl. unten A. 18).

**5.** „Kostenfrei" heißt lediglich: frei von Provisionen und Spesen. Die Frage, wer eine von den Zinsbogen zu entrichtende Stempelsteuer zu tragen hat, wird dadurch nicht berührt. Die deutsche Talonsteuer fällt dem Aussteller zur Last.

**6.** Vgl. oben A. 3.

**7.** Vgl. unten A. 19. Die jährliche Veröffentlichung der Restantenliste muß auch erfolgen, wenn eine Verlosung nicht stattgefunden hat.

**8.** Kreditbanken sind Banken, deren Geschäftsbetrieb auf die Pflege des bankmäßigen Kreditgeschäfts gerichtet ist. Reine Hypothekenbanken sowie Institute, die sich hauptsächlich Grundstücksgeschäften oder der Finanzierung industrieller Unternehmungen widmen, gehören nicht dazu. Ob gemischte Hypothekenbanken darunter fallen, ist im Einzelfalle zu prüfen.

**9.** Vgl. oben A. 3. Die Berliner Zulassungsstelle fordert die Übernahme der Verpflichtung in folgendem Wortlaute: „Die Gesellschaft übernimmt die Verpflichtung zur Veröffentlichung der nach § 4 Abs. 1 Ziff. 5 der Bekanntmachung, betreffend die Zulassung von Wertpapieren zum Börsenhandel, vom 4. Juli 1910 verordneten Bilanzübersichten im Deutschen Reichsanzeiger."

**10.** Auf Aktien, die beim Inkrafttreten der ZulBek. bereits zugelassen waren, wirkt die Vorschrift der Ziff. 5 nicht zurück. Der Zwang zur Veröffentlichung der Bilanzübersichten — sog. Zweimonatsbilanzen — tritt daher erst bei Erwirkung der Zulassung neuer Aktien ein.

**11.** Die Veröffentlichung braucht nur im Deutschen Reichsanzeiger zu erfolgen. Die unten in A. 19 erwähnte weitergehende Forderung, die Bekanntmachungen in anderen Zeitungen zu veröffentlichen, bezieht sich nicht auf die Zweimonatsbilanzen.

**12.** Die zurzeit geltenden Bestimmungen sind unter dem 30. Juli 1911 und 20. April 1912 im Reichsanzeiger veröffentlicht worden und lauten wie folgt:

1. Die Übersichten sind für den letzten Tag des zweiten, vierten, sechsten, achten und zehnten Monats des Geschäftsjahrs der Bank aufzustellen und spätestens am letzten Tage des folgenden Monats zu veröffentlichen.

Banken, die Zweiganstalten in fremden Erdteilen haben und deren Geschäfte in der Hauptsache auf der Tätigkeit der Zweiganstalten beruhen, dürfen die Übersichten spätestens am letzten Tage des dritten auf den Abschlußtag folgenden Monats veröffentlichen.

2. Den Übersichten ist folgendes Muster zugrunde zu legen:

Aktiva.

1. Nicht eingezahltes Aktienkapital
2. Kasse, fremde Geldsorten und Coupons
3. Gutachten bei Noten- und Abrechnungs- (Clearing-) Banken
4. Wechsel und unverzinsliche Schatzanweisungen:
   a) Wechsel (mit Ausschluß von b, c und d) und unverzinsliche Schatzanweisungen des Reichs und der Bundesstaaten
   b) eigene Akzepte
   c) eigene Ziehungen
   d) Solawechsel der Kunden an die Order der Bank
5. Nostroguthaben bei Banken und Bankfirmen
6. Reports und Lombards gegen börsengängige Wertpapiere
7. Vorschüsse auf Waren und Warenverschiffungen,
   davon am Bilanztage gedeckt:

a) durch Waren, Fracht- oder Lagerscheine (vor der Linie)
b) durch andere Sicherheiten (vor der Linie)
8. Eigene Wertpapiere:
a) Anleihen und verzinsliche Schatzanweisungen des Reichs und der Bundesstaaten
b) sonstige bei der Reichsbank und anderen Zentralnotenbanken beleihbare Wertpapiere
c) sonstige börsengängige Wertpapiere
d) sonstige Wertpapiere
9. Konsortialbeteiligungen
10. Dauernde Beteiligungen bei anderen Banken und Bankfirmen
11. Debitoren in laufender Rechnung:
a) gedeckte
b) ungedeckte

Außerdem:
Aval- und Bürgschaftsdebitoren (vor der Linie).
12. Bankgebäude
13. Sonstige Immobilien
14. Sonstige Aktiva

Summe der Aktiva

Passiva.

1. Aktienkapital
2. Reserven
3. Kreditoren
a) Nostroverpflichtungen
b) seitens der Kundschaft bei Dritten benutzte Kredite
c) Guthaben deutscher Banken und Bankfirmen
d) Einlagen auf provisionsfreier Rechnung
1. innerhalb sieben Tagen fällig
2. darüber hinaus bis zu drei Monaten fällig
3. nach drei Monaten fällig

e) sonstige Kreditoren
   1. innerhalb sieben Tagen fällig
   2. darüber hinaus bis zu drei Monaten fällig
   3. nach drei Monaten fällig
4. Akzepte und Schecks:
   a) Akzepte
   b) noch nicht eingelöste Schecks

Außerdem:
Aval- und Bürgschaftsverpflichtungen (vor der Linie)
Eigene Ziehungen (vor der Linie)
davon für Rechnung Dritter (vor der Linie)
Weiterbegebene Solawechsel der Kunden an die Order der Bank (vor der Linie)

5. Sonstige Passiva

Summe der Passiva

3. Bei Aufstellung der Übersichten nach diesem Muster ist folgendes zu beachten:

Zu Aktiva Nr. 3. Unter Guthaben bei Noten- und Abrechnungs- (Clearing-) Banken sind auch Guthaben auf Postscheckkonto anzugeben. Unter Abrechnungs- (Clearing-) Banken sind solche Banken zu verstehen, bei denen die Ergebnisse aus der Abrechnung einer gemeinsamen Abrechnungsstelle von Bankfirmen endgültig verbucht werden; in Deutschland sind das, abgesehen von der Reichsbank, zurzeit die Bank des Berliner Kassenvereins in Berlin und die Frankfurter Bank in Frankfurt a. M. In England gelten als Clearingbanken auch die Mitglieder einer Abrechnungsstelle. Guthaben bei ausländischen Noten- und Clearingbanken dürfen jedoch nur insoweit aufgenommen werden, als sie von ausländischen Zweiganstalten deutscher Banken bei Noten- und Clearingbanken ihres Platzes als Abrechnungs- oder Kassenreserve gehalten werden.

Zu Aktiva Nr. 7. Als Deckung von Vorschlüssen auf Waren und Warenverschiffungen soll letter of lien nicht gelten.

Zu Aktiva Nr. 8b. Bei ausländischen Zentralnotenbanken beleihbare Wertpapiere dürfen nur insoweit aufgenommen werden, als sie von solchen Zweiganstalten deutscher Banken gehalten werden, die sich am Sitze der betreffenden Zentralnotenbank befinden.

Zu Aktiva Nr. 10. Unter dauernden Beteiligungen bei anderen Banken und Bankfirmen sind auch diejenigen Aktien solcher Unternehmen anzugeben, welche sich im dauernden Besitze der Bank befinden.

Zu Passiva Nr. 3d, e. Börsenmäßig genommene Ultimo- und Termingelder sowie Gelder gegen Depots sind — soweit sie nicht unter Nostroverpflichtungen und Guthaben deutscher Banken und Bankfirmen fallen — unter „sonstige Kreditoren" aufzunehmen.

Zu Passiva Nr. 4. Unter „eigenen Ziehungen" sind sämtliche von der Bank ausgestellte Ziehungen zu verstehen.

**13.** Die Änderungen treten an dem angegebenen Zeitpunkt auch für diejenigen Aktiengesellschaften in Kraft, deren Aktien schon vorher unter Übernahme der Verpflichtung, Bilanzübersichten zu veröffentlichen, zugelassen waren.

**14.** D. h. der Beschluß der Zulassungsstelle, eine Ausnahme dieser Art zuzulassen.

**15.** Durch § 3 d. Bek. v. 21. Nov. 1912 (abgedruckt im Anhang, Anl. 2) sind hinsichtlich der Feststellung des Börsenpreises für die Umrechnung von Werten, die in ausländischer Währung ausgedrückt sind, in die deutsche Währung bestimmte Umrechnungssätze festgesetzt; wegen der Zulässigkeit von Ausnahmen vgl. § 3 Abs. 2 und § 9 aaO. Diese Bestimmungen gelangen auch bei der Festsetzung des Umrechnungskurses gelegentlich der Zulassung solcher Wertpapiere zur Anwendung.

**16.** Ist kein Staatskommissar bestellt oder seine Tätigkeit auf die Mitwirkung beim ehrengerichtlichen Verfahren beschränkt (§ 2 Abs. 2 BörsG., vgl. A. 7 und 8 dazu), so entfällt die Mitteilungspflicht.

**17.** Zur Erleichterung des Börsenverkehrs kann z. B. gefordert werden, daß bei den einzelnen Stücken neben der Nummer die Jahreszahl der Emmission anzugeben ist oder, falls von einer ausländischen Anleihe ein Teil an deutschen Börsen zugelassen wird, daß an den für den deutschen Markt bestimmten Stücken außer der Nummer ein weiteres Unterscheidungsmerkmal angebracht wird.

**18.** Die im Abs. 3 vorgesehenen Voraussetzungen sind formeller Art; eine Erweiterung der in dem zuzulassenden Wertpapier verbrieften Rechte kann auf Grund d i e s e r Vorschrift nicht verlangt werden. In Berlin wird bei Zulassung von Anteilen einer nicht in Berlin ansässigen Gesellschaft die Übernahme der Verpflichtung verlangt, „in Berlin eine Stelle einzurichten und bekannt zu geben, bei welcher kostenfrei fällige Gewinnanteile und neue Gewinnanteilscheinbogen erhoben, Bezugsrechte ausgeübt, Aktien zur Teilnahme an den Generalversammlungen hinterlegt sowie alle sonstigen, von der Generalversammlung beschlossenen, die Aktienurkunden betreffenden Maßnahmen bewirkt werden können". Bei Zulassung von Schuldverschreibungen wird die entsprechende Erklärung gefordert, „in Berlin eine Stelle einzurichten und bekannt zu geben, bei welcher für die von der Gesellschaft emittierten und an der Berliner Börse zugelassenen Schuldverschreibungen kostenfrei fällige Zins- und Kapitalforderungen sowie neue Zinsscheinbogen erhoben und etwaige Konvertierungen bewirkt werden können".

**19.** In Berlin wird verlangt, daß der Aussteller der Wertpapiere sich verpflichtet, a l l e die Gesellschaft betreffenden Bekanntmachungen außer im Deutschen Reichs- und Preußischen Staatsanzeiger auch in mindestens zwei B e r l i n e r Tageszeitungen zu veröffentlichen, ferner bei Schuldverschreibungen, daß die Veröffentlichung der Kündigungen und Verlosungen alsbald oder innerhalb einer bestimmten kurzen Frist bewirkt wird.

**20.** Hiermit wird auf die den Zulassungsstellen im § 36 Abs. 4 Satz 3 BörsG. gewährte Befugnis, zugelassene Papiere wieder vom Börsenhandel auszuschließen, noch besonders hingewiesen.

§ 5.

Der Antrag auf Zulassung von Wertpapieren zum Börsenhandel muß von einer an der Börse[1]) vertretenen öffentlichen Bankanstalt, Privatbank[2]) oder Bankfirma gestellt werden[3—6]).

Der Antrag ist bei der Zulassungsstelle schriftlich einzureichen; er muß Betrag und Art der einzuführenden Wertpapiere bezeichnen (§ 38 Abs. 1 des Börsengesetzes)[7]).

Dem Antrag sind die im § 9 bezeichneten Nachweise und der Prospekt[8]) beizufügen. Der Prospekt ist von denjenigen, welche ihn erlassen[9]), zu unterzeichnen[10]); zu diesen muß der Antragsteller gehören[11]). Die Unterschrift des Antragstellers kann unter eine Nachschrift gesetzt werden[12]).

Die Landesregierung kann anordnen, daß die Vorschrift des Abs. 1 auf bestimmte Arten von inländischen Wertpapieren nicht zur Anwendung kommen soll[13]). In Einzelfällen kann die Zulassungsstelle Ausnahmen zulassen. Der Beschluß der Zulassungsstelle ist dem Staatskommissar mitzuteilen[14]).

**1.** D. i. derjenigen Börse, an welcher die Wertpapiere zugelassen werden sollen.

**2.** Zu den Privatbanken gehören auch die Hypothekenbanken.

**3.** In allen Fällen muß es sich um ein wirkliches Bankunternehmen oder -geschäft handeln. Firmen, die mißbräuchlich die Bezeichnung „Bank“ oder dgl. führen, kommen natürlich nicht in Betracht.

**4.** Gehört der Aussteller der Wertpapiere zu einer der in Abs. 1 genannten Kategorien, so kann er selbst die Zulassung beantragen.

**5.** Nach der Berliner BörsO. (§ 26) sind nur in Berlin oder einem seiner Vororte ansässige Firmen der in Abs. 1 genannten Art antragsberechtigt.

**6.** Daß der Aussteller der Wertpapiere mit der Zulassung einverstanden ist, wird nicht besonders erfordert; tatsächlich wird diese Zustimmung aber stets nötig sein, da der Aussteller gewisse Verpflichtungen übernehmen muß (vgl. § 4 Abs. 1 Ziff. 3—5 u. a. ZulBek).

**7.** Vgl. auch § 37 Abs. 2 BörsG.

**8.** Für Berlin ist im § 9 Abs. 1 der Geschäftsordnung der Zulassungsstelle vorgeschrieben, daß der Prospekt in 60 Exemplaren dem Antrage beizufügen sei.

**9.** Vgl. A. 3 zu § 45 BörsG.

**10.** Ein (Akten-) Exemplar muß handschriftlich vollzogen sein.

**11.** Vgl. A. 3 zu § 45 BörsG.

**12.** Vgl. A. 1 zu § 6 ZulBek.

**13.** Eine solche Anordnung ist für die Zulassungsstelle bindend.

**14.** Vgl. A. 16 zu § 4 ZulBek.

## § 6.

Der Prospekt[1]) muß angeben[2]):

1. das Gemeinwesen, die Gesellschaft oder Person, deren Werte zugelassen werden sollen;
2. den für den Ertrag der Emission vorgesehenen besonderen Verwendungszweck;

3. den Nennbetrag der zugelassenen Werte, und zwar sowohl den Betrag, der bereits vorhanden ist, wie den Betrag, der erst später ausgegeben werden soll, und den Zeitpunkt, zu dem die Ausgabe voraussichtlich erfolgen wird[3]);
4. die Merkmale (Betrag, Reihen, Nummern) der Stücke[4]), ob die Stücke auf den Inhaber, an Order oder auf Namen lauten und ob den Stücken Zins- oder Gewinnanteilscheine[5]) beigegeben werden; auf die Angabe der Nummern kann verzichtet werden, wenn die Beschaffung unverhältnismäßig schwierig ist;
5. die Bestimmungen über Kündbarkeit oder Unkündbarkeit sowie über die Tilgung der Werte[6]);
6. die Art der Sicherstellung für Kapital, Zinsen oder Gewinnanteile und die Umstände, die für die Beurteilung der Sicherstellung von Bedeutung sind);
7. die Vorzugsrechte, die den Werten vor früher ausgegebenen Werten, oder diesen vor jenen zustehen (bevorrechtigte Forderungen, Vorzugsaktien usw.);
8. die bei Zins-, Gewinnanteil- oder Kapitalzahlungen erfolgenden Abzüge oder Beschränkungen[7]);
9. den Zinssatz sowie die Plätze[8]) und die Termine, an denen die Zinsen oder Gewinnanteile und die Kapitalbeträge zahlbar sind;
10. die Verjährungsfristen für die Ansprüche auf Zinsen oder Gewinnanteile und auf die Kapitalbeträge; bei inländischen Wertpapieren sind diese

**Angaben nur erforderlich, insoweit Abweichungen von den gesetzlichen Vorschriften vorgesehen sind[9]);**

11. **den gemäß § 4 Abs. 2 Satz 3 festgesetzten Umrechnungskurs.**

**1.** Der Prospekt gliedert sich üblicherweise in die Überschrift (Kopf), den eigentlichen Text und die Nachschrift. Im Kopfe sind die wesentlichen Merkmale der Emission kurz zu bezeichnen, also insbesondere der Name des Ausstellers sowie Art, Betrag, Zinssatz und Nummern der Wertpapiere. Aktien werden, wenn bereits Aktien desselben Ausstellers zugelassen sind, als „neue Aktien" bezeichnet; ferner wird, wenn die Aktien auch auf Namen gestellt werden können, die Bezeichnung „Inhaberaktien" im Kopf aufgenommen, um klarzustellen, daß sich nur auf solche die Zulassung bezieht. Führen die Aktien die Bezeichnung „Vorzugsaktien", ohne daß noch andere Aktien vorhanden sind, so ist das im Kopfe — und auf den Stücken — ersichtlich zu machen. Bei Schuldverschreibungen usw. muß, wenn sie zu einem höheren Betrag als dem Nennbetrage rückzahlbar sind, oder wenn die Gesamtkündigung oder verstärkte Tilgung für bestimmte Zeit ausgeschlossen ist, eine darauf bezügliche Angabe in die Überschrift kommen. Hinweise auf die Mündelsicherheit sind im Kopfe nicht erforderlich, hingegen wird auf die Erwähnung etwaiger hypothekarischer Eintragungen — aber nur im Einklange mit dem Aufdruck auf dem Stücke — Wert gelegt. — Der Text des Prospektes pflegt von dem Aussteller unterzeichnet zu sein. — Die Nachschrift, die gewöhnlich der Antragsteller unterschreibt (vgl. § 5 Abs. 3 ZulBek.), hat folgende Fassung: „Auf Grund des vorstehenden Prospektes sind M. . . . (folgt die Bezeichnung des Wertpapiers) zum Handel an der . . . Börse zugelassen." Außerdem kann die Nachschrift noch Ergänzungen — z. B. besonders bei ausländischen Anleihen Angaben über die Ausgabe und den Umtausch von Interimsscheinen — und Berichtigungen des Textes enthalten.

2. In den §§ 8—10 ZulBek. werden nur die notwendigen Angaben des Prospektes aufgeführt; auf das Recht der Zulassungsstelle, weitere Angaben gemäß § 36 BörsG. zu fordern, sowie solche, die nicht vorgeschrieben sind und von ihr nicht für nötig angesehen werden, zu streichen, ist in § 13 besonders hingewiesen. Die Zulassungsstelle ist auch befugt, im Interesse der Übersichtlichkeit die Vornahme redaktioneller Änderungen, Umstellungen usw. zu verlangen.

3. Die Bestimmung in Ziff. 3 betrifft nur zugelassene Wertpapiere, kann also auf künftige Emissionen, die nicht den Gegenstand der in Frage kommenden Zulassung bilden, nicht bezogen werden. Hat z. B. eine Kommune die Genehmigung zur Aufnahme einer Anleihe von 50 Millionen Mark erhalten und beantragt sie zunächst die Zulassung von 10 Millionen zum Börsenhandel, so verpflichtet sie diese Bestimmung nicht, sich über die Ausgabe der noch ausstehenden 40 Millionen zu äußern. Die Bestimmung hat die häufigen Fälle im Auge, in denen mit Rücksicht auf einen in naher Aussicht stehenden Mehrbedarf ein höherer Betrag zugelassen wird als gegenwärtig schon vorhanden ist. Hierbei braucht es sich nicht um eine Teilemission zu handeln, sondern es ist insbesondere an das Verfahren der Pfandbriefinstitute gedacht, bei denen die Ausgabe weiterer Obligationen je nach Bedarf und Möglichkeit erfolgt. Übrigens wird in Berlin, damit der Betrag zugelassener und noch nicht ausgegebener Pfandbriefe nicht übermäßig hoch wird, bei jedem Zulassungsantrage der Hypothekenbanken die Höhe der noch nicht ausgegebenen Pfandbriefe aus den früher zugelassenen Emissionen der betreffenden Bank kontrolliert und darauf gehalten, daß der Betrag der Neuzulassung den voraussichtlichen Bedarf für die nächsten drei bis fünf Jahre nicht übersteigt.

4. Zu den Merkmalen gehört auch, von wem und wie die Stücke unterzeichnet sind sowie gegebenenfalls, daß sie eine Kontrollunterschrift tragen. Bei Schuldverschreibungen auf den Inhaber und bei Aktien muß gemäß §§ 793 Abs. 2 BGB.

und 181 HGB. die Unterschrift des Ausstellers handschriftlich oder mit Faksimilestempel bewirkt sein; gewöhnliche Unterdruckung ist nicht ausreichend. Ob an Order gestellte Schuldverschreibungen immer handschriftlich unterzeichnet sein müssen oder, sofern sie von einem Kaufmann ausgestellt sind, im Hinblick auf § 363 HGB. auch durch faksimilierte Unterschrift rechtsgültig vollzogen werden können, ist streitig; in Berlin wird zur Voraussetzung der Zulassung gemacht, daß sie handschriftlich unterzeichnet sind, oder, falls diesem Erfordernisse bei der Ausstellung nicht Rechnung getragen worden ist, daß die Verpflichtung übernommen wird, auf den in den Verkehr zu bringenden Stücken die handschriftliche Unterzeichnung nachzuholen; der Börsenhandel in Schuldverschreibungen an Order, die ohne Übernahme dieser Verpflichtung bereits früher zugelassen waren, wird aber hierdurch nicht berührt.

5. Zinsscheine auf den Inhaber, die zu einer auf Namen oder an Order lautenden Schuldverschreibung gehören, gelten nach herrschender Meinung nicht als Schuldverschreibungen auf den Inhaber i. S des § 793 BGB. und dürfen deshalb, ohne daß hiergegen Bedenken aus § 795 BGB. herzuleiten sind, in jeder Weise unterzeichnet sein.

6. Bei Anleihen sind auch die Bedingungen, soweit sie für den Erwerber der Wertpapiere von Interesse sind und sich nicht ohne weiteres aus gesetzlichen Vorschriften ergeben, in den Prospekt aufzunehmen.

7. Z. B. das Erfordernis, bei Einlösung der Zinsscheine ausländischer Wertpapiere ein Affidavit vorzulegen.

8. Vgl. A. 18 zu § 4 ZulBek.

9. Bei ausländischen Papieren wird in Berlin außerdem eine Angabe darüber gefordert, ob ein Aufgebotsverfahren zulässig ist, wenn ein Papier abhanden gekommen oder vernichtet ist.

## § 7.

Außerdem muß der Prospekt enthalten:

A. Bei Schuldverschreibungen eines ausländischen

Staates, einer ausländischen kommunalen Körperschaft oder kommunalen Kreditanstalt:

1. eine Übersicht über den letzten (ordentlichen und außerordentlichen) Haushaltsetat[1]) oder die Angabe, daß ein Etat nicht veröffentlicht wird;
2. eine Übersicht über die wesentlichen Ergebnisse der drei letzten Jahreshaushaltsabschlüsse des Gemeinwesens[1, 2]);
3. eine Übersicht über den Schuldenbestand des Gemeinwesens[1]);
4. sofern die Verbindlichkeiten, die das Gemeinwesen innerhalb der letzten 10 Jahre aus Anleihen nach Maßgabe der öffentlichen Anleihebedingungen durch Zins- oder Kapitalzahlung zu erfüllen hatte, bisher unerledigt geblieben sind, die Mitteilung der darauf bezüglichen Umstände.

B. Bei Wertpapieren (Anteilen, Schuldverschreibungen, Genußscheinen) eines gewerblichen Unternehmens:

1. die Bezeichnung des Zweckes und des Umfangs des Unternehmens;
2. Angaben über eine dem Unternehmen erteilte Konzession (Privileg), deren Dauer und die das Unternehmen besonders belastenden Konzessionsbedingungen[3]);
3. Angaben über Rechte eines Dritten, das Unternehmen zu erwerben[3]);
4. Angaben über die innerhalb der letzten drei Jahre eingetretenen Bau- oder Betriebsstörungen, durch welche die Ertragsfähigkeit des Unternehmens für längere Zeit wesentlich beeinträchtigt worden ist[3]);

5. Angaben über die Befugnisse, die den Inhabern der Schuldverschreibungen gegenüber dem Aussteller eingeräumt sind[4]).

C. Bei Grundkreditobligationen und Pfandbriefen:

1. die Angabe der Bestände an zur Deckung der Schuldverschreibungen bestimmten Hypotheken, Grundschulden, Forderungen und Wertpapieren, sowie des Gesamtbetrags der im Umlauf befindlichen Schuldverschreibungen nach ihrem Nennwert für den Schluß des letzten Kalendervierteljahrs[5]);
2. die Angabe der wesentlichen Grundsätze, nach denen die Ermittelung des Wertes und die Beleihung der Pfandgegenstände erfolgt;
3. die Angabe des Betrags, bis zu dem Schuldverschreibungen und Pfandbriefe im Verhältnis zum Grundkapital und zu den Hypotheken ausgegeben werden dürfen;
4. die Angabe der wesentlichen Befugnisse, die den Inhabern der Schuldverschreibungen gegenüber dem Aussteller eingeräumt sind (Bestellung eines Pfandhalters, Faustpfandrechte u. dgl.);
5. die Angabe der dem Staate, der Gemeinde usw. zustehenden Aufsichtsbefugnisse.

Bei den Hypothekenpfandbriefen deutscher Hypothekenbanken (Hypothekenbankgesetz vom 13. Juli 1899, Reichs-Gesetzbl. S. 375) bedarf es der unter Nr. 2 bis 5 vorgeschriebenen Angaben nicht.

1. Über die Zulässigkeit von Ausnahmen vgl. § 10.

2. D. i. der drei letzten Jahreshaushaltsabschlüsse, die zur Zeit der Zulassung vorliegen.

3. Über die Befugnis der Zulassungsstelle ausnahmsweise bei Schuldverschreibungen, deren Verzinsung und Rückzahlung von dem Reich, einem Bundesstaat, einem ausländischen Staat oder einer inländischen kommunalen Körperschaft gewährleistet ist, davon abzusehen, daß die in den Ziffern 2 bis 4 vorgeschriebenen Angaben gemacht werden, vgl. § 10 ZulBek.

4. Vgl. hierzu das Gesetz, betr. die gemeinsamen Rechte der Besitzer von Schuldverschreibungen v. 4. Dez. 1899.

5. Oder für den Schluß des letzten Kalendermonats.

## § 8.

Bei Wertpapieren einer Aktiengesellschaft oder Kommanditgesellschaft auf Aktien[1]) muß der Prospekt außer den durch §§ 6, 7 erforderten Angaben enthalten eine Angabe über:

1. den Gegenstand des Unternehmens[2]);
2. die Höhe des Grundkapitals[3]);
3. die Namen der Mitglieder des Aufsichtsrats und des Vorstandes[4,5]);
4. die Art, wie die von der Gesellschaft ausgehenden Bekanntmachungen erfolgen[6]);
5. das Geschäftsjahr der Gesellschaft[7]);
6. die Bestimmungen über die Verteilung des Gewinns[7]);
7. die zugunsten einzelner Aktionäre bedungenen besonderen Vorteile, soweit sie in fortlaufenden Bezügen oder in der Rückzahlung der Aktien bestehen[7]);
8. wenn noch nicht zwei volle Jahre seit Eintragung der Gesellschaft in das Handelsregister verflossen sind: die zugunsten einzelner Aktionäre bedungenen,

nicht unter Nr. 7 fallenden besonderen Vorteile; die von der Gesellschaft übernommenen vorhandenen oder herzustellenden Anlagen oder sonstigen Vermögensstücke; die von Aktionären auf das Grundkapital gemachten Einlagen, die nicht durch Barzahlung zu leisten sind; der Gesamtaufwand, der zu Lasten der Gesellschaft an Aktionäre oder andere als Entschädigung oder Belohnung für die Gründung oder deren Vorbereitung gewährt ist[7, 8]);

9. die in den letzten fünf Jahren verteilten Gewinnanteile[9]);

10. die Bilanz des letzten Geschäftsjahres nebst Gewinn- und Verlustrechnung[10]) oder, wenn die Bilanz des letzten Geschäftsjahres noch nicht genehmigt ist, nach Wahl der Zulassungsstelle die Bilanz des vorletzten Geschäftsjahrs, ergänzt durch Angaben über den voraussichtlichen Abschluß des letzten Geschäftsjahrs oder die von den Verwaltungsorganen aufgestellte Bilanz des letzten Geschäftsjahrs[11]). Ist das erste Geschäftsjahr der Gesellschaft noch nicht abgelaufen, so genügt eine Gegenüberstellung der Vermögensstücke und Verbindlichkeiten[12]);

11. die Höhe der Hypothekenschulden und Anleihen, deren Fälligkeit und Tilgungsart. Die Zulassungsstelle kann gestatten, daß diese Angaben kurz zusammengefaßt werden;

12. die Bezugsrechte der ersten Zeichner und anderer Personen;

13. die Bestimmungen des Gesellschaftsvertrags über die Art der Bestellung und Zusammensetzung des

Aufsichtsrats und des Vorstandes, über die Art, wie die Berufung der Generalversammlung der Aktionäre geschieht, über die Aufstellung der Bilanz, die Ansammlung von Reservefonds, das Stimmrecht und die Bezugsrechte der Aktionäre. Bei Wertpapieren inländischer Gesellschaften genügt die Angabe derjenigen Abweichungen von den gesetzlichen Vorschriften, welche für die Erwerber der Wertpapiere von Interesse sind[13]).

Die Vorschriften des Abs. 1 finden bei Wertpapieren anderer Gesellschaften entsprechende Anwendung[14]).

1. Bei ausländischen Gesellschaften finden die Vorschriften des § 8 insoweit Anwendung, als es nach Maßgabe des ausländischen Rechtes angängig ist.

2. Ist der Gegenstand des Unternehmens in der Satzung unzureichend individualisiert, so bedarf es außerdem noch einer bestimmten Kennzeichnung des von der Gesellschaft gepflegten Geschäftszweigs.

3. Gegebenenfalls wird auch die Angabe des ursprünglichen Kapitals und eine kurze Darstellung der damit vorgenommenen Veränderungen gefordert.

4. Über die Befugnis der Zulassungsstelle, ausnahmsweise bei Schuldverschreibungen, deren Verzinsung und Rückzahlung von dem Reich, einem Bundesstaat, einem ausländischen Staat oder einer inländischen kommunalen Körperschaft gewährleistet ist, davon abzusehen, daß die in den Ziffern 3 bis 8 und 10 geforderten Angaben gemacht werden, vgl. § 10 ZulBek.

5. Bei den Mitgliedern des Aufsichtsrats ist auch der Beruf sowie gegebenenfalls die Firma, der sie angehören, und die Höhe ihrer Bezüge mitzuteilen. Ferner wird eine Angabe verlangt, falls die Mindestzahl über die gesetzliche Mindestzahl von drei oder eine Höchstzahl satzungsgemäß festgesetzt ist sowie, falls die Mitglieder nicht turnusmäßig, sondern sämtlich gleichzeitig ausscheiden,

6. Vgl. oben A. 4 sowie A. 19 zu § 4 ZulBek.

7. Vgl. oben A. 4.

8. Ob Angaben auf Grund des § 8 Ziff. 8 gemacht werden müssen, ist an der Hand des nach § 9 Ziff. 4a dem Zulassungsantrage beizugebenden Nachweises über die Eintragung in das Handelsregister zu prüfen.

9. Falls sich das Aktienkapital in den letzten fünf Jahren verändert hat, ist anzugeben, auf welches Kapital die Gewinnanteile gezahlt worden sind. Bei wesentlicher Verschiedenheit zwischen den Gewinnanteilen der einzelnen Jahre bedarf es einer Begründung dieser Erscheinung. Ist kein Gewinn verteilt worden, so muß mitgeteilt werden, ob Abschreibungen gemacht wurden; ist eine Unterbilanz vorhanden gewesen, so ist die Höhe des Verlustes zu beziffern.

10. Die Bilanz nebst Gewinn- und Verlustrechnung muß, sofern nicht die weiterhin aus Ziff. 10 ersichtlichen Ausnahmen Platz greifen, in der von der Generalversammlung genehmigten Fassung aufgenommen werden. Erforderliche Erläuterungen sind durch Fußnoten zu den einzelnen Posten im Prospekte zu geben. In Berlin wird namentlich verlangt, daß aus dem Effektenkonto ersichtlich wird, ob und in welcher Höhe die Gesellschaft bei Tochter- oder sonst ihr nahestehenden Gesellschaften engagiert ist; bei den Debitoren muß das Bankguthaben getrennt angegeben und ferner mitgeteilt werden, ob sich darunter besonders hohe Einzelposten sowie — bei Betrieben, die ihre Produkte vielfach auf Abzahlung verkaufen — ein erheblicher Bruchteil von Abzahlungsforderungen befindet; der Warenbestand ist in fertige Waren, halbfertige Waren und Rohware zu trennen; werden Unternehmungen einer Gesellschaft an verschiedenen Orten betrieben, oder betreibt sie verschiedenartige Unternehmungen, so soll ersichtlich sein, wie die einzelnen zu Buche stehen; bei verhältnismäßig niedrig erscheinenden Abschreibungen wird bisweilen die Beifügung des Prozentsatzes für nötig erachtet; die Unkosten müssen einiger-

maßen detailliert werden; bei dem Gewinne sind die Erträge der Beteiligungen kenntlich zu machen usw.

**11.** Die Wahl soll von der Zulassungsstelle danach ausgeübt werden, was für das Publikum wertvoller ist. Damit wird der Befugnis der Zulassungsstelle nicht vorgegriffen, wenn sie die Aufnahme der genehmigten Bilanz für erforderlich erachtet, den Beschluß über die Zulassung bis zur Vorlegung dieser Bilanz auszusetzen (Erl. 17).

**12.** Vgl. oben A. 4.

**13.** Dies ist beispielsweise der Fall bei Bestimmungen, welche die Bestellung der Aufsichtsratsmitglieder an besondere Voraussetzungen, wie Aktienbesitz, Wohnsitz an einem bestimmten Orte u. dgl., knüpfen oder die Ausübung des Aktionärstimmrechts ungewöhnlich erschweren. Handelt es sich um gesetzwidrige Bestimmungen, so ist das, sofern nicht daraus ein Ablehnungsgrund herzuleiten ist (vgl. A. 3 a. E. zu § 14), in geeigneter Form hervorzuheben.

**14.** Die Anforderungen, die bei der Zulassung von Wertpapieren, insbesondere von Aktien gewerblicher Unternehmungen, gestellt werden, sind in den §§ 7 und 8 auch nicht annähernd erschöpft. Welche Angaben darüber hinaus gemäß § 36 Abs. 3 b BörsG. zu verlangen sind, muß natürlich von der Besonderheit des Einzelfalls abhängen. Hauptsächlich gehören nach der Berliner Übung dazu nähere Mitteilungen über den Umfang des Unternehmens, die Lage des der Gesellschaft gehörigen Grundbesitzes, die Betriebseinrichtungen, weiter die Angabe von Verbindlichkeiten, die nicht aus der Bilanz hervorgehen (Giroverbindlichkeiten, Garantien), usw. Ist die Gesellschaft an einem Kartell, einem Syndikat oder einer die Verkaufsbedingungen regelnden Konvention beteiligt, so ist hiervon und von der Dauer der Beteiligung im Prospekte Kenntnis zu geben, ebenso gegebenenfalls von der Laufzeit wichtiger Patente. Ferner wird, außer bei Banken, eine Angabe über den Geschäftsgang und die Aussichten des laufenden Jahres gefordert, sofern bei der Zulassung ein zur Beurteilung ausreichender

Zeitraum abgeschlossen ist. Wegen der Auskunft über die Höhe der Umsätze vgl. A. 13 zu § 36 BörsG. Über Unternehmungen, deren Kapital sich ganz oder großenteils im Besitze der Gesellschaft befindet, müssen im wesentlichen dieselben Mitteilungen gemacht werden, die für die Gesellschaft selbst zwecks Information über ihre Qualität vorgeschrieben sind. Das gleiche gilt, wenn Aktien infolge einer Fusion oder des Erwerbes eines anderen Unternehmens ausgegeben werden, für das fusionierte oder erworbene Unternehmen; ferner muß gesagt werden, wie der aus der Fusion erzielte Gewinn verwandt werden soll. Bei Ausgabe neuer Aktien, die den alten Aktionären angeboten werden, wird regelmäßig die Klarlegung der Gewinne des Übernahmekonsortiums verlangt.

§ 9.

Es sind beizugeben[1]):

1. jedem Zulassungsantrag ein Nachweis über den Rechtstitel (Gesetz, staatliche Genehmigung[2]), Gesellschaftsvertrag, Gesellschaftsbeschluß usw.), auf dem die Berechtigung zur Ausgabe der Wertpapiere beruht, sowie über das Verhältnis zu früher ausgegebenen Werten (§ 6 Nr. 7);
2. dem Antrag auf Zulassung der Anleihe eines ausländischen Staates, einer ausländischen kommunalen Körperschaft oder kommunalen Kreditanstalt: der Nachweis, daß die durch § 7 A unter Nr. 1 bis 3 erforderten Übersichten auf amtlichen Feststellungen beruhen;
3. dem Antrag auf Zulassung der Werte eines Unternehmens, das auf einer Konzession beruht: die Konzessionsurkunde oder ein Auszug, der die im § 7 B unter Nr. 2 erforderten Angaben nachweist[3]);

4. dem Antrag auf Zulassung von Wertpapieren einer Gesellschaft (§ 8)[3]):
   a) der Nachweis über die Eintragung in das Handelsregister[4]),
   b) der Gesellschaftsvertrag,
   c) die Geschäftsberichte der letzten drei Jahre,
   d) bei inländischen Gesellschaften, wenn noch nicht zwei volle Jahre seit der Eintragung in das Handelsregister verflossen sind, der gemäß § 193 des Handelsgesetzbuchs von besonderen Revisoren erstattete Bericht.

Die Beweisstücke sind in einer Form vorzulegen, die nach dem Ermessen der Zulassungsstelle den Inhalt glaubhaft ergibt. Beweisstücken, die nicht in deutscher, englischer oder französischer Sprache abgefaßt sind, ist eine beglaubigte Übersetzung beizufügen[5]).

**1.** Wegen der Nachweise, die beigefügt werden müssen, wenn ein Wertpapier bereits an einer anderen Börse eingeführt ist und gemäß § 38 Abs. 2 Satz 3 BörsG. von der Veröffentlichung eines Prospekts abgesehen werden soll, vgl. A. 12 zu § 38 aaO.

**2.** Im Inland ausgestellte Schuldverschreibungen auf den Inhaber, in denen die Zahlung einer bestimmten Geldsumme versprochen wird, dürfen nur mit staatlicher Genehmigung in den Verkehr gebracht werden (§ 795 BGB.). Über die Zinsscheine auf den Inhaber, die zu einer auf Namen oder an Order lautenden Schuldverschreibung gehören, vgl. A. 5 zu § 6 ZulBek.

**3.** Über die Befugnis der Zulassungsstelle ausnahmsweise bei Schuldverschreibungen, deren Verzinsung und Rückzahlung von dem Reich, einem Bundesstaat, einem ausländischen Staat oder einer inländischen kommunalen Körperschaft gewährleistet ist, davon abzusehen, daß die in den

Ziffern 3 und 4 geforderten Nachweise geführt werden, vgl. § 10 ZulBek.

**4.** Bei ausländischen Gesellschaften kommt dieses Erfordernis nur in Betracht, wenn in dem Staat ein Handelsregister oder eine ähnliche Einrichtung besteht.

**5.** Wegen der Auslegung der Beweisstücke nach Veröffentlichung des Zulassungsbeschlusses vgl. § 15 Abs. 2 ZulBek.

## § 10.

Bei Schuldverschreibungen eines ausländischen Staates kann ausnahmsweise von den im § 7 A unter Nr. 1 bis 3 geforderten Angaben abgesehen werden, wenn die Finanzverhältnisse des Staates so klar liegen und so allgemein bekannt sind, daß es einer weiteren Information des Publikums im Sinne des § 36 Abs. 3 b des Börsengesetzes nicht bedarf[1]). Das Gleiche gilt bei Schuldverschreibungen einer ausländischen kommunalen Körperschaft oder kommunalen Kreditanstalt, wenn die Verzinsung und Rückzahlung von einem solchen Staate gewährleistet ist. Von den im § 7 A unter Nr. 2, 3 geforderten Angaben kann ausnahmsweise auch dann abgesehen werden, wenn die Angaben für den Staat nach Lage der Verhältnisse nicht zu beschaffen sind[2]).

Ist die Verzinsung und Rückzahlung von Schuldverschreibungen von dem Reiche, einem Bundesstaat, einem ausländischen Staate, auf den die im Abs. 1 Satz 1 bezeichnete Voraussetzung zutrifft[3]), oder einer inländischen kommunalen Körperschaft gewährleistet, so kann von den nach § 7 B unter Nr. 2 bis 4, § 8 unter Nr. 3 bis 8, 10 und § 9 unter Nr. 3, 4 erforderlichen Angaben und Nachweisen ausnahmsweise abgesehen werden.

Treffen auf einen ausländischen Staat die im § 7 A unter Nr. 4 bezeichneten Voraussetzungen zu, so ist die Bewilligung von Ausnahmen unzulässig.

Die bewilligten Ausnahmen sind dem Staatskommissar unter Angabe der Gründe mitzuteilen.

1. Als Staaten, bei denen auf Grund dieser Vorschrift von der Beschaffung der Übersichten abgesehen werden kann, wurden im provisorischen Börsenausschusse die europäischen Großstaaten, ferner Schweden, Dänemark, Norwegen genannt.

2. Z. B. weil der Staat keinen Haushaltsplan aufstellt oder in den vorhergehenden Jahren noch nicht aufgestellt hat.

3. Das trifft insbesondere auf die russischen, mit staatlichen Garantieen ausgegebenen Eisenbahnobligationen zu.

## § 11.

Sind bereits Wertpapiere desselben Ausstellers[1]) an der Börse[2]) zugelassen, so kann die Zulassungsstelle gestatten, daß in dem Prospekt über die neu einzuführenden Wertpapiere auf den früher veröffentlichten Prospekt verwiesen wird[3]). Sie kann ferner gestatten, daß bei der Einführung von Schuldverschreibungen, die bereits an der Börse zugelassen waren und bei denen lediglich eine Veränderung des Zinsfußes stattgefunden hat, in dem Prospekte nur die seit der ersten Zulassung der Anleihe eingetretenen Änderungen angegeben werden[4]).

1. Ob die frühere Zulassung Wertpapiere der gleichen Gattung betraf, ist unerheblich.

2. D. i. an derselben Börse, an der die Neueinführung erfolgen soll.

3. Es ist der Zulassungsstelle überlassen, ob und inwieweit sie von dieser Befugnis Gebrauch machen will. In Berlin werden Verweisungen nur zugelassen auf Prospekte, deren Ver-

abschiedung nicht länger als ein Jahr zurückliegt, und es wird verlangt, daß der abgekürzte Prospekt bei Gesellschaften mindestens den Tag der Gründung, den Sitz, das Grundkapital und die Zusammensetzung des Aufsichtsrats und Vorstandes angibt, ferner, daß er, wenn in der Zwischenzeit eine neue Bilanz festgestellt worden ist, diese enthält, und daß er die in A. 18 und 19 zu § 4 ZulBek. erwähnten Verpflichtungen wiederholt.

4. Diese Befugnis erstreckt sich auch auf den bei Pfandbriefen öfters vorkommenden Fall, daß der Zinsfuß verändert wird, bevor die Stücke in den Verkehr gebracht sind.

## § 12.

Entspricht der Zulassungsantrag den Vorschriften des § 9, so verfügt die Zulassungsstelle die Veröffentlichung[1]).

Die Veröffentlichung erfolgt auf Kosten des Antragstellers durch Börsenaushang sowie im Reichs-Anzeiger und in mindestens zwei anderen inländischen Zeitungen Diese werden von der Zulassungsstelle mit der Maßgabe bestimmt, daß sich unter ihnen eine Zeitung, die am Börsenplatz erscheint[2]) und, wenn es sich um Anteile oder Schuldverschreibungen einer inländischen Gesellschaft handelt, eine Zeitung befinden muß, die in dem engeren Wirtschaftsgebiet erscheint, dem die Gesellschaft angehört.

Die Zulassung darf erst erfolgen, wenn seit der Veröffentlichung in der am Börsenplatz erscheinenden Zeitung drei Tage verstrichen sind.

1. Diese Verfügung, die von dem Vorsitzenden der Zulassungsstelle getroffen werden kann, setzt lediglich die Prüfung der formalen Ordnungsmäßigkeit des Antrages voraus.

2. Die Veröffentlichungen haben in Berlin zu erfolgen: in geraden Monaten im Berliner Börsen-Courier, in ungeraden in der Berliner Börsenzeitung, daneben monatlich abwechselnd in

dem Berliner Lokal-Anzeiger, dem Berliner Tageblatt, der Täglichen Rundschau und der Vossischen Zeitung.

§ 13.

Die Zulassungsstelle prüft, ob der Prospekt die vorgeschriebenen Angaben enthält. Ergeben sich Anstände, so fordert sie den Antragsteller zur Beseitigung auf.

Sie bestimmt ferner nach Maßgabe des § 36 Abs. 3 a, b des Börsengesetzes, welche Urkunden ihr noch zur Prüfung vorzulegen und welche Angaben noch in den Prospekt aufzunehmen sind.

Angaben, die in diesen Bestimmungen nicht vorgeschrieben sind und von der Zulassungsstelle nicht für nötig angesehen werden, sind zu streichen[1,2]).

1. Keinesfalls dürfen reklamehafte Angaben geduldet werden (Erl. 17).

2. Die Verhandlungen zwischen der Zulassungsstelle und dem Antragsteller werden in der Regel von seiten der ersteren durch ihren Referenten geführt. Nach den Gepflogenheiten der Berliner Zulassungsstelle gilt jeder Zulassungsantrag als erloschen, wenn innerhalb dreier Monate nach seinem Eingange die Verhandlungen des Referenten mit dem Antragsteller abgebrochen wurden und eine Verhandlung im Plenum nicht stattgefunden hat.

§ 14.

Der Antrag ist abzulehnen[1]):

1. wenn die auf Grund des § 36 Abs. 3a, b des Börsengesetzes oder dieser Bestimmungen von der Zulassungsstelle verlangten Urkunden und Angaben nicht beigebracht werden;
2. wenn der Zulassung Bedenken örtlicher Natur[2]) oder wichtige wirtschaftliche Bedenken[3]) entgegen-

**stehen oder wenn der Zulassungsstelle Umstände bekannt sind, die eine erhebliche Benachteiligung der Erwerber der Wertpapiere[4]) oder eine Gefährdung erheblicher allgemeiner Interessen befürchten lassen[5]).**

1. Vgl. § 36 Abs. 3 BörsG. und A. 9 dazu. Als selbstverständliche Ablehnungsfälle sind im § 14 ZulBek. nicht besonders erwähnt diejenigen, die sich aus den §§ 37 und 41 BörsG. ergeben. Über die Beschwerde gegen den ablehnenden Beschluß vgl. § 36 Abs. 4 Satz 2 BörsG. und A. 20 dazu.

2. Bedenken örtlicher Natur liegen beispielsweise vor, wenn Wertpapiere eines Unternehmens, das nach der Gesamtheit seiner Verhältnisse von rein lokaler Bedeutung ist, an einer ganz außerhalb seines Interessengebiets belegenen Börse eingeführt werden sollen; hiervon werden besonders Wertpapiere betroffen werden, deren Betrag zwar die im § 1 vorgeschriebene Mindestgrenze erreicht, aber dennoch seiner Höhe nach zur Zulassung an mehreren Börsen nicht geeignet erscheint.

3. Unter die „wichtigen wirtschaftlichen Bedenken" fällt zunächst die im § 36 Abs. 3c BörsG. genannte Schädigung erheblicher — namentlich wirtschaftlicher; wegen der politischen vgl. unten A. 5 — Interessen der Allgemeinheit. Es sollen aber auch Fälle getroffen werden, in denen sich die Bedenken nicht sowohl dagegen richten, daß diese Werte dem Publikum an der Börse zum Kaufe angeboten werden, als gegen die Vorgänge, die der Schaffung der Werte zugrunde liegen, oder die Form der Werte selbst. Die Bedeutung der Ablehnung beschränkt sich dann nicht auf die einzelne Emission. Indem sie den offenen Markt für die so geschaffenen Werte sperrt, wirkt sie vielmehr dahin, daß in Zukunft ähnliche Vorgänge unterbleiben (Erl. 18). Hiernach können also auch rechtliche Bedenken zur Ablehnung führen, namentlich dann, wenn Verletzungen von Gesetzesbestimmungen in Frage stehen, an deren strenger Innehaltung ein wirtschaftliches Interesse obwaltet.

**4.** Durch die hier gewählte Fassung wird der im § 36 Abs. 3c BörsG. angeführte Ablehnungsgrund der offenbaren Übervorteilung des Publikums wiedergegeben und gleichzeitig gemäß § 44 Abs. 2 aaO. wesentlich erweitert, indem an die Stelle der offenbaren bewußten Benachteiligung die auf bestimmte Umstände gegründete Befürchtung einer tatsächlichen Benachteiligung gesetzt ist. Liegen die Verhältnisse eines Unternehmens noch so unklar, daß sich seine Aussichten schlechterdings nicht beurteilen lassen, stehen eingreifende Veränderungen in den für die Rentabilität entscheidenden Umständen bevor z. B. Auflösung eines Kartells, oder lassen früher gemachte Erfahrungen es fraglich erscheinen, ob der Aussteller der Wertpapiere seinen Verpflichtungen gewissenhaft nachkommen wird, so ist die Zulassungsstelle hiernach in der Lage, die Zulassung der Werte abzulehnen. An dem Grundsatze, daß die Zulassungsstelle nicht als die allgemeine Vorsehung für die Kapitalisten zu gelten hat, sondern daß die letzte und maßgebende Beurteilung, ob der Erwerb eines Wertpapiers zu empfehlen sei, der eigenen Prüfung und Überlegung des Erwerbers überlassen bleiben muß, wird damit nichts geändert. Der Zulassungsstelle wird deshalb auch keine Verpflichtung zu eigenen Ermittelungen auferlegt. Sie bleibt, wie in der Fassung deutlich zum Ausdrucke kommt, auf die von dem Emissionshause gemachten Angaben angewiesen (Erl. 18).

**5.** Auch hier liegt eine Wiedergabe und Erweiterung eines im § 36 Abs. 3c vorgesehenen Ablehnungsgrundes vor: an Stelle der „Schädigung erheblicher allgemeiner Interessen" tritt die auf bestimmte Umstände gegründete Befürchtung einer Gefährdung erheblicher allgemeiner Interessen. Es handelt sich dabei nicht um Interessen des anlagesuchenden Publikums, sondern um solche der Allgemeinheit. In Betracht kommen namentlich vaterländische Interessen politischer Natur. Diese können besonders durch Zulassung ausländischer Wertpapiere gefährdet werden. Wenn z. B. die Eröffnung des deutschen Geldmarktes zu einem Kompensationsobjekte für politische Zugeständnisse seitens des anleihebedürftigen Staates gemacht werden kann, würde eine ohne Rücksicht auf den Stand der Verhandlungen erfolgende Zulassung der Anleihe die Erlangung der Zugeständnisse vereiteln und somit erhebliche allgemeine Interessen schädigen können. Es ist ferner an den Fall zu denken, daß bei internationalen Verwickelungen die Stellung Deutschlands zu den streitenden Staaten es nicht wünschenswert erscheinen läßt, ihnen die Deckung ihres Geldbedarfs mit Hilfe der deutschen Börsen zu gestatten. Die alsdann zur Ablehnung erforderliche tatsächliche Grundlage wird in der Regel nur durch eine der Zulassungsstelle von der Aufsichtsinstanz übermittelte Benachrichtigung geschaffen werden können, daß der Reichskanzler die Zulassung der in Frage kommenden Werte aus Gründen der äußeren Politik als unerwünscht bezeichnet habe. Diese Tatsache muß genügen, um die Zulassungsstelle zur Ablehnung des Antrags zu verpflichten.

## § 15.

**Der Zulassungsbeschluß ist durch dreitägigen Aushang in der Börse zu veröffentlichen[1]).**

**Die Beweisstücke (§ 9) sind von der Veröffentlichung des Zulassungsbeschlusses an bis zur Einführung an der Börse öffentlich auszulegen[2]).**

1. Ist der Antrag noch bei einer anderen Zulassungsstelle eingereicht worden, so ist der Beschluß am Tage der Zulassung brieflich den beteiligten Zulassungsstellen mitzuteilen; gleichzeitig ist die Zustimmung zur Zulassung an der anderen Börse auszusprechen (Beschl. d. dtsch. Zul.-St. v. 21. Febr. 1898).

2. In Berlin erfolgt die Auslegung im Sekretariate der Zulassungsstelle (§ 9 GeschO.).

## § 16.

**Der von der Zulassungsstelle genehmigte Prospekt[1]) ist von dem Antragsteller in denselben Zeitungen,**

mit Ausnahme des Reichs-Anzeigers, zu veröffentlichen in denen der Antrag veröffentlicht worden ist.

1. Vgl. A. 6 zu § 38 BörsG.

## § 17.

Die Werpapiere dürfen frühestens am dritten Werktag nach dem Tage des Zulassungsbeschlusses und nach dem Tage, an dem der Prospekt zuerst veröffentlicht worden ist[1]), an der Börse eingeführt werden[2]).

Berlin, den 4. Juli 1910.

Der Reichskanzler.

In Vertretung:

**Delbrück.**

1. Hat die Landesregierung genehmigt, daß von der Veröffentlichung des Prospekts für ein an einer anderen Börse eingeführtes Papier abgesehen werde (§ 38 BörsG.), so kann die Einführung am dritten Werktage nach dem Tage des Zulassungsbeschlusses erfolgen.

2. Von der Berliner Zulassungsstelle wird nach § 8 GeschO. der Beschluß auf Zulassung von Wertpapieren unter der Bedingung gefaßt, daß er außer Kraft tritt, wenn innerhalb von drei Monaten nach seiner Bekanntgabe an den Antragsteller die Einführung an der Börse nicht erfolgt ist. Das gleiche gilt für Frankfurt. Der zwischen der letzten Veröffentlichung des Prospekts und der Einführung liegende Zeitraum darf in Berlin längstens einen Monat betragen.

## Anlage 2.

### Bekanntmachung, betr. die Feststellung des Börsenpreises von Wertpapieren.

Vom 21. November 1912 (RGBl. 537).

Auf Grund des § 35 Abs. 1 Nr. 3 des Börsengesetzes (Reichsgesetzbl. 1908 S. 215) hat der Bundesrat folgende Bestimmungen für die Feststellung des Börsenpreises von Wertpapieren beschlossen, die mit dem 1. Januar 1913 an die Stelle der geltenden Bestimmungen (Bekanntmachung des Reichskanzlers vom 28. Juni 1898, Reichsgesetzbl. S. 915) treten:

Für die Feststellung des Börsenpreises von Wertpapieren sind folgende Grundsätze maßgebend:

**§ 1.** Die Preise werden nach Prozenten des Nennwerts festgestellt.

Für bestimmt zu bezeichnende Wertpapiere, namentlich für Aktien von Versicherungsgesellschaften, für solche Aktien von Terraingesellschaften, bei welchen im Gesellschaftsvertrage die Zahlung von Dividende ausgeschlossen ist, für Aktien von liquidierenden oder in Konkurs geratenen Gesellschaften, wenn auf die Aktien bereits eine Rückzahlung vom Kapital stattgefunden hat, für Genußscheine, für Kuxe, für Lospapiere, sind Ausnahmen zulässig.

**§ 2.** Bei Wertpapieren, welche gleichzeitig auf die deutsche und auf eine ausländische Währung lauten, wird der Preisfeststellung die deutsche Währung zugrunde gelegt.

Ausnahmen für bestimmt zu bezeichnende Wertpapiere sind zulässig.

**§ 3.** Für die Umrechnung von Werten, die in ausländischer oder in einer außer Wirksamkeit getretenen inländischen Währung ausgedrückt sind, in die deutsche Währung gelten folgende Umrechnungssätze:

| | | |
|---|---|---|
| 1 Pfund Sterling | = | 20,40 M., |
| 1 Frank, Lira, Peseta, Leu | = | 0,80 „ |
| 1 österreichischer Gulden (Gold) | = | 2,00 „ |
| 1 österreichischer Gulden (Währung) | = | 1,70 „ |
| 1 österreichisch-ungarische Krone | = | 0,85 „ |
| 1 Gulden holländischer Währung | = | 1,70 „ |
| 1 skandinavische Krone | = | 1,125 „ |
| 1 alter Goldrubel | = | 3,20 „ |
| 1 Rubel | = | 2,16 „ |
| 1 alter Kreditrubel | = | 2,16 „ |
| 1 Peso | = | 4,00 „ |
| 1 Dollar | = | 4,20 „ |
| 7 Gulden süddeutscher Währung | = | 12,00 „ |
| 1 Mark Banko | = | 1,50 „ |

Ausnahmen für bestimmt zu bezeichnende Wertpapiere sind zulässig.

**§ 4.** Bei Wertpapieren mit festen Zinsen werden Stückzinsen nach dem Zinsfuß, mit welchem das Wertpapier zu verzinsen ist, berechnet. Bei anderen Wertpapieren findet eine Berechnung von Stückzinsen nicht statt.

In geeigneten Fällen sind für bestimmt zu bezeichnende festverzinsliche Wertpapiere, insbesondere für Schuldverschreibungen in Zahlungsstockung geratener Gesellschaften, Ausnahmen von der Vorschrift des Abs. 1 Satz 1 zulässig.

**§ 5.** Bei Berechnung der Stückzinsen wird das Jahr mit 360 Tagen, der Monat mit 30 Tagen angesetzt. Jedoch ist der Monat Februar mit 28, in Schaltjahren mit 29 Tagen anzusetzen, wenn der Endpunkt der Zinsberechnung in den Februar fällt.

**§ 6.** Bei Berechnung der Stückzinsen wird bei Kassageschäften der Kauftag, bei Zeitgeschäften der Erfüllungstag mitgerechnet.

**§ 7.** Bei Wertpapieren, deren Zinsscheine am ersten Tage eines Monats nach altem Stile fällig werden, sind die Stückzinsen vom Ersten des gleichlautenden Monats neuen Stiles zu berechnen.

**§ 8.** Aktien inländischer Gesellschaften werden vom zweiten Werktag ab nach dem Tage, an welchem die Generalversammlung den Wert des Gewinnanteilscheins für das abgelaufene Geschäftsjahr festgestellt hat, ohne diesen Gewinnanteilschein gehandelt.

Reichsbankanteile werden vom Tage der Fälligkeit des Abschlagsdividendenscheins ab ohne diesen gehandelt.

Aktien ausländischer Gesellschaften werden erst dann ohne den Gewinnanteilschein gehandelt, wenn dieser zur Auszahlung gelangt.

Ausnahmen für bestimmt zu bezeichnende Wertpapiere sind zulässig.

**§ 9.** Die im § 1 Abs. 2, § 2 Abs. 2, § 3 Abs. 2, § 4 Abs. 2 § 8 Abs. 4 vorgesehenen Ausnahmen greifen nur Platz, wenn darüber zwischen den Börsenorganen sämtlicher Börsen, an denen die Wertpapiere zum Handel zugelassen sind, Einverständnis erzielt wird. Die vereinbarten Ausnahmen und der Zeitpunkt, mit dem sie in Kraft treten sollen, sind dem Reichskanzler mitzuteilen; sie werden von diesem im „Reichsanzeiger" bekannt gemacht und erlangen damit für sämtliche deutsche Börsen Wirksamkeit.

**§ 10.** Aktien, die den bisherigen Bestimmungen gemäß bereits im Jahre 1912 ohne den Gewinnanteilschein für das im Jahre 1912 abgelaufene Geschäftsjahr der Gesellschaft zu handeln waren, sind nach dem 1. Januar 1913 auch dann ohne diesen Gewinnanteilschein zu handeln, wenn die Generalversammlung den Wert des Scheines noch nicht festgestellt hat.

Berlin, den 21. November 1912.

Der Reichskanzler.
In Vertretung: Delbrück.

## Anlage 3.

### Verzeichnis der Gesellschaften, in deren Anteilen der Bundesrat gemäß § 63 BörsG. Börsentermingeschäfte genehmigt hat[1]).

1. Allgemeine Elektrizitätsgesellschaft zu Berlin;
2. Bochumer Verein für Bergbau und Gußstahlfabrikation zu Bochum;
3. Deutsch-Luxemburgische Bergwerks- und Hütten-Aktiengesellschaft zu Bochum;
4. Union, Aktiengesellschaft für Bergbau, Eisen- und Stahlindustrie zu Dortmund;
5. Gelsenkirchener Bergwerks-Aktiengesellschaft zu Gelsenkirchen;
6. Harpener Bergbau-Aktiengesellschaft zu Dortmund;
7. Hohenlohe-Werke-Aktiengesellschaft zu Hohenlohehütte, Kreis Kattowitz, Provinz Schlesien;
8. Vereinigte Königs- und Laurahütte, Aktiengesellschaft für Bergbau- und Hüttenbetrieb zu Berlin;
9. Phönix, Aktiengesellschaft für Bergbau und Hüttenbetrieb zu Duisburg-Ruhrort;
10. Rheinische Stahlwerke zu Duisburg-Meiderich;
11. Rombacher Hüttenwerke zu Rombach;
12. Siemens & Halske, Aktiengesellschaft zu Berlin;
13. Deutsch-Überseeische Elektrizitätsgesellschaft zu Berlin;

---

[1]) Vgl. A. 5 zu § 63 BörsG.

14. Elektrizitäts-Aktiengesellschaft vormals Schuckert & Co. zu Nürnberg;

15. Elektrizitäts-Aktiengesellschaft vormals W. Lahmeyer & Co. zu Frankfurt a. M.;

16. Felten und Guilleaume-Lahmeyer Aktiengesellschaft zu Mühlheim a. Rh.

17. Oberschlesische Eisenbahnbedarfs-Aktiengesellschaft in Friedenshütte, Stadt Beuthen (Oberschlesien);

18. Oberschlesische Eisenindustrie, Aktien-Gesellschaft für Bergbau und Hüttenbetrieb in Gleiwitz;

19. Eschweiler Bergwerks-Verein in Eschweiler-Pumpe;

20. Gesellschaft für elektrische Unternehmungen in Berlin;

21. South West Africa Company Limited zu London;

22. Lothringer Hüttenverein Aumetz-Friede in Brüssel;

23. Orenstein & Koppel — Arthur Koppel Aktiengesellschaft in Berlin;

24. Kattowitzer Aktien-Gesellschaft für Bergbau und Eisenhüttenbetrieb in Kattowitz;

25. Schantung-Eisenbahn-Gesellschaft in Berlin;

26. Naphta-Produktions-Gesellschaft Gebrüder Nobel in St. Petersburg;

27. Bergwerks-Aktien-Gesellschaft Consolidation zu Schalke i. W.

## B. Bestimmungen für Preußen.

**Anlage 4.**

### Bestimmungen über die Bestellung und Entlassung der Kursmakler.

Vom 14. November 1896 (RA. Nr. 275).

Auf Grund des § 30 Abs. 2 des Reichsbörsengesetzes vom 22. Juni 1896 (Reichsgesetzbl. S. 157) bestimme ich hierdurch das folgende:

**§ 1.** Die Kursmakler (§ 30 des Reichsbörsengesetzes) werden für die Börse in Berlin durch den Oberpräsidenten der Provinz Brandenburg und der Stadt Berlin und für die übrigen Börsen, wo solche bestellt werden, durch den Regierungspräsidenten, in dessen Verwaltungsbezirk die Börse belegen ist, bestellt und in seinem Auftrage darauf vereidigt, daß sie die ihnen obliegenden Pflichten getreu erfüllen werden (§ 30 Abs. 1 aaO.).

**§ 2.** Vor der Bestellung sind die Handelsorgane, denen die unmittelbare Aufsicht über die Börse übertragen ist (§ 1 Abs. 2 des Reichsbörsengesetzes), und wo eine Vertretung der Kursmakler (§ 30 Abs. 2 aaO.) besteht, auch diese zu hören.

**§ 3.** Der zum Kursmakler Bestellte erhält nach seiner Vereidigung eine von der ihn bestellenden Behörde ausgefertigte Bestallung.

**§ 4.** Die Entlassung eines Kursmaklers kann erfolgen, wenn er sich einer groben Verletzung der ihm obliegenden Pflichten schuldig macht oder sich durch sein Verhalten in oder außer dem Amt der Achtung, des Ansehens und des Vertrauens, die sein Beruf erfordert, unwürdig zeigt, oder zur Erfüllung seiner Amtspflicht dauernd unfähig wird. Die Entlassung erfolgt durch dieselbe Behörde, welche die Bestellung vorgenommen hat. Vor der Entlassung sind die in § 2 bezeichneten Organe zu hören.

**§ 5.** Die vorstehenden Bestimmungen finden auf die bei eintretendem Bedürfnis zu bestellenden Stellvertreter von Kursmaklern mit der Maßgabe Anwendung, daß solche auch für eine im voraus bestimmte Zeit bestellt werden können.

Die Stellvertreter haben für die Dauer der Stellvertretung die Rechte und Pflichten von Kursmaklern.

**§ 6.** Die für die Börsenbesucher geltenden Vorschriften des Reichsbörsengesetzes und der Börsenordnung, insbesondere in betreff des ehrengerichtlichen Verfahrens, der Zulassung und der Ausschließung vom Börsenbesuche und der Handhabung der Ordnung in den Börsenräumen finden auch auf die Kursmakler Anwendung.

**§ 7.** Über die Pflichten der Kursmakler, über die Organisation ihrer Vertretung, über ihr Verhältnis zu den Staatskommissaren und den Börsenorganen, sowie darüber, in welcher Weise die Beobachtung der Vorschrift des § 32 Abs. 1 des Reichsbörsengesetzes zu überwachen ist, bleibt der Erlaß von Bestimmungen für die einzelnen Börsen vorbehalten.

Berlin, den 14. November 1896.

Der Minister für Handel und Gewerbe.

Brefeld.

## Anlage 5.

### Bestimmungen über das Ordnungsstrafverfahren wegen verbotenen Börsenterminhandels.

Vom 13. Juni 1908

(MinBl. d. Handels- u. Gewerbeverw. 233).

Auf Grund des § 73, des § 76 Abs. 2 und des § 84 Abs. 1 des Börsengesetzes (Reichsgesetzbl. 1908 S. 215) bestimme ich folgendes:

**§ 1.** Zur Verhandlung und Entscheidung über die Festsetzung von Ordnungsstrafen wegen des Abschlusses von verbotenen Börsentermingeschäften in Getreide oder Erzeugnissen der Getreidemüllerei wird für die preußischen Börsen, welche dem Handel mit Getreide oder Erzeugnissen der Getreidemüllerei dienen, eine gemeinschaftliche Kommission bei der Börse zu Berlin gebildet.

Die Kommission führt die Amtsbezeichnung „Kommission für das Ordnungsstrafverfahren wegen verbotenen Börsenterminhandels zu Berlin". Sie führt ein den heraldischen preußischen Adler enthaltendes Siegel mit der Umschrift „Kommission für das Ordnungsstrafverfahren wegen verbotenen Börsenterminhandels zu Berlin".

**§ 2.** Der Vorsitzende der Kommission wird von mir ernannt. Die Bekanntgabe der Ernennung erfolgt durch das Ministerialblatt der Handels- und Gewerbeverwaltung und durch Aushang an den Börsen (§ 1 Abs. 1). Die Amtsverrichtungen des Staatskommissars sind durch den Staatskommissar bei der Börse zu Berlin wahrzunehmen.

**§ 3.** Die Beisitzer und deren Stellvertreter werden von mir für die Dauer eines Kalenderjahrs, und zwar die Vertreter des Handels auf Vorschlag des Börsenvorstandes, Abteilung Produktenbörse, zu Berlin, die Vertreter der Landwirtschaft auf Vorschlag des Landesökonomiekollegiums ernannt. Die Zahl der vorzuschlagenden Personen wird alljährlich von mir bestimmt werden.

**§ 4.** Den Beisitzern werden an Reisekosten gewährt, sofern sie außerhalb ihres Aufenthaltsortes einen Weg bis zur Entfernung von mehr als 2 Kilometern zurückzulegen haben, für des angefangene Kilometer des Hinweges und Rückweges 10 Pfennig, insoweit die Reisen nicht auf Eisenbahnen oder Dampfschiffen zurückgelegt werden können, 20 Pfennig. Mußte der Beisitzer innerhalb seines Aufenthaltsortes einen Weg bis zur Entfernung von mehr als 2 Kilometern zurücklegen, so sind ihm als Reiseentschädigung für jedes angefangene Kilometer des Hinwegs und des Rückwegs 20 Pfennig zu gewähren.

**§ 5.** Der Vorsitzende beraumt die Termine für die Sitzungen der Kommission an. Er benachrichtigt den Staatskommissar und die Beisitzer und entscheidet über die Anträge von Beisitzern auf Entbindung von der Dienstleistung an einzelnen Tagen. Er bewirkt die Vorladungen und schafft die Beweismittel herbei.

§ 6. Die Ladung des Beschuldigten zur Hauptverhandlung muß enthalten die Bezeichnung des verbotenen Börsentermingeschäfts, die Beweismittel und die Aufforderung, die zu seiner Verteidigung dienenden Beweismittel mit zur Stelle zu bringen oder dem Vorsitzenden so zeitig anzuzeigen, daß sie zum Termine für die Hauptverhandlung herbeigeschafft werden können. Die Ladung muß die Eröffnung enthalten, daß im Falle des Ausbleibens des Beschuldigten in seiner Abwesenheit gegen ihn verhandelt werden kann.

§ 7. Die Leitung der Verhandlung, die Vernehmung des Beschuldigten und die Aufnahme des Beweises erfolgt durch den Vorsitzenden.

Der Vorsitzende hat den Beisitzern auf Verlangen zu gestatten, an die zur Vernehmung erschienenen Personen Fragen zu stellen. Ungeeignete oder nicht zur Sache gehörige Fragen kann der Vorsitzende zurückweisen.

§ 8. In der Hauptverhandlung ist der Beschuldigte über die ihm zur Last gelegte Handlung zu vernehmen. Ist der Beschuldigte nicht erschienen, so kann das Protokoll über seine Vernehmung im Vorverfahren verlesen werden. Soweit erforderlich, ist der Tatbestand durch Beweisaufnahme festzustellen. Bei der Beweisaufnahme können Schriftstücke verlesen werden. Nach dem Abschlusse der Beweisaufnahme ist dem Staatskommissar und sodann dem Beschuldigten zu ihren Ausführungen und Anträgen das Wort zu erteilen.

§ 9. Ergibt die Hauptverhandlung, daß der Beschuldigte noch ein anderes verbotenes Börsentermingeschäft in Getreide oder Erzeugnissen der Getreidemüllerei abgeschlossen hat, als dasjenige, welches in der Vorladung (§ 6) bezeichnet ist, so kann auch dieses zum Gegenstande der Verhandlung und Entscheidung gemacht werden.

**§ 10.** Der Vorsitzende leitet die Beratung und Abstimmung der Kommission. Die Reihenfolge bei der Abstimmung richtet sich nach dem Lebensalter; der Jüngste stimmt zuerst, der Vorsitzende zuletzt. Die Vorschriften im § 198 Abs. 2 und 3 des Gerichtsverfassungsgesetzes finden entsprechende Anwendung.

**§ 11.** Das Protokoll über die Hauptverhandlung muß enthalten den Ort und Tag der Verhandlung, die Namen des Vorsitzenden, der Beisitzer, des Staatskommissars, des Protokollführers, des Beschuldigten, des Verteidigers und die Angabe, ob öffentlich verhandelt worden ist. Die Vorschriften im § 273 Abs. 1 und 3 der Strafprozeßordnung finden entsprechende Anwendung.

**§ 12.** Die Zustellungen erfolgen nach den Vorschriften der Zivilprozeßordnung über die Zustellungen von Amts wegen (§§ 208 bis 212 der Zivilprozeßordnung) mit der Maßgabe, daß die Obliegenheiten des Vorsitzenden des Prozeßgerichts und des Gerichtsschreibers von dem Vorsitzenden der Kommission oder einem von ihm beauftragten Beamten wahrgenommen werden.

Die Zustellung kann auch durch Aushändigung des Schriftstücks gegen einen Empfangsschein derjenigen Person erfolgen, für welche das Schriftstück bestimmt ist.

**§ 13.** Der Betrag von zu erstattenden Kosten ist durch den Vorsitzenden festzusetzen. Die Festsetzung ist vollstreckbar.

**§ 14.** Die Vollstreckung der Entscheidungen erfolgt auf Grund einer von dem Vorsitzenden der Kommission erteilten, mit der Bescheinigung der Vollstreckbarkeit versehenen beglaubigten Abschrift der Entscheidungsformel nach Maßgabe der Verordnung, betreffend das Verwaltungszwangsverfahren wegen Beitreibung von Geldbeträgen vom 15. November 1899 (GS. S. 543).

Dasselbe gilt für die Vollstreckung einer Kostenfestsetzungsverfügung (§ 13).

Berlin, den 13. Juni 1908.

Der Minister für Handel und Gewerbe.

Delbrück.

## C. Bestimmungen für Berlin.

**Anlage 6.**

### Börsenordnung für Berlin.

Vom 7. Dezember 1908[1]).

#### I. Börsenaufsicht und Börsenleitung.

**§ 1.** Die unmittelbare Aufsicht über die Börse zu Berlin steht der Handelskammer zu Berlin zu.

Ihrer Aufsicht unterliegen auch die auf den Berliner Börsenverkehr bezüglichen Einrichtungen der Kündigungsbureaus, Liquidationskassen, Liquidationsvereine und ähnlicher Anstalten. Die Satzungen, sowie die auf den Börsenverkehr bezüglichen Ordnungen dieser Anstalten bedürfen der Genehmigung der Handelskammer. Die gegenwärtig geltenden Satzungen und Ordnungen der zurzeit bestehenden derartigen Anstalten bleiben in Kraft.

**§ 2.** Die Börsenleitung liegt dem Börsenvorstande ob. Dieser besteht aus 43 Mitgliedern. 11 Mitglieder werden von der Handelskammer aus ihrer Mitte, 32 von den dauernd und mit der Befugnis zur Teilnahme am Börsenhandel zum

---

1) Unter Berücksichtigung der Nachträge vom 22. Febr. 1911, 31. März 1911 und 12. Juli 1912.

Börsenbesuche zugelassenen Personen (vgl. § 15) aus ihrem Kreise gewählt.

Die finanzielle Verwaltung der Börse steht nach Maßgabe des Korporationsstatuts den Ältesten der Kaufmannschaft von Berlin zu, die dem Börsenvorstande und der Zulassungsstelle die für die Erledigung ihrer Geschäfte erforderlichen Beamten mit Ausnahme der von der Handelskammer zu stellenden Syndici überweisen.

**§ 3.** Die Wahl der von den Börsenbesuchern zu wählenden Mitglieder des Börsenvorstandes erfolgt im Monat Dezember auf drei Kalenderjahre in geheimer Wahl durch Stimmzettel mittelst relativer Stimmenmehrheit; bei Stimmengleichheit entscheidet das Los. Es werden

1. 15 Mitglieder von den der Abteilung Fondsbörse,
2. 12 Mitglieder von den der Abteilung Produktenbörse,
3. 5 Mitglieder von den der Abteilung Metallbörse

zugerechneten (vgl. § 17 Abs. 1 Satz 2) Börsenbesuchern gewählt. Mitglieder der Handelskammer sind nicht wählbar. Unter den 15 Mitgliedern, die von den der Abteilung Fondsbörse zugerechneten Börsenbesuchern gewählt werden, müssen vier, unter den zwölf Mitgliedern, die von den der Abteilung Produktenbörse zugerechneten Börsenbesuchern gewählt werden, müssen zwei und unter den fünf Mitgliedern, die von den der Abteilung Metallbörse zugerechneten Börsenbesuchern gewählt werden, muß eins den Ältesten der Kaufmannschaft angehören.

Die Wahl wird in getrennten Wahlgängen vorgenommen. Die in den Abteilungen Fondsbörse und Metallbörse zugerechneten Börsenbesucher wählen in je zwei Wahlgängen, in deren einem die vorschriftsmäßige Anzahl Ältester der Kaufmannschaft, in deren anderem die übrigen Mitglieder ohne diese Beschränkung gewählt werden. Die der Abteilung Produktenbörse zugerechneten Börsenbesucher wählen in drei Wahlgängen, in deren erstem die beiden Ältesten der Kaufmannschaft, in deren zweitem zwei Mitglieder, die das Müllereigewerbe betreiben, und in deren drittem acht Mitglieder ohne die vorbezeichneten Beschränkungen gewählt werden.

Von den auf diese Weise gewählten Mitgliedern des Börsenvorstands scheiden aus dem Börsenvorstande, Abteilung Fondsbörse (vgl. § 4), alljährlich fünf Mitglieder, aus dem Börsenvorstande, Abteilung Produktenbörse (vgl. § 4), alljährlich vier Mitglieder, und aus dem Börsenvorstande, Abteilung Metallbörse (vgl. § 4), alljährlich zwei Mitglieder, jedoch in jedem dritten Jahre ein Mitglied aus.

Die Wählerlisten werden in der Börsenregistratur acht Börsentage hindurch zur Einsicht ausgelegt. Die Zeit der Auslegung ist durch Aushang in den Börsensälen bekannt zu machen. Einsprüche gegen die Wählerliste, die nach Ablauf der achttägigen Frist eingehen, haben keinen Anspruch auf Berücksichtigung.

Die Berufung der Wähler erfolgt unter Angabe des Wahlverfahrens durch die Handelskammer und ist durch Aushang in den Börsensälen während acht Börsentagen und durch Veröffentlichung in wenigstens vier Berliner Zeitungen bekannt zu machen.

Die von der Handelskammer aus ihrer Mitte zu wählenden Mitglieder werden

4. in der Zahl von fünf für die Abteilung Fondsbörse,
5. in der Zahl von vier für die Abteilung Produktenbörse,
6. in der Zahl von zwei für die Abteilung Metallbörse

im Monat Dezember auf ein Kalenderjahr gewählt.

Scheiden im Laufe der Wahlperiode gemäß Abs. 1 gewählte Mitglieder aus, so ergänzt sich die Abteilung des Börsenvorstands (vgl. § 4) bis zum Ablauf des Kalenderjahrs durch

Zuwahl. Scheiden im Laufe der Wahlperiode gemäß Abs. 6 gewählte Mitglieder aus, so werden die Ausscheidenden von der Handelskammer zu Berlin aus ihrer Mitte ersetzt.

Die Wahlen zum Börsenvorstande, Abteilung Metallbörse, erfolgen erstmalig statt im Dezember zu einem von der Handelskammer zu bestimmenden Zeitpunkte, und zwar der von den Börsenbesuchern zu wählenden Mitglieder für die Zeit bis zum Schlusse des Kalenderjahrs 1915, der von der Handelskammer zu wählenden Mitglieder für die Zeit bis zum Schlusse des Kalenderjahrs 1913. Die Namen derjenigen von den Börsenbesuchern gewählten Mitglieder, die mit Ablauf der Kalenderjahre 1913 und 1914 ausscheiden, werden durch das Los bestimmt.

**§ 4.** Der Börsenvorstand besteht aus drei Abteilungen:

1. dem Börsenvorstand, Abteilung Fondsbörse, dem die in § 3 unter 1 und 4,
2. dem Börsenvorstand, Abteilung Produktenbörse, dem die in § 2 unter 2 und 5,
3. dem Börsenvorstand, Abteilung Metallbörse, dem die in § 3 unter 3 und 6

bezeichneten Mitglieder angehören.

Für die den Handel mit landwirtschaftlichen Produkten betreffenden Angelegenheiten werden zu dem Börsenvorstande, Abteilung Produktenbörse, als weitere Mitglieder fünf Vertreter der Landwirtschaft und der landwirtschaftlichen Nebengewerbe hinzugewählt; diese sind auch zu solchen Sitzungen des Gesamtbörsenvorstands zuzuziehen, in denen Angelegenheiten der bezeichneten Art verhandelt werden. Zum Zwecke ihrer Wahl wird seitens des Landesökonomiekollegiums eine Vorschlagsliste von zehn Personen aufgestellt. Aus dieser Liste sind fünf durch die im § 2 bezeichneten der Abteilung Produktenbörse zugerechneten Börsenbesucher auf drei Kalenderjahre zu wählen. Die Wahl erfolgt nach der Vorschrift des § 3 Abs. 1.

Scheiden im Laufe der Wahlperiode Vertreter der Landwirtschaft oder der laudwirtschaftlichen Nebengewerbe aus, so ergänzt sich der gemäß § 3 gewählte Börsenvorstand, Abteilung Produktenbörse, bis zum Ablauf der Wahlperiode durch Zuwahl. Zu diesem Zwecke wird seitens des Landesökonomiekollegiums eine Vorschlagsliste in Höhe der doppelten Zahl der zu Wählenden, mindestens aber von fünf Kandidaten aufgestellt.

**§ 5.** Zur Beschlußfähigkeit des Börsenvorstandes ist die Anwesenheit von 18, des Börsenvorstandes, Abteilung Fondsbörse, von neun, des Börsenvorstandes, Abteilung Produktenbörse, von sieben und in Angelegenheiten des Handels mit landwirtschaftlichen Produkten und Nebenprodukten von neun, des Börsenvorstandes, Abteilung Metallbörse, von vier Mitgliedern erforderlich.

**§ 6.** Der Börsenvorstand sowie seine Abteilungen wählen alljährlich aus ihrer Mitte je einen Vorsitzenden und je zwei Stellvertreter. Diese Wahlen bedürfen der Bestätigung der Handelskammer.

Der Börsenvorstand sowie seine Abteilungen erlassen ihre Geschäftsordnungen selbst. Diese bedürfen der Genehmigung der Handelskammer.

**§ 7.** Der Börsenvorstand hat insbesondere folgende Aufgaben:

1. er überwacht die Befolgung der in bezug auf die Börse erlassenen Gesetze und Verwaltungsbestimmungen;
2. er handhabt die Ordnung in den Börsenräumen und erläßt mit Genehmigung der Handelskammer Bestimmungen über die äußere Regelung des Geschäftsverkehrs an der Börse;
3. er beschließt über die Zulassung zum Börsenbesuche;

4. er übt die Disziplinargewalt an der Börse aus;
5. er übt das Vorschlagsrecht für die Wahl der Mitglieder des Börsenausschusses aus;
6. er läßt Waren und Wertpapiere zum Börsentermin-handel zu;
7. er besorgt die amtliche Feststellung und Veröffentlichung der Kurse und Preise;
8. er stellt die Börsengeschäfts- und Börsenverkehrs-bedingungen fest;
9. er entscheidet nach Maßgabe der Geschäftsordnungen Streitigkeiten aus Börsengeschäften.

Insoweit sich die Aufgaben auf die Geschäfte oder den Börsenverkehr an einer Abteilung der Börse beziehen, steht ihre Erledigung den einzelnen Abteilungen des Börsenvorstands selbständig zu.

**§ 8.** Der Börsenvorstand wählt alljährlich aus seiner Mitte eine Kommission zur Prüfung der Gesuche um Zulassung zum Börsenbesuch. Bei Einstimmigkeit ist die Kommission auch zur Erledigung dieser Gesuche zuständig.

Diese Kommission ist zugleich Untersuchungskommission (vgl. § 20).

**§ 9.** Der Börsenvorstand wählt alljährlich aus seiner Mitte eine Kommission von fünf ordentlichen und acht stellvertretenden Mitgliedern, die in der Besetzung von fünf Mitgliedern Streitigkeiten in Börsensachen, die von Börsenbesuchern freiwillig an sie gebracht werden, durch Vergleich oder Schiedsspruch zu schlichten hat. Die näheren Bestimmungen über das Verfahren werden in der Geschäftsordnung des (Gesamt-) Börsenvorstands erlassen.

**§ 10.** Die Mitglieder des Börsenvorstands haben für die Erhaltung der äußeren Ordnung, der Ruhe und des Anstands in den Versammlungsräumen der Börse und den dazu gehörigen Nebenräumen zu sorgen.

Jedes gemäß § 2 Abs. 1 gewählte Mitglied des Börsenvorstands ist befugt, Börsenbesucher, welche die Ordnung, die Ruhe oder den Anstand an der Börse oder in den dazu gehörigen Nebenräumen verletzen oder der in dieser Beziehung ergehenden Anordnung eines Mitglieds des Börsenvorstands nicht ungesäumt Folge leisten, sofort und ohne Erörterung der Ursache von der Börse entfernen zu lassen. Das Mitglied des Börsenvorstands muß in diesem Falle noch an demselben Tage dem Vorsitzenden des Börsenvorstands schriftlichen Bericht erstatten.

Der Vorsitzende ist nach Anhörung des Börsenbesuchers berechtigt, diesem den Zutritt zu den Börsenversammlungen bis zur Beendigung des nach §§ 19 und 20 einzuleitenden Verfahrens zu versagen.

Zur Unterstützung des Börsenvorstands bei der Aufrechterhaltung der Ordnung, der Ruhe und des Anstands sind Börsenbeamte anzustellen, die den Anordnungen, der Mitglieder des Börsenvorstands Folge zu leisten haben.

**§ 11.** Bei Beschwerden über einzelne Abteilungen des Börsenvorstands nehmen die diesen Abteilungen angehörigen, bei Beschwerden über den Gesamtbörsenvorstand sämtliche dem Börsenvorstand angehörigen Mitglieder der Handelskammer an der Abstimmung nicht teil. Die Teilnahme an der Beratung ist in allen Fällen zulässig.

## II. Geschäftszweige an der Berliner Börse.

**§ 12.** Die Börse zu Berlin hat zum Zwecke die Erleichterung des Betriebs von Handelsgeschäften in:

1. Münzen und Edelmetallen, Banknoten, Papiergeld, Staats- oder anderen für den Handelsverkehr geeigneten Wertpapieren, Coupons, Dividendenscheinen, Wechseln,

Schecks, Anweisungen und Auszahlungen (Abteilung Fondsbörse);

2. Getreide, Mehl, Braumalz, Stärke, Zucker, Saat, Rüböl, Petroleum, Spiritus und anderen Produkten und Waren, soweit sie nicht den Abteilungen Fondsbörse und Metallbörse zugewiesen sind (Abteilung Produktenbörse);
3. unedlen Metallen (Abteilung Metallbörse).

## III. Zulassung zum Börsenbesuche. Disziplinarverfahren.

**§ 13.** Die Zulassung zum Börsenbesuche durch den Börsenvorstand erfolgt auf schriftlichen Antrag.

Als Ausweis über die Zulassung erhalten gegen Zahlung der Gebühr die dauernd und mit der Befugnis zur Teilnahme am Börsenhandel zugelassenen Börsenbesucher (vgl. § 15) eine Börsenkarte, die übrigen eine Eintrittskarte. Die Karten werden, sofern nicht ein anderes bestimmt ist, für die Dauer eines Kalenderjahrs ausgestellt und sind nur für die Person gültig, auf deren Namen sie lauten.

Die nicht am Börsenhandel teilnehmenden Mitglieder des Ältestenkollegiums und der Handelskammer, die Beamten der Handelskammer und der Korporation der Kaufmannschaft sowie alle Personen, die, ohne am Börsenhandel oder an den Kursmaklergeschäften teilzunehmen, vermöge ihres Amts den Börsenversammlungen beizuwohnen berechtigt sind, haben, ohne einer besonderen Zulassung zu bedürfen, Zutritt zur Börse und erhalten kostenfrei eine Eintrittskarte. Die Kursmakler sind von der Verpflichtung, eine Börsenkarte gegen Entrichtung der Gebühren zu lösen, nicht befreit.

**§ 14.** Zum Börsenbesuche dürfen nicht zugelassen werden:

1. Personen weiblichen Geschlechts;

2. Personen, welche sich nicht im Besitze der bürgerlichen Ehrenrechte befinden;
3. Personen, welche infolge gerichtlicher Anordnung in der Verfügung über ihr Vermögen beschränkt sind;
4. Personen, welche wegen betrüglichen Bankerotts rechtskräftig verurteilt sind;
5. Personen, welche wegen einfachen Bankerotts rechtskräftig verurteilt sind;
6. Personen, welche sich im Zustande der Zahlungsunfähigkeit befinden, oder Vertreter einer der im § 15 genannten Gesellschaften oder Genossenschaften sind, die sich im Zustande der Zahlungsunfähigkeit befindet. Als zahlungsunfähig im Sinne dieser Vorschrift gilt schon, wer Gläubigern über unstreitige Schuldverbindlichkeiten Vergleichsvorschläge macht oder eine unstreitige und fällige Schuldverbindlichkeit unberichtigt läßt. Unstreitigen Schuldverbindlichkeiten stehen solche gleich, die durch rechtskräftiges Urteil oder den Schiedsspruch eines Börsenschiedsgerichts oder für vollstreckbar erklärten Schiedsspruch eines anderen Schiedsgerichts festgestellt sind;
7. Personen, gegen welche durch rechtskräftige oder für sofort wirksam erklärte ehrengerichtliche Entscheidung auf Ausschließung von dem Besuche einer Börse erkannt ist;
8. Personen, welche an einer die übrigen Börsenbesucher oder den Verkehr an der Börse gefährdenden Krankheit leiden.

Tritt einer der zu 2 bis 6 und 8 gedachten Fälle erst nach der Zulassung ein, so erfolgt die Ausschließung mittelst Beschlusses des Börsenvorstands.

Die Zulassung oder Wiederzulassung zum Börsenbesuche

kann in den Fällen des Abs. 1 Ziff. 2 und 3 nicht vor der Beseitigung des Ausschließungsgrunds, in dem Falle des Abs. 1 Ziff. 5 nicht vor Ablauf von sechs Monaten, nachdem die Strafe verbüßt, verjährt oder erlassen ist; sie darf in den Fällen des Abs. 1 Ziff. 5 und 6 nur stattfinden, wenn der Börsenvorstand den Nachweis für geführt erachtet, daß die Schuldverhältnisse sämtlichen Gläubigern gegenüber durch Zahlung, Erlaß oder Stundung geregelt sind. Einer Person, welche im Wiederholungsfalle in Zahlungsunfähigkeit oder in Konkurs geraten ist, muß die Zulassung oder Wiederzulassung mindestens für die Dauer eines Jahres verweigert werden. In dem Falle des Abs. 1 Ziff. 4 ist der Ausschluß ein dauernder. In dem Falle des Abs. 1 Ziff. 6 kann der Börsenvorstand ein Mindestmaß der Ausschlußfrist feststellen.

Findet gemäß Abs. 1 Ziff. 2 bis 7 der Ausschluß eines Inhabers oder Vertreters einer Firma statt, so können durch Beschluß des Börsenvorstands auch die übrigen Inhaber und Vertreter dieser Firma, die zum Börsenbesuche zugelassen sind, ausgeschlossen werden.

**§ 15.** Dauernd und mit der Befugnis zur Teilnahme am Börsenhandel werden zum Börsenbesuche zugelassen diejenigen volljährigen Personen, welche als Inhaber einer Firma, als Gesellschafter einer offenen Handelsgesellschaft, als Vorstandsmitglieder einer Aktiengesellschaft, als persönlich haftende Gesellschafter einer Kommanditgesellschaft oder Kommanditgesellschaft auf Aktien, als Geschäftsführer einer Gesellschaft mit beschränkter Haftung oder als Vorstandsmitglieder einer eingetragenen Genossenschaft in das Handelsregister oder in das Genossenschaftsregister Berlins oder eines seiner Vororte eingetragen sind, sowie die Vorstandsmitglieder der öffentlichen Bankanstalten, die in Berlin oder einem seiner Vororte ihren Sitz haben.

Die Zulassung solcher Personen darf nach Erfüllung der in § 17 genannten Voraussetzungen nur abgelehnt werden, wenn die Bestimmungen der §§ 14 und 17 Abs. 4 entgegenstehen oder dem Börsenvorstande Umstände bekannt sind, welche die Befürchtung rechtfertigen, daß der Antragsteller den Anforderungen, die an einen am Börsenhandel teilnehmenden Börsenbesucher zu stellen sind, nicht entsprechen wird. In diesem Falle kann die Ablehnung ohne Angabe von Gründen erfolgen.

In geeigneten Fällen können statt der im Abs. 1 bezeichneten Personen Prokuristen oder Bevollmächtigte desselben Betriebs als Börsenbesucher dauernd und mit der Befugnis, am Börsenhandel teilzunehmen, zugelassen werden.

Eine Zurücknahme der Zulassung der in Abs. 1 und 3 bezeichneten Personen kann erfolgen, wenn sich nach der Zulassung herausstellt, daß sie in Unkenntnis von Tatsachen erfolgt ist, die gemäß Abs. 2 die Ablehnung einer Zulassung rechtfertigen.

Anderen Personen kann der Börsenvorstand nach seinem Ermessen die dauernde Zulassung mit Teilnahmebefugnis gewähren, wenn die im Abs. 2 erwähnten Bestimmungen nicht entgegenstehen und die dort erwähnten Voraussetzungen erfüllt sind; eine derartige Zulassung kann der Börsenvorstand nach seinem Ermessen zurücknehmen.

**§ 16.** Zum Börsenbesuche können ferner, wenn die Bestimmungen der §§ 14 und 17 Abs. 4 nicht entgegenstehen, nach freiem Ermessen des Börsenvorstands zugelassen werden:

1. kaufmännische Angestellte (Prokuristen, Handlungsgehilfen, Volontöre und Lehrlinge) eines gemäß § 15 zugelassenen Börsenbesuchers, eines Kursmaklers oder einer der im § 15 genannten Gesellschaften oder Genossenschaften, sofern diese durch mindestens einen gemäß § 15 zugelassenen Börsenbesucher an der Börse vertreten sind, oder einer öffentlichen Bankanstalt, die in Berlin

oder einem seiner Vororte ihren Sitz hat. Diese Personen dürfen nur im Namen und für Rechnung des Dienstherrn am Börsenhandel teilnehmen;

2. ohne Befugnis zur Teilnahme am Börsenhandel:
   a) Berichterstatter der Presse;
   b) Personen, die ein dem Börsenhandel dienendes Hilfsgewerbe betreiben;
   c) Boten der unter Ziff. 1 genannten Personen usw.;
   d) andere in Berlin oder einem seiner Vororte wohnhafte Personen;
   e) außerhalb Berlins und seiner Vororte wohnhafte Kaufleute und Prokuristen, die durch einen gemäß § 15 zugelassenen Börsenbesucher empfohlen werden; diesen wird für die Dauer von sechs Wochen eine Fremdeneintrittskarte ausgestellt.

Die Zulassung der unter Ziffer 1 und 2c genannten Personen erfolgt auf ein Kalenderjahr, der unter Ziffer 2e genannten auf sechs Wochen, der übrigen ohne beschränkte Zeitdauer.

Der Börsenvorstand kann die Zulassung nach freiem Ermessen zurücknehmen. Er muß sie zurücknehmen, wenn der Zugelassene unbefugt am Börsenhandel teilnimmt.

Ohne Erteilung einer Eintrittskarte, jedoch höchstens sechsmal jährlich, dürfen einwandfreie volljährige Personen durch gemäß § 15 zugelassene Börsenbesucher in die Börse eingeführt werden, nachdem die Namen des Einführenden und des Eingeführten, bei letzterem unter Angabe von Stand und Wohnort, in das am Eingang zu den Börsensälen ausliegende Fremdenbuch eingetragen sind.

**§ 17.** Der Antrag auf Zulassung zum Börsenbesuche ist in den Fällen des § 16 Ziff. 1 und 2c vom Dienstherrn, im übrigen von dem zu stellen, der sie für sich erstrebt. Die ihre Zulassung gemäß § 15 beantragenden Personen haben zwecks

Aufnahme in die Wählerlisten (vgl. § 3) in dem Antrage zu erklären, welcher Abteilung der Börse (vgl. § 4) sie zugerechnet sein wollen.

In den Fällen der §§ 15 und 16 Ziff. 2a und b bedarf der Antrag der Unterstützung durch drei Gewährsmänner, die seit mindestens zwei Jahren gemäß § 15, oder auch, soweit es sich um Berichterstatter der Presse handelt, als solche, soweit es sich um die im § 16 Ziff. 2b genannten Gewerbetreibenden handelt, als solche zum Börsenbesuche zugelassen sind. Der Antrag ist mit Angabe der Gewährsmänner durch Aushang in den Börsensälen während acht Börsentagen bekannt zu machen. Nach Ablauf dieser Frist ist von den Gewährsmännern zu Protokoll die Erklärung abzugeben, daß sie nach sorgfältiger Prüfung den Antragsteller für einen Mann halten, der — in den Fällen des § 15 — der Achtung seiner Berufsgenossen und der dauernden Zulassung zum Börsenbesuche mit der Befugnis zur Teilnahme am Börsenhandel — in den Fällen des § 16 Ziff. 2a und b —, der Achtung der Börsenbesucher und der Zulassung zum Börsenbesuche würdig ist. Die Vorstandsmitglieder öffentlicher Bankanstalten sind von der Stellung von Gewährsmännern befreit.

Börsenbesucher, die durch ehrengerichtliche Entscheidung oder Beschluß des Börsenvorstandes (vgl. §§ 18 und 19) auf eine kalendermäßig bestimmte Frist vom Börsenbesuche ausgeschlossen worden sind, sind nach Ablauf der Frist wieder zum Börsenbesuche berechtigt, ohne daß es eines Antrags bedarf. Personen, die bereits gemäß § 15 oder § 16 Ziff. 2a oder b zugelassen waren und der Zulassung durch deren Zurücknahme, durch Ausschließung auf eine kalendermäßig nicht bestimmte Frist oder aus anderen Gründen (Verzicht, Fortfall der für die Zulassung vorausgesetzten Eigenschaften u. dgl.) verlustig gegangen sind, können beim Nachsuchen der Wiederzulassung vom Börsenvorstande von der Stellung von Gewährsmännern befreit werden.

Ein endgültig abgelehnter Zulassungsantrag darf innerhalb von sechs Monaten nicht wiederholt werden.

§ 18. Wird gegen einen gemäß § 15 oder § 16 Ziff. 2a und b zugelassenen Börsenbesucher auf Ausschließung für die Dauer von drei Monaten oder länger erkannt, oder wird die Zulassung eines solchen Börsenbesuchers zurückgenommen, so ist zugleich seitens des Börsenvorstands zu prüfen, ob die Gewährsmänner bei der Empfehlung Tatsachen gekannt haben oder bei ernster Erfüllung der ihnen durch die Empfehlung auferlegten Pflicht hätten kennen müssen, die mit der von ihnen abgegebenen Erklärung im Widerspruch standen. Gegen einen hierbei als schuldig befundenen Gewährsmann ist auf zeitweilige oder dauernde Absprechung des Rechts, Gewährsmann zu sein, zu erkennen; außerdem kann er auf mindestens drei Tage und höchstens drei Monate vom Börsenbesuche ausgeschlossen werden. Ein Verfahren gegen die Gewährsmänner tritt nicht ein, wenn zwischen der Gewährschaft und der Ausschließung mehr als drei Jahre liegen.

In den Fällen des § 16 Ziff. 1 und 2c ist der Dienstherr verpflichtet, darüber zu wachen, daß an der Börse die unter 1 genannten Personen Geschäfte lediglich im Namen und für Rechnung des Dienstherrn abschließen, die unter 2c genannten nur Botendienste verrichten.

Hat der Dienstherr die Zulassung solcher Personen beantragt, obwohl er wußte oder wissen mußte, daß sie auch Handlungen vornehmen werden, zu denen sie durch die Zulassung nicht berechtigt sind, oder hat er wissentlich oder fahrlässig geduldet, daß sie solche Handlungen vornehmen, so ist er in gleicher Weise zu bestrafen wie die Börsenbesucher, die sich der in § 19 angegebenen Verfehlungen schuldig machen. Ist der Dienstherr eine Gesellschaft oder Genossenschaft, so trifft die Strafe den oder die mit der Befugnis zur Teilnahme am Börsenhandel zugelassenen Vertreter.

**§ 18a.** Der Börsenvorstand wählt alljährlich aus der Zahl der zum Besuche der Börse zugelassenen Berichterstatter einen aus drei Sachverständigen für Presseangelegenheiten und zwei Stellvertretern bestehenden Presseausschuß. Der Presseausschuß ist vor der Entscheidung über Anträge auf Zulassung zum Börsenbesuche als Berichterstatter der Presse, über die Zurücknahme einer solchen Zulassung, sowie in einem nach § 18 gegen einen Berichterstatter eingeleiteten Verfahren gutachtlich zu hören.

**§ 19.** Sämtliche Börsenbesucher unterstehen den Anordnungen des Börsenvorstands.

Von dem Besuche der Börsenversammlungen sind auszuschließen Börsenbesucher, die

1. in den Börsensälen oder den zugehörigen Nebenräumen von dem Zeitpunkte der Öffnung bis zu dem der Schließung der Eingangstüren
   a) einen Börsenbesucher oder eine an der Börse amtlich beschäftigte Person beleidigen;
   b) Lärm erregen, den Anstand verletzen, die Ordnung oder den Geschäftsverkehr an der Börse stören oder einer Anordnung eines Mitglieds des Börsenvorstands zuwiderhandeln;
   c) der Aufforderung eines Börsenbeamten zum Verlassen der Börse nach Börsenschluß nicht Folge leisten;
2. in zur Zuständigkeit des Börsenvorstands gehörigen Sachen als Zeugen, in Disziplinarsachen auch als Anzeigende oder Beschuldigte auf Ladungen des Börsenvorstands oder seiner Kommissionen unentschuldigt ausbleiben oder unbefugt ihr Zeugnis verweigern oder ein unwahres Zeugnis ablegen.

Die Ausschließungsfrist beträgt mindestens drei Tage und höchstens ein Jahr.

Statt der Ausschließung ist die Erteilung eines Verweises oder die Verhängung einer Geldstrafe von mindestens 50 bis höchstens 1500 Mark zulässig. Die eingehenden Gelder sind zugunsten unterstützungsbedürftiger Börsenbesucher zu verwenden.

**§ 20.** Vor Ausschließung von der Börse, Zurücknahme der Zulassung, Absprechung des Rechts, Gewährsmann zu sein, Verhängung einer Geldstrafe oder Erteilung eines Verweises ist der Betroffene zu seiner Vernehmung vor die Untersuchungskommission des Börsenvorstands und einen Syndikus zu laden. Der gegen ihn ergehende Beschluß ist ihm zuzustellen.

Ist sein Aufenthalt unbekannt, so erfolgt die Zustellung der Ladung und des Beschlusses durch Aushang in den Börsensälen während acht Börsentagen.

**§ 21.** Die im § 20 Abs. 1 genannten Beschlüsse können auf Beschluß des Börsenvorstands durch Aushang in den Börsensälen während acht Börsentagen bekannt gemacht werden.

**§ 22.** Gegen die Ablehnung eines Antrags auf Zulassung zum Börsenbesuche, gegen die Zurücknahme der Zulassung, sowie gegen die in den §§ 20 Abs. 1 Satz 1 und 21 bezeichneten Beschlüsse findet binnen einer Frist von einer Woche nach Zustellung des Beschlusses die Beschwerde an die Handelskammer statt.

Der Börsenvorstand kann bei Beschlüssen auf Zurücknahme der Zulassung sowie auf Ausschließung von der Börse anordnen, daß die Wirkung sofort eintritt.

## IV. Ehrengericht.

**§ 23.** Das Ehrengericht an der Börse zu Berlin besteht aus fünf ordentlichen und sieben stellvertretenden Mitgliedern, die aus der Zahl der Mitglieder der Handelskammer auf die Dauer von drei Kalenderjahren durch die Handelskammer gewählt werden. Für ein Mitglied, das während der Amtsdauer ausscheidet, wählt die Handelskammer einen Ersatzmann für den Rest der Wahlperiode des Ausgeschiedenen. Außerdem gehört dem Ehrengericht ein Syndikus der Handelskammer als Mitglied mit beratender Stimme an.

Das Ehrengericht entscheidet in einer Besetzung von drei, in Hauptverhandlungen in einer Besetzung von fünf stimmberechtigten Mitgliedern.

Die rechtskräftigen oder gemäß § 16 Abs. 4 des Börsengesetzes für sofort wirksam erklärten Urteile sind dem Börsenvorstande mitzuteilen.

Bei zeitweiliger Ausschließung bestimmt, sofern das Ehrengericht nicht von dem ihm gemäß § 16 Abs. 4 des Börsengesetzes zustehenden Rechte Gebrauch macht, der Börsenvorstand den Beginn der Ausschließungsfrist.

## V. Zulassungsstelle.

**§ 24.** Die Zulassungsstelle an der Börse zu Berlin besteht aus nicht mehr als 28 und nicht weniger als 22 ordentlichen, sowie nicht mehr als zehn und nicht weniger als acht stellvertretenden Mitgliedern, von denen mindestens je die Hälfte sich nicht berufsmäßig am Börsenhandel mit Wertpapieren beteiligt. Unter den ordentlichen Mitgliedern sind fünf aus der Zahl der Mitglieder der Handelskammer, sechs aus der Zahl der Mitglieder der Ältesten der Kaufmannschaft zu wählen.

Die Mitglieder werden auf die Dauer von drei Kalenderjahren durch die Handelskammer gewählt. Für ein Mitglied, das während der Amtsdauer ausscheidet, wählt die Handelskammer einen Ersatzmann für den Rest der Wahlperiode des Ausgeschiedenen.

Die Zulassungsstelle ist beschlußfähig, wenn neun Mitglieder anwesend sind.

**§ 25.** Die Zulassungsstelle wählt alljährlich aus ihrer Mitte einen Vorsitzenden und zwei Stellvertreter. Diese Wahlen bedürfen der Bestätigung der Handelskammer.

Die Zulassungsstelle erläßt ihre Geschäftsordnung selbst. Die Geschäftsordnung bedarf der Genehmigung der Handelskammer.

**§ 26.** Zur Stellung des Antrags auf Zulassung von Wertpapieren zum Börsenhandel sind nur in Berlin oder einem seiner Vororte ansässige Firmen berechtigt.

**§ 27.** Dem Antragsteller steht gegen jede Entscheidung der Zulassungsstelle, durch die dem Antrage auf Zulassung einer Emission nicht stattgegeben wird, binnen einer Frist von zwei Wochen nach Bekanntgabe die Beschwerde an die Handelskammer zu. Die Handelskammer erteilt der Zulassungsstelle Abschrift der Beschwerdeschrift zur Kenntnisnahme.

Bei Beschwerden über die Zulassungsstelle dürfen die der Zulassungsstelle angehörigen Mitglieder der Handelskammer zwar an der Beratung, nicht aber an der Abstimmung über die Beschwerde teilnehmen.

## VI. Zulassung von Waren und Wertpapieren zum Börsenterminhandel.

**§ 28.** Vor Zulassung von Waren oder Wertpapieren zum Börsenterminhandel ist, sofern sie nicht von Amts wegen erfolgt, der Antrag auf Zulassung durch Aushang in den Börsensälen während zwei Wochen bekannt zu machen.

Das Ergebnis der gemäß § 50 Abs. 3 des Börsengesetzes vor der Zulassung von Waren zum Börsenterminhandel vorgenommenen Ermittelungen ist dem Reichskanzler durch die Hand des Ministers für Handel und Gewerbe mitzuteilen.

Die Zulassung von Waren oder Wertpapieren zum Börsenterminhandel ist dem Minister für Handel und Gewerbe anzuzeigen.

Endlich sind ihm die Geschäftsbedingungen für die im § 67 des Börsengesetzes bezeichneten Geschäfte behufs Herbeiführung der Genehmigung des Bundesrats einzureichen.

## VII. Feststellung der Kurse und Preise.

**§ 29.** Die amtliche Feststellung der Kurse und Preise erfolgt namens des Börsenvorstands durch ein Mitglied oder mehrere Mitglieder des Börsenvorstands.

Die Namen der damit beauftragten Mitglieder sind durch Aushang in den Börsensälen bekannt zu machen. Für den Fall der Verhinderung können andere Mitglieder des Börsenvorstands eintreten.

Bei der Preisfeststellung für landwirtschaftliche Produkte sind mindestens zwei der als Vertreter der Landwirtschaft, der landwirtschaftlichen Nebengewerbe oder anderen Berufszweige gewählten Mitglieder des Börsenvorstands zur Mitwirkung zu berufen. Die Leitung der Feststellung steht in allen Fällen einem gemäß § 2 Abs. 1 gewählten Mitgliede des Börsenvorstands zu. Wirken mehrere solcher Mitglieder mit, so übernimmt das an Lebensalter älteste die Leitung. Bei Meinungsverschiedenheiten entscheidet die Mehrheit. Bei Stimmengleichheit gibt die Stimme des die Feststellung leitenden Vorstandsmitglieds den Ausschlag.

**§ 30.** Der Börsenvorstand bestimmt mit Genehmigung der Handelskammer, an welchen Tagen und in welchen Zwischenräumen die Feststellung der Kurse und Preise erfolgt. Die genehmigten Beschlüsse sind durch Aushang in den Börsensälen bekannt zu machen.

**§ 31.** Die Feststellung erfolgt unmittelbar nach 2 Uhr, am Sonnabend unmittelbar nach $1^1/_2$ Uhr in den dazu bestimmten Räumen. Dort haben die Kursmakler und die von der Handelskammer für die Metallbörse bestellten Agenten, die in den Wertpapieren oder Waren Geschäfte vermitteln, an denjenigen Tagen, an denen für ihren Geschäftszweig Kurse oder Preise festzustellen sind, pünktlich um 2 Uhr, am Sonnabend pünktlich um $1^1/_2$ Uhr zu erscheinen und anwesend zu bleiben, bis sie von den amtierenden Mitgliedern des Börsenvorstands entlassen werden. Die Kursmakler und die von der Handelskammer für die Metallbörse bestellten Agenten haben diesen alle zur Feststellung der Kurse und Preise von ihnen geforderten Erklärungen nach bestem Wissen der Wahrheit gemäß abzugeben.

Ergeben sich Zweifel oder Streitigkeiten über die Feststellung der Kurse oder Preise, so ist das die Feststellung leitende Mitglied des Börsenvorstands befugt, eine ausdrückliche protokollarische Erklärung der Kursmakler und der von der Handelskammer für die Metallbörse bestellten Agenten — der ersteren unter Hinweis auf den geleisteten Eid, der letzteren auf ihre Dienstvorschrift — zu erfordern und nach seinem Ermessen auch die Richtigkeit durch Einsicht der Tagebücher oder in anderer Weise zu prüfen. Die Kursmakler und die von der Handelskammer für die Metallbörse bestellten Agenten sind befugt, bei Vorlegung der Tagebücher die Namen der Auftraggeber zu verdecken.

Die Entscheidung über die Höhe der festzustellenden Kurse oder Preise steht den Mitgliedern des Börsenvorstands allein zu. Es bleibt ihnen, insoweit nicht für die Metallbörse vom Bundesrat gemäß § 35 des Börsengesetzes besondere Vorschriften für die amtliche Feststellung des Börsenpreises getroffen werden, überlassen, auf welchem Wege sie sich die zu ihrer Entscheidung erforderliche Kenntnis, abgesehen von den Angaben der Kursmakler oder der von der Handelskammer für die Metallbörse bestellten Agenten, auf Grund börsenmäßig abgeschlossener Geschäfte oder hervorgetretener Angebote oder Nachfragen verschaffen wollen.

Die Protokolle über Feststellung der Kurse und Preise sind von Börsensekretären zu führen.

Für nach 2 Uhr, am Sonnabend nach $1^1/_2$ Uhr abgeschlossene Geschäfte findet eine amtliche Feststellung der Kurse und Preise nicht statt.

**§ 32.** In den zur Veröffentlichung gelangenden amtlichen Preisnotierungen sind die bei den verschiedenen Getreidegattungen (Weizen, Roggen, Gerste u. a. m.) nach Lage des Geschäftsverkehrs an der Börse hauptsächlich in Betracht kommenden Sorten mit Unterscheidung nach Ursprung (inländisch und ausländisch), nach Qualitätsgewicht, nach Beschaffenheit in Farbe, Geruch und Trockenheit, nach alter und neuer Ernte zu bezeichnen, soweit diese Unterscheidungsmerkmale festzustellen sind.

**§ 33.** Für jede einzelne der gemäß § 32 zur Notierung gelangenden Getreidesorten sind die dafür wirklich gezahlten Preise zu notieren, soweit dies festzustellen ist.

Insoweit sich diese Notierungen auf Abschlüsse über besonders geringe Quantitäten beziehen oder sonst besondere Verhältnisse vorliegen, ist dies bei der Notierung kenntlich zu machen.

**§ 34.** Das amtliche Kursblatt der Berliner Fondsbörse und der amtliche Bericht für Waren, welche mit den Protokollen übereinstimmen müssen, werden sofort nach Feststellung der Kurse und Preise gedruckt, mit dem Stempel der zuständigen Abteilung des Börsenvorstands beglaubigt und noch an demselben Nachmittage ausgegeben.

Ob und in welcher Weise außerdem amtliche Bekanntmachungen über Kurse und Preise vom Börsenvorstande zu erlassen sind, bestimmt dieser selbst.

## VIII. Allgemeine Vorschriften.

**§ 35.** Die Mitglieder des Börsenvorstands, des Ehrengerichts und der Zulassungsstelle üben ihr Amt ehrenamtlich aus.

**§ 36.** Die Börsenversammlungen finden in dem der Korporation der Kaufmannschaft von Berlin gehörigen Börsengebäude statt. Bei künftig etwa eintretenden Änderungen wird der Versammlungsort der Börse von der Handelskammer mit Genehmigung des Ministers für Handel und Gewerbe bestimmt.

**§ 37.** Die Börsenversammlungen finden täglich, mit Ausnahme der Sonn- und Festtage, von mittags 12 Uhr bis nachmittags 3 Uhr, am Sonnabend von mittags 12 Uhr bis nachmittags 2 Uhr statt.

Die Festsetzung einer anderen Börsenzeit und damit die Änderung der im § 32 Abs. 1 festgesetzten Zeitpunkte erfolgt durch Beschluß des Börsenvorstands, welcher der Genehmigung der Handelskammer unterliegt. Dieser Beschluß tritt in Kraft, nachdem er durch Aushang in den Börsensälen während acht Börsentagen und durch dreimalige Veröffentlichung in wenigstens vier Berliner Zeitungen bekannt gemacht ist.

Der Börsenvorstand ist befugt, einzelne Börsenversammlungen ausfallen zu lassen oder deren Zeitdauer abzuändern.

**§ 38.** Der Anfang und das Ende jeder Börsenversammlung wird durch ein Glockenzeichen kund gemacht.

Ist usancemäßig die Zulässigkeit der Kündigungen oder die Abgabe von Erklärungen von der Innehaltung einer in die Zeit der Börsenversammlung fallenden Frist abhängig, so kann auf Anordnung einer Abteilung des Börsenvorstands der Ablauf dieser Frist durch ein Glockenzeichen verkündet werden.

**§ 39.** Außer den Bekanntmachungen der Handelskammer, der Ältesten der Kaufmannschaft, des Börsenvorstands und der Zulassungsstelle können durch Aushang in den Börsensälen auch andere Bekanntmachungen veröffentlicht werden, wenn der Börsenvorstand sie nach Form und Inhalt für zur Veröffentlichung geeignet und dem Zwecke des Börsenverkehrs oder dem Interesse des Handelsstandes entsprechend findet.

Bei amtlichen Bekanntmachungen ist die erfolgte Veröffentlichung von einem Börsenbeamten zu bescheinigen.

**§ 40.** Zu allen Sitzungen des Börsenvorstands, seiner Abteilungen und der Zulassungsstelle ist der Staatskommissar einzuladen.

Berlin, den 7. Dezember 1908.

Die Handelskammer zu Berlin.
Franz von Mendelssohn.

**Anlage 7.**

## Maklerordnung für die Kursmakler an der Berliner Börse.

Vom 9. Juli 1906 (Amtsbl. d. Kgl. Reg. zu Potsdam u. d. Stadt Berlin 427).

Auf Grund des § 30 Abs. 2 und des § 32 Abs. 1 des Börsengesetzes vom 22. Juni 1896 (Reichsgesetzbl. S. 157) bestimme ich für die Kursmakler an der Börse zu Berlin unter Aufhebung der Maklerordnung für die Kursmakler an der Berliner Börse vom 4. Dezember 1896 und des Nachtrags vom 29. Dezember 1900 (Amtsblatt 1901 S. 9) was folgt:

## Bestellung und Entlassung der Kursmakler.

**§ 1.** Die Kursmakler werden durch den Oberpräsidenten der Provinz Brandenburg und der Stadt Berlin bestellt und in seinem Auftrage durch den Staatskommissar bei der Berliner Börse darauf vereidigt, daß sie die ihnen obliegenden Pflichten getreu erfüllen werden (§ 30 Abs. 1 Satz 3 des Börsengesetzes).

**§ 2.** Vor der Bestellung sind die Handelskammer und die Maklerkammer zu hören. Sie haben ihre Äußerungen dem Oberpräsidenten durch Vermittelung des Staatskommissars einzureichen, und zwar die Handelskammer nach Anhörung des Börsenvorstands.

**§ 3.** Der zum Kursmakler Bestellte erhält nach seiner Vereidigung eine von dem Oberpräsidenten ausgefertigte Bestallung.

**§ 4.** Die Entlassung eines Kursmaklers kann erfolgen, wenn er sich einer groben Verletzung der ihm obliegenden Pflichten schuldig macht oder sich durch sein Verhalten in oder außer dem Amte der Achtung, des Ansehens und des Vertrauens, die sein Beruf erfordert, unwürdig zeigt oder zur Erfüllung seiner Amtspflicht dauernd unfähig wird. Die Entlassung erfolgt durch den Oberpräsidenten. Vor der Entlassung sind die Handelskammer und die Maklerkammer zu hören.

In dringenden Fällen steht dem Staatskommissar die Befugnis zu, einem Kursmakler die Ausübung des Amtes vorläufig zu untersagen.

**§ 5.** Die Zulassung zum Besuche der Börse erfolgt durch die Bestellung zum Kursmakler.

**§ 6.** Jeder Kursmakler hat für seine Vertretung im Falle der Beurlaubung oder der Behinderung durch Krankheit einen Stellvertreter in Vorschlag zu bringen. In besonderen Fällen kann die Maklerkammer von dieser Verpflichtung befreien.

Auf die Stellvertreter finden die Vorschriften der §§ 1 bis 5 mit der Maßgabe Anwendung, daß die Bestellung nur auf bestimmte Zeit erfolgt. Sie haben während der Dauer einer Vertretung die Rechte und Pflichten von Kursmaklern (§§ 23 bis 26, 28 bis 33).

Die Befugnisse eines Stellvertreters endigen auch durch Erklärung des Kursmaklers, zu dessen Vertretung er bestellt ist. Der Kursmakler hat hiervon der Maklerkammer rechtzeitig Mitteilung zu machen, welche ihrerseits weitere Mitteilung an den Oberpräsidenten, den Staatskommissar und den Börsenvorstand macht.

### Maklerkammer.

**§ 7.** Die Kursmakler werden durch eine Maklerkammer vertreten.

Die Maklerkammer besteht aus 13 Mitgliedern und sechs Stellvertretern. Elf Mitglieder und fünf Stellvertreter werden von den Kursmaklern der Fondsbörse aus ihrer Mitte, zwei Mitglieder und ein Stellvertreter von den Kursmaklern der Produktenbörse aus ihrer Mitte gewählt.

Für Angelegenheiten, welche nur die Fondsbörse betreffen, scheiden die von den Kursmaklern der Produktenbörse gewählten Mitglieder aus.

Die Stellvertreter werden durch den Vorsitzenden der Kammer nach Maßgabe der Geschäftsordnung einberufen.

**§ 8.** Die Wahlen zur Maklerkammer erfolgen auf vier Jahre. Nach zwei Jahren scheiden von den aus der Mitte der Kursmakler an der Fondsbörse Gewählten sechs Mitglieder und drei Stellvertreter, von den aus der Mitte der Kursmakler an der Produktenbörse Gewählten ein Mitglied aus, nach weiteren zwei Jahren die übrigen fünf Mitglieder und zwei Stellvertreter von der Fondsbörse und das andere Mitglied und der Stellvertreter von der Produktenbörse. Die Ausscheidenden sind wieder wählbar. Sie bleiben im Amte, bis die Neugewählten die Geschäfte übernommen haben.

**§ 9.** Die Wahlen zur Maklerkammer werden von dem Kammervorstand anberaumt und geleitet.

Schwebt gegen einen Kursmakler ein gerichtliches Verfahren wegen einer strafbaren Handlung, welche die Unfähigkeit zur Bekleidung öffentlicher Ämter zur Folge haben kann, oder ein ehrengerichtliches Verfahren, oder ist ihm die Ausübung des Amts untersagt, so ruht das Wahlrecht und die Wählbarkeit.

Die Wahl erfolgt durch Stimmzettel in geheimer Abstimmung, sofern die Wahlversammlung nicht einstimmig ein anderes beschließt.

Gewählt sind diejenigen, die die Mehrheit der abgegebenen Stimmen erhalten haben.

Insoweit sich im ersten Wahlgang eine absolute Mehrheit nicht ergibt, sind diejenigen, welche, abgesehen von den etwa mit absoluter Mehrheit Gewählten, die meisten Stimmen erhalten haben, in der doppelten Anzahl der noch zu wählenden in eine engere Wahl zu bringen. Bei der engeren Wahl gilt als gewählt, wer die meisten Stimmen auf sich vereinigt.

Einsprüche gegen die Gültigkeit des Wahlergebnisses sind binnen acht Tagen nach dessen Verkündung an die Maklerkammer zu richten. Gegen die Entscheidung der Maklerkammer findet Beschwerde an den Oberpräsidenten statt.

**§ 10.** Scheidet ein Mitglied der Maklerkammer früher als drei Monate vor Ablauf seiner Wahlperiode aus, so ergänzt sich die Maklerkammer bis zum nächsten Wahltermine durch Zuwahl aus der Reihe der Stellvertreter.

In dem nächsten Wahltermine wird für den Ausgeschiedenen, sofern dessen Wahlperiode noch nicht abgelaufen ist, für deren Dauer ein Ersatzmann gewählt.

Ist die Wahlperiode abgelaufen, so findet Neuwahl statt.

§ 11. Der Vorstand der Maklerkammer besteht aus einem Vorsitzenden, einem stellvertretenden Vorsitzenden, einem Schriftführer, einem stellvertretenden Schriftführer und einem Schatzmeister.

Der Vorstand wird von der Maklerkammer aus ihrer Mitte gewählt.

§ 12. Über die Kammer- und Vorstandssitzungen sowie über die Wahlhandlungen der Kursmakler sind Protokolle aufzunehmen, die von dem Vorsitzenden und dem Schriftführer zu unterzeichnen sind.

Die Ergebnisse der Maklerkammer- und der Vorstandswahlen sind dem Oberpräsidenten, dem Staatskommissar, der Handelskammer, den Ältesten der Kaufmannschaft und dem Börsenvorstande mitzuteilen und durch öffentlichen Aushang an der Börse bekannt zu geben.

§ 13. Die Maklerkammer hat:

1. die Aufsicht über die Kursmakler auszuüben unbeschadet der dem Staatskommissar, der Handelskammer und dem Börsenvorstande zustehenden Befugnisse;
2. die Verteilung der Geschäfte unter die einzelnen Kursmakler (Gruppenbildung) vorzunehmen;
3. Streitigkeiten unter den Kursmaklern auf Antrag zu schlichten;
4. Streitigkeiten aus dem Auftragsverhältnisse zwischen einem Kursmakler und dem Auftraggeber auf Antrag des letzteren zu schlichten;
5. auf Erfordern der staatlichen Behörden Gutachten zu erstatten.

§ 14. Die Maklerkammer kann einzelne Mitglieder oder aus ihrer Mitte gebildete Kommissionen mit der Vorbereitung oder Erledigung bestimmter Geschäfte betrauen.

**§ 15.** Der Vorstand verwaltet die Angelegenheiten der Maklerkammer.

Insbesondere liegt ihm ob:

1. die Maklerkammer nach außen hin zu vertreten;
2. die Verwaltung der Einnahmen und Ausgaben der Maklerkammer nach Maßgabe des Voranschlags, sowie die Anlage und Einziehung von Kapitalien zu besorgen und der Maklerkammer über die Verwaltung jährlich Rechnung zu legen;
3. die Sitzungen der Maklerkammer vorzubereiten, zu berufen und zu leiten und deren Beschlüsse zur Ausführung zu bringen;
4. die für die Verwaltung erforderlichen Beamten anzustellen und zu beaufsichtigen;
5. jährlich über die Tätigkeit der Maklerkammer dem Staatskommissar und der Handelskammer Bericht zu erstatten. Dieser Bericht ist den Ältesten der Kaufmannschaft, dem Börsenvorstand in so viel Exemplaren, als er Mitglieder zählt, und allen Kursmaklern in je einem Druckexemplar mitzuteilen.

**§ 16.** Zu Willenserklärungen, insbesondere zur Zeichnung des Vorstandes für die Maklerkammer, bedarf es der Mitwirkung des Vorsitzenden oder seines Stellvertreters und eines zweiten Mitgliedes des Vorstandes.

Schriftliche Erklärungen sind mit dem Amtssiegel zu versehen. Ist eine Willenserklärung der Maklerkammer gegenüber abzugeben, so genügt die Abgabe gegenüber einem Mitgliede des Vorstandes.

**§ 17.** Die Mitglieder der Maklerkammer verwalten ihr Amt als Ehrenamt. Bare Auslagen werden ihnen erstattet.

**§ 18.** Die Berufung der Maklerkammer muß erfolgen, wenn der Staatskommissar, die Handelskammer, die Ältesten der Kaufmannschaft, der Börsenvorstand, fünf Mitglieder der Maklerkammer oder 20 Kursmakler unter Angabe des zu behandelnden Gegenstandes es beantragen.

**§ 19.** Die Einladungen zu den Sitzungen der Maklerkammer und des Vorstandes erfolgt schriftlich durch den Vorsitzenden oder dessen Stellvertreter. Dem Staatskommissar ist von der Anberaumung der Sitzungen Mitteilung zu machen.

Die Gegenstände, über die in der Sitzung Beschluß gefaßt werden soll, müssen in der Einladung und in der Mitteilung an den Staatskommissar bezeichnet werden. Über andere Gegenstände, mit Ausnahme des Antrags auf abermalige Berufung der Maklerkammer, darf ein Beschluß nur dann gefaßt werden, wenn nicht mehr als zwei Kammermitglieder widersprechen.

Der Staatskommissar ist berechtigt, an den Sitzungen der Maklerkammer und der Unterkommission mit beratender Stimme teilzunehmen.

**§ 20.** Die Maklerkammer und der Vorstand sind beschlußfähig, wenn mehr als die Hälfte der zur Teilnahme an der Beschlußfassung befugten Mitglieder anwesend ist. Muß eine Beschlußfassung wegen Beschlußunfähigkeit unterbleiben, so erfolgt die Einladung zu einer neuen Sitzung unter Hinweis auf diese Tatsache frühestens für den nächsten Tag. In der neuen Sitzung kann die Beschlußfassung erfolgen, wenn mindestens drei Mitglieder anwesend sind.

**§ 21.** Die Beschlüsse der Maklerkammer und des Vorstandes werden mit Stimmenmehrheit gefaßt. Im Falle der Stimmengleichheit entscheidet die Stimme des Vorsitzenden. Die bei einer Beschlußfassung beteiligten Mitglieder sind von der Abstimmung ausgeschlossen.

Im übrigen regelt die Maklerkammer und der Vorstand ihre Geschäftsordnung selbst.

**§ 22.** Am Anfang jedes Jahres ist ein Voranschlag für die Einnahmen und Ausgaben der Maklerkammer vom Schatzmeister aufzustellen und von der Maklerkammer zu genehmigen. Zur Deckung der veranschlagten Kosten können von den Kursmaklern Beiträge erhoben werden. Die Maklerkammer beschließt über deren Erhebung und über die Grundsätze, nach denen sie erhoben werden sollen.

### Rechte und Pflichten der Kursmakler.

**§ 23.** Die Kursmakler sind verpflichtet, in allen Börsenversammlungen während der ganzen Dauer anwesend zu sein.

Beurlaubungen vom Börsenbesuche sind bei der Maklerkammer zu beantragen; sie können bis zu einer Gesamtdauer von zwei Monaten innerhalb eines Kalenderjahrs von der Maklerkammer, darüber hinaus nach Anhörung des Börsenvorstandes vom Oberpräsidenten bewilligt werden. Dem Börsenvorstand ist durch die Maklerkammer von der Beurlaubung Nachricht zu geben.

**§ 24.** Die Kursmakler haben den Mitgliedern des Börsenvorstandes, die mit der Feststellung der im amtlichen Kursblatte der Berliner Börse zu notierenden Kurse und Preise beauftragt sind, alle hierzu von ihnen erforderten Erklärungen nach bestem Wissen der Wahrheit gemäß abzugeben.

Ergeben sich Zweifel oder Streitigkeiten über die Feststellung der Kurse oder Preise, so ist das die Feststellung leitende Mitglied des Börsenvorstandes befugt, eine ausdrückliche protokollarische Erklärung der Kursmakler unter Hinweis auf den geleisteten Eid zu erfordern und nach seinem Ermessen auch die Richtigkeit durch Einsicht der Tagebücher der Kursmakler oder in anderer Weise zu prüfen. Die Kursmakler sind befugt, bei Vorlegung der Tagebücher die Namen der Auftraggeber zu verdecken.

§ 25. Die Kursmakler dürfen Geschäfte nur für diejenigen Börsenbesucher vermitteln, welche im Besitz einer zum Abschlusse von Börsengeschäften berechtigenden Börsenkarte sind; sie sind zur Verschwiegenheit über die Aufträge verpflichtet, soweit nicht das Gegenteil durch die Parteien zugestanden oder durch die Natur des Geschäfts geboten ist.

Zur Vornahme der nach den Bestimmungen des Handelsgesetzbuchs und des Bürgerlichen Gesetzbuchs durch einen Handelsmakler zu bewirkenden Käufe und Verkäufe sind die Kursmakler befugt. Hierunter fallen nicht Versteigerungen.

§ 26. Die Kursmakler müssen diejenigen Handelsgeschäfte, die sie für eigene Rechnung oder im eigenen Namen abgeschlossen haben, sowie die von ihnen für vermittelte Geschäfte übernommenen Bürgschaften (§ 32 Abs. 1 des Börsengesetzes) in ihren Tagebüchern täglich vor Vollziehung der Unterschrift übersichtlich zusammenstellen.

## Geschäftsverteilung.

§ 27. Die Geschäftsverteilung (§ 13 Nr. 2) ist jährlich in der ersten Hälfte des Monats Dezember für das nächste Kalenderjahr vorzunehmen. Sie kann im Laufe des Jahres von der Maklerkammer abgeändert werden, wenn sich ein Bedürfnis herausstellt.

Die Verteilung der Geschäfte und jede Änderung ist dem Staatskommissar und dem Börsenvorstande mitzuteilen.

Der Staatskommissar und der Börsenvorstand sind jederzeit befugt, eine Änderung der Geschäftsverteilung zu beantragen.

Gegen den Beschluß der Maklerkammer, welcher sich auf die Verteilung der Geschäfte bezieht, steht dem Staatskommissar und dem Börsenvorstande der Einspruch zu, welcher binnen sechs Tagen nach der Mitteilung des Beschlusses bei der Maklerkammer anzubringen ist. Über den Einspruch entscheidet die Handelskammer.

## Aufsicht und Disziplin.

**§ 28.** Die Kursmakler unterstehen wie alle Börsenbesucher der Börsenleitung des Börsenvorstandes und dem Ehrengerichte.

Die Aufsicht über die Kursmakler führt die Maklerkammer und der Staatskommissar.

Beschwerden über die Amtstätigkeit der Kursmakler sind an den Staatskommissar zu richten, welcher der Maklerkammer und dem Börsenvorstande Kenntnis gibt.

**§ 29.** Die Maklerkammer ist berechtigt, für die amtliche und die geschäftliche Tätigkeit der Kursmakler Grundsätze und Regeln festzustellen. Die Bestimmungen bedürfen der Genehmigung durch die Handelskammer; die Handelskammer hat den Börsenvorstand zu hören.

**§ 30.** Der Staatskommissar und die Maklerkammer sind befugt, in die Hand- und Tagebücher der Kursmakler Einsicht zu nehmen.

**§ 31.** Kursmakler, welche die ihnen als solchen obliegenden Pflichten verletzen, unterliegen, soweit nicht der Oberpräsident gemäß § 4 die Entlassung verfügt oder die Zuständigkeit des Ehrengerichts begründet ist, der Disziplinarbestrafung durch die Maklerkammer.

Disziplinarstrafen kommen insbesondere zur Anwendung, wenn ein Kursmakler die von der Maklerkammer aufgestellten Grundsätze und Regeln verletzt, ohne genügende Entschuldigung der Börse fernbleibt oder bei der Protokollierung der Kurse aus Fahrlässigkeit unrichtige Angaben macht.

**§ 32.** Die Disziplinarstrafen sind:

1. Warnung,

2. Verweis,
3. Geldstrafe bis 1500 M.,
4. Untersagung der Amtsausübung und des Börsenbesuchs bis zur Dauer von drei Monaten.

Die Untersagung der Amtsausübung und des Börsenbesuchs ist dem Börsenvorstande sofort nach Rechtskraft der Entscheidung anzuzeigen.

**§ 33.** Die Geldstrafen werden von dem Vorstande der Maklerkammer eingezogen und zu einem abgesonderten Fonds gesammelt, aus welchem der Vorstand Unterstützungen an Kursmakler oder deren Hinterbliebene gewähren kann.

### Verfahren in Disziplinarsachen.

**§ 34.** Die Maklerkammer beschließt über die Eröffnung des Disziplinarverfahrens.

**§ 35.** Zu den Disziplinarverhandlungen der Maklerkammer ist ein Rechtskundiger als Beirat zuzuziehen.

Zur Fällung eines Urteils ist die Anwesenheit von mindestens sieben Kammermitgliedern erforderlich.

**§ 36.** Die Disziplinarverhandlungen sind nicht öffentlich.

**§ 37.** Soweit im vorstehenden keine Bestimmung getroffen ist, finden die Vorschriften des Börsengesetzes über das Verfahren vor den Ehrengerichten entsprechende Anwendung.

Der Staatskommissar hat dieselben Befugnisse wie im ehrengerichtlichen Verfahren (§§ 9 bis 27 des Börsengesetzes).

**§ 38.** Gegen die Entscheidung der Maklerkammer steht dem Staatskommissar und dem Beschuldigten binnen 14 Tagen nach der Zustellung der Entscheidung die Beschwerde an den Oberpräsidenten zu.

Die Beschwerde hat aufschiebende Wirkung.

Berlin, den 9. Juli 1906.

Der Minister für Handel und Gewerbe.

**Anlage 8.**

## Bedingungen für die Geschäfte an der Berliner Fondsbörse.

Vom März 1914.

Alle an der Berliner Fondsbörse geschlossenen Handelsgeschäfte in den in § 12 Ziff. 1 der Börsenordnung bezeichneten Werten gelten, insoweit nicht ein anderes verabredet ist, als nach Berliner Börsenusancen und unter nachfolgenden Bedingungen geschlossen:

### A. Allgemeine Bedingungen.

Erfüllungsort, Gerichtsstand.

**§ 1.** Erfüllungsort der Geschäfte ist Berlin, Gerichtsstand für entstehende Streitigkeiten, sofern sich nicht aus § 7 ein anderes ergibt, je nach dem Werte des Streitgegenstandes das Amtsgericht Berlin-Mitte oder das Landgericht I zu Berlin.

Erfüllungsart.

**§ 2.** Die Erfüllung erfolgt in der Art, daß der Verkäufer die verkauften Werte dem Käufer oder derjenigen hiesigen Firma, die der Käufer bei Abschluß des Geschäfts oder spätestens am Tage vor der Lieferung aufgegeben hat, liefert oder liefern läßt.

Die Lieferung muß in usancemäßig gangbaren Stücken geleistet und darf in Abschnitten von bestimmter Art und Höhe nur dann gefordert werden, wenn dies bei Abschluß des Geschäfts bedungen war.

Zahlung.

**§ 3.** Die Zahlung des Kaufpreises muß bei der Lieferung in deutscher Reichswährung erfolgen.

Im Platzverkehr dürfen Rechnungsbeträge in der Pfennigreihe nur auf Zahlen lauten, die durch fünf teilbar sind. Beträge unter 5 Pf. fallen fort, Beträge über 5 Pf. werden für 10 Pf. gerechnet.

### Überweisung.

**§ 4.** Die Vertragsparteien sind berechtigt, die Lieferung oder die Abnahme der verschlossenen Werte, Wechsel ausgenommen, für ihre Rechnung und Gefahr an eine andere an der Börse vertretene Firma zu überweisen.

### Erfüllungszeit.

**§ 5.** Fällt der Zeitpunkt der Erfüllung auf einen Tag, an dem keine Börsenversammlung in Berlin stattfindet, so gilt als Erfüllungstag bei per Ultimo und per Erscheinen geschlossenen Geschäften, deren Erfüllungstag auf einen Ultimolieferungstag fällt, der nächstvorhergehende Börsentag, sonst der nächstfolgende Börsentag.

Bei allen Zeitgeschäften werden die beiden Tage des jüdischen Neujahrsfestes und das jüdische Versöhnungsfest den Tagen, an denen keine Börsenversammlung stattfindet, gleich geachtet. Zwangsweise Abwickelungen im Sinne der §§ 14 und 19 werden durch diese jüdischen Feiertage nicht gehemmt, wenn das Recht zur Vornahme der Abwickelung schon vorher begründet war.

### Festsetzungen für einzelne Fälle.

**§ 6.** Trifft der Börsenvorstand oder eine von ihm mit dem Rechte der Entscheidung hierüber eingesetzte Kommission infolge der Abtrennung eines fälligen Zins- oder Gewinnanteilscheins, eintretender Bezugs- oder anderer Rechte, oder aus anderen Gründen, die nach ihrem Ermessen im allgemeinen Interesse eine einheitliche Regelung erheischen, besondere Festsetzungen, so gelten diese Festsetzungen für alle Geschäfte in dem betreffenden Werte, deren Fälligkeit noch nicht eingetreten ist, ebenso, als wären sie schon zur Zeit des Geschäftsabschlusses in Kraft gewesen.

## Streitigkeiten.

§ 7. Streitigkeiten aus einem Geschäfte, welche die Lieferbarkeit der Werte oder die Auslegung oder Anwendung dieser Bedingungen oder bestehender Usancen betreffen, werden von der gemäß § 8 der Geschäftsordnung des Börsenvorstandes, Abteilung Fondsbörse, gebildeten Dreimännerkommission endgültig und unter Ausschluß jedes Rechtsmittels mündlich entschieden. Die Kommission entscheidet auch selbst über ihre Zuständigkeit; sie ist berechtigt, ihre Entscheidung abzugeben, auch wenn einer Partei in dem Verfahren das rechtliche Gehör nicht gewährt war, und ist nicht verpflichtet, die Entscheidung mit Gründen zu versehen. Im übrigen finden auf das Verfahren die Vorschriften des § 9 der erwähnten Geschäftsordnung Anwendung.

Einwendungen gegen die Lieferbarkeit der Werte müssen bei dieser Kommission innerhalb der nächsten zwei Börsentage nach dem Tage, an welchem die Lieferung erfolgt ist, falls letztere aber an einem Ultimolieferungstage stattgefunden hat, innerhalb der nächsten vier Börsentage nach diesem Tage angebracht werden, widrigenfalls die gelieferten Werte für genehmigt gelten. Sind Papiere zwar derselben Gattung, aber einer an hiesiger Börse nicht zugelassenen Emission geliefert worden, so erstreckt sich die Einwendungsfrist auf die Zeit von acht Börsentagen nach dem Lieferungstage.

Der Umtausch eines für unlieferbar erklärten Stückes gegen ein umlaufsfähiges muß bis 12 Uhr mittags des auf die Entscheidung der Kommission folgenden Börsentages gefordert werden, widrigenfalls das Recht auf den Umtausch erlischt.

Für alle anderen Streitigkeiten ist nach Wahl des Klägers

die schiedsrichterliche Kommission des Börsenvorstandes von Berlin oder das ordentliche Gericht (vgl. § 1) zuständig. Die Klage muß innerhalb einer Ausschlußfrist von drei Monaten nach Fälligkeit des streitigen Anspruchs erhoben sein, widrigenfalls das Klagerecht erloschen ist.

Wenn die Klage innerhalb der Ausschlußfrist bei der schiedsrichterlichen Kommission des Börsenvorstandes angebracht ist, diese aber aus irgendeinem Grunde die Entscheidung ablehnt, so steht den Parteien die Beschreitung des ordentlichen Rechtsweges offen, wobei sich die dreimonatliche Ausschlußfrist um die durch das schiedsrichterliche Verfahren in Anspruch genommene Zeit verlängert.

Die dreimonatliche Ausschlußfrist findet keine Anwendung auf Forderungen, die

a) ihrer Höhe nach schriftlich oder mündlich anerkannt sind,
b) in laufender Rechnung gebucht sind, oder aus Geschäften sich ergeben, deren Erfüllung durch Unterpfand sichergestellt ist.

### Schlußnoten.

§ 8. Über jedes Geschäft hat, wenn der Abschluß durch einen Vermittler erfolgt ist, dieser den Parteien, wenn der Abschluß aber ohne Vermittler erfolgte, der Verkäufer dem Käufer spätestens am Vormittage des nächsten Börsentages eine Schlußnote oder eine schriftliche Bestätigung zuzustellen. Erinnerungen wegen Unterlassung der Zustellung oder gegen den Inhalt der zugestellten Urkunden sind bis 12 Uhr mittags des dem Abschlusse folgenden Börsentages geltend zu machen.

### Strittige Geschäfte.

§ 9. Wenn das Zustandekommen eines nach der Behauptung einer Partei an der Fondsbörse abgeschlossenen Geschäfts von der anderen Partei bestritten wird, so ist die erstere berechtigt, und auf Verlangen des anderen Teiles verpflichtet, behufs Feststellung der Differenz sofort zur Zwangsregulierung zu schreiten.

## Geschäfte mit Aufgabe.

**§ 10.** Als Aufgabe kann nur eine an der Börse vertretene Firma ernannt werden.

Hat bei Abschluß eines Geschäfts die eine Vertragspartei oder der als Vertragspartei auftretende Vermittler ausdrücklich oder stillschweigend die Verpflichtung übernommen, einen Dritten als Aufgabe zu benennen, so muß die Aufgabe am nächsten Börsentage bis 11 Uhr vormittags schriftlich in das Geschäftslokal der anderen Vertragspartei gemeldet werden. Wird die Aufgabe zu einem anderen als dem ursprünglich verabredeten Kurse gemacht, so hat der Aufgabepflichtige eine zu seinen Ungunsten entstehende Differenz sofort zu zahlen. Ist keine Aufgabe gemacht worden, oder eine solche, die der ausdrücklichen Verabredung oder stillschweigenden Voraussetzung nicht entspricht, worüber in streitigen Fällen die Dreimännerkommission endgültig entscheidet, so ist der nichtsäumige Teil berechtigt, unverzüglich zur Zwangsregulierung zu schreiten.

Will der nichtsäumige Teil eine andere Frist zur Benennung der Aufgabe gewähren, so hat er dem säumigen Teil an dem Tage, an dem die Aufgabe zu benennen war, mündlich oder schriftlich davon Mitteilung zu machen und gleichzeitig einen bestimmten Endternim für die Frist festzusetzen. Die Zwangsregulierung (vgl. §§ 14 und 19) ist alsdann an dem Börsentage vorzunehmen, bis zu dem die Frist läuft, wenn nicht an diesem Tage bis 11 Uhr vormittags die Aufgabe gemacht ist.

Hat der nichtsäumige Teil weder eine Nachfrist gewährt, noch von dem Rechte der Zwangsregulierung Gebrauch gemacht, so gilt dies als Verzicht auf die Aufgabe. Das Geschäft bleibt dann als von den beiden Vertragsparteien miteinander abgeschlossen bestehen.

Nicht zustande gekommene Geschäfte.

**§ 11.** Sind Geschäfte zur amtlichen Notiz abgeschlossen und ist ein Kurs amtlich nicht notiert worden, so sind solche Geschäfte als nicht zustande gekommen zu betrachten.

Mit Unrecht zurückgewiesene Posten.

**§ 12.** Wer nach dem Ausspruche der Dreimännerkommission einen ihm gelieferten Posten zu Unrecht zurückgewiesen oder über abzunehmende Werte nicht oder nicht rechtzeitig Aufgabe gemacht hat, hat den Zinsverlust zum jeweiligen Reichsbankdiskontsatz zuzüglich der von der Dreimännerkommission auf Antrag etwa festgesetzten Entschädigung zu vergüten.

### B. Besondere Bedingungen bei Kassegeschäften.

Allgemeines.

**§ 13.** Als Kassegeschäfte gelten auch diejenigen Geschäfte, bei denen die Zeit der Erfüllung nicht ausdrücklich oder nicht bestimmt vereinbart ist, falls nicht aus der Gattung der Werte, der Zahl der verschlossenen Stücke oder der Höhe der verschlossenen Summe oder aus anderen Umständen mit Sicherheit zu entnehmen ist, daß die Absicht der Vertragsparteien auf ein Zeitgeschäft gerichtet war.

Der Zinsberechnung ist bei allen Kassegeschäften, sofern nicht eine anderweite Abrede getroffen ist, der Abschlußtag zugrunde zu legen.

Kassegeschäfte in Wertpapieren, Zins- und Gewinnanteilscheinen sind an dem dem Abschlußtage folgenden Börsentage zu erfüllen; der Erfüllungstag für per Erscheinen abgeschlossene Geschäfte wird von der Dreimännerkommission auf Antrag festgesetzt. Die Lieferung hat vormittags zwischen 9 und 12 Uhr stattzufinden.

Kassegeschäfte in Kontanten, Papiergeld oder auf deutsche Reichswährung lautenden Wechseln sind am Abschlußtage nachmittags zwischen 3 und 5, Sonnabends bis 3 Uhr zu erfüllen. Sind Wechsel der genannten Art per morgen gehandelt, so hat die Lieferung an dem dem Abschlußtage folgenden Börsentage vormittags zwischen 9 und 12 Uhr zu erfolgen.

Kassegeschäfte in auf ausländische Währung lautenden Wechseln und Schecks sind an dem dem Abschlußtage folgenden Börsentage vormittags zwischen 9 und 12 Uhr zu erfüllen; doch steht dem Käufer das Recht zu, die Wechsel oder Schecks schon am Abschlußtage bis 4, Sonnabends bis 3 Uhr nachmittags vom Verkäufer gegen Zahlung abholen zu lassen.

Ist Auszahlung an einem ausländischen Platze gehandelt, so hat der Käufer dem Verkäufer den Gegenwert in Berlin an dem dem Abschlußtage folgenden Werktage, auch wenn an diesem keine Börsenversammlung stattfindet, vormittags zwischen 9 und 12 Uhr zu zahlen.

## Zwangsregulierung.

**§ 14.** Gerät ein Teil mit der Erfüllung in Verzug, so hat ihn der andere Teil mündlich oder schriftlich zur Erfüllung aufzufordern. Falls die Aufforderung das Recht zur Zwangsregulierung begründen soll, so muß diese unter Stellung einer Frist zur Nachholung der Erfüllung angedroht werden. Die Frist muß, falls die Aufforderung bis 12 Uhr mittags im Geschäftslokal des säumigen Teils oder bis 1 Uhr an der Börse erfolgt, bis zum nächsten Börsentage mittags 12 Uhr, anderenfalls bis zum zweitfolgenden Börsentage mittags 12 Uhr erstreckt werden.

Hat bis zum achten Börsentage einschließlich nach dem

Abschlußtage weder der nichtsäumige Teil zur Erfüllung aufgefordert, noch der säumige die Erfüllung tatsächlich angeboten, so gilt das Geschäft als aufgehoben.

Hat der nichtsäumige Teil innerhalb von acht Börsentagen nach dem Abschlußtage schriftlich erinnert, ohne eine Nachfrist zu setzen, so hat er sich alle Rechte auf einen vom Tage des Erinnerungsschreibens ab laufenden Zeitraum von vier Wochen gewahrt; er kann also innerhalb dieses Zeitraumes dem säumigen Teile jederzeit die Zwangsregulierung unter Setzung der in Abs. 1 dieses Paragraphen bezeichneten Nachfrist wirksam androhen.

Nach fruchtlosem Ablauf der gestellten Nachfrist ist der nichtsäumige Teil verpflichtet, an der nächsten Börse zur Zwangsregulierung zu schreiten.

Hat der säumige Teil erklärt, nicht erfüllen zu können oder nicht erfüllen zu wollen, so ist der nichtsäumige Teil verpflichtet, unverzüglich zur Zwangsregulierung zu schreiten.

Hat ein Teil die Zahlungen eingestellt, so ist der andere Teil verpflichtet, an der Börse, an der ihm die Zahlungseinstellung bekannt geworden, oder an der unmittelbar darauf folgenden die Zwangsregulierung vorzunehmen. Die Stellung einer Nachfrist findet nicht statt. Die Zahlungseinstellung gilt schon dann als eingetreten, wenn Umstände vorliegen, aus welchen erhellt, daß der Verpflichtete sich im Zustande der Zahlungsunfähigkeit befindet oder wenn fällige Zahlungsverpflichtungen von ihm nicht erfüllt sind. Über die Zulässigkeit einer solchen Zwangsregulierung entscheidet auf Anruf einer Partei die Dreimännerkommission endgültig. Eine nach Vornahme der Zwangsregulierung erfolgende Eröffnung des Konkurses über das Vermögen des Teiles, gegen den die Zwangsregulierung stattgefunden hat, macht diese nicht unwirksam. Ist aber der Konkurs bereits vor Vornahme der Zwangsregulierung eröffnet worden, so kann nach § 18 der Konkursordnung der andere Teil nur eine Forderung wegen Nichterfüllung geltend machen, deren Betrag sich durch den Unterschied zwischen dem Kaufpreise und dem Preise am zweiten Werktage nach Eröffnung des Konkurses bestimmt: es ist mithin in diesem Falle der am zweiten Werktage nach Eröffnung des Konkurses notierte Kurs auch dann maßgebend, wenn etwa die Zwangsregulierung nach der Eröffnung des Konkurses am Tage der Eröffnung, oder wenn sie am ersten Werktage nach der Eröffnung vorgenommen worden ist.

Die Zwangsregulierung kann unter Zugrundelegung des am Zwangsregulierungstage notierten Einheitskurses nach Wahl des nichtsäumigen Teiles entweder durch den unter Vermittelung eines Kursmaklers zu bewirkenden An- oder Verkauf der verschlossenen Werte, durch Selbsteintritt oder auch zum Teil in der einen, zum Teil in der anderen Art erfolgen. Der Unterschied zwischen dem Zwangsregulierungskurse und dem Vertragskurse ist dem Teil, zu dessen Gunsten er sich herausstellt, von dem anderen Teil sofort zu zahlen. Der säumige Teil hat dem anderen Teil die übliche Maklergebühr, und zwar diese selbst dann, wenn die Zwangsregulierung ohne An- oder Verkauf bewirkt worden ist, und außerdem Portoauslagen und Stempel sowie den zum jeweiligen Reichsbankdiskont zu berechnenden Zinsverlust zu erstatten.

Der die Zwangsregulierung vornehmende Teil ist verpflichtet, dem säumigen Teil von der erfolgten Zwangsregulierung durch einen spätestens am Tage nach der Zwangsregulierung bis 12 Uhr mittags abzusendenden Brief unter Aufgabe des Zwangsregulierungskurses Mitteilung zu machen. Daß diese Mitteilung erfolgt ist, kann durch Vorlegung eines Postscheines über die rechtzeitige Absendung eines eingeschriebenen Briefes an den säumigen Teil bewiesen werden. Bei Unterfassung der Mitteilung oder nicht rechtzeitiger Mitteilung braucht der säumige Teil die Zwangsregulierung nicht gegen sich gelten zu lassen.

Ist die Zwangsregulierung einen Börsentag zu früh oder einen Börsentag zu spät bewirkt worden, so ist sie für den säumigen Teil nur insoweit verbindlich, als ihm dadurch ein Nachteil nicht erwächst; es darf also in diesem Falle dem säumigen Teile kein ungünstigerer Kurs berechnet werden als der Einheitskurs des Börsentages, an dem die Zwangsregulierung hätte vorgenommen werden müssen. Ist die Zwangsregulierung an dem für sie festgesetzten Tage nicht ausführbar, so hat sie am ersten Tage zu erfolgen, an dem eine Notiz zustande kommt, falls bis dahin der säumige Teil nicht erfüllt hat.

Wird durch den säumigen Teil die für seine Rechnung vorzunehmende Zwangsregulierung oder die Erfüllung des zum Zwecke der Zwangsregulierung geschlossenen Geschäfts vorsätzlich erschwert, verzögert oder vereitelt, so kann die Dreimännerkommission auf Antrag des nichtsäumigen Teils ein ihm von dem säumigen Teil zu zahlendes Strafgeld endgültig festsetzen. Die Dreimännerkommission kann den nichtsäumigen Teil auf seinen Antrag ermächtigen, die Zwangsregulierung an einem von ihr zu bestimmenden Börsentage auch zu einem anderen als dem Einheitskurse vorzunehmen; sie kann ferner dem nichtsäumigen Teil auf seinen innerhalb dreier Tage nach Lieferung oder Zwangsregulierung zu stellenden Antrag als Entgelt für einen ihm durch verspätete Lieferung entstandenen Nachteil eine von dem säumigen Teil zu zahlende Entschädigung endgültig zusprechen. Endlich kann sie ihn auf seinen Antrag ermächtigen, dem säumigen Teil an Stelle der Zwangsregulierung den Rücktritt vom Geschäft anzudrohen und demgemäß nach fruchtlosem Ablauf der gestellten Frist (vgl. Abs. 1) vom Geschäft zurückzutreten.

In den Fällen, in denen die Dreimännerkommission in Betracht kommt, muß der säumige Vertragsteil mittelst eingeschriebenen Briefes von dem Antrag in Kenntnis gesetzt und zur Verhandlung darüber vor die Dreimännerkommission geladen werden.

Betrifft das Geschäft, bei dem ein Teil mit der Erfüllung in Verzug gerät, Kontanten oder Papiergeld, so ist der nicht säumige Teil befugt, sofort und ohne daß es einer vorherigen Aufforderung zur Erfüllung bedarf, von dem Geschäft zurückzutreten oder es anderweit, selbst außerhalb der Börse zwangsweise abzuwickeln und von dem säumigen Teil Erstattung seines gesamten Schadens zu verlangen. Wird dem säumigen Teil nicht vor Beginn der nächsten Börsenversammlung von dem Rücktritt oder der erfolgten Zwangsregulierung Kenntnis gegeben, so verbleibt es auch für diese Geschäfte bei den sonstigen Bestimmungen dieses Paragraphen.

Bei Geschäften in Zins- und Gewinnanteilscheinen finden die Bestimmungen dieses Paragraphen gleichfalls Anwendung, jedoch ist bei diesen Geschäften die zwangsweise Abwickelung ausgeschlossen.

### Zwangsregulierung per Erscheinen.

**§ 15.** Die Zwangsregulierung von Geschäften, die per Erscheinen geschlossen sind, erfolgt, sofern die gehandelten Werte vom Liquidationsverein skontriert worden sind, nach den für Zeitgeschäfte, im anderen Falle nach den für Kassegeschäfte festgesetzten Bedingungen.

## C. Besondere Bedingungen bei Zeitgeschäften.

### Allgemeines.

**§ 16.** Zeitgeschäfte gelten in Ermangelung einer besonderen Verabredung als fix geschlossen. Der im Vertrage festgesetzte Tag gilt als Erfüllungstag.

Bei Zeitgeschäften gelten als usancemäßige Nennbeträge:

in deutschen Reichs- und Staatsanleihen . . . . M. 10000,
in anderen inländischen Wertpapieren, welche in
Mark gehandelt werden . . . . . . . . . . . „ 15000,
in ausländischen in Mark gehandelten Wertpapieren „ 20000,
in Wertpapieren, welche gehandelt werden
in Lstg. . . . . . . . . . . . . . . . . . . 1000,
in Kronen . . . . . . . . . . . . . . . . . . 20000,
in Fr., Lit. oder Ptas. . . . . . . . . . . . . 20000,
in R°. . . . . . . . . . . . . . . . . . . . 10000,
in Stück . . . . . . . . . . . . . . . . . . 25,
in Dollar oder Pesos Gold . . . . . . . . . . . 5000,
in österr. Gold- oder holl. Guld. . . . . . . . . 10000,
und ein Mehrfaches dieser Beträge,

insoweit der Börsenvorstand, Abteilung Fondsbörse, nicht ein anderes bestimmt.

## Prämien und Stellagen.

**§ 17.** Ist auf Prämie, Stellage oder mit dem Rechte der Nachlieferung oder Nachforderung gehandelt, so läuft die Frist zur Erklärung am Erklärungstage nachmittags $1^1/_2$ Uhr, und, wenn der Erklärungstag auf einen Sonnabend fällt, nachmittags 1 Uhr ab.

Bei per ultimo geschlossenen Geschäften ist der drittletzte Börsentag vor dem Ultimolieferungstage, bei Geschäften, die zur Erklärung am medio oder an einem anderen Tage geschlossen sind, der im Vertrage festgesetzte Tag und, wenn dieser kein Börsentag ist, der ihm vorhergehende Börsentag der Erklärungstag. Erfüllungstag ist in allen Fällen der Ultimolieferungstag.

Macht der zur Erklärungszeit bestehende Kurs es zweifellos, in welcher Weise die Erfüllung eines auf Prämie, auf Stellage oder mit dem Rechte der Nachforderung oder Nachlieferung geschlossenen Geschäfts gewählt wird, so bedarf es einer Erklärung seitens des dazu Berechtigten nicht; in streitigen Fällen entscheidet hierüber die Dreimännerkommission endgültig.

Die Prämie ist am nächsten Börsentage nach dem Erklärungstage vormittags zwischen 9 und 12 Uhr zu zahlen.

### Abwickelung.

**§ 18.** Sind die Parteien eines Zeitgeschäfts Mitglieder des Liquidationsvereins für Zeitgeschäfte an der Berliner Fondsbörse, und betrifft das Geschäft solche Werte, die durch diesen Verein skontriert werden, so hat die Regulierung des Geschäfts durch Skontrierung, und zwar gemäß der Bestimmungen des Liquidationsvereins, zu erfolgen. Dieses Verfahren findet auch auf Zeitgeschäfte Anwendung, die zwischen Vereinsmitgliedern erst an dem für Einreichung der Skontrobogen bestimmten Tage geschlossen sind.

Ist eine von beiden Parteien nicht Mitglied des Liquidationsvereins, so ist sie, wenn sie die Lieferung oder Abnahme durch ein Mitglied des Liquidationsvereins bewirken lassen will, verpflichtet, die Aufgabe am Vormittag des Skontrotages der Gegenpartei zugehen zu lassen.

Ist für die verschlossenen Werte vom Börsenvorstand, Abteilung Fondsbörse, ein Liquidationskurs festgesetzt, so ist die Lieferung zu diesem zu bewirken. Anderenfalls gilt als Liquidationskurs der Kurs, der am Tage der Feststellung der Liquidationskurse im amtlichen Kursblatt als Einheitskurs notiert wird.

Die Lieferung hat am Erfüllungstage vormittags zwischen 9 und 12 Uhr oder nachmittags zwischen 3 und 6 Uhr, die Zahlung der Differenz zwischen dem Liquidationskurse und dem Vertragspreise am gleichen Tage vormittags zwischen 9 und 12 Uhr zu geschehen.

## Zwangsregulierung.

**§ 19.** Wenn der eine Teil nicht erfüllt, so hat, falls die Erfüllung vermittelst Skontrierung durch den Liquidationsverein zu erfolgen hatte, der andere Teil nach den Bestimmungen des Liquidationsvereins zu verfahren. In allen anderen Fällen hat der nichtsäumige Teil das Recht, auf Erfüllung zu bestehen oder Zwangsregulierung vorzunehmen. Will er auf Erfüllung bestehen, so hat er bei Verlust dieses Anspruchs dem säumigen Teil in einem spätestens am nächsten Börsentage nach dem Erfüllungstage zur Post zu gebenden eingeschriebenen Briefe davon Mitteilung zu machen. Wählt er dagegen die Zwangsregulierung, so muß er diese, ohne daß es einer vorgängigen Anzeige oder der Stellung einer Nachfrist bedarf, an der nächsten Börse nach dem Erfüllungstage bewirken.

Die Zwangsregulierung kann unter Zugrundelegung des am Zwangsregulierungstage notierten Einheitskurses nach Wahl des nicht säumigen Teiles entweder durch den mittelst eines Kursmaklers zu bewirkenden An- oder Verkauf der verschlossenen Werte, durch Selbsteintritt, oder auch zum Teil in der einen, zum Teil in der anderen Art erfolgen. Der Unterschied zwischen dem Zwangsregulierungskurse und dem Vertragskurse ist dem Teil, zu dessen Gunsten er sich herausstellt, von dem anderen Teil unverzüglich zu zahlen. .Der säumige Teil hat dem anderen Teil die übliche Maklergebühr, und zwar diese selbst dann, wenn die Zwangsregulierung ohne An- oder Verkauf bewirkt worden ist, und außerdem Portoauslagen und Stempel und den zum jeweiligen Reichsbankdiskont zu berechnenden Zinsverlust sowie das von der Dreimännerkommission etwa festgesetzte Strafgeld zu erstatten.

Der die Zwangsregulierung vornehmende Teil ist verpflichtet, dem säumigen Teil von der erfolgten Zwangsregulierung durch einen spätestens am Tage nach der Zwangsregulierung bis 12 Uhr mittags abzusendenden Brief unter Aufgabe des Zwangsregulierungskurses Mitteilung zu machen. Daß diese Mitteilung erfolgt ist, kann durch Vorlegung eines Postscheins über die rechtzeitige Absendung eines eingeschriebenen Briefes an den säumigen Teil bewiesen werden. Bei Unterlassung der Mitteilung oder nicht rechtzeitiger Mitteilung braucht der säumige Teil die Zwangsregulierung nicht gegen sich gelten zu lassen.

Ist die Zwangsregulierung einen Börsentag zu früh oder einen Börsentag zu spät bewirkt worden, so ist sie für den säumigen Teil nur insoweit verbindlich, als ihm dadurch ein Nachteil nicht erwächst; es darf also in diesem Falle dem säumigen Teile kein ungünstigerer Kurs berechnet werden, als der Einheitskurs des Börsentages, an dem die Zwangsregulierung hätte vorgenommen werden müssen.

Wird durch den säumigen Teil die für seine Rechnung vorzunehmende Zwangsregulierung oder die Erfüllung des zu ihrem Zweck geschlossenen Geschäfts vorsätzlich erschwert, verzögert oder vereitelt, so kann die Dreimännerkommission auf Antrag des nichtsäumigen Teils ein ihm von dem säumigen Teil zu zahlendes Strafgeld endgültig festsetzen.

## Zahlungseinstellung.

**§ 20.** Stellt vor Eintritt des Erfüllungstages ein Teil die Zahlungen ein, so ist der andere Teil berechtigt, an der Börse, an der ihm die Zahlungseinstellung bekannt geworden ist, oder an der unmittelbar darauffolgenden die zwangsweise Regulierung des Geschäftes durch ein gleichartiges Geschäft auf dieselbe Erfüllungszeit zu bewirken. Die Zahlungseinstellung gilt schon dann als eingetreten, wenn Umstände vorliegen, aus welchen erhellt, daß der Verpflichtete sich im Zustande der Zahlungsunfähigkeit befindet, oder wenn fällige und unstreitige Zahlungsverpflichtungen von ihm nicht erfüllt sind. Über die Zulässigkeit einer solchen Zwangsregulierung entscheidet auf Anruf einer Partei die Dreimännerkommission endgültig. Eine nach Vornahme der Zwangsregulierung erfolgende Eröffnung des Konkurses über das Vermögen des Teiles, gegen den die Zwangsregulierung stattgefunden hat, macht diese nicht unwirksam. Ist aber der Konkurs bereits vor Vornahme der Zwangsregulierung eröffnet worden, so kann nach § 18 der Konkursordnung der andere Teil nur eine Forderung wegen Nichterfüllung geltend machen, deren Betrag sich durch den Unterschied zwischen dem Kaufpreise und dem Preise am zweiten Werktage nach Eröffnung des Konkurses bestimmt: es ist mithin in diesem Falle der am zweiten Werktage nach Eröffnung des Konkurses notierte Kurs auch dann maßgebend, wenn etwa die Zwangsregulierung nach der Eröffnung des Konkurses am Tage der Eröffnung, oder wenn sie am ersten Werktage nach der Eröffnung vorgenommen worden ist.

Wird durch eine solche Zwangsregulierung ein Geschäft auf Prämie, eine Stellage oder ein Nochgeschäft betroffen, und ist nach dem Ausspruche der Dreimännerkommission die Regulierung durch ein gleichartiges, auf die nämliche Erfüllungszeit und gleiche Kurslage gestelltes Geschäft nicht ausführbar gewesen, so kann der zur Zwangsregulierung berechtigte Teil das Geschäft sofort für fällig erklären.

Die Zwangsregulierung kann nach Wahl des nichtsäumigen Teiles entweder durch den unter Vermittelung eines Kursmaklers zu bewirkenden An- oder Verkauf der verschlossenen Werte, durch Selbsteintritt oder auch zum Teil in der einen, zum Teil in der anderen Art erfolgen. Im übrigen finden die Vorschriften des § 19 Abs. 2 und 3 sinngemäße Anwendung.

Alle aus der Zwangsregulierung entspringenden Forderungen sind sofort zahlbar; indessen können später fällige

Forderungen aus bereits abgewickelten Zeitgeschäften dagegen aufgerechnet werden.

### Gekündigte Wertpapiere.

**§ 21.** Engagements in einem zur Rückzahlung gekündigten Wertpapiere werden an dem Tage fällig, an dem die Rückzahlung beginnt, auch wenn sie ursprünglich auf einen späteren Termin geschlossen waren. Der Verkäufer hat alsdann die Wahl, das Engagement durch Lieferung der Stücke oder durch Verrechnung zum Einlösungswerte, der in streitigen Fällen von der Dreimännerkommission festzusetzen ist, zu regulieren.

### Bezugsrechte.

**§ 22.** Tritt für die verschlossenen Werte während der Dauer des Vertrages die Ausübung eines Bezugsrechts ein und wird dies nicht gemäß § 6 durch Festsetzung eines Kursabschlages geregelt, so hat der Käufer, wenn er das Bezugsrecht ausüben will, spätestens 24 Stunden vor Ablauf der zur Ausübung des Bezugsrechts am hiesigen Platze gestellten Frist den Verkäufer in den Besitz einer schriftlichen Aufforderung zu setzen, die Bezugsstücke zu erheben. Der Käufer muß hiernächst nach Wahl des Verkäufers die neu bezogenen Stücke entweder innerhalb acht Tagen nach dem ersten Tage der Ausgabe der neuen Stücke nach vorangegangener zweitägiger Ankündigung, oder die alten und neuen Werte zugleich am Erfüllungstage des ursprünglichen Geschäftes gegen Erstattung aller Auslagen nebst Zinsen zum jeweiligen Reichsbankdiskont abnehmen.

Tritt bei Prämien-, Stellage- und Nochgeschäften während der Dauer des Vertrages ein Bezugsrecht ein, welches nicht gemäß § 6 durch Festsetzung eines Kursabschlages seine Erledigung findet, so ist, falls die Erfüllung durch Lieferung der Stücke erfolgt, der Verkäufer verpflichtet, die Bezugsstücke gegen Erstattung der dafür geleisteten Zahlung nebst Zinsen zum Reichsbankdiskont mitzuliefern, während der Käufer die Pflicht hat, solche mit abzunehmen. Ohne die Bezugsstücke kann die Lieferung weder geleistet noch verlangt werden. Auf die Höhe der Prämie ist ein eintretendes Bezugsrecht ohne Einfluß.

### Konvertierung oder teilweise Kündigung.

**§ 23.** Wenn während der Dauer eines Engagements das verschlossene Wertpapier zur Konvertierung gelangt, derart, daß entweder unter Abstempelung der Stücke eine Zinsveränderung eintritt oder gegen Einlieferung des Wertpapiers ein anderes ausgegeben wird, so hat spätestens 24 Stunden vor Ablauf der zur Ausübung des Konvertierungsrechts am hiesigen Platze gestellten Frist der Käufer den Verkäufer in den Besitz einer schriftlichen Erklärung zu setzen darüber, ob er die Konvertierung annehmen und konvertierte oder neue Stücke den Konvertierungsbedingungen gemäß empfangen will, oder ob die Erfüllung in den ursprünglich verabredeten Stücken erfolgen soll. Unterläßt Käufer die Erklärung, so hat es bei dem ursprünglichen Engagement sein Bewenden.

Bei Engagements in Wertpapieren, die nur zum Teil, d. h. in bestimmten Jahrgängen oder Serien zur Rückzahlung gekündigt oder zur Konvertierung gestellt sind, hat der Verkäufer spätestens sechs Tage nach erfolgter Kündigung oder drei Tage bevor die Frist zur Konvertierung am hiesigen Platze abläuft, den Käufer in den Besitz einer schriftlichen Erklärung darüber zu setzen, in welchen Stücken er, der Verkäufer, erfüllen will. Erklärt er, die Erfüllung in den zur Rückzahlung gekündigten oder zur Konvertierung gestellten Stücken leisten zu wollen, so hat im letzteren Falle wiederum der Käufer den Verkäufer spätestens 24 Stunden vor Ablauf der zur Konvertierung gestellten Frist in den Besitz einer Erklärung darüber zu setzen, ob er die Stücke, zu deren Lieferung der Verkäufer sich erklärt hat oder statt deren den entsprechenden Betrag konvertierter Stücke den Konvertierungsbedingungen gemäß empfangen will. Unterbleibt die Erklärung des Verkäufers, so hat er in den nicht zur Rückzahlung oder Konvertierung gelangenden Stücken zu erfüllen. Unterbleibt die Erklärung des Käufers, so erfolgt die Erfüllung in Stücken der vom Verkäufer gewählten Art. In allen Fällen hat derjenige, für dessen Rechnung vom Rechte zur Konvertierung Gebrauch gemacht wird, alle daraus entstehenden Auslagen und Zinsen darauf zum jeweiligen Reichsbankdiskont dem anderen Teil zu erstatten.

Tritt während der Dauer eines auf Prämie, Stellage oder mit dem Rechte der Nachforderung oder Nachlieferung geschlossenen Engagements eine gänzliche oder teilweise Konvertierung oder eine gänzliche oder teilweise Rückzahlung der verschlossenen Werte ein, so kommen die in § 21 und vorstehend für auf feste Lieferung geschlossene Geschäfte festgesetzten Bedingungen gleichfalls in Anwendung. Auf die Höhe der Prämie bleibt ein eintretendes Konvertierungsrecht ohne Einfluß.

### Spitzen bei Bezugsrechten und Konvertierungen.

**§ 24.** Enthält in allen in den §§ 22 und 23 erwähnten Fällen die Vertragssumme Beträge, welche zur Ausübung des Bezugs- oder Konvertierungsrechts nicht geeignet sind, so bleiben diese bei der Verrechnung außer Betracht, soweit in bezug auf sie nicht Festsetzungen im Sinne des § 6 getroffen sind.

In allen vorstehend erwähnten Fällen wird jeder einzelne Schluß als ein selbständiges Geschäft angesehen.

Der vom Börsenvorstand, Abteilung Fondsbörse, als Entschädigung für das Bezugsrecht oder eines Teiles desselben gemäß § 6 festgesetzte Wert des Bezugsrechtes ist bei Fälligkeit des Engagements zu verrechnen.

## D. Handel mit Bezugsrechten.

**§ 25.** Beim Handel mit Bezugsrechten hat der Verkäufer dem Käufer die zur Ausübung des Bezugsrechts berechtigenden Stücke bis zum letzten Börsentage vor Ablauf der für die Ausübung in Berlin gestellten Frist und, wenn erst an diesem Tage der Verkauf abgeschlossen worden ist, am Ablaufstage bis 10 Uhr vormittags zu liefern. Der Käufer hat die Stücke innerhalb von drei Tagen nach Ablauf des Bezugsrechts dem Verkäufer zurückzustellen.

Bei Geschäften in Bezugsrechten aus laufenden Engagements ist der für das Bezugsrecht verabredete Kaufpreis dem Verkäufer zu dem Zeitpunkte zu zahlen, zu dem dem Käufer die auf Grund des Bezugsrechts bezogenen Aktien geliefert werden, spätestens jedoch an dem Tage, an dem das Engagement zu erfüllen ist.

Mangels besonderer Abrede beträgt die Maklergebühr beim Handel von Bezugsrechten $^1/_8$ ‰ des Nennbetrages der zum Bezuge berechtigenden Aktien, beim Handel von Bezugsrechten, deren Börsenpreis sich auf 50 % und darüber stellt, jedoch $^1/_4$ ‰.

## E. Gelddarlehen.

**§ 26.** Gelddarlehen mit täglicher Kündigung (tägliches Geld) sind zu verzinsen und gegenseitig bis 1 Uhr an der Börse kündbar. Die Rückzahlung hat an dem auf die Kündigung folgenden Börsentage bis 12 Uhr mittags zu erfolgen. Die Zinsen werden bis zum Rückzahlungstage nach Kalendertagen gerechnet.

Hat eine Kündigung nicht stattgefunden, so ist das Darlehen am Ultimolieferungstage fällig.

Bei Gelddarlehen auf festen Termin sind 30 Tage für den Monat zu rechnen, ohne Rücksicht auf die Zahl der Kalendertage. Fällt der Rückzahlungstag auf einen Tag, an welchem eine Börsenversammlung nicht stattfindet, so hat die Rückzahlung am darauffolgenden Börsentage, bis 12 Uhr mittags zu erfolgen, auch sind die Zinsen bis zu diesem Tage zu vergüten.

Bei Darlehen, deren Rückzahlung auf einen Ultimo festgestellt ist, werden Zinsen ebenso berechnet wie bei Zeitgeschäften in fest verzinslichen Wertpapieren.

Das ursprüngliche Verhältnis zwischen Darlehen und Deckung muß bis zur Fälligkeit des Darlehens aufrechterhalten werden. Ändert sich das Verhältnis zuungunsten des Geldgebers, so ist der Geldnehmer verpflichtet, binnen drei Kalendertagen nach erfolgter Aufforderung entweder die Deckung zu erhöhen oder eine verhältnismäßige Rückzahlung zu leisten, widrigenfalls der Geldgeber die Pfandschuld sofort als fällig erklären und das Pfand nach vorangegangener Androhung und fruchtlosem Ablauf einer weiteren dreitägigen Frist gemäß §§ 1235 ff. BGB. verkaufen kann.

Bei Zahlungseinstellung des Geldnehmers wird das Darlehen fällig, und der Geldgeber ist nach vorangegangener Benachrichtigung vom nächsten Börsentage an berechtigt, das Pfand ohne Innehaltung einer weiteren Frist gemäß §§ 1235 ff. BGB. zu verkaufen. Von dem Verkauf ist dem Geldnehmer an demselben Tage schriftliche Mitteilung zu machen; daß diese Mitteilung erfolgt ist, kann durch Vorlegung eines Postscheines über die rechtzeitige Absendung eines eingeschriebenen Briefes an den Geldnehmer bewiesen werden.

Bei Darlehensgeschäften, die zu einem festen Zinssatz abgeschlossen sind und bei denen Unterpfand durch Hineinlieferung von Wertpapieren bestellt wird, hat der Geldgeber lediglich

Anspruch auf den vereinbarten Zins von der Darlehenssumme, während alle aus Abtrennung von Zins- oder Gewinnanteilscheinen, Verlosungen oder aus anderen Umständen erwachsenden Vorteile oder Nachteile auf den Geldnehmer fallen. Der Geldgeber hat dem Geldnehmer die nach Lieferung fällig gewordenen Zins- oder Gewinnanteilscheine spätestens am dritten Börsentage nach der Fälligkeit gegen Erstattung ihres Wertes zu liefern, auch ihm auf seine rechtzeitige Aufforderung die Nummern verlosbarer Wertpapiere vor der Verlosung mitzuteilen.

Die Darlehenssumme ist in ihrem ursprünglichen Umfange zu verzinsen, auch wenn der Betrag fällig gewordener Zins- oder Gewinnanteilscheine bar dem Geldgeber zugeflossen ist.

## F. Börsenpreis.

**§ 27.** In allen Fällen, in welchen es auf den Beweis der Kursnotierung ankommt, kann er durch das „Amtliche Kursblatt der Berliner Fondsbörse" geführt werden.

Bei Zeitgeschäften ist unter „Anfangskurs" oder „Erster Kurs" der bei Beginn der Börse notierte, unter „Schlußkurs" oder „Letzter Kurs" der um 2 Uhr, Sonnabends um $1^1/_2$ Uhr notierte, unter „Börsenschluß" oder „Börsenschlußkurs" der um 3 Uhr, Sonnabends um 2 Uhr ermittelte Kurs zu verstehen.

## G. Besondere Bedingungen für Wertpapiere.

### Allgemeines.

**§ 28.** Wertpapiere gelten als in dem Zustande verschlossen, in dem sie sich zur Zeit des Vertragsabschlusses befunden haben, dergestalt, daß Vorteile und Nachteile aus nach dem Tage des Abschlusses abzutrennenden Zins- und Gewinnanteilscheinen, Bezugsrechten, Kündigungen, Konvertierungen und dergleichen den Käufer treffen.

Verrechnungen des Mehr- oder Minderwertes eines während der Dauer eines Zeitgeschäftes fällig gewordenen Zinsscheines gegenüber den laufenden Stückzinsen finden jedoch nur statt, wenn die Dreimännerkommission hierüber gemäß § 6 eine Festsetzung trifft.

Auf Widerruf erteilte Limite für Dividendenpapiere ermäßigen sich von dem Börsentage ab, an dem die Wertpapiere ausschließlich des Gewinnanteilscheins gehandelt werden, um dessen Betrag. Das Limit erlischt bei Zeitgeschäften mit Ablauf des Tages der Einreichung des Skontros, bei Kassegeschäften am Ultimo.

Sind Kaufaufträge auf Wertpapiere, von denen Stücke verschiedenen Nennwerts ausgegeben sind, zu einem Betrage erteilt, der auf Grund der vorliegenden Verkaufsaufträge nicht herzustellen ist, so ist der nächstniedrige Betrag auszuführen, sofern nicht ausdrücklich die Beschaffung bestimmter Stücke vorgeschrieben ist.

### Äußere Beschaffenheit.

**§ 29.** Wertpapiere sind nicht lieferbar, wenn ihnen oder ihren Zins- oder Gewinnanteilscheinen nötige Erfordernisse, z. B. Nummer oder Unterschriften, fehlen, oder die Nummern der Stücke oder einzelne Zins- oder Gewinnanteilscheine undeutlich sind, oder wenn die Wertpapiere oder einzelne Zins- oder Gewinnanteilscheine erheblich beschädigt sind.

Ausländische Wertpapiere, bei denen der deutsche Reichsstempel entwertet ist, müssen mit einem weiteren deutschen Reichsstempel versehen sein.

In- und ausländische Wertpapiere, ausgenommen amerikanische Bonds, die nur mit einem Namen beschrieben sind, ohne daß weiteres hinzugefügt ist, sind lieferbar. Farbige und trockene Firmenstempel werden in dieser Hinsicht einem Namen gleich erachtet.

## Prämienanleihen und Lospapiere.

**§ 30.** Fällt bei Geschäften in Prämienanleihen und Lospapieren der Zeitpunkt der Erfüllung auf den Tag der Ziehung, so muß die Lieferung am vorhergehenden Börsentage, auch wenn das Geschäft erst am letztgenannten Tage geschlossen ist, bis nachmittags 5 Uhr, am Sonnabend bis nachmittags 3 Uhr erfolgen, bei Vermeidung eines Strafgeldes, dessen Festsetzung innerhalb der zwei nächsten Börsentage bei der Dreimännerkommission zu beantragen ist, widrigenfalls der Anspruch darauf erlischt.

Ausländische Lospapiere, ausgenommen Raab-Grazer Lose, sind nur lieferbar, wenn sie mit dem deutschen Kontrollstempel versehen sind, und wenn die betreffende Nummer in der vom Reichsschatzamt herausgegebenen Liste enthalten ist.

## Geschäfte in verlosbaren und kündbaren Wertpapieren.

**§ 31.** Bei Kassegeschäften in verlosbaren oder kündbaren Wertpapieren treffen Vorteile oder Nachteile aus bis zum Abschlußtage einschließlich erfolgter Verlosung oder Kündigung den Verkäufer. Demnach steht, wenn Stücke geliefert wurden, die in einer bis einschließlich des Abschlußtages stattgehabten Verlosung oder Kündigung verlost oder gekündigt waren, sowohl dem Käufer wie dem Verkäufer das Recht zu, binnen sechs Monaten nach dem Tage der Lieferung deren Umtausch gegen umlaufsfähige Stücke zu beanspruchen.

Sind Stücke geliefert worden, die in einer nach dem Abschlußtage bis zum Tage vor der Lieferung einschließlich stattgehabten Verlosung oder Kündigung verlost oder gekündigt wurden, so steht nur dem Käufer (nicht auch dem Verkäufer) das Recht zu, binnen drei Monaten nach dem Tage der Lieferung deren Umtausch gegen umlaufsfähige Stücke zu beanspruchen.

Hat der Verkäufer ungeachtet schriftlicher Aufforderung weder rechtzeitig die Stücke geliefert noch Nummernaufgabe erteilt, und ist dem Käufer dadurch der Vorteil der Verlosung oder Kündigung entgangen, so finden die Bestimmungen des § 14 Abs. 10 Anwendung.

Zeitgeschäfte in verlosbaren oder kündbaren Wertpapieren sind in Stücken zu erfüllen, die vor dem Erfüllungstage nicht verlost oder gekündigt waren. Sind Stücke geliefert worden, die in einer vor dem Erfüllungstage stattgehabten Verlosung gezogen wurden oder vor diesem Zeitpunkte gekündigt waren, so steht sowohl dem Lieferer als auch dem Empfänger innerhalb sechs Monaten das Recht zu, deren Umtausch in umlaufsfähige Stücke zu beanspruchen. Tritt während der Vertragsdauer bei verlosbaren Wertpapieren oder Lospapieren eine Verlosung ein, so steht dem Käufer das Recht, Nummernaufgabe zu verlangen, nur dann zu, wenn dies beim Abschluß des Vertrages vereinbart worden ist.

Der Anspruch auf Umtausch erlischt in allen Fällen, wenn er nicht innerhalb der gesetzten Fristen geltend gemacht wird. Einen seit dem Tage der Lieferung bis zu dem Tage, an dem der Umtausch verlangt wird, entstandenen Zinsverlust hat in allen Fällen der Empfänger zu tragen.

Ist der gesamte umlaufende Betrag einer Emission gekündigt, so sind alle seit dem Tage der Kündigung abgeschlossenen Geschäfte hinfällig. Als Tag der Kündigung gilt bei Stadtanleihen der Tag, an welchem die Kündigung beschlossen wurde.

### Aufgerufene Wertpapiere.

**§ 32.** Wertpapiere, die am Tage der Lieferung in der letzt erschienenen Nummer der von der Bank des Berliner Kassenvereins herausgegebenen „Sammelliste aufgerufener

Wertpapiere" verzeichnet stehen, sind nicht lieferbar. Sind Wertpapiere geliefert, die zur Zeit der Lieferung als gestohlen, verloren gegangen oder abhanden gekommen von einer öffentlichen Behörde oder im Reichsanzeiger von dem aus der Urkunde Verpflichteten gemäß § 367 HGB. bekannt gemacht sind oder bezüglich deren glaubhaft gemacht wird, daß sie zur Zeit der Lieferung im Auslande mit Opposition belegt waren, so ist der Lieferer verpflichtet, sie gegen umlaufsfähige Stücke umzutauschen. Der Anspruch auf Umtausch kann bei der Dreimännerkommission, die darüber endgültig entscheidet, innerhalb zehn Börsentagen nach der Lieferung geltend gemacht werden. Nach Ablauf der zehntägigen Frist hat die Dreimännerkommission die Entscheidung über die Umtauschverpflichtung abzulehnen; es bleibt jedoch dem Empfänger vorbehalten, die schiedsrichterliche Kommission des Börsenvorstandes oder das ordentliche Gericht gemäß § 7 Abs. 5 und 6 anzurufen.

### Zins- und Gewinnanteilscheine, gekündigte und verloste Stücke.

**§ 33.** Geschäfte in solchen Zins- und Gewinnanteilscheinen und gekündigten oder verlosten Stücken, die in Europa keine Zahlstellen haben, gelten als unter Gewährleistung des Einganges abgeschlossen. Zins- und Gewinnanteilscheine dieser Art sind mit dem Firmenstempel des Verkäufers zu versehen.

Bei sonstigen Geschäften in Zins- oder Gewinnanteilscheinen, gekündigten oder verlosten Wertpapieren haftet der Verkäufer für deren Eingang nur dann, wenn dies beim Abschluß ausdrücklich vereinbart worden ist; er haftet aber für deren Echtheit und für richtige Angabe und Berechnung des Einlösungswertes, wie er am Tage des Verkaufs feststeht.

Haftet der Verkäufer für den richtigen Eingang verkaufter

Zins- oder Gewinnanteilscheine oder gekündigter oder verloster Stücke, so ist er verpflichtet,

unbezahlt gebliebene, in Europa zahlbare Scheine oder Stücke innerhalb eines Monats,

unbezahlt gebliebene, außerhalb Europas zahlbare Scheine oder Stücke innerhalb zweier Monate

nach dem Fälligkeitstermin gegen Rückerstattung des empfangenen Betrages zurückzunehmen.

Diese Fristen laufen, falls das Geschäft erst nach dem Fälligkeitstermine abgeschlossen ist, vom Tage des Abschlusses ab.

Werden bestimmte Stücke von Zins- oder Gewinnanteilscheinen, verlosten oder gekündigten Wertpapieren von der Zahlstelle nicht eingelöst, so ist der Verkäufer verpflichtet, sie innerhalb vier Monaten nach dem Verkaufstage gegen Rückerstattung des empfangenen Betrages zurückzunehmen.

Sind verkaufte Zins- oder Gewinnanteilscheine, gekündigte oder verloste Wertpapiere von der Zahlstelle aus irgendeinem besonderen Grunde zurückbehalten worden, so hat Verkäufer, wenn ihm innerhalb der im Abs. 3 dieses Paragraphen festgesetzten Fristen der Nachweis erbracht wird, daß diese Werte von ihm geliefert wurden, den empfangenen Betrag an den Käufer gegen Abtretung der diesem aus den zurückbehaltenen Werten zustehenden Rechte zurückzuzahlen.

## Zollkupons.

**§ 34.** Russische Zollkupons sind sechs Monate vor ihrer Fälligkeit bis drei Monate vor ihrer Verjährung lieferbar. Sie müssen von tadelloser Beschaffenheit sein, d. h. sie dürfen nicht eingerissen, zusammengeklebt oder ausgebessert und der schwarze Rand muß unverletzt vorhanden sein.

Ausgeloste, zur Zollzahlung geeignete Stücke sind statt der Kupons nur nach besonderer Vereinbarung lieferbar.

### Abtrennung der Zins- und Gewinnanteilscheine.

**§ 35.** Bei Lieferung von deutschen oder ausländischen festverzinslichen Wertpapieren, deren Zinsscheine ausschließlich auf Reichswährung lauten, darf der zunächst fällige Zinsschein fehlen, wenn sein Wert vergütet wird.

Bei deutschen Dividendenpapieren darf der nächstfällige Gewinnanteilschein durch einen eine andere Nummer tragenden, auf denselben Termin fälligen Gewinnanteilschein gleicher Gattung ersetzt werden.

Ausländische Wertpapiere sind nur lieferbar, wenn sämtliche dazu gehörigen Zins- oder Gewinnanteilscheine die gleiche Nummer wie das Wertpapier selbst tragen.

Bei ausländischen Wertpapieren sind sämtliche uneingelöst gebliebenen Zins- oder Gewinnanteilscheine mitzuliefern.

### Umschreibungen und Zessionen.

**§ 36.** Bei Wertpapieren, deren Besitzübertragung durch getrennte Anlage stattfindet, muß für jedes einzelne Stück ein besonderer Umschreibungsantrag oder eine besondere Zession beigefügt sein.

Bei auf Namen lautenden Wertpapieren darf nach der letzten Eintragung nicht mehr als **ein** Blankogiro vorhanden sein.

Bei Umschreibungsanträgen oder Zessionen seitens einer Ehefrau ist die Genehmigung des Ehemannes beizufügen, wenn nicht aus der Unterschrift hervorgeht, daß es sich um eine Witwe oder eine geschiedene Frau handelt.

### Interimsscheine und Ersatzstücke.

**§ 37.** Interimsscheine (Zwischenscheine) über Wertpapiere, von denen bereits Originalstücke im Umlauf sich befinden, sind nicht lieferbar, es sei denn, daß ihre Lieferbarkeit von der Dreimännerkommission ausdrücklich festgesetzt ist.

Ersatzstücke sind nur lieferbar, wenn auf der Vorderseite des neuen Stückes mit rechtsverbindlicher Unterschrift des Ausstellers das Stück als Ersatzstück anerkannt ist.

Neue Kuponbogen.

**§ 38.** Ist nach Ablauf aller einem Stücke beigegebenen Zins- oder Gewinnanteilscheine die Ausgabe der neuen Bogen angekündigt, oder erfolgt sie ohne besondere Ankündigung, so sind von einem Monat nach dem Ausgabetermin bei inländischen Wertpapieren und von zwei Monaten bei ausländischen Wertpapieren ab die Stücke nur noch mit den neuen Bogen lieferbar, insofern die Dreimännerkommission nicht einen anderen Termin festgesetzt hat. In allen Fällen, in denen von der die neuen Bogen im Auslande ausgebenden Stelle Gebühren erhoben werden, sind diese vom Tage der Ausgabe ab vom Verkäufer zu vergüten, falls er nicht mit neuen Bogen liefert.

Wird die Ausgabe neuer Bogen angekündigt zu einer Zeit, zu welcher noch ein Zins- oder Gewinnanteilschein am Stücke haftet, so tritt der Termin, von dem ab die Stücke nur mit dem neuen Bogen lieferbar sind, nicht früher ein, als zur Zeit der Abtrennung des letzten Zins- oder Gewinnanteilscheines.

## H. Besondere Bedingungen für die sonstigen Börsenwerte.

Privatdiskonten.

**§ 39.** Als Privatdiskonten sind nur Abschnitte von 5000 M. und darüber lieferbar, die wenigstens 56 Zinstage und nicht mehr als drei Monate noch zu laufen haben. Wenn ausdrücklich zwischen den Parteien die Lieferung von „langer Sicht“ verabredet ist, so sind Wechsel mit wenigstens 80 Zinstagen Laufzeit zu liefern.

Domizilwechsel sind nicht lieferbar.

Bei Geschäften in Privatdiskonten sind nur solche Wechsel lieferbar, auf die der Stempel für die ganze Laufzeit bereits entrichtet ist.

Bei Abschnitten von 10000 M. und darüber auf auswärtige Reichsbankplätze wird für fünf Tage, bei kleineren Abschnitten für zehn Tage der Reichsbankdiskont des Lieferungstages vergütet.

Wechsel auf Reichsbankplätze, die im Auslande stempelpflichtig waren, aber dort nicht ordnungsmäßig versteuert worden sind, sind als Privatdiskonten nicht lieferbar.

## Ausländische Wechsel.

**§ 40.** Die Notiz für ausländische Wechsel versteht sich

in kurzer Sicht

auf Amsterdam und Rotterdam, Brüssel und Antwerpen, Budapest, Kopenhagen, London, Paris, Petersburg, Schweizer Plätze[2]), Warschau, Wien für achttägige,

auf Christiania, italienische Plätze[1]), Stockholm und Gothenburg für zehntägige,

auf Lissabon und Oporto, Madrid und Barcelona für 14tägige,

auf Newyork für bei Sicht zahlbare Wechsel;

in langer Sicht

auf Amsterdam und Rotterdam, Brüssel und Antwerpen, Budapest, italienische Plätze[1]), Madrid und Barcelona, Newyork, Paris, Schweizer Plätze[2]), Wien für zweimonatliche,

auf Lissabon und Oporto, London, Petersburg für dreimonatliche.

Lieferbar sind: Abschnitte von

Fl. 500 bis 25000 auf Amsterdam und Rotterdam,

K. 1000 „ 50000 „ Wien und Budapest,

| | | | | | |
|---|---|---|---|---|---|
| Frs. | 1000 | bis | 50000 | auf | Brüssel, Antwerpen, Paris und Schweizer Plätze²), |
| Lit | 1000 | „ | 25000 | „ | Italienische Plätze¹), |
| Kr. | 1000 | „ | 20000 | „ | Kopenhagen, Christiania, Stockholm, Gothenburg, |
| Esc. | 200 | „ | 5000 | „ | Lissabon und Oporto, |
| Lstg. | 100 | „ | 3000 | „ | London, |
| Ptas | 1000 | „ | 25000 | „ | Madrid und Barcelona, |
| $ | 200 | „ | 10000 | „ | Newyork, |
| Ro. | 500 | „ | 20000 | „ | Petersburg und Warschau. |

¹) Als italienische Plätze gelten:
Florenz, Genua, Livorno, Mailand, Neapel, Rom, Turin, Venedig;

²) als Schweizer Plätze gelten:
Basel, Bern, Genf, St. Gallen, Winterthur, Zürich.

## Kurze Sicht.

Um als kurze Wechsel lieferbar zu sein, müssen noch zu laufen haben:

Wechsel auf St. Petersburg wenigstens sechs und höchstens 14 Tage;

alle übrigen, deren Notiz sich für achttägige Lauffrist versteht, wenigstens fünf und höchstens 14 Tage;

diejenigen, deren Notiz sich für zehntägige Lauffrist versteht, wenigstens sieben und höchstens 14 Tage;

diejenigen, deren Notiz sich für vierzehntägige Lauffrist versteht, wenigstens acht und höchstens 21 Tage.

Etwaige ortsübliche Respektage bleiben hierbei unberücksichtigt.

Sämtliche Notierungen in kurzer Sicht, mit Ausnahme derjenigen von kurz London, verstehen sich für gestempelte oder stempelfreie Wechsel. Bei Lieferung von ungestempelten

Wechseln ist der ausländische Stempel vom Verkäufer zu vergüten. Kurze Wechsel auf London sind ohne Rücksicht auf den englischen Stempel lieferbar.

Werden Wechsel geliefert, die eine kürzere oder längere Laufzeit haben als diejenige ist, für welche die Notiz für kurze Sicht sich versteht, so ist der nach Kalendertagen zu berechnende Unterschied zu dem am Tage vor dem Geschäftsabschlusse geltenden Bankdiskont des betreffenden Platzes zu verrechnen.

Zu den Notierungen für kurze Sicht sind mit Ausnahme von kurz London und kurz Paris an Stelle von Wechseln auch stempelfreie Schecks lieferbar, jedoch bei Italien nur solche auf Florenz, Genua, Mailand und Rom, bei Schweiz nur solche auf Basel, Bern, Genf und Zürich. Für die kürzere Laufzeit als diejenige, für die sich die Notierung versteht, sind vom Käufer Zinsen zu dem am Tage vor dem Geschäftsabschluß geltenden Bankdiskont des betreffenden Platzes zu vergüten. Es gelten hierbei die Laufzeiten von Schecks, vom Abschlußtage an gerechnet, als zweitägig, mit Ausnahme von Schecks auf Madrid, Barcelona, Lissabon und Oporto, die als dreitägig gerechnet werden.

Ist der den obigen Laufzeiten entsprechende Tag an dem betreffenden Platze kein Werktag, so wird der Berechnung der nächstfolgende ausländische Werktag zugrunde gelegt. Bezüglich der Höhe der Abschnitte gelten für Schecks dieselben Bestimmungen wie für Wechsel.

Wird an Stelle von Schecks im Einverständnis beider Parteien Auszahlung geschlossen, so hat mangels anderweitiger Vereinbarung die Zahlung im Auslande an dem Tage zu erfolgen, welcher der oben angegebenen Laufzeit entspricht, London und Paris gelten hierbei als zweitägig. Ist dieser Tag an dem betreffenden ausländischen Platze kein Werktag, so hat die Zahlung am nächsten darauffolgenden Werktage zu geschehen. Für die Berechnung von Zinsen gilt das für die Berechnung der Zinsen bei Schecks Festgesetzte.

### Lange Sicht.

Um als lange Wechsel lieferbar zu sein, müssen noch zu laufen haben:

Wechsel auf Newyork wenigstens 45 und höchstens 100 Tage;
alle übrigen, deren Notiz sich für zweimonatliche Lauffrist versteht, wenigstens 1½ und höchstens 3 Monate;
diejenigen, deren Notiz sich für dreimonatliche Lauffrist versteht, wenigstens 2½ und höchstens 3 Monate.

### Mittelsicht.

Ein Unterschied zwischen der Laufzeit der gelieferten Wechsel und derjenigen, für welche die Notiz sich versteht, ausgenommen Newyork, ist zu dem am Tage vor dem Geschäftsabschlusse geltenden Bankdiskont des betreffenden Platzes zu verrechnen.

Wechsel, deren Verfallzeit länger ist als die für kurze Sichten zugelassene, aber kürzer als die für lange Sichten bestimmte, gelten als Mittelsichten, die besonderer Vereinbarung zwischen den Parteien unterliegen.

### Newyork.

Als kurze Wechsel auf Newyork sind nur nach Sicht, und zwar nicht länger als vierzehn Tage nach Sicht gezogene Wechsel lieferbar. Bei längeren als „bei Sicht" zahlbaren Wechseln sind dem Käufer Zinsen nach dem zu vereinbarenden Satze zu vergüten.

Bei langen Wechseln auf Newyork, die auf einen Zeitraum nach Sicht gezogen sind, werden für die zur Feststellung des Verfalltages erforderliche Vorlegung des Wechsels zehn Tage gerechnet. Die Zinsen für kürzere Laufzeit als zwei Monate sind dem Verkäufer, für längere Laufzeit als zwei Monate dem Käufer nach dem zu vereinbarenden Satze zu vergüten.

## Ausländische Domizilwechsel.

Ausländische Wechsel, deren Bezogener nicht in dem Staate der Zahlstelle seine Handelsniederlassung hat, sind nicht lieferbar.

Domizilwechsel auf Wien und Budapest sind in langer Sicht auch dann nicht lieferbar, wenn der Bezogene seine Handelsniederlassung in Österreich-Ungarn hat.

Domizilwechsel auf London sind, auch wenn der Bezogene seine Handelsniederlassung in Großbritannien hat, nur lieferbar, wenn sie mit dem Akzepte des Bezogenen versehen sind.

Domizilwechsel auf russische Plätze, bei denen die Angabe des Domizils nicht im Akzepte des Bezogenen enthalten ist, sind nicht lieferbar.

## Italienische Wechsel.

Wechsel auf italienische Plätze, die im Text oder bei einem Giro den Vermerk „ohne Kosten", „ohne Protest" oder einen gleichbedeutenden Vermerk tragen, sind nicht lieferbar.

## Russische Wechsel.

Bei Wechseln, die in polnischer oder russischer Sprache ausgestellt sind, hat Verkäufer eine deutsche Übersetzung beizufügen, deren Richtigkeit von ihm durch Abdruck seines Firmastempels anerkannt wird.

Bei Wechseln, die mit bestimmtem Ziel von einem Platze, an dem nach neuem Stil gerechnet wird, auf Rußland gezogen sind, wird der Verfalltag in der Art bestimmt, daß der Ausstellungstag zunächst in das entsprechende Datum alten Stils um- und demnächst der Verfalltag gemäß dem Wechselinhalt ausgerechnet wird. Der so gefundene Verfalltag alten Stils ist also dann wieder in das entsprechende Datum neuen Stils zurückzurechnen.

### Aushändigung einer Sekunda oder Tertia.

Der Käufer von Wechseln auf außereuropäische Plätze ist berechtigt, zu verlangen, daß der Verkäufer ihm binnen drei Tagen eine Sekunda und eine Tertia gegen Erstattung der entstehenden Kosten aushändigt.

### Goldmünzen.

**§ 41.** Goldmünzen sind ohne Vergütung eines etwaigen Minderwerts lieferbar, wenn sie folgendes Minimalgewicht haben:

| | | |
|---|---|---|
| 20 Francs- und Österr. 8 fl.-Stücke | 1000 Stck. | = 6,440 kg |
| Golddollars . . . . . . . . . . . . | 1000 $ | = 1,670 „ |
| Sovereigns . . . . . . . . . . . . | 1000 Stck. | = 7,960 „ |
| Imperials, alte . . . . . . . . . . | 1000 Stck. | = 6,540 „ |

Für jedes fehlende Gramm hat der Verkäufer 2,50 M. zu vergüten.

Neues russisches Gold (Imperials, neue) wird notiert in Mark für 100 Ro. Gold, wobei sowohl die auf Grund des Gesetzes vom 14. November 1897 geprägten Stücke à 5, $7^1/_2$, 10 und 15 Ro., als auch die auf Grund des Gesetzes vom 17. Dezember 1885 geprägten halben Imperials à 5 Ro. und ganze Imperials à 10 Ro. lieferbar sind, indem solche mit $7^1/_2$ Ro. bzw. 15 Ro. in Ansatz kommen. Die Notiz versteht sich nur für Beträge von mindestens 500 Ro. Gold. Es müssen 1000 Ro. Gold ein Mindestgewicht von 0,858 kg haben.

Von 20-Francs-Stücken sind nur solche belgischer, französischer, italienischer, rumänischer und schweizer Prägung lieferbar. Statt je eines 20-Francs-Stücks können auch je zwei 10-Francs-

Stücke geliefert werden. Stücke zu 5 Francs und zu 100 Francs sind nicht lieferbar.

Dukaten werden per Stück gehandelt und notiert. Die Notiz unterscheidet Münz- und Randdukaten. Als Münz-Dukaten sind nur Stücke mit Prägestempel des laufenden Jahres im Vollgewicht von kg 3,490 pr. 1000 Stück lieferbar. Als Rand-Dukaten sind lieferbar Stücke beliebiger Jahrgänge im Gewicht von mindestens kg 3,485 pr. 1000 Stück, wobei für jedes am Vollgewicht (kg 3,490) fehlende Gramm der Verkäufer 2,75 M. zu vergüten hat. Bei einem geringeren Gewichte als kg 3,485 pr. 1000 Stück werden Dukaten nach Gewicht mit einem Feingehalt von 985 Tausendsteln gehandelt. Es sind nur Stücke Österr.-ungarischer Prägung lieferbar.

**§ 42.** Im übrigen gelten die jeweiligen vom Börsenvorstand, Abteilung Fondsbörse, getroffenen Festsetzungen als zwischen den Parteien vereinbart.

---

Die vorstehenden Bedingungen treten am 1. April 1914 in Kraft.

Berlin, im März 1914.

Der Börsenvorstand, Abteilung Fondsbörse.
Dr. Kaempf.

## Anhang.

### I. Festsetzungen des Börsenvorstandes, Abteilung Fondsbörse.

Kursnotierungen. Wertpapiere im allgemeinen.

Für die Feststellung des Börsenpreises der Wertpapiere sind die Bestimmungen maßgebend, welche der Bundesrat am 21. November 1912 erlassen hat, nämlich:

Hier folgt die im Anhang, Anlage 2, abgedruckte Bekanntmachung.

Beim Handel in Wertpapieren werden Kasseabschlüsse in $^1/_{10}$ und $^1/_4$ Bruchteilen eines Prozents, bezw., wenn die Notierung in Mark pro Stück erfolgt, in $^1/_{10}$ und $^1/_4$ einer Mark notiert.

Die Notierung von Terminabschlüssen erfolgt für inländische Rentenpapiere in gleichen Abstufungen wie im Kasseverkehr, bei allen sonstigen Wertpapieren, soweit sie in Prozenten notiert werden, in $^1/_8$ Bruchteilen eines Prozentes, bei solchen, die in Stück notiert werden, in Abstufungen von $^1/_4$ Mark.

## Nennbetrag bei Termingeschäften.

Börsentermingeschäfte in nachfolgenden Wertpapieren werden nach Stück zu den usancemäßigen Beträgen gehandelt.

Portugiesische unifizierte Anleihe
Russische 4 % Anleihe v. 1880
„ $3^1/_2$ % Anleihe v. 1894
„ 3 % Anleihe v. 1896
„ 4 % konsolidierte Anleihe v. 1889
Türkische 4 % unifizierte Anleihe
Türkenlose
Buschtehrader Eisenbahn Aktien Lit. B
Österr.-Ungarische Staatsbahn-Aktien
Südösterr. Eisenbahn Aktien (Lombarden),
Baltimore und Ohio Eisenbahn Aktien
Canada Pacific-Eisenbahn Aktien
Anatolische Eisenbahn Aktien
Italienische Meridionalbahn Aktien
„ Mittelmeerbahn Aktien
Luxemburg Prince-Henri-Eisenbahn Aktien
Orientalische Eisenbahn-Betriebsges. Aktien
Asow-Don Kommerzbank Aktien
Österr. Kreditanstalt Aktien

Österr. Länderbank Aktien
Petersburger Intern. Handelsbank Aktien
Russische Bank für auswärtigen Handels Aktien
Ungarische Allg. Kreditbank Aktien
Wiener Bankverein Aktien
" Unionbank Aktien
Türkische Tabak Aktien.

Abweichend von der Vorschrift des § 16 ist als usancemäßiger Betrag festgesetzt bei:

| | | |
|---|---|---|
| Russische 4 % Anleihe von 1902 . . . . . | M | 10000 |
| Spanische 4 % Anleihe . . . . . . . . . . | Ptas | 24000 |
| Buenos Aires 6 % Stadtanl. v. 1891 . . | Pesos | 10000 |
| Pennsylvania Eisenbahn Aktien . . . . . | St. | 50 |
| Aumetz-Friede Aktien . . . . . . . . . . | Frs. | 15000 |
| Dynamite Trust Aktien . . . . . . . . . | Lstg | 500 |
| Naphtha Produktionsges. Nobel Aktien . . | Ro | 5000 |
| South-West-Africa Aktien . . . . . . . . | Lstg | 500 |

## Stadtanleihen.

Bezüglich der Notierung von Stadtanleihen ist folgendes festgesetzt worden:

Für Stadtanleihen, die in Beträgen von weniger als 5000000 M. Nennwert an die Börse gebracht worden sind oder gebracht werden und bei welchen auch bei Zusammenlegen der Notiz mit anderen, gleichartigen Anleihen ein Nennbetrag von 5000000 M., auf den sich die Notierung dann bezieht, nicht erreicht wird, wird nur zweimal in der Woche eine Kursfeststellung vorgenommen. Diese Kursfeststellung findet statt am Dienstag und Freitag jeder Woche und am 31. Dezember jeden Jahres. Fällt an einem dieser Tage die Börsenversammlung aus, so soll die Kursfeststellung am vorhergehenden Börsentage erfolgen. An den anderen Börsentagen wird im Amtlichen

Kursblatt die Notiz des vorangegangenen Notierungstages fortgeführt. Für Stadtanleihen, die neu an der Börse eingeführt werden, findet bis zum Schluß des auf die Einführung folgenden Halbjahrs eine tägliche Kursfeststellung statt.

Anleihen von Städten, die zu dem engeren Wirtschaftsgebiet von Berlin gehören, werden in allen Fällen börsentäglich notiert.

### Schecks, Wechsel.

Schecks auf London und Paris und Wechsel auf Petersburg, Warschau und Wien werden täglich, andere ausländische Wechsel werden dreimal wöchentlich, und zwar Dienstags, Donnerstags und Sonnabends notiert, soweit im Einzelfall vom Börsenvorstand, Abteilung Fondsbörse, nichts anderes bestimmt wird.

Die Notierungen ausländischer Wechsel erfolgen für

| | |
|---|---|
| Brüssel, Antwerpen, Budapest, Paris, Wien in Abstufungen von . . . . . . . . . . . . . . | $2^1/_2$ Pf. |
| London in Abstufungen von . . . . . . . . . . | $^1/_2$ " |
| Newyork in Abstufungen von . . . . . . . . . | $^1/_4$ " |
| für alle anderen Plätze in Abstufungen von . . | 5 " |

### Bezugsrechte.

Die Notierung von Bezugsrechten findet jeweilig zum letzten Male am Börsentage vor Ablauf des Bezugsrechts statt. An diesem Börsentage werden auch die Aktien, auf welche das Bezugsrecht auszuüben ist, zum letzten Male einschließlich Bezugsrecht notiert.

### Ausländische Banknoten.

Die Notiz für ausländische Banknoten versteht sich für Beträge von mindestens

| | |
|---|---|
| $ 100 | Amerikanische Noten, |
| Frs. / Lit } 1000 | Belgische, Französische, Schweizer und Italienische Noten, |
| Kr. 500 | Dänische, Norwegische und Schwedische Noten, |
| Lstg. 50 | Englische Noten, |
| Fl. 300 | Holländische Noten, |
| K 500 | Österreichische Noten, |
| R0 200 | Russische Noten. |

Amerikanische Noten müssen mit dem Firmenstempel des Lieferers versehen sein.

## Goldmünzen.

Die Notiz für Goldmünzen versteht sich für Beträge von mindestens:

50 Stück Dukaten,
50 Stück 20 Francs-, Lire-, oder Österr. 8 fl.-Stücke,
50 Stück Imperials,
50 Stück Sovereigns,
$ 100 Amerikanisches Gold.

## Zollcoupons.

Die Notiz für kleine Zollcoupons versteht sich für Stücke im Betrage von 10 M = 3,085 R0 und darunter.

## Zessionen und Umschreibungen.

Bezüglich der Stempelpflichtigkeit oder Stempelfreiheit von Zessionen und Umschreibungsanträgen über Wertpapiere gelten folgende Grundsätze:

### I. Stempelpflichtig sind

1. Zessionen,
   a) wenn sie nebenher errichtet sind, oder
   b) wenn das Wertpapier keinen Reichsstempel und keinen denselben ersetzenden Vermerk trägt;

2. Umschreibungsanträge, wenn das Wertpapier keinen Reichsstempel und keinen denselben ersetzenden Vermerk trägt.

II. Stempelfrei sind

1. alle übrigen Zessionen und Umschreibungsanträge;
2. die zu I genannten stempelpflichtigen Zessionen und Umschreibungsanträge,
   a) wenn sie außerhalb Preußens in blanko ausgestellt sind,
   b) wegen Verjährung, wenn das Ausstellungsdatum mehr als zehn Kalenderjahre alt ist,
   c) wenn der Wert des Gegenstandes nicht 150 M. übersteigt und der geringere Wert aus der Urkunde in Verbindung mit dem Wertpapiere ersichtlich ist.

Durchstrichene Blankozessionen, denen unmittelbar eine andere Zession desselben Zedenten folgt, sind ebenfalls nicht stempelpflichtig.

Rasuren in Zessionen und Umschreibungsanträgen sind bezüglich des Datums und der Nummer des Wertpapieres unzulässig.

## Äußere Beschaffenheit einzelner Wertpapiere.

Bei deutschen Papieren beeinträchtigt das Fehlen des weißen Mantels oder eines Teiles davon die Lieferbarkeit nicht.

Bei ausländischen Werten muß der weiße Mantel an dem Stück haften, darf auch nicht durch anderes Papier ersetzt sein, soweit nicht in den „Besonderen Festsetzungen" Ausnahmen enthalten sind.

Bei Aktiengesellschaften, die sowohl auf Inhaber als auch auf Namen lautende Aktien ausgefertigt haben, sind nur solche Stücke lieferbar, welche auf Inhaber lauten.

Nordamerikanische Eisenbahnbonds, welche außer dem Stempel und dem Namen der Beamten oder Vertreter derjenigen Gesellschaft, welche die Bonds ausgestellt hat, noch andere Namensunterschriften oder Firmenstempel tragen, sind nicht lieferbar.

## In- und Außerkurssetzung sowie andere Vermerke auf Wertpapieren.

Deutsche und österreichisch-ungarische Wertpapiere mit deutschen Außerkurssetzungsvermerken oder mit dem Inventarisationsvermerk eines rheinischen Notars sind lieferbar, auch wenn eine Wiederinkurssetzung nicht stattgefunden hat.

Außerkurssetzungsvermerke, die durch die emittierende Behörde oder durch den Aussteller zugunsten eines Dritten in Bayern, Württemberg, Baden, Hessen-Darmstadt, Sachsen-Meiningen, Schwarzburg-Rudolstadt, Mecklenburg-Schwerin, Hamburg oder Lübeck auf Wertpapiere gesetzt werden, sind als Umschreibung auf den Namen (§ 806 BGB.) anzusehen; solche Papiere sind also nur lieferbar, wenn sie wieder auf Inhaber gestellt sind.

Als ausländische Wertpapiere gelten alle diejenigen, deren Aussteller ihren allgemeinen Gerichtsstand außerhalb Deutschlands haben.

Der von einer österreichischen oder ungarischen Behörde auf ein Wertpapier gesetzte Vermerk „erlegt", „erfolgt" wird einer deutschen Außer- und Wiederinkurssetzung gleich geachtet. Deutsche und österreichisch-ungarische Wertpapiere, welche diese beiden Vermerke tragen, sind lieferbar. Stücke, welche nur den Stempel „erlegt" tragen, sind nicht lieferbar.

Österreichisch-ungarische Wertpapiere, welche Stempel tragen, die neben den Worten „erlegt" und „erfolgt" deren

Übersetzung in tschechischer oder ungarischer Sprache und dazwischen den Doppeladler enthalten, sind lieferbar.

Ebenso sind österreichisch-ungarische Wertpapiere lieferbar mit dem Stempelaufdruck M. kir központi belyagrakter és bélyaz jelzesi hivatal. Die deutsche Übersetzung davon lautet: K. Ungarisches Zentralstempeldepot und Abstempelungsamt.

Ausländische Wertpapiere, die eine deutsche Außer- oder Inkurssetzung haben, sind mit Ausnahme der österreichisch-ungarischen Papiere nicht lieferbar.

Deutsche Wertpapiere mit dem Vermerk Upvist hos .... Magistrat betygar. Utan afgift sind lieferbar. Dieser Vermerk bezeugt, daß das Wertpapier zurzeit dem Magistrat vorgelegt und von der am 1. Januar 1895 in Schweden für fremde Wertpapiere eingeführten Stempelgebühr befreit ist.

Wertpapiere mit ausländischen Außer- und Inkurssetzungen sind nicht lieferbar.

Schwedische Wertpapiere mit dem Stempelaufdruck: Utlemnad den ...... sind lieferbar. Dieser Vermerk heißt: Ausgeliefert am ...... und bedeutet, daß nach schwedischem Gesetz diese Obligation vor dem Inkrafttreten des Gesetzes, betreffend Stempelsteuer, auf Obligationen datiert, aber nach demselben verausgabt wurde.

In Dänemark und in Norwegen ausgestellte Wertpapiere, die auf Namen eingetragen und demnächst wieder auf den Inhaber gestellt wurden, sind lieferbar, wenn sie nach der Eintragung auf Namen den Vermerk tragen: Transporteret til Ihandehaveren und danach entweder Noteret i Bankens Boger oder Noteret i Stadens Bogholder Kontor mit Datum und Unterschrift der betreffenden Bank oder Ausgabestelle. Diese Vermerke heißen in deutscher Übersetzung: „Übertragen auf den Inhaber“, „Notiert in den Büchern der Bank“, „Notiert in der Buchhalterei der Stadt“.

### Versicherungsaktien.

Bei Geschäften in solchen Versicherungsaktien, die noch nicht vollgezahlt sind, hat der Verkäufer das Recht, falls die Eintragung des neuen Aktionärs nicht innerhalb zweier Monate nach dem Lieferungstage bewirkt ist, von dem Käufer die sofortige Sicherstellung des Betrages der noch nicht geleisteten Einzahlung bei ihm, dem Verkäufer, oder nach Wahl des Käufers bei einer zur Annahme von Depositen berechtigten Behörde zu fordern. Der Käufer solcher Aktien ist verpflichtet, bei Abnahme der Stücke dem Verkäufer einen Schein auszustellen, welcher vorstehende Verpflichtung ausdrücklich anerkennt. Zur Geltendmachung der Rechte aus diesem Verpflichtungsschein genügt die Vorlage einer schriftlichen Erklärung der Versicherungsgesellschaft, wonach die Aktie noch nicht auf den Namen des Rechtsnachfolgers umgeschrieben ist.

Bei Geschäften in Versicherungsaktien, denen Dividendenscheine nicht beigefügt sind, gehört die Dividende des abgelaufenen Jahres demjenigen, der die Aktie bis einschließlich den ersten Börsentag nach der Generalversammlung der betreffenden Versicherungsgesellschaft gekauft hat.

Bei Geschäften in Versicherungsaktien, zu deren Umschreibung der Käufer verpflichtet ist, werden die Umschreibungskosten sowie der Wechselstempel der zu hinterlegenden Solawechsel vom Käufer getragen.

## II. Besondere Festsetzungen bezüglich der Lieferbarkeit einzelner Wertpapiere, zusammengestellt nach der Reihenfolge des „Amtlichen Kursblattes der Berliner Fondsbörse“.

Diese Festsetzungen sind, da sie nur die Technik des Börsenverkehrs betreffen, hier nicht aufgenommen.

## Anlage 9.

# Bekanntmachung, betreffend die Geschäftsbedingungen der Produktenbörse zu Berlin für den Zeithandel in Getreide und Mehl.

Vom 29. Mai 1908 (RGBl. 240)[1]).

Auf Grund des § 67 des Börsengesetzes (Reichsgesetzbl. S. 215) hat der Bundesrat beschlossen, die nachstehenden Geschäftsbedingungen der Produktenbörse zu Berlin für den Kauf oder die sonstige Anschaffung von Weizen, Roggen, Hafer oder Mais in Mengen von 50 t oder einem Vielfachen davon — die Tonne zu 1000 kg — oder von Roggenmehl in Mengen von 300 Sack oder einem Vielfachen davon — der Sack zu 100 kg brutto — mit der Maßgabe zu genehmigen, daß es den Vertragschließenden gestattet ist, Vereinbarungen über die in diesen Bedingungen nicht geregelten Punkte zu treffen:

I. Zu liefern ist:

1. bei Weizen: gesunder, trockener und für Müllereizwecke gut verwendbarer Weizen, mit einem Normalgewichte von 755 g für das Liter. Von der Lieferung ausgeschlossen sind: Rauhweizen, Kubanka und andere ausländische Hart-(Grieß-)Weizen, ferner künstliche Mischungen von weißem und rotem (gelbem) Weizen;
2. bei Roggen: guter, gesunder, trockener Roggen, frei von Darrgeruch, mit einem Normalgewicht von 712 g für das Liter;
3. bei Hafer: guter, trockener Hafer, mit einem Normalgewicht von 450 g für das Liter. Der Hafer muß einen gesunden natürlichen Geruch haben, auch frei von Darr-

---

[1]) Unter Berücksichtigung der Nachträge vom 4. Juni 1910 und 14. Oktober 1913 (RGBl. 875 u. 732).

geruch sein; er darf in auffälliger Weise weder mit anderen Getreidearten noch mit Rade, Wicken oder Unkrautsamen vermengt sein;

4. bei Mais: guter, gesunder Mais;

5. bei Roggenmehl: gutes, gesundes Roggenmehl Nr. 0/1 gemischt nach den von Sachverständigen, die für Mehl von der Handelskammer zu Berlin öffentlich angestellt und beeidigt sind, festgestellten Typen. Das Mehl ist in guten, dichten, ungezeichneten Säcken, die 74 bis 80 Zentimeter breit und 116 bis 125 Zentimeter lang sind, zu liefern. Die Säcke sind mit Plomben zu versehen, auf denen die Firma der Mühle, die das Mehl hergestellt hat, und die Bezeichnung Roggenmehl 0/1 deutlich ausgeprägt sind.

II. Die Lieferung hat innerhalb des von den Parteien vereinbarten Monats nach Wahl des Verkäufers zu erfolgen.

III. Erfüllungsort ist Berlin. Der Verkäufer kann auch von Speichern liefern, die

1. Ladegerechtigkeit haben und an folgenden schiffbaren Wasserläufen belegen sind:

   a) am Spandauer Schiffahrtskanal bis zur Plötzenseeschleuse (Nord- und Südufer),
   b) am Verbindungskanal von der Plötzenseeschleuse bis zur Spree,
   c) am Landwehrkanal-Salzufer und Charlottenburger Ufer,
   d) an der Unterspree bis zur Charlottenburger Schleuse,
   e) am Teltowkanal zwischen der Berlin-Tempelhofer Chaussee und der Rudower Straße,
   f) am Landwehrkanal von der Oberspree bis zum Rixdorfer Stichkanal,

g) am Rixdorfer Stichkanal bis zur Stadt- und Ringbahn,

h) an der Oberspree bis zum Beginne des Treptower Parkes,

i) am Rummelsburger See, von der Stadt- und Ringbahn an gerechnet auf der rechten Seite bis einschließlich der früheren Rengertschen Fabrik und auf der linken Seite bis einschließlich des Geländes der Norddeutschen Eiswerke, oder

2. durch Beschluß des Börsenvorstandes, Abteilung Produktenbörse, zu Berlin als geeignet bezeichnet sind, sofern seit Bekanntmachung des Beschlusses ein Zeitraum von mindestens sechs Monaten verflossen ist.

Weizen, Roggen, Hafer oder Mais können auch aus Kähnen geliefert werden, die außerhalb der Weichbildgrenze Berlins auf einem der zu 1 bezeichneten Wasserläufe an einem Speicher liegen.

IV. Es darf nur eine Ware geliefert werden, die vor der Erklärung der Lieferungsbereitschaft (Andienung), frühestens aber an dem der Andienung vorhergehenden Werktage von drei von der Handelskammer zu Berlin für die in Frage kommenden Waren öffentlich angestellten und beeidigten Sachverständigen untersucht und als lieferbar befunden worden ist.

Bei der Untersuchung der Ware und Festsetzung eines Mehr- oder Minderwerts sind bei Weizen, Roggen, Hafer oder Mais Beschaffenheit und Naturalgewicht, bei Roggenmehl Beschaffenheit des Mehles und Beschaffenheit der Säcke zu berücksichtigen.

Ergibt sich bei Weizen, Roggen, Hafer oder Mais auf Grund dieser Untersuchung ein Mehr- oder Minderwert bis zu 2 M. für die Tonne, so ist der Käufer zur Abnahme unter Vergütung des Mehrwerts oder Abzug des Minderwerts verpflichtet. Ein Mehrwert über 2 M. für die Tonne ist nicht zu vergüten. Bei einem Minderwerte von mehr als 2 M. für die Tonne ist die Ware nicht lieferbar.

Ergibt sich bei Roggenmehl auf Grund dieser Untersuchungen ein Mehr- oder Minderwert bis zu durchschnittlich 25 Pf. für 100 kg Mehl, so ist der Käufer zur Abnahme unter Vergütung des Mehrwerts oder Abzug des Minderwerts verpflichtet. Ein Mehrwert über 25 Pf. für 100 kg Mehl ist nicht zu vergüten. Bei einem Minderwerte von mehr als 25 Pf. für 100 kg Mehl ist die Ware nicht lieferbar. Ergibt sich durch die Untersuchung ein Minderwert der Säcke bis zu durchschnittlich 10 Pf. für das Stück, so ist der Käufer zur Abnahme unter Abzug des Minderwerts verpflichtet. Bei einem höheren Minderwerte der Säcke ist die Ware nicht lieferbar.

V. Bei Weizen, Roggen, Hafer oder Mais hat die Andienung in Posten von je 50 Tonnen schriftlich unter Beifügung einer Bescheinigung über die Lieferbarkeit zu erfolgen und muß dem Käufer an einem Werktage bis 12 Uhr mittags zugestellt sein. Endet die Lieferzeit an einem Sonn- oder Feiertage, so muß die Andienung spätestens an dem vorhergehenden Werktag erfolgen. Die Andienung kann an Dritte weitergegeben werden. Die Weitergabe muß unverzüglich erfolgen. Die Umlaufszeit der Andienung endet am Andienungstage nachmittags 5 Uhr.

Der Verkäufer ist berechtigt, jeden einzelnen Posten von zwei verschiedenen Stellen zu liefern. Die Ware ist innerhalb von 6 Tagen, einschließlich des Tages der Andienung, Zug um Zug gegen Zahlung abzunehmen. Endet die Frist an einem Sonn- oder Feiertage, so muß die Abnahme spätestens am vorhergehenden Werktag erfolgen.

Das Andienungsschreiben und die Bescheinigung der Sachverständigen müssen enthalten:

bei Lieferungen vom Kahn:

1. das Datum;
2. den Namen des Schiffers, die Nummer des Kahnes und den Ort der Abladung;
3. den Standort des Kahnes, vorbehaltlich einer Änderung bei polizeilicher Anordnung;

bei Lieferungen vom Speicher:

1. das Datum;
2. die genaue Bezeichnung des Postens nach Lagerraum und Menge.

Erfolgt die Lieferung von einem nicht am schiffbaren Wasser belegenen Speicher, so ist die Ware kostenfrei auf den Wagen zu liefern; im übrigen hat der Empfänger die Kosten der Übergabe und Abnahme der Ware zu tragen, insoweit sie die angemessenen Sätze nicht überschreiten. Etwaige Mehrkosten fallen dem Verkäufer zur Last. Über die Angemessenheit entscheidet in Streitfällen der Börsenvorstand, Abteilung Produktenbörse, zu Berlin.

Der Verkäufer hat das Recht, 5 Prozent mehr oder weniger zu liefern. Ergibt sich bei einem Posten ein Fehlgewicht von mehr als 5 Prozent, so kann die Abnahme abgelehnt werden. Die Ablehnung muß jedoch innerhalb der vertragsmäßigen Abnahmefrist erklärt werden. Ein Mehr- oder Mindergewicht wird zum Preise des Abnahmetags, falls jedoch die Abnahme nach Ablauf der vertragsmäßigen Frist von 6 Tagen erfolgt, zum Preise des letzten Tages der Abnahmefrist berechnet.

VI. Bei Roggenmehl hat die Andienung in Posten von je 300 Sack schriftlich unter Beifügung einer Bescheinigung über die Lieferbarkeit zu erfolgen; sie muß dem Käufer an einem Werktage bis 12 Uhr mittags zugestellt sein. Endet die Lieferzeit an einem Sonn- oder Feiertage, so muß die Andienung spätestens an dem vorhergehenden Werktage erfolgen. Die Andienung kann an Dritte weitergegeben werden. Die Weitergabe muß unverzüglich erfolgen. Die Umlaufszeit der Andienung endet am Andienungstage nachmittags 5 Uhr.

Der Verkäufer ist berechtigt, jeden einzelnen Posten von zwei verschiedenen Stellen zu liefern; dort müssen an einer Stelle mindestens 100 Sack liegen. Die in einer Partie liegenden Stücke müssen von derselben Mühle hergestellt sein. Erfolgt die Lieferung von zwei Stellen, so hat der Verkäufer das Recht, an jeder Stelle eine besondere Marke zu liefern. Die Ware ist innerhalb 5 Werktagen einschließlich des Tages der Andienung, Zug um Zug gegen Zahlung abzunehmen.

Das Andienungsschreiben und die Bescheinigung der Sachverständigen müssen enthalten:

1. das Datum;
2. die genaue Bezeichnung des Postens nach Lagerraum und Menge.

Der Empfänger hat die Kosten der Übergabe und der Abnahme der Ware zu tragen, insoweit sie die angemessenen Sätze nicht überschreiten. Etwaige Mehrkosten fallen dem Verkäufer zur Last. Über die Angemessenheit entscheidet in Streitfällen der Börsenvorstand, Abteilung Produktenbörse, zu Berlin. Fehlen bei einem Posten von 300 Sack mehr als 4 Säcke oder befinden sich dabei mehr als 10 Säcke, welche unter 99 kg wiegen, so kann die Annahme abgelehnt werden. Die Ablehnung muß jedoch innerhalb der vertragsmäßigen Frist erklärt werden. Ein Fehlgewicht wird zum Preise des Abnahmetags, falls jedoch die Abnahme nach Ablauf der vertragsmäßigen Frist von 5 Tagen erfolgt, zum Preise des letzten Tages der Abnahmefrist berechnet. Die Kosten der Verwiegung trägt der Verkäufer, wenn das Untergewicht mehr als einhalb Prozent beträgt, sonst der Käufer. Übergewicht wird nicht vergütet.

VII. Im Falle des Verzugs darf der nicht säumige Teil die Annahme der Leistung nicht ablehnen, ohne dem säumigen Teile eine angemessene Frist zur Bewirkung der Leistung zu bestimmen.

VIII. Stellt der eine Teil seine Zahlungen ein, so hat der andere Teil, unabhängig von der bedungenen Lieferzeit, unverzüglich, spätestens aber einen Tag, nachdem er hiervon Kenntnis erhielt oder Kenntnis haben mußte, ohne vorherige Androhung die Zwangsregulierung vorzunehmen. Die Zwangsregulierung erfolgt nach seiner Wahl im ganzen oder in Teilen entweder durch Kauf oder Verkauf oder durch Verrechnung. Der Kauf oder Verkauf hat an der Börse zu Berlin für die bedungene Lieferzeit durch einen Kursmakler zu erfolgen. Die Verrechnung erfolgt auf Grund des am Tage der Zwangsregulierung für die bedungene Lieferzeit an der Börse zu Berlin amtlich festgestellten Preises oder, wenn mehrere Preise festgestellt sind, des Mittelpreises. Der bei der Zwangsregulierung sich ergebende Preisunterschied ist sofort fällig. An Zinsen sind vom Tage der Zwangsregulierung bis zum ersten Tage der vertragsmäßigen Lieferzeit 5 Prozent zu vergüten. Auch im Falle der Verrechnung sind die üblichen Maklergebühren und die sonstigen Unkosten zu vergüten, welche bei Kauf oder Verkauf entstanden sein würden.

IX. Als Feiertage gelten die staatlich anerkannten allgemeinen Feiertage, die beiden jüdischen Neujahrstage und der Versöhnungstag, in bezug auf die Abnahmefrist jedoch nur die staatlich anerkannten allgemeinen Feiertage.

Berlin, den 29. Mai 1908.

Der Reichskanzler.
In Vertretung:
von Bethmann Hollweg.

**Anlage 10.**

## Schlußnoten für Zeitgeschäfte in Roggen, Weizen, Hafer, Mais.

Festgesetzt vom Börsenvorstand zu Berlin (Abt. Produktenbörse).

### Schlußnote Nr.

für Zeitgeschäfte in **Roggen**.

Berlin, den ................ 191

Herr

.............................................................................

.............................................................

.................................... kaufte ..........................

............................................................ To. à 1000 kg

Raum für die Stempel-Marken.

**guten, gesunden, trockenen Roggen,**

frei von Darrgeruch mit einem Normalgewicht von 712 g für das Liter[1]).

Lieferung im Monat ........ in Verkäufers Wahl.

Preis für 1000 kg ℳ ..........................................

............................................................ frei Berlin.

Versteuerbarer Wert des Gegenstandes: ℳ ..................

---

[1]) Für Zeitgeschäfte in Weizen lautet der Schlußschein über: „gesunden, trockenen und für Müllereizwecke gut verwendbaren Weizen, mit einem Normalgewicht von 755 g für das Liter. — Von der Lieferung ausgeschlossen sind: Rauhweizen, Kubanka und andere ausländische Hart-(Grieß-)Weizen, ferner künstliche Mischungen von weißem und rotem (gelbem) Weizen".

Für Zeitgeschäfte in Hafer über: „guten, trockenen Hafer" mit einem Normalgewicht von 450 g für das Liter. — Der Hafer muß einen gesunden, natürlichen Geruch haben, auch frei von Darrgeruch sein; er darf in auffälliger Weise weder mit

Erfüllungsort ist Berlin. Der Verkäufer kann auch von Speichern liefern, die

1. Ladegerechtigkeit haben und an folgenden schiffbaren Wasserläufen belegen sind: a) am Spandauer Schiffahrtskanal bis zur Plötzenseeschleuse (Nord- und Südufer), b) am Verbindungskanal von der Plötzenseeschleuse bis zur Spree, c) am Landwehrkanal — Salzufer und Charlottenburger Ufer —, d) an der Unterspree bis zur Charlottenburger Schleuse, e) am Teltowkanal zwischen der Berlin-Tempelhofer Chaussee und der Rudower Straße, f) am Landwehrkanal von der Oberspree bis zum Rixdorfer Stichkanal, g) am Rixdorfer Stichkanal bis zur Stadt- und Ringbahn, h) an der Oberspree bis zum Beginn des Treptower Parks, i) am Rummelsburger See von der Stadt- und Ringbahn an gerechnet auf der rechten Seite bis einschließlich der früheren Rengertschen Fabrik und auf der linken Seite bis einschließlich des Geländes der Norddeutschen Eiswerke;
2. durch Beschluß des Börsenvorstandes, Abteilung Produktenbörse, zu Berlin, als geeignet bezeichnet sind, sofern seit Bekanntmachung des Beschlusses ein Zeitraum von mindestens 6 Monaten verflossen ist.

Die Ware kann auch aus Kähnen geliefert werden, die außerhalb der Weichbildgrenze Berlins auf einem der zu 1 bezeichneten Wasserläufe an einem Speicher liegen.

Es darf nur eine Ware geliefert werden, die vor der Erklärung der Lieferungsbereitschaft (Andienung), frühestens aber an dem der Andienung vorhergehenden Werktage von drei von der Handelskammer zu Berlin für die in Frage kommenden Waren öffentlich angestellten und beeidigten Sachverständigen

---

anderen Getreidearten, noch mit Rade, Wicken oder Unkrautsamen vermengt sein.

Für Zeitgeschäfte in Mais über „guten, gesunden Mais".

untersucht und als lieferbar befunden worden ist. Bei der Untersuchung der Ware und Festsetzung eines Mehr- oder Minderwerts sind Beschaffenheit und Naturalgewicht zu berücksichtigen. Ergibt sich auf Grund dieser Untersuchung ein Mehr- oder Minderwert bis zu 2,— M. für die Tonne, so ist der Käufer zur Abnahme unter Vergütung des Mehrwerts oder Abzug des Minderwerts verpflichtet. Ein Mehrwert über 2,— M. für die Tonne ist nicht zu vergüten. Bei einem Minderwerte von mehr als 2,— M. für die Tonne ist die Ware nicht lieferbar.

Die Andienung hat in Posten von je 50 Tonnen schriftlich unter Beifügung einer Bescheinigung über die Lieferbarkeit zu erfolgen und muß dem Käufer an einem Werktage bis 12 Uhr mittags zugestellt sein. Endet die Lieferzeit an einem Sonn- oder Feiertage, so muß die Andienung spätestens an dem vorhergehenden Werktage erfolgen. Die Andienung kann an Dritte weiter gegeben werden. Die Weitergabe muß unverzüglich erfolgen. Die Umlaufzeit der Andienung endet am Andienungstage nachmittags 5 Uhr.

Der Verkäufer ist berechtigt, jeden einzelnen Posten von zwei verschiedenen Stellen zu liefern. Die Ware ist innerhalb von 6 Tagen, einschließlich des Tages der Andienung, Zug um Zug, gegen Zahlung abzunehmen. Endet die Frist an einem Sonn- oder Feiertage, so muß die Abnahme spätestens am vorhergehenden Werktage erfolgen.

Das Andienungsschreiben sowie die Bescheinigung der Sachverständigen müssen enthalten:

bei Lieferungen vom Kahn:

1. das Datum,
2. den Namen des Schiffers, die Nummer des Kahns und den Ort der Abladung,
3. den Standort des Kahns, vorbehaltlich einer Änderung bei polizeilicher Anordnung;

bei Lieferungen vom Speicher:

1. das Datum,

2. die genaue Bezeichnung des Postens nach Lagerraum und Menge.

Erfolgt die Lieferung von einem nicht am schiffbaren Wasser belegenen Speicher, so ist die Ware kostenfrei auf den Wagen zu liefern; im übrigen hat der Empfänger die Kosten der Übergabe und Abnahme der Ware zu tragen, insoweit sie die angemessenen Sätze nicht überschreiten. Etwaige Mehrkosten fallen dem Verkäufer zur Last. Über die Angemessenheit entscheidet in Streitfällen der Börsenvorstand, Abteilung Produktenbörse, zu Berlin.

Der Verkäufer hat das Recht, 5 % mehr oder weniger zu liefern. Ergibt sich bei einem Posten ein Fehlgewicht von mehr als 5 %, so kann die Abnahme abgelehnt werden. Die Ablehnung muß jedoch innerhalb der vertragsmäßigen Abnahmefrist erklärt werden. Ein Mehr- oder Mindergewicht wird zum Preise des Abnahmetags, falls jedoch die Abnahme nach Ablauf der vertragsmäßigen Frist von 6 Tagen erfolgt, zum Preise des letzten Tages der Abnahmefrist berechnet.

Im Falle des Verzugs darf der nicht säumige Teil die Annahme der Leistung nicht ablehnen, ohne dem säumigen Teile eine angemessene Frist zur Bewirkung der Leistung zu bestimmen.

Stellt der eine Teil seine Zahlungen ein, so hat der andere Teil, unabhängig von der bedungenen Lieferzeit, unverzüglich, spätestens aber einen Tag, nachdem er hiervon Kenntnis erhielt oder Kenntnis haben mußte, ohne vorherige Androhung die Zwangsregulierung vorzunehmen. Die Zwangsregulierung erfolgt nach seiner Wahl im ganzen oder in Teilen, entweder durch Kauf oder Verkauf oder durch Verrechnung. Der Kauf oder Verkauf hat an der Börse zu Berlin für die bedungene Lieferzeit durch einen Kursmakler zu erfolgen. Die Verrechnung erfolgt auf Grund des am Tage der Zwangsregulierung für die bedungene Lieferzeit an der Börse zu Berlin amtlich festgestellten Preises oder, wenn mehrere Preise festgestellt sind, des Mittelpreises. Der bei der Zwangsregulierung sich ergebende Preisunterschied ist sofort fällig. An Zinsen sind vom Tage der Zwangsregulierung bis zum ersten Tage der vertragsmäßigen Lieferzeit 5% zu vergüten. Auch im Falle der Verrechnung sind die üblichen Maklergebühren und die sonstigen Unkosten zu vergüten, welche bei Kauf oder Verkauf entstanden sein würden.

Als Feiertage gelten die staatlich anerkannten allgemeinen Feiertage, die beiden jüdischen Neujahrstage und der Versöhnungstag, in bezug auf die Abnahmefrist jedoch nur die staatlich anerkannten allgemeinen Feiertage.

Streitigkeiten aus diesem Vertrage zwischen Parteien, auf welche die Voraussetzungen des § 53 des Börsengesetzes zutreffen, sind durch ein Schiedsgericht zu entscheiden. Die Schiedsrichter werden von dem Börsenvorstande, Abteilung Produktenbörse, zu Berlin, auf 5 Jahre gewählt und ihre Namen durch Aushang an der Börse bekannt gemacht. Der Vorsitzende des Börsenvorstandes, Abteilung Produktenbörse, ernennt aus der Zahl der gewählten Personen für jeden Streitfall einen Obmann und zwei Beisitzer, sowie etwaige Ersatzmänner. Das Schiedsgericht ist in jedem Stadium des Verfahrens berechtigt, die Fällung eines Schiedsspruchs abzulehnen.

Für alle übrigen Streitigkeiten sowie für Entscheidungen gemäß § 1045 der Zivilprozeßordnung sind je nach dem Werte des Streitgegenstandes das Amtsgericht Berlin-Mitte oder das Landgericht I Berlin zuständig.

## Schlußnote für Zeitgeschäfte in Roggenmehl.

Festgesetzt vom Börsenvorstande zu Berlin (Abt. Produktenbörse).

| Raum für die Stempel-Marken. | **Schlußnote Nr.**<br>für Zeitgeschäfte in **Roggenmehl 0/1.**<br>Berlin, den ........................ 19<br>Herr<br>....................................................................<br>........................................<br>.............................. kaufte .............................. |
|---|---|

........................ ........................................... Sack zu 100 kg Brutto

**gutes, gesundes Roggenmehl Nr. 0/1 gemischt.**

Lieferung im Monat .. .. . ..................... in Verkäufers Wahl.

Preis *M* .... . .... ....................................... ..... frei Berlin

vom Boden für 100 kg Brutto mit Sack.

Versteuerbarer Wert des Gegenstandes: *M*.........................

Erfüllungsort ist Berlin. Der Verkäufer kann auch von Speichern liefern, die

1. Ladegerechtigkeit haben und an folgenden schiffbaren Wasserläufen belegen sind: a) am Spandauer Schiffahrtskanal bis zur Plötzenseeschleuse (Nord- und Südufer), b) am Verbindungskanal von der Plötzenseeschleuse bis zur Spree, c) am Landwehrkanal — Salzufer und Charlottenburger Ufer —, d) an der Unterspree bis zur Charlottenburger Schleuse, e) am Teltowkanal zwischen der Berlin-Tempelhofer Chaussee und der Rudower Straße, f) am Landwehrkanal von der Oberspree bis zum Rixdorfer Stichkanal, g) am Rixdorfer Stichkanal bis zur Stadt- und Ringbahn, h) an der Oberspree bis zum Beginn des Treptower Parks, i) am Rummelsburger See, von der Stadt- und Ringbahn an gerechnet auf der rechten Seite bis einschließlich der früheren Rengertschen Fabrik und auf der linken Seite bis einschließlich des Geländes der Norddeutschen Eiswerke;
2. durch Beschluß des Börsenvorstandes, Abteilung Produktenbörse, zu Berlin, als geeignet bezeichnet sind, sofern seit Bekanntmachung des Beschlusses ein Zeitraum von mindestens 6 Monaten verflossen ist.

Zu liefern ist gutes, gesundes Roggenmehl Nr. 0/1 gemischt, nach den von Sachverständigen, die für Mehl von der Handelskammer zu Berlin öffentlich angestellt und beeidet sind, festgestellten Typen. Das Mehl ist in guten, dichten, ungezeichneten Säcken, die 74 bis 80 cm breit und 116 bis 125 cm lang sind, zu liefern. Die Säcke sind mit Plomben zu versehen, auf denen die Firma der Mühle, die das Mehl hergestellt hat, und die Bezeichnung Roggenmehl 0/1 deutlich ausgeprägt sind. Es darf nur eine Ware geliefert werden, die vor der Erklärung der Lieferungsbereitschaft (Andienung), frühestens aber an dem der Andienung vorhergehenden Werktage von drei vorstehend bezeichneten Sachverständigen untersucht und als lieferbar befunden worden ist. Bei der Untersuchung der Ware und Festsetzung eines Mehr- oder Minderwertes ist Beschaffenheit des Mehles und Beschaffenheit der Säcke zu berücksichtigen. Ergibt sich auf Grund dieser Untersuchung ein Mehr- oder Minderwert bis zu durchschnittlich 25 Pfennig für 100 kg Mehl, so ist der Käufer zur Abnahme unter Vergütung des Mehrwerts oder Abzug des Minderwerts verpflichtet. Ein Mehrwert über 25 Pfennig für 100 kg Mehl ist nicht zu vergüten. Bei einem Minderwerte von mehr als 25 Pfennig für 100 kg Mehl ist die Ware nicht lieferbar. Ergibt sich durch die Untersuchung ein Minderwert der Säcke bis zu durchschnittlich 10 Pfennig für das Stück, so ist der Käufer zur Abnahme unter Abzug des Minderwerts verpflichtet. Bei einem höheren Minderwerte der Säcke ist die Ware nicht lieferbar.

Die Andienung hat in Posten von je 300 Sack schriftlich unter Beifügung einer Bescheinigung über die Lieferbarkeit zu erfolgen; sie muß dem Käufer an einem Werktage bis 12 Uhr mittags zugestellt sein. Endet die Lieferzeit an einem Sonn- oder Feiertage, so muß die Andienung spätestens an dem vorhergehenden Werktage erfolgen. Die Andienung kann an Dritte weitergegeben werden. Die Weitergabe muß unverzüglich erfolgen. Die Umlaufzeit der Andienung endet am Andienungstage nachmittags 5 Uhr.

Der Verkäufer ist berechtigt, jeden einzelnen Posten von zwei verschiedenen Stellen zu liefern; doch müssen an einer

Stelle mindestens 100 Sack liegen. Die in einer Partie liegenden Säcke müssen von derselben Mühle hergestellt sein. Erfolgt die Lieferung von zwei Stellen, so hat der Verkäufer das Recht, an jeder Stelle eine besondere Marke zu liefern. Die Ware ist innerhalb 5 Werktagen einschließlich des Tages der Andienung Zug um Zug gegen Zahlung abzunehmen.

Das Andienungsschreiben und die Bescheinigung der Sachverständigen müssen enthalten:

1. das Datum,
2. die genaue Bezeichnung des Postens nach Lagerraum und Menge.

Der Empfänger hat die Kosten der Übergabe und der Abnahme der Ware zu tragen, insoweit sie die angemessenen Sätze nicht überschreiten. Etwaige Mehrkosten fallen dem Verkäufer zur Last. Über die Angemessenheit entscheidet in Streitfällen der Börsenvorstand, Abteilung Produktenbörse, zu Berlin. Fehlen bei einem Posten von 300 Sack mehr als 4 Säcke oder befinden sich dabei mehr als 10 Säcke, welche unter 99 kg wiegen, so kann die Abnahme abgelehnt werden. Die Ablehnung muß jedoch innerhalb der vertragsmäßigen Frist erklärt werden. Ein Fehlgewicht wird zum Preise des Abnahmetages, falls jedoch die Abnahme nach Ablauf der vertragsmäßigen Frist von 5 Tagen erfolgt, zum Preise des letzten Tages der Abnahmefrist berechnet. Die Kosten der Verwiegung trägt der Verkäufer, wenn das Untergewicht mehr als $^1/_2$ % beträgt, sonst der Käufer. Übergewicht wird nicht vergütet.

Im Falle des Verzugs darf der nicht säumige Teil die Abnahme der Leistung nicht ablehnen, ohne dem säumigen Teile eine angemessene Frist zur Bewirkung der Leistung zu bestimmen.

Stellt der eine Teil seine Zahlungen ein, so hat der andere Teil, unabhängig von der bedungenen Lieferzeit, unverzüglich, spätestens aber einen Tag, nachdem er hiervon Kenntnis erhielt oder Kenntnis haben mußte, ohne vorherige Androhung die Zwangsregulierung vorzunehmen. Die Zwangsregulierung erfolgt nach seiner Wahl im ganzen oder in Teilen, entweder durch Kauf oder Verkauf oder durch Verrechnung. Der Kauf oder Verkauf hat an der Börse zu Berlin für die bedungene Lieferzeit durch einen Kursmakler zu erfolgen. Die Verrechnung erfolgt auf Grund des am Tage der Zwangsregulierung für die bedungene Lieferzeit an der Börse zu Berlin amtlich festgestellten Preises oder, wenn mehrere Preise festgestellt sind, des Mittelpreises. Der bei der Zwangsregulierung sich ergebende Preisunterschied ist sofort fällig. An Zinsen sind vom Tage der Zwangsregulierung bis zum ersten Tage der vertragsmäßigen Lieferzeit 5 % zu vergüten. Auch im Falle der Verrechnung sind die üblichen Maklergebühren und die sonstigen Unkosten zu vergüten, welche bei Kauf oder Verkauf entstanden sein würden.

Als Feiertage gelten die staatlich anerkannten allgemeinen Feiertage, die beiden jüdischen Neujahrstage und der Versöhnungstag, in bezug auf die Abnahmefrist jedoch nur die staatlich anerkannten allgemeinen Feiertage.

Streitigkeiten aus diesem Vertrage zwischen Parteien, auf welche die Voraussetzungen des § 53 des Börsengesetzes zutreffen, sind durch ein Schiedsgericht zu entscheiden. Die Schiedsrichter werden von dem Börsenvorstande, Abteilung Produktenbörse, zu Berlin auf 3 Jahre gewählt, und ihre Namen durch Aushang an der Börse bekannt gemacht. Der Vorsitzende des Börsenvorstandes, Abteilung Produktenbörse, ernennt aus der Zahl der gewählten Personen für jeden Streitfall einen Obmann und zwei Beisitzer sowie etwaige Ersatzmänner. Das Schiedsgericht ist in jedem Stadium des Verfahrens berechtigt, die Fällung eines Schiedsspruches abzulehnen.

Für alle übrigen Streitigkeiten sowie für Entscheidungen gemäß § 1045 der Zivilprozeßordnung sind je nach dem Werte des Streitgegenstandes das Amtsgericht Berlin-Mitte oder das Landgericht I Berlin zuständig.

**Anlage 11.**

## Schlußnote für Termingeschäfte in Kupfer.

Festgesetzt vom Börsenvorstande zu Berlin (Abt. Metallbörse).

### Schlußschein für Zeitgeschäfte in Kupfer.

Nr. ........ Berlin, den ............................ 19

Herr (Firma) ..........................................................

.................... kauft

.................... Herrn (Firma) ..........................................

..................... **kg** Kupfer in guter handelsüblicher Beschaffenheit zum Preise von *M* ........................ für 100 kg ausgeliefertes Gewicht. Auslieferung der Ware nach Wahl des Verkäufers im Monate .................... von einem vom Börsenvorstande anerkannten Lagerhause in Berlin, Hamburg, London, Swansea, Birkenhead oder Liverpool*). Erfüllungsort Berlin.

Sonstige Bemerkungen: ..................................................

..........................................................................

Courtage vom Käufer und Verkäufer je $^1/_8$ %.

Vermittelt durch: ........................................ in Berlin.

**§ 1. Lieferbare Kupfersorten und Marken.** Lieferbar ist:

1. ohne Zertifikate über den Reingehalt und ohne Bekundung eines Sachverständigen über seine Qualität: raffiniertes Kupfer in Barren, Blöcken oder Platten und elektrolytisches Kupfer in Barren, Platten oder Kathoden derjenigen Marken, welche vom Vor-

---

*) Der Börsenvorstand hat beschlossen, auch Bremen in die Zahl der Lieferplätze aufzunehmen.

stande des Vereins der Interessenten der Metallbörse in Berlin E. V. als lieferbar anerkannt sind (Liste I);

2. mit einer Probenahmebescheinigung und einem Zertifikat eines Chemikers über den Reingehalt und mit einer Bescheinigung eines Sachverständigen darüber, daß das Kupfer von guter handelsüblicher Beschaffenheit ist: raffiniertes Kupfer in Barren, Blöcken oder Platten und elektrolytisches Kupfer in Barren, Platten oder Kathoden bei einem Reingehalt von mnidestens 99 % in den vom Börsenvorstande genehmigten Marken (Liste II);

3. mit einer Probenahmebescheinigung und den Zertifikaten zweier Chemiker über den Reingehalt und mit einer Bescheinigung eines Sachverständigen darüber, daß das Kupfer von guter handelsüblicher Beschaffenheit ist: Rohkupfer mit einem Reingehalt von mindestens 94 % nach elektrolytischer Probe.

Die Zertifikate über den Reingehalt und die Bescheinigungen über die Beschaffenheit müssen von Chemikern bzw. Sachverständigen ausgestellt sein, die vom Bbörsenvorstande hierzu bestellt sind; der Vereinsvorstand erläßt die Vorschriften über die Ausstellung dieser Urkunden. Die Ausstellung der Zertifikate für die in England zur Ablieferung gelangenden Posten erfolgt nach den Vorschriften der Londoner Metallbörse.

**§ 2. Andienung.** Der Verkäufer ist berechtigt, die Ware am letzten Werktage, wenn aber die Ware an einem englischen Lagerort geliefert werden soll, am fünften Werktage vor Beginn des Lieferungsmonats schriftlich anzudienen. Er ist verpflichtet, spätestens am vorletzten Werktage des Lieferungsmonats bis mittags 12 Uhr anzudienen; liegt die Ware außerhalb Berlins oder Hamburgs, so hat die Andienung spätestens am fünften Tage vor dem letzten Werktage des Lieferungsmonats zu geschehen.

Die Andienungsmitteilung muß enthalten:

1. das Datum,

2. die Bezeichnung des Vertrages,
3. die Bezeichnung des Postens nach Marke bzw. Zertifikaten und Probenahmebescheinigung, Menge, Lagerraum, Zahlstelle, bzw. Einlösungsstelle für die Dokumente,
4. die Unterschrift.

Auf jeden Abschluß müssen mindestens zirka 10000 kg aus einem Lagerort und von einer Marke geliefert werden. Die Dokumente müssen über Mengen von 5000 kg oder einem Vielfachen von 5000 kg ausgestellt und von einer Gewichtsspezifikation über Mengen von 1000 kg begleitet sein. Bei Chilebarren hat die Spezifikation über je 5 Barren zu lauten. Walzplatten dürfen nicht weniger als 50 kg und nicht mehr als 200 kg wiegen.

Der Verkäufer ist berechtigt, bis zu 2 % mehr oder weniger zu liefern; die mehr oder minder gelieferte Menge wird auf Grund des am letzten Tage vor dem Andienungstage an der Berliner Börse festgestellten Preises oder, wenn mehrere Preise festgestellt sind, des Mittelpreises berechnet.

**§ 3. Lieferung und Abnahme.** Die Lieferung erfolgt durch Übergabe von Lagerscheinen, welche in den Fällen des § 1 Abs. 1 Ziff. 2 von einem Zertifikate, in den Fällen des § 1 Abs. 1 Ziff. 3 von zwei Zertifikaten und einer Bescheinigung eines Sachverständigen begleitet sein müssen.

Der Verkäufer hat bei Übergabe der Dokumente nachzuweisen, daß die Kosten des Aufnehmens und Verwiegens bezahlt sind. Er hat dem Käufer die bis zum Tage der Abnahme aufgelaufene Lagermiete zu vergüten oder durch eine dem Lagerschein anzuheftende Quittung nachzuweisen, daß die Lagermiete bezahlt ist. Er trägt ferner die Kosten der Versicherung gegen Feuersgefahr für die Zeit bis zum Schluß der Abnahmefrist.

Die Dokumente sind in Berlin am Tage nach der Andienung zur Zahlung vorzulegen. Findet die Andienung von englischen Lägern statt, so sind die Dokumente innerhalb drei Tagen nach der Andienung vorzulegen.

Ist Aufnahme der Dokumente in Hamburg oder England vereinbart, so hat die Vorlegung der Dokumente am zweiten bzw. am fünften Tage nach der Andienung zu erfolgen.

Fällt der letzte Tag der auf den Andienungstag folgenden Erfüllungsfrist auf einen Sonntag oder Feiertag, so läuft diese mit dem nächsten Werktage, spätestens aber am letzten Werktage des Lieferungsmonats ab.

Die Abnahme der Ware hat innerhalb 3 Tagen zu erfolgen.

**§ 4. Feststellung des Preises.** Bei Auslieferung der Ware von einem Lagerhaus in London ermäßigt sich der Preis um 2 M. für 100 kg, bei Auslieferung in Swansea, Birkenhead oder Liverpool um 2,50 M. für 100 kg ausgeliefertes Gewicht*).

Bei Lieferung von Rohkupfer ermäßigt sich der Preis um 3 M. für 100 kg. Bei einem Reingehalt von unter 97% bis 96% sind ferner so viele Prozentteile und bei einem Reingehalte von unter 96% bis 94% doppelt so viele Prozentteile von dem tatsächlichen Gewichte der Ware bei Berechnung des Kaufpreises abzuziehen, wie zwischen dem bescheinigten Reingehalte und 97% liegen; die Prozente werden bis auf eine Dezimalstelle berechnet.

Bei Lieferung von raffiniertem oder Elektrolytkupfer mit einem Reingehalt von 99,3% bis unter 99,8% hat der Käufer ein Aufgeld von 1 M. für 100 kg, bei einem Reingehalt von 99,8% und darüber ein solches von 2 M. zu zahlen. Der Börsenvorstand ist berechtigt, Verzeichnisse von Marken aufzustellen, bei deren Lieferung diese Zuschläge ohne Prüfung des Reingehaltes zu entrichten sind.

Das in den Lagerscheinen angegebene Gewicht ist zu berechnen und zu bezahlen. Der Käufer hat aber das Recht, Neuverwiegung auf seine Kosten zu beantragen. Ergibt diese ein Mindergewicht, so muß dieses innerhalb 3 Tagen beglichen

---

*) Bei Lieferung in Bremen ermäßigt sich der Preis um 1 M. für 100 kg.

werden. Die Kosten für die Verwiegung sind in diesem Falle vom Verkäufer zu tragen.

§ 5. Zahlung. Der Käufer hat die Dokumente spätestens an dem der Vorlegung folgenden Werktage bis mittags 12 Uhr einzulösen.

Die von dem Säumigen für den Verzug zu leistende Vergütung wird durch den Börsenvorstand festgesetzt.

Schlußrechnungen sind innerhalb fünf Tagen zu begleichen.

§ 6. **Zahlungseinstellung.** Stellt der eine Teil seine Zahlungen ein, so hat der andere Teil, unabhängig von der bedungenen Lieferzeit, unverzüglich, spätestens aber einen Tag, nachdem er hiervon Kenntnis erhielt oder Kenntnis haben mußte, ohne vorherige Androhung die Zwangsregulierung vorzunehmen. Die Zwangsregulierung erfolgt nach seiner Wahl im ganzen oder in Teilen, entweder durch Kauf oder Verkauf oder durch Verrechnung. Der Kauf oder Verkauf hat an der Börse zu Berlin für die bedungene Lieferzeit zu erfolgen. Die Verrechnung erfolgt auf Grund des am Tage der Zwangsregulierung für die bedungene Lieferzeit an der Börse zu Berlin festgestellten Preises oder, wenn mehrere Preise festgestellt sind, des Mittelpreises. Der bei der Zwangsregulierung sich ergebende Preisunterschied ist sofort fällig. An Zinsen sind vom Tage der Zwangsregulierung bis zum ersten Tage der vertragsmäßigen Lieferzeit 5% zu vergüten. Auch im Falle der Verrechnung sind die üblichen Maklergebühren und die sonstigen Unkosten zu vergüten, welche bei Kauf oder Verkauf entstanden sein würden.

§ 7. **Streitigkeiten und Schiedsgericht.** Streitigkeiten aus diesem Vertrage zwischen Parteien, auf welche die Voraussetzungen des § 53 des Börsengesetzes zutreffen, sind durch das vom Börsenvorstand (Abteilung Metallbörse) gebildete Schiedsgericht für den Metallhandel zu entscheiden. Das Schiedsgericht ist in jedem Stadium des Verfahrens berechtigt, die Fällung eines Schiedsspruches abzulehnen.

Für alle übrigen Streitigkeiten sowie für Entscheidung gemäß §§ 1045—1047 der Zivilprozeßordnung sind je nach dem Werte des Streitgegenstandes das Amtsgericht Berlin-Mitte oder das Landgericht I Berlin zuständig.

§ 8. **Feiertage.** Als Feiertage gelten die staatlich anerkannten allgemeinen Feiertage, die beiden jüdischen Neujahrstage und der Versöhnungstag, jedoch in bezug auf die Abnahmefrist nur die staatlich anerkannten allgemeinen Feiertage

Durch die Commerz- und Disconto-Bank in Berlin

zu regulieren unter Nr. ..................

Genehmigt: Unter unserer Garantie:

Commerz- und Disconto-Bank.

# Sachregister.

(Die großen Zahlen bedeuten die Seiten, die kleinen die Anmerkungen. Die eingeklammerten Zahlen weisen auf Bestimmungen für Berlin hin.)

## A.


**Ablehnung** s. Ehrengerichtsverfahren und Zulassung.

**Abnahmefristen** bei börsenmäßigen Zeitgeschäften in Getreide und Erzeugnissen der Getreidemüllerei 175, 177[9], (337, 341, 345).

**Absichtlich** 206.

**Abwickelung** s. Zeitgeschäft.

**Agenten,** Bestellung von — an Stelle von Maklern 72[2], (273); Bedeutung der Kenntnis des — von der Differenzabsicht einer Termingeschäftspartei 159.

**Aktien,** Mindestbetrag des Grundkapitals bei Zulassung von — zum Börsenhandel 109, 209; Inhalt des Prospekts bei — 88[13], 229; Zulassung von — eines in eine Aktien- oder Aktienkommanditgesellschaft umgewandelten Unternehmens 103.

**Aktienkapital,** Prospekt bei Änderung des — 95, 96[9].

**Allgemeine Bestimmungen über die Börse** 1ff.

**Älteste der Kaufmannschaft von Berlin** (255f., 270, 276, 281).

**Amtliche Preisfeststellung** 61ff., insbes. 64[5].

**Amtsgericht** als Rechtshilfegericht 57[1], 191.

**Andienung** 167[1, 3], 175, 177[11], (333ff., 340, 344f., 348f.).

**Anerkenntnis** s. Schuldanerkenntnis.

**Anerkennung** ausländischer Urteile 166[3].

**Anfangskurs** 69, (308).

**Angaben,** Haftung wegen unrichtiger — im Prospekt 110ff. S. auch Prospektbetrug.

**Angestellte,** Zulassung von — zum Börsenbesuch 16[5], 21[14], 138[14], (264); Unterstellung von — unter das Ehrengericht 28[1]; Abschluß von Spekulationsgeschäften mit — 35.

**Animierbankiers** 205[10].

**Anschlag in der Börse** 23. S. auch Aushang.

**Anteile** inländischer Erwerbsgesellschaften 122; — ausländischer Gesellschaften 104, 212. S. auch Bergwerksunternehmungen und Fabrikunternehmungen.

**Anzeigepflicht** der Börsenaufsichtsorgane 58; — der Börsenaufsichts- und Börsenleitungsorgane 188.

**Aufgabe,** Geschäfte mit — (291).

**Aufgerufene Wertpapiere** (315).

**Aufhebung** der Börse 1.

**Aufnahmekommissionen** 9[4], (259).

**Aufrechnung** s. Börsentermingeschäft.

**Aufsicht über die Börse** s. Börse.

**Aufsichtsanweisungen** 91[22].

**Aufsichtsbehörden** s. Börsenaufsichtsbehörden.

**Aufsichtsbeschwerde** 5[8].

**Aufsichtsratsmitglieder,** Kursmakler als — 80[7]; — in der Zulassungsstelle 86[5], 87[7]; Angabe der — im Prospekt 229, 231, 238[3].

**Augsburg,** Börse in — 4[5], 11[8].

**Ausbeutung der Unerfahrenheit und des Leichtsinns** 203.

**Ausfertigung ehrengerichtlicher Entscheidungen** 48.

**Aushang an der Börse** (269, 275, 276). S. auch Anschlag.

**Ausländer,** Börsentermingeschäftsfähigkeit von — 135, 138[19].

**Ausländische Banknoten** (und Münzen) als Sicherheit für Börsentermingeschäfte 142[5]; Notiz für — (325).

**Ausländische Erwerbsgesellschaften,** Begriff 105[5]; Zulassung von Wertpapieren — 104, 212.

**Ausländische Geldsorten** 129[11], 196[2], 208, 245, (321, 326).

**Ausländische Staats- und Kommunalanleihen** 105[5], 226 f., 234, 236.

**Ausländische Urteile** s. Anerkennung.

**Ausländische Währung,** Umrechnung der — in die deutsche Währung 244. S. auch Ausländische Geldsorten.

**Ausländische Wechsel,** Notiz für — (316, 325).

**Ausschließung (Ausschluß) vom Börsenbesuche,** Anwendungsfälle 17, 23, 46, 195, (261 ff., 267, 268); Wirkung 19, 38[5], (266); Verfahren 21[14], 23, (269, 270); Beschwerde 21[14], 23, (269). S. auch Zurücknahme der Zulassung.

**Ausschließung von Wertpapieren vom Börsenhandel** 85, 214.

**Außerkurssetzung** (328).

**Ausweichkurse** 196[3].

## B.

**Banknoten** 142[5], 208[1], (260, 325).

**Bankrott,** Ausschluß vom Börsenbesuche wegen — 17, (262).

**Bedingungen für die Geschäfte an der Berliner Fondsbörse** 287 ff.

**Beeidigung** von Zeugen und Sachverständigen im Ehrengerichtsverfahren 40, 43, 54[4], 57[3], im Ordnungsstrafverfahren 190, 191; — des Protokollführers 55, 79; — der Kursmakler 71, 72[3], 249, (277).

**Beeinflussung der Preise** 30[4], 195, 198, 201.

**Begnadigung von ehrengerichtlicher Bestrafung** 22[17], 48[8].

**Beisitzer** der ehrengerichtlichen Berufungskammer 11[7], 12[10], 50; — der Kommissionen für das Ordnungsstrafverfahren 186 f., 251.

**Beitreibung** von Geldstrafen im Börsendisziplinarverfahren 24[6]; — von Auslagen und Kosten im Ehrengerichtsverfahren 57[5]; — von Strafen und Kosten im Ordnungsstrafverfahren 193, 194, 253.

**Bekanntmachung** der Ausschließung von der Börse und sonstiger Beschlüsse in Disziplinarverfahren 23 (269); — der ehrengerichtlichen Entscheidung 48, 51[1]; — betr. die Zulassung von Wertpapieren zum Börsenhandel 209 ff.; — betr. die Feststellung des Börsenpreises von Wertpapieren 244 ff.; — betr. die Geschäftsbedingungen der Produktenbörse zu Berlin für den Zeithandel in Getreide und Mehl 331 ff.

**Beleidigung** von Börsenbesuchern usw. (268).

**Bergwerksunternehmungen,** Begriff 168[2]; Börsentermingeschäfte in Anteilen von — 123[2], 131[1], 167 ff., 170; Verzeichnis der —, in deren Anteilen Börsentermingeschäfte genehmigt sind 247 f.

**Berichterstatter der Presse** s. Presse.

**Berichtigung von Kursfeststellungen** 70[15].

**Berliner Abrechnungsstelle** 213.

**Berliner Börse** 4[5]; Aufsicht 6[8], 254; finanzielle Verwaltung 6[9], 255; Liquidationseinrichtungen 6[12], 7[13]; Vertretung im Börsenausschuß 11[8]; Erlaß der Börsenordnung 12[1]; Vertretung der Landwirtschaft und der Müllerei im Börsenvorstand 13[4], 256; Wahl des Börsenvorstandes 14[3], 255 ff.; Zulassung zum Börsenbesuch 16[5], 261 ff.; Preisfeststellung und Maklerwesen 72[2], 84[1], 272 ff., 276 ff.; Maklerkammer 74[8], 82[2], 249, 278 ff.; Zulassung von Wertpapieren 90[19, 20], 91[21], 105[7], 209 ff., 220[18], 222[8], 225[2], 226[4, 9], 232[10], 237[3], 238[2], 239[2], 242[2], 243[2], 270; Ordnungsstrafverfahren 186[2], 250 ff.; Börsenordnung 254 ff.; Geschäftszweige 260; Disziplinarverfahren 261 ff.; Ehrengericht 269; Zulassung von Waren und Wertpapieren zum Börsenterminhandel 271; Allgemeine Vorschriften 275 f.; Maklerordnung für die Kursmakler 276 ff.; Bedingungen für die Geschäfte an der Fondsbörse 287 ff.; Geschäftsbedingungen der Produktenbörse 331 ff.; Schlußnoten für Zeitgeschäfte in Roggen, Weizen, Hafer, Mais 338 ff., in Roggenmehl 342 ff.; Schlußnote für Termingeschäfte in Kupfer 347 ff.

**Berliner Schlußschein** 175[1], 331 ff.

**Berufsmäßig** 84, 135.

**Berufung** im ehrengerichtlichen Verfahren 50 ff.; Einlegung 51; Rechtfertigung 52; Fristen 51 ff.; Verhandlung 53 ff.; Verfahren 54 f.; reformatio in peius 55[6]; — im Ordnungsstrafverfahren 186.

**Berufungskammer,** Rechtsprechung der — 34 ff.; Zuständigkeit 43[2], 48[8]; Zusammensetzung und Wahl 50.

**Berufungskommission** s. Ordnungsstrafverfahren.

**Beschwerde,** Unterscheidung in Aufsichts- und Rechtsmittelbeschwerde 5[8]; — gegen Ausschließung vom Börsenbesuch 21[14], (269); — gegen Ordnungsstrafen 23, 25[8], (269); — gegen Entscheidungen der Zulassungsstelle 85, 90[20], 91[21], 93[2], 94[5], (271); — gegen Entscheidungen der Maklerkammer (286).

**Bestechung** 198.

**Bestensaufträge** 68.

**Bestimmungen** über die Bestellung und Entlassung der Kursmakler 248 ff.; — über das Ordnungsstrafverfahren wegen verbotenen Börsenterminhandels 250 ff.

**Betrug** 196[3], 197[4], 205[10], 207[5].

**Betrügerische Absicht** 195, 196[8].

**Betrügerische Einwirkung** auf den Börsenpreis 195.

**Bezugsrechte** (303); Spitzen bei — (305); Handel mit — (306); Notierung von — (325).

**Bilanz,** Vertagung der Zulassung bis zum Vorliegen der nächsten — 89[15]; Veröffentlichung der ersten Jahresbilanz als Voraussetzung der Zulassung 103,

104[1]; — im Prospekt 230, 232[10].
**Bilanzübersichten** 213, 215[9], [10], 216 ff.
**Börse,** Begriff 1[1]; Errichtung und Aufhebung 1; Aufsicht 1, 5[8], [9], (254); Verzeichnis der deutschen — 4[5].
**Börsenähnliche Versammlungen** 2[1], 4[5].
**Börsenaufsicht** s. Börse.
**Börsenaufsichtsbehörde** 5[8], 22, 23[1], 25[12], [13], 58, 210 f., 249, (254).
**Börsenausschuß** 10; Abteilungen des — 12[10].
**Börsenbesuch** s. Zulassung zum —, Wiederzulassung zum — und Ausschließung (Ausschluß) vom —.
**Börsenbesucher,** Unterstellung der — unter das Ehrengericht 27.
**Börseneinrichtungen** 1, 13, 16, 95[4], 106, 108, 130, (254).
**Börsengebühren** s. Gebühren.
**Börsenhandel** s. Zulassung von Wertpapieren zum Börsenhandel.
**Börsenkarte** 15[5], (261).
**Börsenleitung** 13, 14[2], [3], (254 ff.).
**Börsenleute** 137[8].
**Börsenmakler** s. Kursmakler und Freie Makler.
**Börsenordnung,** Erlaß und Genehmigung 12; Inhalt 12, 13, 16, 18, 23, 62, 85, 108, 122; — für Berlin (254 ff.).
**Börsenorgan** 7, 10, 18, 26, 26[1], 86[4], 246.
**Börsenplätze** 4[5].
**Börsenpolizei** 22, 107[1].
**Börsenpreis,** Begriff 62, 63[3]; Feststellung des — 61 ff., 132[10], (272 ff.); Strafbare Einwirkung auf den — 195, 198, 201; Bekanntmachung betr. die Feststellung des — 244 ff.
**Börsenregister** 135[1], 139[20], 161[6].
**Börsenschiedsgericht** 58, (259, 290, 342, 346, 351).
**Börsenspekulationsgeschäft** 32, 204[7]; s. auch Verleitung zu —.
**Börsentermingeschäft,** Begriff 123[3]; Arten 127; erlaubte — 127, 133[2], 161[5], 162, 164, 171[4], [5], 247 f.; verbotene — 127, 130, 161[5], 166[1], 167, 168[4], 169[6], 170, 171, 176[1], 200; offizielle — 127, 129[8], 132[4], 133[1], 135[1], 140[1], 155[1], 160[3], 161[5]; inoffizielle — 127, 131[4], 132[8], [9], 133[1], 161[5], 164, 169[4]; — in Wertpapieren 122, 130, 139, 154, 167, 170, (271); — in Waren 122, 130, 154, 166, (271); — in Getreide und Erzeugnissen der Getreidemüllerei 131[1], 171[5] (zu § 64), 171 f. (zu §§ 65 f.), 200 f.; — in Anteilen von Bergwerks- und Fabrikunternehmungen 123[2], 131[1], 167, 170, 247 f.;

Wirksamkeit der erlaubten — 133, 139, 141[3], [4], 151; Unwirksamkeit von — 133[2], 134[3], 163[2], 170, 171[3]; Sicherheitsbestellungen 134[2], 139, 141, 145[1], 170, 172; Zurückforderung des Geleisteten 145, 171, 172; vertragsmäßige Aufrechnung 147[2], [3]; einseitige Aufrechnung 149: Erfüllungsannahme 151; im Ausland abgeschlossene — 155[1], 165, 168[3], 172[3]; Spiel- und Differenzeinwand 155 ff., 164[2] (zu § 59), 171[6], 174[5], 178; Eingehen von Verbindlichkeiten für die Erfüllung einer Schuld aus —, insbesondere Schuldanerkenntnis 162, 182; Aufträge und Abschlußvereinigungen 164, 182; Strafbarkeit verbotener — 172[2], 174[5], 183, 200, 201; Nennbetrag bei — (323); Schlußnote für — in Kupfer (347 ff.).

**Börsentermingeschäftsfähigkeit** 135[1], 136, 140[1].

**Börsenterminhandel** 122 ff.; Begriff 123[3]; Bedeutung 32, 125; Zulassung von Waren und Wertpapieren zum — 122, 130, (271); Geschäftsbedingungen für den — 122, 130, (297 ff., 347 ff.); Mindestbetrag der Wertpapiere 122; Folgen der Nichtzulassung zum — 130; Übergangsbestimmungen 139[20], 144[15], 149[4], 151[3], 154[8], 161[6], 170[8], 171[7], 174[6].

**Börsenunternehmer** 2[2], 12[1], 13[3], 14[2], [3], 16[5], 57[6], 102[9].

**Börsenversammlung** 2[2], (275).

**Börsenvorstand** als Börsenorgan 8[3], 11[6], 22[15], 27[5]; als Organ der Börsenleitung 13, 22, 74[9], 100[3], 101, (254 ff.); Zusammensetzung und Wahl 14[3], (254 ff.); Abteilungen 14[3], 128[4], (257 ff.); Kommissionen 94, 14[3], (259, 272, 289 f.); Geschäftsordnung (258); Zuständigkeit 10, 15[5], 19, 22, 27[5], 46[4], 62, 75, 81, 90[19], 92[25], 93[1], 99, 101, 122, 129[10], 130, (254, 258 ff., 261 ff., 270, 272 ff., 275 f., 283, 284, 285, 287 ff., 342, 346, 348, 350, 351).

**Börsenzeit** (275).

**Böslich** 111, 117, 119[10].

**Bremen**, Börse in — 4[5], 11[8], 66[9]; Baumwollbörse in — 4[5].

**Breslau**, Börse in — 4[5], 7[13], 11[8], 74[8], 103[9].

**Briefkurse** 70[14], 108[4].

**Bucketshop** 205[10].

**Bundesrat**, Befugnisse des — 7, 10, 17, 50, 71[2], 73[4], 83, 87[9], 109, 122, 131[1], 167, 170, 174, 186, 187, 193, (272).

**Bürgerliche Ehrenrechte** s. Verlust der —.

**Bürgschaftsübernahme aus unverbindlichen Börsentermingeschäften** 134[2], 163[1].

## C.


**Chemnitz**, Börse in — 4[5], 10[7], 72[2].
**Cöln**, Börse in — 4[5], 11[8], 74[8], 103[9].
**Corner** 201[1].
**Courtage** 73[3], 78.


## D.


**Danzig**, Börse in — 4[5], 11[8], 12[1], 72[2].
**Deckungsgeschäft** 33, 82[1], 158 f., 179[2], 204[7].
**Deklarationszwang** s. Ordnungsstrafverfahren.
**Devisen** 129[11], (316, 325).
**Differenzabsicht** 156 ff., 179[2].
**Differenzeinwand**, Erhebung des — als ehrengerichtlich zu ahndende Handlung 34; — bei Börsentermingeschäften 155 ff., 164[2] (zu § 59), 171[6], 174[5], 178; — bei Kassageschäften 160; Anwendungsgebiet des — 161[5].
**Differenzgeschäft** 155 ff., 165[3]; — in Getreide 178 ff., 183[2], 200, 202[4].
**Disziplinarkommission** 9[4].
**Disziplinarverfahren** gegen Börsenbesucher 18[2], 22 ff., 26[1], 47[7], (261 ff.); gegen Kursmakler (286).
**Dolus eventualis** 207[4], [7].
**Dreimännerkommission** (289).
**Dresden**, Effektenbörse in — 4[5], 11[8]; Produktenbörse in — 4[5], 72[2], 186[2].
**Duisburg-Ruhrort**, Schifferbörse in — 4[5], 10[7], 74[8].
**Düsseldorf**, Börse in — 4[5], 10[7], 11[8].


## E.


**Effektenkommissionsgeschäft** 63[4].
**Ehrengericht** 25 ff.; Begriff 26[1]; Zusammensetzung und Wahl 25 f., 26[2], (269); Zuständigkeit 23[2], 26[1], 27 ff, 194.
**Ehrengerichtsverfahren** 39 ff.; Einleitung und Ablehnung 39, 40[1]; Ermittelungsverfahren 40[1]; Voruntersuchung 40; Einstellung 39[1], 42, 49[1]; Anberaumung der Hauptverhandlung 42; Hauptverhandlung 43; Ladungen und Zustellungen 42[6], 43[1], 48, 49[4], 52[2], [3] (zu § 19), 52 (§ 20); Öffentlichkeit 43; Aktieneinsicht 42[8], 44[3]; Ausschließung und Ablehnung von Mitgliedern 43[2]; Mitwirkung des Staatskommissars 9[4], 39, 42, 50, 51[2], 52, 53, 54[3], 58; Mitwirkung des Syndikus 27[2], 41[3], (270); Verteidiger 42[8], 43, 44[5]; Protokollführer 41[1], 55; Vernehmung und Beeidigung von Zeugen und Sachverständige 40, 43, 46[9], 54[4], 57; Rechtshilfe 42[7], 44[7], 57; Entscheidung 48 ff.; Öffentliche Bekanntmachung 48; Strafen 20[9], 46 ff.; Aus-

lagen und Kosten 56 f.; Wiederaufnahme 47[8]; Verjährung 38[5]. S. auch Anzeigepflicht, Berufung, Fristen.
**Einführung** von Wertpapieren an der Börse 86[2], 95, 101, (243).
**Eingetragene Genossenschaften** 134, 139, 174.
**Einheitskurs** 68, 76[1].
**Einschüsse** 145[1].
**Eintrittskarte** für **Börsenbesucher** 15[5], (261, 265).
**Emission von Wertpapieren** 85.
**Emissionshaus** 111[3], 116[17].
**Emittenten** 104, 111[3].
**Entmündigung** als Grund der Ausschließung vom Börsenbesuche 20[5].
**Erfüllung** (Ort, Art, Zeit) der Geschäfte an der Fondsbörse (287 f.).
**Erfüllungsverzug bei Andienung nicht vertragsmäßiger Ware** 166 f.
**Errichtung von Börsen** 1.
**Ersatzpflicht aus dem Prospekt** 110 ff.
**Erster Kurs** 69, (308).
**Essen**, Börse in — 4[5], 10[7].

## F.

**Fabrikunternehmungen**, Begriff 168[2]; Börsentermingeschäfte in Anteilen von — 123[2], 131[1], 167 ff., 170; Verzeichnis der —, in deren Anteilen Börsentermingeschäfte genehmigt sind 247 f.
**Feste Kurse** 68, 76[1].
**Feststellung** (Festsetzung) des Börsenpreises s. Börsenpreis.
**Fixcharakter des Börsentermingeschäfts** 126 f.
**Frankfurt a. M.**, Börse in — 4[5], 7[13], 11[8], 74[8], 209 f., 243[2].
**Frauen**, Ausschluß der — vom Börsenbesuch 17, (261).
**Freie Makler** 76[1].
**Freihändige Käufe und Verkäufe** 64[4].
**Freisprechung**, Veröffentlichung der — 48.
**Fristen** zur Einlegung der Beschwerde gegen Ausschließung vom Börsenbesuche 21[14], (269), gegen börsenpolizeiliche Strafen 23, (269); — zur Einlegung der Berufung im Ehrengerichtsverfahren 51 f.; — zur Rechtfertigung der Berufung 52; — zur Beantwortung der Berufungsschrift 53; Verlängerung der — 53; — zur Einlegung der Beschwerde gegen Beschlüsse der Zulassungsstelle 91[20], (271); — bei Einführung von Wertpapieren an der Börse 95; — im Ordnungsstrafverfahren 190. S. auch Nachfrist.
**Fusion** 104[1], 234.

## G.

**Gebühren** für den Börsenbesuch 16[5]; für Zulassung von Wertpapieren 92[23], 100[2], 102[9], 109[3].

**Gefängnisstrafe** 195, 198, 200, 201, 203, 206.

**Geld** als Sicherheit für die Erfüllung von Börsentermingeschäften 139.

**Gelddarlehen** (306).

**Geldkurse** 70[14], 108[4].

**Geldstrafe** als Disziplinarstrafe 23, (269); — im Ordnungsstrafverfahren 183, 194; — im Strafverfahren 195, 198, 200, 201, 203, 206.

**Genossenschaften** s. Eingetragene Genossenschaften.

**Genußscheine** 85[1], 168[1], 211 f., 244.

**Geschäftsbedingungen** für den Börsenterminhandel 122, 130, (272, 297 ff., 347 ff.); für den Zeithandel in Getreide und Mehl 174, (331 ff.). S. auch Bedingungen.

**Geschäftsordnung** des Börsenausschusses 10; — des Börsenvorstandes und seiner Abteilungen (258); — der Zulassungsstelle 96[5], (271).

**Geschäftszweige an der Börse** 13, 16, (260).

**Getreide und Erzeugnisse der Getreidemüllerei,** Verbot des Börsenterminhandels in — 123[1], 131[1], 171[5] (zu § 64), 171 ff. (zu §§ 65 f.); Strafbarkeit verbotener Börsentermingeschäfte in — 172[3], 174[5], 183 ff., 200 f.; börsenmäßige Zeitgeschäfte (handelsrechtliche Lieferungsgeschäfte) in — 174 ff., (331 ff.); künstliche Preisbeeinflussung von — 201 f.

**Gewährsmänner** für Zulassung zum Börsenbesuch (266 f.).

**Gewerbliche Niederlassung** 135.

**Gewerbsmäßig** 200.

**Gewinn- und Verlustrechnung** 103 f., 230.

**Gewinnsüchtige Absicht** 201, 203.

**Gewohnheitsmäßig** 203.

**Goldmünzen** (321); Notierung von — (326).

**Grobes Verschulden** 110.

**Grundkapital,** Mindestbetrag des — bei Zulassung von Aktien 109, 209.

**Gutachten** des Börsenausschusses 10; — der Maklerkammer 71; — der Vertreter der an der Zulassung von Waren zum Börsenterminhandel beteiligten Erwerbskreise 122.

## H.

**Hafer,** börsenmäßige Zeitgeschäfte in — 189; Geschäftsbedingungen hierfür (331 ff.), Schlußnote (338 ff.).

**Haftung** der Mitglieder der Zulassungsstelle 88[9]; — aus dem Prospekt s. Prospekthaftung.

**Hamburg,** Börse in — 4[5], 6[12], 7[13], 11[8], 13[4], 66[9], 72[2], 109[6], 209f.

**Handel,** Vertretung des — in den Kommissionen für das Ordnungsstrafverfahren 186.

**Handel per Erscheinen** 106[1]; Zwangsregulierung von Geschäften per Erscheinen (297).

**Handelsbriefe** s. Ordnungsstrafverfahren.

**Handelsbücher** s. Ordnungsstrafverfahren.

**Handelskammer** als Handelsorgan 1; — als Börsenorgan 8[3], 9[4], 11[6]; Zuständigkeit 1, 11[6], 12[1], 21[14], 23[1], 25[12] (zu § 8), 25 (zu § 9), 90[19], [21]. S. auch Börsenaufsichtsbehörde.

**Handelskammer zu Berlin** 12, 14[3], 90[19], 254ff., 270f., 272, 276, 277, 333, 339, 343.

**Handelsmakler,** Eigenschaft des Kursmaklers als — 72[3], 78[2], [3], 80[7], 81[1]; Ermächtigung des Kursmaklers zur Vornahme von Geschäften der öffentlich ermächtigten — 82.

**Handelsorgan** s. Handelskammer.

**Handelsrechtliches Lieferungsgeschäft** s. Getreide.

**Handelsregister** 103, 134, 177[7], 229, 235.

**Handlungsbevollmächtigter,** Verbot der Stellung als — für Kursmakler 77.

**Handlungsgehilfe,** Verbot der Stellung als — für Kursmakler 77; Zulassung von — zum Börsenbesuch (264ff.).

**Handwerker** 136[3].

**Hannover,** (Wertpapier-)Börse in — 4[5]; Getreidebörse in — 4[5].

**Hauptverhandlung** s. Ehrengerichtsverfahren und Ordnungsstrafverfahren.

**Hinterlegung** als Sicherheitsleistung 142[7].

**Hypothekenbanken** 215[8].

**Hypothekenpfandbriefe** 228.

## J.

**Jahresbilanz** s. Bilanz.

**Industrie,** Vertreter der — im Börsenausschuß 10.

**Inhaberaktien** 86[1].

**Inkurssetzung** (328).

**Inland,** Erwerb von Wertpapieren im — Voraussetzung der Prospekthaftung 116; im — abgeschlossene Börsentermingeschäfte 130.

**Inländische Erwerbsgesellschaften** 122.

**Inoffizielle Börsentermingeschäfte** s. Börsentermingeschäfte.

**Interimsscheine** 210[1], 213, (314).

## K.

**Kammer für Handelssachen,** Zuständigkeit der — für Klagen wegen Prospekthaftung 121.
**Kammzug,** Verbot des Börsenterminhandels in — 169[6].
**Kapitalserhöhung,** Prospektzwang bei — 95.
**Kapitalsherabsetzung,** Prospektzwang bei — 96[9].
**Kassageschäfte,** Feststellung des Börsenpreises bei — 61; Verhältnis der — zu den Börsentermingeschäften 127, 164[1]; Spiel- und Differenzeinwand bei — 160; besondere Bedingungen bei — (292 ff.).
**Kaufmann** als Vertragspartei des Börsentermingeschäfts 134, 139, des börsenmäßigen Zeitgeschäfts in Getreide und Erzeugnissen der Getreidemüllerei 174; Kursmakler als — 72[3], 76 ff.
**Kaufmännische Korporationen** als Börsenaufsichtsbehörde 1.
**Kaufmännisches Vertrauen** 27.
**Kaufmannschaft,** Älteste der — von Berlin s. Älteste.
**Kleinbahnen,** Obligationen von — 109[6].
**Kleingewerbetreibende** 134, 136[3].
**Kollektivdelikt** 203[2].
**Kommissionär,** Selbsteintrittsrecht des — 63[4], 164[1], 206[1]; — im Börsenterminhandel 161[5]; strafbare Handlungen des — 206.
**Kommissionen** des Börsenvorstandes 9[4], (259, 272, 289 f.); — im Ordnungsstrafverfahren 185 ff., 190 f.
**Kommunalanleihen** 100; ausländische — 105[5], 227, 234, 236. S. auch Stadtanleihen.
**Königsberg,** Börse in — 4[5], 11[8].
**Konkurs,** Ausschluß vom Börsenbesuch wegen — 20[5], (263).
**Konsortialbeteiligte** 87[7].
**Konsulargerichtsbezirke** 105[5].
**Kontogeschäfte** 127.
**Kontokorrentsaldo,** Anerkennung des — 162[1].
**Kontokorrentverkehr,** Behandlung von Börsentermingeschäften im — 143[8], 147[3], 162[1].
**Konvertierungen,** Begriff 96[9]; Prospektzwang bei — 95, 237; Einfluß von — auf die frühere Zulassung 129[10], 211[5]; — bei Zeitgeschäften (304 ff.).
**Konzession,** Angabe der — im Prospekte 227.
**Kosten** der Börse 2[2]; — im Ehrengerichtsverfahren 56; — im Ordnungsstrafverfahren 190, 194.
**Krankheit,** Ausschluß vom Börsenbesuche wegen — (262).
**Kreditbanken** 213.
**Kreisobligationen** 109[6].

**Kündigung** im Warenterminhandel 31, 166.

**Kündigungsbureau** 1, (254).

**Kupferterminhandel** 178 $^{12}$, (347 ff.).

**Kurs** s. Börsenpreis.

**Kursblatt,** amtliches 92$^{25}$, (274, 308).

**Kursfeststellungskommissionen** 9$^{4}$, (272).

**Kursmachen** 66$^{10}$.

**Kursmakler,** Bestellung und Entlassung 71 ff., 248 ff., (277 f.); Eid der — 71, 72$^{3}$, 249, (277); Rechtsstellung 72$^{3}$, 249, (283 f.); — als Börsenbesucher 28$^{1}$, 72$^{3}$, 249, (285); — als Kaufleute 72$^{3}$, 76 ff., 132$^{9}$; Aufsicht und Disziplin 28$^{1}$, 72$^{3}$, 74$^{8}$, $^{9}$, 79$^{4}$, 249, (277, 280, 283, 285 f.); Mitwirkung bei der Feststellung des Börsenpreises 66$^{10}$, 71, 76, (273, 283); Gebühren der — 73$^{3}$, 78; Geschäftsverteilung 71, (284); Gewerbebeschränkungen der — 76 ff., (284); Tagebuch der — 79$^{4}$, 81, (283, 284, 285); Stellvertreter der — 249, 277 f.; Ermächtigung zur Vornahme von Verkäufen und Käufen 82; Verbote der Notierung durch — 106, 108, 130. S. auch Maklerkammer.

**Kurswahrheit** 62, 68.

**Kurswert** 139; Begriff 42$^{6}$.

**Kurszettel,** Verbote der Herstellung von — 106, 108, 130, 200.

**Kuxe** 85$^{1}$, 129$^{11}$, 211, 244.

## L.

**Ladung** s. Ehrengerichtsverfahren und Ordnungsstrafverfahren.

**Landesökonomiekollegium** 251, (257 f.).

**Landesregierung,** Befugnisse der — 1, 12, 18, 23$^{1}$, 26, 71, 72$^{3}$, 74$^{6}$, $^{8}$, 77, 78$^{2}$, 80$^{7}$, 81$^{8}$, $^{9}$ (zu § 32), 81$^{2}$ (zu § 33), 83, 91$^{22}$, 95, 98$^{13}$, 100$^{1}$, 101, 102$^{7}$, 103, 109, 128$^{5}$, $^{8}$, 210, 212, 214, 221.

**Landgericht** s. Kammer für Handelssachen.

**Landwirtschaft,** Vertretung der — im Börsenausschuß 10, in den Vorständen der Produktenbörsen 12, (257 f.), in den Kommissionen für das Ordnungsstrafverfahren 186, 251, bei der Preisfeststellung für landwirtschaftliche Produkte (272).

**Landwirtschaftliche Nebengewerbe** 12.

**Lehrlinge,** Zulassung von — zum Börsenbesuch (264).

**Leipzig,** Börse in — 4$^{5}$, 11$^{8}$, 72$^{2}$.

**Lieferungsbereitschaft,** Erklärung der — s. Andienung.

**Lieferungsfrist** 124, 166.

**Lieferungsqualität** 128[8], 178[12].
**Lieferungszeit** 124, 157, 178.
**Liquidationsbureau** 7[13].
**Liquidationseinrichtungen** 158.
**Liquidationskasse** 1, 6[12], 170[7], (254).
**Liquidationskurs** 158.
**Liquidationsverein** 1, 7[13], (254).
**Lokogeschäft** 64[6], 179[1].
**Lospapiere** 244, (310 f.).
**Lübeck**, Börse in — 4[5], 11[8], 12[1], 66[9], 72[2].

## M.

**Magdeburg**, Getreidebörse in — 4[5]; Zuckerbörse in — 4[5], 6[12], 11[8], 72[2], 178[12].
**Mais**, Geschäfte in — 189[7]; Geschäftsbedingungen für den Zeithandel in — (331 ff.); Schlußnote für Zeitgeschäfte in — (338 ff.).
**Makler** s. Kursmakler und Freie Makler.
**Maklerkammer** 66, 71, (278 ff.); Befugnisse des Staatskommissars gegenüber der — 9[4], 71, (278, 280, 281, 282, 284, 286).
**Maklerlohn** s. Courtage.
**Maklerordnung** 74[7], [9], 75[11], 79[4], (276 ff.); — für die Kursmakler an der Berliner Börse 276 ff.
**Maklerverein** 7[14].
**Mannheim**, Börse in — 4[5], 11[8], 66[9], 72[2].
**Marktpreis** 63[4], 82[1], 195, 199[2].
**Medio** (298).
**Mehl** s. Getreide und Erzeugnisse der Getreidemüllerei.
**Metallbörse zu Berlin** 71[2], 254 ff., 347 ff.
**Minderjährige**, Zulassung von — zum Börsenbesuch 20[5].
**Minderkaufleute** 177[7].
**Minister für Handel und Gewerbe** 5[8], 97[12], (271 f., 275 f.).
S. auch Landesregierung.
**Müllerei**, Vertretung der — in den Vorständen der Produktenbörsen 12, (256).
**München**, Börse in — 4[5], 11[8], 74[8].

## N.

**Nachfrist** bei Börsentermingeschäften 126 f.; — bei börsenmäßigen Zeitgeschäften in Getreide usw. 126, 175, (337, 341, 345); — bei Kassageschäften (294).
**Nachgründung** 104[1].
**Nachschußklausel** 141[3].
**Namensaktien** 86[1].
**Namensshares** 154[3].
**Nennwert** von Wertpapieren 122, 140, 209, (298).
**Nochgeschäfte** 169[7], (302, 303, 305).
**Novatorische Verträge** 163[1].
**Nummernangabe** bei Sicherheitsleistung 148[12].

## O.

**Oberpräsident** als Organ der Staatsaufsicht $5^{8}$; Zuständigkeit des — (249, 277).

**Obligationen** ausländischer Erwerbsgesellschaften 104.

**Öffentliche Kundgebungen** 195.

**Öffentliche Zeichnung** 106.

**Öffentlichkeit** im Ehrengerichtsverfahren 43; — im Ordnungsstrafverfahren 190; Ausschluß der — bei der Feststellung des Börsenpreises 62.

**Offizielle Börsentermingeschäfte** s. Börsentermingeschäfte.

**Ordnung,** Aufrechterhaltung der — an der Börse 22; Störung der — (268).

**Ordnungsstrafverfahren** wegen verbotener Börsentermingeschäfte 183 ff., 250 ff.; Anwendungsgebiet 183, 250; Verjährung der Straftat 184; Bildung und Zusammensetzung der Kommissionen 185 ff., 250 f.; Berufungskommission 186; Zuständigkeit der Kommissionen 187; Anzeigen 188; Deklarationszwang $189^{5}$, $190^{9}$, $202^{1}$; Verfahren 190 ff., 252 ff.; Ladungen und Zustellungen 190, 251, 253; Mitwirkung des Staatskommissars $9^{4}$, $185^{3}$, 186, 188, $189^{5}$, 190, 251; Zeugen und Sachverständige $190^{1}$, 191; Vorlegung der Handelsbücher 192, 202; Ordnungsstrafen und Berufung dagegen 183, 186, 192; Rechtshilfe 193; Kosten 194; Beitreibung von Ordnungsstrafen und Kosten 193 f., 253; Verhältnis des — zum ordentlichen Strafverfahren $183^{4}$, $202^{6}$, zum Ehrengerichtsverfahren $184^{4}$, 194 f.; Bestimmungen über das — wegen verbotener Börsentermingeschäfte in Preußen 250 ff. S. auch Anzeigepflicht, Fristen.

**Organe** der Börsenleitung 13.

## P.

**Patente** in Prospekten 233.

**Pfandbriefe,** Zulassung von — 100, $225^{3}$, 228.

**Pflegschaft,** Einfluß der Einleitung einer — auf die Zulassung zum Börsenbesuch $20^{5}$.

**Postverwaltungen** $136^{4}$.

**Prämienanleihen** (310).

**Prämiengeschäft** $146^{1}$, 153, $169^{7}$, $204^{7}$, (298, 302, 303, 305).

**Preisbeeinflussung,** strafbare 195.

**Preisfeststellung** s. Börsenpreis.

**Preislisten,** Begriff $107^{4}$; Verbot der Veröffentlichung und

Verbreitung von — 106, 108, 130; Strafbarkeit der verbotswidrigen Veröffentlichung und Verbreitung 200.
**Preisnotierung** 68ff. S. auch Börsenpreis.
**Presse,** Berichterstatter und Vertreter der — 16[5], 28[1], 29, 37f., (265, 266); Vergehen durch die — 198[12] (zu § 88), 198 (zu § 89).
**Presseausschuß** (268).
**Privatdiskonten** (315).
**Produktenbörse,** Genehmigung der — 3[3]; Vertretung der Landwirtschaft und Müllerei in den Vorständen der — 12, (256ff.); Preisfeststellung an der — in Berlin 272f.; Geschäftsbedingungen der — zu Berlin 331ff.
**Prokurist,** Börsentermingeschäftsfähigkeit von — 137[9]; Verbot der Stellung als — für Kursmakler 77; Zulassung von — zum Börsenbesuch (264).
**Prolongation** eines Börsentermingeschäfts 153.
**Prospekt,** Inhalt des — 88[13], 95, 222ff., 226ff., 229ff.; Unrichtigkeit 110, 117, 195; Unvollständigkeit 111, 117, 197[6]; Prüfung 239; Genehmigung 96[6]; abgekürzte — 96[8], 98[12, 13], 237; Veröffentlichung 95; Befreiung von der Veröffentlichung 95, 99.
**Prospektbetrug** 195.
**Prospekthaftung** 110ff.; Voraussetzungen der — 111[1, 2], 114[10], 115[12, 13], 116, 119[10]; Verpflichtete 110, 111[3], 112[4, 5]; Umfang der Haftung und Bemessung des Schadens 114[11], 116; Verjährung des Ersatzanspruchs 120; Gerichtsstand 121.
**Prospekttheorie** 88[9].
**Prospektzwang,** Befreiung vom — 95, 99.
**Protokoll** im Ehrengerichtsverfahren 41[1], 55; — im Ordnungsstrafverfahren 190; — über Feststellung der Kurse und Preise (274); — über Sitzungen der Maklerkammer (280).

## R.

Raterteilung, wissentlich unrichtige des Kommissionärs 206.
**Rechtshilfe** s. Ehrengerichtsverfahren und Ordnungsstrafverfahren.
**Redakteur** s. Presse.
**Regierungspräsident** als Organ der Staatsaufsicht 5[8], 249.
**Reichsanleihen,** deutsche 95[1], 99, (298).
**Reichsanzeiger** 214, 215[11], 238, 243.
**Reichsbank** 136[4].
**Reichsbankanteile** 246.
**Reichskanzler,** Zuständigkeit des — 11[3], 122; Anträge

des Börsenausschusses an den — 10; Mitteilungen von landesrechtlichen Bestimmungen an den — 83, 109, von dem Ergebnisse der Ermittelungen vor Einführung des Warenterminhandels 122, (271), von Ausnahmebestimmungen über die Feststellung des Börsenpreises von Wertpapieren 246.

**Reichskassenscheine** 142[5].

**Reisekosten** für Mitglieder des Börsenausschusses 10; — für Mitglieder der Ordnungsstrafkommissionen 187, 251.

**Rentenbriefe** 99[1].

**Restantenlisten** 213.

**Roggen**, Geschäfte in 189; Geschäftsbedingungen für den Zeithandel in — (331 ff.); Schlußnote für Zeitgeschäfte in — (338 ff.).

**Roggenmehl**, Geschäfte in 189; Geschäftsbedingungen für den Zeithandel in — (331 ff.); Schlußnote für Zeitgeschäfte in — (343 ff.).

**Rüböl**, Terminhandel in 172[1].

**Rückforderung** s. Börsentermingeschäfte (Zurückforderung).

**Ruhrort** s. Duisburg-Ruhrort.

## S.

**Sachverständige**, Vernehmung von — durch den Börsenausschuß 10; — im Ehrengerichtsverfahren 40, 43, 46[9], 54[4], 57; — im Ordnungsstrafverfahren 190[1], 191; — beim börsenmäßigen Zeitgeschäft in Getreide 175, (333, 339, 344); — beim Börsentermingeschäft in Kupfer (348).

**Sachverständigenkommissionen** 58[1] (zu § 28).

**Sammelliste** aufgerufener Wertpapiere (311).

**Schecks** 62[2], 142[6], 147[2], (261, 325).

**Scheingeschäfte** 67, 196[3].

**Scheinzeichnungen** 32.

**Schiedsgericht** s. Börsenschiedsgericht.

**Schiedsrichterliche Kommission** 9[4], (259, 290).

**Schiedsvertrag** 60[4], [5].

**Schlußbestimmungen** 195 ff.

**Schlußnoten**, Vorlegung von — im Ordnungsstrafverfahren 188; — für Geschäfte an der Fondsbörse (290), für Zeitgeschäfte in Roggen, Weizen, Hafer, Mais (338), für Zeitgeschäfte in Roggenmehl (342), für Termingeschäfte in Kupfer (347).

**Schlußschein**, Berliner 175[1].

**Schriftform** 139 f.

**Schuldanerkenntnis** bei Börsentermingeschäften 162, 182.

**Schuldübernahme** 163[1].

**Schuldverschreibungen** 100, 168[1], 213, 226 f.

**Schuldversprechen** 163[1].

**Schutzgebiete**, deutsche 105⁵.
**Schutzgebietsanleihen** 101¹.
**Schwänzen** 201¹, 202⁴ ⁵.
**Seehandlung**, preußische 136⁴.
**Selbsteintrittsrecht** des Kommissionärs 3³, 63⁴; des Kursmaklers 78³, 82².
**Selbsthilfekauf** und -verkauf 63⁴, 82¹.
**Shares** 154³, 166².
**Sicherheitsbestellung** und Sicherheitsleistung bei erlaubten Börsentermingeschäften 134², 139, 145¹; nachträgliche Änderung 140; — bei verbotenen Börsentermingeschäften 170, 172.
**Sicherungsübereignung** 142⁷.
**Skontrationseinrichtungen** 158.
**Skontrierung** 6¹¹, (299).
**Spannungspreise** 66⁶.
**Spekulationsgeschäfte** s. Börsenspekulationsgeschäfte.
**Sperrjahr** 104¹.
**Spielabsicht** s. Differenzabsicht.
**Spieleinwand** s. Differenzeinwand.
**Spielgeschäft** s. Differenzgeschäft.
**Spitzen** 78³, (305).
**Staatsanleihen**, deutsche 95¹, 99, (298); ausländische — 105⁵, 226 f., 234, 236.
**Staatskommissar** als Organ der Landesregierung 7; Bestellung 7; Stellung zu den Börsen- und Handelsorganen 8², 9⁴, (276); Zuständigkeit und Befugnisse im allgemeinen 7; Berechtigung zum Börsenbesuch 16⁵; Anwesenheit bei der Feststellung des Börsenpreises 62; Befugnisse gegenüber den Kursmaklern 74⁷, 250, (277, 285). S. auch Ehrengerichtsverfahren, Maklerkammer, Ordnungsstrafverfahren, Zulassung und Zulassungsstelle.
**Stadtanleihen**, Notierung von — (324).
**Stellagegeschäft** 169⁷, (298, 302, 303, 305).
**Stellvertreter** der Mitglieder des Börsenausschusses 11⁸; — der Mitglieder der Zulassungsstelle 85, 87⁸, (271); — der Kursmakler 75¹¹, (277 f.); — der Beisitzer der Kommissionen für das Ordnungsstrafverfahren 251; — der Mitglieder der Schiedsrichterlichen Kommission des Börsenvorstandes (259); — der Mitglieder des Ehrengerichts (269); — der Mitglieder der Maklerkammer (278).
**Stempelpflicht** bei Sicherheitsbestellung für die Erfüllung von Börsentermingeschäften 144¹⁴, bei deren Änderung 140; — von Zessionen und Umschreibungsanträgen über Wertpapiere 326.

**Stettin**, Börse in — 4⁵, 11⁸, 66⁹, 72².
**Stiller Gesellschafter**, Verbot der Stellung als — für Kursmakler 77.
**Strafbestimmungen** 195 ff.
**Strafen** wegen Störung der Ordnung und des Geschäftsverkehrs an der Börse 23, (268 f.); — im Ehrengerichtsverfahren 46, 48, (270); — im Ordnungsstrafverfahren 183; — auf Grund der Strafbestimmungen des Börsengesetzes 195 ff.; sonstige — gegen Börsenbesucher (267, 268 f.); — gegen Kursmakler (285 f.).
**Strafgeld** (296, 300, 301, 310).
**Straßburg**, Börse in — 4⁵, 10⁸, 72².
**Stückekonto**, Gutschrift auf — 153.
**Stückzinsen** 245 f.
**Stuttgart**, Effektenbörse in — 4⁵, 11⁸; Landesproduktenbörse in — 4⁵, 10⁷, 72²; Industrie- und Handelsbörse in — 4⁵, 10⁷, 62¹, 72².
**Syndikus**, Mitwirkung des — im Ehrengerichtsverfahren s. dieses; — der Handelskammer zu Berlin als Börsensyndikus (255, 269, 270).

## T.

**Tagebuch** s. Kursmakler.
**Tagegelder** 10.
**Tägliches Geld** (306).
**Talonsteuer** 215⁵.
**Telegraphische Übermittelung** 140.
**Termingeschäft** s. Börsentermingeschäft.
**Terminhandel** s. Börsenterminhandel.
**Terminmarkt** 125.
**Typenmäßige Zulassung** s. Zulassung von Wertpapieren zum Börsenhandel.
**Typische Bedingungen** 125.

## U.

**Übergangsbestimmungen** s. Börsenterminhandel.
**Übervorteilung des Publikums** 85.
**Überweisung** 125, (288).
**Ultimogeschäfte** 123³.
**Umrechnungskurs** 210², 219¹⁵, 245.
**Umschreibungsanträge** (314, 326 f.).
**Unerfahrenheit** 203.
**Usancemäßige Beträge** s. Zeitgeschäfte.
**Usancen** 125, 167², 204⁷.

## V.

**Vereidigung** s. Beeidigung.
**Vereinigung** zum Abschlusse von Börsentermingeschäften 164, 182.
**Vergleich** in Streitigkeiten aus Börsentermingeschäften 163¹.

**Verjährung** im Ehrengerichtsverfahren 38[5]; — des Ersatzanspruchs aus dem Prospekt 120; — im Ordnungsstrafverfahren 184, 194; — in Strafverfahren 197[4], 198[12], 199[7], 200[5], 201[4].

**Verleitung zu Börsenspekulationsgeschäften** 31, 35, 203.

**Verlosbare und kündbare Wertpapiere,** Geschäfte in — (310).

**Verlust der bürgerlichen Ehrenrechte,** Ausschluß vom Börsenbesuche wegen — 17, (262); als Nebenstrafe 195, 203, 206.

**Veröffentlichung** des Antrags auf Zulassung von Wertpapieren zum Börsenhandel 95, 238; — des Zulassungsbeschlusses 242; — des Antrags auf Zulassung zum Börsenbesuch (266); — des Antrags auf Zulassung von Waren oder Wertpapieren zum Börsenterminhandel (271). S. auch Bekanntmachung, Bilanz, Prospekt.

**Verschwiegenheitspflicht** der Kursmakler (284).

**Versicherungsgeschäfte** 179[7], 204[7].

**Versteigerung** durch Kursmakler 82[3].

**Versuch** 183[3], 198, 199[11], 206.

**Verteidiger** s. Ehrengerichtsverfahren.

**Verwaltungsstreitverfahren** wegen Ablehnung der Zulassung zum Börsenbesuch 21[14].

**Verweis** als Disziplinarstrafe gegen Börsenbesucher 24[7] (269); — als ehrengerichtliche Strafe 46, 195; — als Disziplinarstrafe gegen Kursmakler (286); Vollstreckung des — 46.

**Verzeichnis** der Gesellschaften, in deren Anteilen der Bundesrat gemäß § 63 BörsG. Börsentermingeschäfte genehmigt hat 247.

**Verzug** bei Börsentermingeschäften in Waren 166 (351); — bei Zeitgeschäften in Getreide usw. 174 (337, 341, 345).

**Volontäre** (264).

**Voruntersuchung** im Ehrengerichtsverfahren 40; — im Ordnungsstrafverfahren 190.

## W.

**Währung,** Umrechnung ausländischer Werte in deutsche — 210[2], 244.

**Waren,** Feststellung des Börsenpreises von — 61, 83. S. auch Börsentermingeschäfte und Börsenterminhandel.

**Warenbörsen** 4[5].

**Wechsel** als Wertpapier 62[2], 86[1], 196[2], 208; Hingabe eines — bei Börsentermingeschäften 142[6], 146[2]; Notierung ausländischer — (316).

**Weibliches Geschlecht** als Grund des Ausschlusses vom Börsenbesuch 17 (261).

**Weizen**, Geschäfte in 189; Geschäftsbedingungen für den Zeithandel in — (331); Schlußnote für Zeitgeschäfte in — (338).

**Wertpapiere**, Begriff 62[2], 85[1], 123[2], 196[2], 208; Feststellung des Börsenpreises von — 61ff., 71, 75, 83, 244ff., (272ff., 322ff.); Zulassung von — zum Börsenhandel 84ff., 209ff.; Zulassung von — zum Börsenterminhandel 122, (271); Bekanntmachung betr. die Zulassung von — zum Börsenhandel 209ff.; Bekanntmachung betr. die Feststellung des Börsenpreises von — 244ff.; Besondere Bedingungen für — (308ff.); Lieferbarkeit von — (309, 327).

**Wiederaufnahme** eines ehrengerichtlichen Verfahrens 47[8].

**Wiedereinsetzung** in den vorigen Stand 52.

**Wiederzulassung** zum Börsenbesuch 18, (262).

**Wohnsitz** 135.

## Z.

**Zahlungsunfähigkeit**, Ausschluß vom Börsenbesuche wegen — 17, (262f.).

**Zeichnung** von Wertpapieren 106, 195.

**Zeitgeschäft**, Begriff 65; Feststellung des Börsenpreises für — 61; Börsentermingeschäft als — 123[3]; börsenmäßige — in Getreide und Erzeugnissen der Getreidemüllerei 174ff.; — in Getreide usw. ohne börsenmäßigen Charakter 176[2]; Abwickelung bei — 6[10], 158, (299); Berechnung der Stückzinsen bei — 246; besondere Bedingungen bei — (297ff.); usancemäßige Nennbeträge bei — (298); Geschäftsbedingungen für — in Getreide und Mehl (331ff.); Schlußnoten für — in Roggen, Weizen, Hafer, Mais (338ff., in Roggenmehl 342ff.).

**Zeitungsberichterstatter** s. Presse.

**Zertifikate** 85[1].

**Zessionen** (314, 326f.).

**Zeugen**, Vernehmung von — s. Ehrengerichtsverfahren u. Ordnungsstrafverfahren.

**Zins- und Gewinnanteilscheine** (312, 314).

**Zollkupons** (313); Notierung von — (326).

**Zulassung von Waren und Wertpapieren zum Börsenterminhandel** 122, 130, (271); Voraussetzungen 122; Antrag auf — 128[5], (271); Ablehnung 128[5], 131[2]; Zurücknahme der — 122, 130; Folgen der Ablehnung und Zurücknahme 130.

**Zulassung von Wertpapieren zum Börsenhandel** 84 ff.; Bekanntmachung betr. die — 209 ff.; Antrag auf — 93, 95, 221 ff., (271); Voraussetzungen für die — 109, 209, 213; Beratung und Beschlußfassung 84; Vertagung 89[15]; Ablehnung 85, 93, 239; Folgen der Ablehnung 93, 108; Beschwerde gegen die Ablehnung 85, 93[2], 94[5], (271); Ausschließung und Zurücknahme der — 85, 94[6], [7], 214; deutsche Reichs- u. Staatsanleihen 99; staatlich gewährleistete Schuldverschreibungen usw. 100; typenmäßige Zulassung 100[4] 103[11], [13]; Aktien eines zur Aktiengesellschaft usw. umgewandelten Unternehmens 103; Mindestbetrag des Grundkapitals für Zulassung von Aktien 109, 209; Mindestzahl der Stücke für Zulassung von Kuxen usw. 211. S. auch Gebühren, Prospekt, Zulassungsstelle.

**Zulassung zum Börsenbesuch** 13, 17, (261 ff.); dauernde — mit der Befugnis zur Teilnahme am Börsenhandel (qualifizierte —) 15[5], 135, (263, 266); Zurücknahme der — (264, 265, 269). S. auch Wiederzulassung.

**Zulassungsstelle** 84, (270); — als Börsenorgan 86[4]; Zusammensetzung und Wahl 84, (270); Geschäftsordnung 92[23], (271); Verhältnis verschiedener — zueinander 93; Befugnisse und Pflichten 84, 109, 210, 214, 221, 235, 236, 237, 238, 239, 242. S. auch Zulassung von Wertpapieren zum Börsenhandel.

**Zurückforderung** des Geleisteten s. Börsentermingeschäft.

**Zurücknahme** s. Zulassung.

**Zustellung** s. Ehrengerichtsverfahren und Ordnungsstrafverfahren.

**Zwangsregulierung** bei Kassegeschäften (293 ff.); — bei Zeitgeschäften (300 ff.); — von Geschäften per Erscheinen (297).

**Zweimonatsbilanzen** 215[10].

**Zwickau**, Börse in — 4[5], 10[7], 72[2].

A. W. Hayn's Erben (Curt Gerber), Potsdam.

# Guttentagsche Sammlung
# **Deutscher Reichsgesetze.**

Text-Ausgaben mit Anmerkungen Taschenformat.

1. **Verfassung des Deutschen Reichs.** Von Dr. **L. von Rönne. 10. Aufl.** von Landrat **P. von Rönne** und Regierungsassessor **von Dobbeler.** 1912. 2 M. 60 Pf.

2. **Strafgesetzbuch** für das Deutsche Reich nebst 20 d. wichtigsten strafrechtlichen Nebengesetze. Von Prof. Dr. **Franz v. Liszt** und Dr. **Ernst Delaquis. 24. Aufl.** 1914. 3 M.

3. **Militärstrafgerichtsordnung** nebst Einführungsgesetz. Von Wirkl. Geheimen Kriegsrat Dr. jur. **A. Romen** und Kriegsgerichtsrat Dr. jur. **Carl Rissom.** 1910. 6 M.

4. **Handelsgesetzbuch vom 10. Mai 1897** unter Ausschluß des Seerechts. **14. Aufl.** Herausgegeben von Geh. Justizrat Prof. Dr. **A. Mosse.** 8°. 1911. 5 M.

5. **Wechselordnung vom 3. Juni 1908. Kommentar** von Justizrat Dr. **J. Stranz** und Rechtsanwalt Dr. **M. Stranz,** und das **Wechselstempelgesetz vom 15. Juli 1909** von Geh. Regierungsrat **P. Loeck. 11. Aufl.** 1913. 4 M.

5a. **Wechselstempelgesetz** apart. **11. Aufl.** 1913. 1 M. 50 Pf.

6. **Reichsgewerbeordnung** nebst Ausführungsbestimmungen. Von **Berger** und **Wilhelmi. 18. Auflage** von Stadtrat Dr. **Karl Flesch** in Verbindung mit Dr. **Friedr. Hiller** und Dr. **Herm. Luppe.** Mit Nachtrag, enthaltend die Änderungen **bis** 31. 3. 1912. **4 M.**

7. **Post- und Telegraphen-Gesetzgebung.** Nebst Weltpostvertrag und internationalem Telegraphenvertrag. **6. Aufl.** **von** Geh. Ober-Postrat Dr. **M. König. 1908. 4 M.**

8. Die Reichsgesetze über den **Unterstützungswohnsitz, die Freizügigkeit, den Erwerb und Verlust der Bundes- und Staatsangehörigkeit.** Von Geheimrat Dr. J. **Krech**, Mitglied des Bundesamtes für das Heimatwesen. 8. **Aufl.** 1913. 3 M. 60 Pf.

9. Sammlung **kleinerer strafrechtlicher Reichsgesetze.** Von Dr. R. H. **Kriegsmann**, Privatdozent in Kiel. 3. **Aufl.** 1910. 4 M.

10. Das **Reichsbeamtengesetz** von J. **Pieper.** 2. **Aufl.** 1901. 4 M. 50 Pf.

**Reichsbeamtengesetz** von 1907 siehe Nr. 82.

11. **Zivilprozeßordnung mit Gerichtsverfassungsgesetz.** Von R. **Sydow.** Fortgeführt von L. **Busch**, Reichsgerichtsrat, jetzt zugleich mit A. **Busch**, Gerichtsassessor. 14. **Aufl.** 8°. 1913. 8 M.

12. **Strafprozeßordnung und Gerichtsverfassungsgesetz** nebst den Gesetzen, betr. die Entschädigung der im Wiederaufnahmeverfahren freigesprochenen Personen und die Entschädigung für unschuldig erlittene Untersuchungshaft. Von Dr. A. **Hellweg**, Reichsgerichtsrat. 16. **Aufl.** von Professor Dr. **Kohlrausch.** 1912. 3 M.

13. **Konkursordnung und Anfechtungsgesetz.** Von R. **Sydow.** Fortgeführt von L. **Busch.** 11. **Aufl.** 1911. 2 M 80 Pf

14. **Gerichtsverfassungsgesetz** mit Einführungsgesetz. Herausgegeben von R. **Sydow.** Fortgeführt von L. **Busch.** 9. **Aufl.** 1905. Mit Nachtrag, enthaltend die Novelle vom 1. Juni 1909. 1 M. 50 Pf.

15. **Das Deutsche Gerichtskostengesetz** nebst den Gebührenordnungen für Gerichtsvollzieher, Zeugen und Sachverständige. Von **R. Sydow.** Weiter bearbeitet von Reichsgerichtsrat **L. Busch** und Gerichtsassessor **Arno Busch. 9. Aufl.** 1912. 2 M. 60 Pf.

16. **Rechtsanwaltsordnung.** Von **R. Sydow. 5. Aufl.** von Justizrat **M. Jacobsohn.** 1907. Mit Nachtrag, enthaltend die Bestimmungen vom 22. Mai 1910. 1 M. 20 Pf.

17. Die **Deutsche Gebührenordnung für Rechtsanwälte und das Preußische Gebührengesetz** vom 27. September/6. Oktober 1899. Von **R. Sydow.** Fortgeführt von **L. Busch** und Amtsrichter **A. Busch. 11. Aufl.** 1914. 3 M.

18. **Reichsstempelgesetz** vom 3. Juli 1913. (Börsen-, Lotterie- [Spiel und Wette], Frachturkunden-, Fahrkarten-, Kraftfahrzeug-, Tantieme-, Scheck- und Grundstücksübertragungssteuer.) Mit den gesamten Ausführungsbestimmungen. **12. Aufl.** von Geh. Regierungsrat **P. Loeck.** 1914. 8°. 8 M.

19. Die **Seegesetzgebung.** Von Dr. **W. E. Knitschky. 5. Aufl.** bearbeitet von Oberlandesgerichtsrat **Otto Rudorff** in Hamburg. 1913. 8 M.

20. **Krankenversicherungsgesetz.** Von weil. Dr. **E. von Woedtke.** Siehe Bd. 107.

21. Die **Konsulargesetzgebung.** Von Professor Dr. **Ph. Zorn. 8. Aufl.** bearbeitet von Reg.-Assessor Dr. **A. Zorn.** 1911. 4 M. 50 Pf.

22. **Patentgesetz.** Nebst Ausführungsbestimmungen, völkerrechtlichen Verträgen und der Patentanwalts-Ordnung. 7. **Aufl.** bearbeitet von **R. Lutter,** Geh. Reg.-Rat im Kaiserl. Patentamt. 1908. 2 M. 80 Pf.

23. **Gewerbe-Unfallversicherungsgesetz.** Von weil. Dr. **E. von Woedtke.** Siehe Bd. 108.

24. **Aktiengesellschaft und Kommanditgesellschaften auf Aktien.** Von Kammergerichtsrat Dr. **H. Keyßner** und Justizrat Dr. **H. Veit Simon. 6. Aufl.** von Amtsrichter **L. Keyßner.** 1911. 3 M.

25. **Brausteuergesetz.** vom 15. Juli 1909. Von **A. Düffe,** Oberzollrevisor. **2. Aufl.** 1910. 3 M.

26. Die Reichsgesetzgebung über **Münz- und Notenbankwesen.** Papiergeld, Prämienpapiere und Reichsschulden. Von Dr. jur **R. Koch,** Präsident des Reichsbankdirektoriums, **6. Aufl.** 1910. 4 M.

27. Die Gesetzgebung, betr. das **Gesundheitswesen** im Deutschen Reich. Von Dr. jur. **C. Goesch** und Dr. med. **J. Karsten.** 1888. 1 M. 60 Pf.

28. **Bau-Unfallversicherungsgesetz.** Vom 30. Juni 1900. Von **R. Chrzescinski.** Siehe Bd. 108.

29. **Erwerbs- und Wirtschaftsgenossenschaften.** Von **L. Parisius** und Dr. **H. Crüger. 14. neu bearb. Aufl.** von Dr. **H. Crüger.** 1912. 1 M. 80 Pf.

30. **Invalidenversicherungsgesetz** vom 13. Juli 1899. Von weil. Dr. **E. von Woedtke.** Siehe Bd. 109.

81. **Gewerbegerichtsgesetz.** Von Stadtrat **L. Mugdan. 7. Aufl.** bearbeitet von **W. Cuno**, Oberbürgermeister zu Hagen i. W. 1911. 2 M. 50 Pf.

82. Reichsgesetz, betr. die **Gesellschaften mit beschränkter Haftung.** Von **L. Parisius** und Dr. **H. Crüger. 13. Aufl.** von Dr. **H. Crüger.** 1914. 2 M.

83. **Vereins- und Versammlungsrecht.** Von Dr. **E. Ball. 2. Aufl.** von Dr. **F. Friedenthal.** 1907. 2 M. 50 Pf.

**Reichs-Vereinsgesetz** vom 19. April 1908 siehe Nr. 88.

84. Die **Abzahlungsgeschäfte.** Gesetz vom 16. Mai 1894. **3. vermehrte Aufl.** besorgt von Dr. **E. Wilke**, Landgerichtsrat. 1910. 1 M. 25 Pf.

85. Die **Reichs-Eisenbahngesetzgebung.** Von **W. Coermann**, Kaiserl. Amtsrichter. 1895. 2 M. 25 Pf. S. auch Bd. 66.

86. Gesetze, betr. die **privatrechtlichen Verhältnisse der Binnenschiffahrt und der Flößerei.** Von **E. Löwe**, Landgerichtsrat. **4. Aufl.** 1909. 3 M.

87. Gesetz gegen den **unlauteren Wettbewerb.** Von Justizrat **A. Pinner. 6. Aufl.** 1912. 1 M. 50 Pf.

38/39. **Bürgerliches Gesetzbuch nebst Einführungsgesetz** von Dr. **A. Achilles.** In Verbindung mit Professor Dr. **André**. Kammergerichtsrat **Ritgen**, Reichsgerichtsrat Dr. **Strecker**, Senatspräsident Dr. **v. Unzner** herausgegeben von Wirkl. Geh. Ober-Justizrat u. Oberlandesgerichtspräsident **Greiff**, **7. Aufl.** 8°. 1912. 7 M.

40. **Gesetz,** betr. die **Pflichten der Kaufleute bei Aufbewahrung fremder Wertpapiere (Depotgesetz).** Mit Erläuterungen. Von **F. Lusensky,** Geh. Ober-Regierungsrat. **2. Aufl.** 1905. 1 M.

41. **Börsengesetz.** Von Wirkl. Geh. Ober-Regierungsrat **Th. Hemptenmacher.** Dritte Aufl. im Druck.

42. **Grundbuchordnung** nebst den preußischen Ausführungsbestimmungen. Mit Einleitung. Von Prof. Dr. **O. Fischer. 6. Aufl.** 1912. 2 M.

43. **Zwangsvollstreckung in das unbewegliche Vermögen** im Reiche und in Preußen. Mit Einleitung, Kosten- und Gebührentabellen. Von Dr. **J. Krech** u. Dr. **O. Fischer. 7. Aufl.** bearbeitet von Professor Dr. **O. Fischer** u. Landrichter Dr. **F. Krech.** 1914. 3 M.

44. Das Reichsgesetz über das **Auswanderungswesen** vom 9. Juni 1897. Von Professor Dr. **Felix Stoerk.** 1899. 2 M. 25 Pf.

45. Das **Entmündigungsrecht** unter Berücksichtigung der für Preußen geltenden Vorschriften nebst der preußischen Justiz-Ministerial-Verfügung vom 28. November 1899. Von Landgerichtsrat Dr. **P. Koll** in Cöln. 1900. 1 M. 50 Pf.

46. Die Gesetze des Reiches und Preußens über die **freiwillige Gerichtsbarkeit.** Von **Herm. Jastrow,** Amtsgerichtsrat. **5. Aufl.** 1911. 8 M. 60 Pf.

47. Das **deutsche Vormundschaftsrecht** und das preuß. Gesetz über die Fürsorgeerziehung Minderjähriger nebst den dazu gehörigen preußischen Nebengesetzen. Von Oberverwaltungsgerichtsrat **Max Schultzenstein** und Amtsgerichtsrat Dr. **Paul Köhne. 2. Aufl.** 1901. 8 M.

48. Gesetze und Verordnungen, betr. den **Drogen-, Gift- und Farbenhandel** außerhalb der Apotheken. Von Dr. **J. Broh**, Rechtsanwalt. 1899. 1 M. 25 Pf.

49. Deutsche **Kolonialgesetzgebung**. Von Geh. Justizrat Professor Dr. **Philipp Zorn**. 2. Aufl. von Gerichtsassessor Dr. **Sassen**. 1913. 7 M. 50 Pf.

50. Der **Viehkauf** (Viehgewährschaft) nach dem Bürgerlichen Gesetzbuche unter Berücksichtigung des ausländischem Rechts. Verordnung betr. die Hauptmängel und Gewährsfristen beim Viehhandel. Von Rechtsanwalt Dr. **H. Stölzle** und Königlichem Regierungs- und Veterinärrat **H. Weiskopf**. 5. **Aufl.** 1913. 6 M.

51. **Hypothekenbankgesetz** vom 13. Juli 1899. Von Dr. **H. Göppert**. 2. **Aufl.** Bearbeitet von Geh. Reg.-Rat Dr. **Sekbel**. 1911. 2 M. 40 Pf.

52. Gesetz, betreffend die gemeinsamen **Rechte der Besitzer von Schuldverschreibungen**. Von Dr. **Heinrich Göppert**. 1900. 2 M.

53. **Reichspreßgesetz** vom 7. Mai 1874. Mit **Kommentar** von Erstem Bürgermeister **A. Born**. 1911. 2. **Aufl.** 2 M.

54. Die **Reichsgesetzgebung über den Verkehr mit Nahrungsmitteln, Genußmitteln** und **Gebrauchsgegenständen**. Von Dr. **Georg Lebbin**, Nahrungsmittelchemiker in Berlin. 1900. 2 M. 25 Pf.

55. Das Recht der **Beschlagnahme von Lohn- und Gehaltsforderungen**. Von Justizrat **Georg Meyer**. 5. **Aufl.** 1914. 2 M. 70 Pf.

56. Gesetz, betr. die **Bekämpfung gemeingefährlicher Krankheiten.** Nebst Ausführungsbestimmungen. Von Dr. **Bruno Burkhardt**, Regierungsrat, Mitglied des **Kaiserl.** Gesundheitsamts. 1900. 1 M. 40 Pf.

57. **See-Unfallversicherungsgesetz.** Von Dr. **Max Mittelstein**, Oberlandesgerichtsrat in Hamburg. Siehe Bd. 108.

58. **Das Recht der unehelichen Kinder** nach dem BGB. Von **Hermann Jastrow**, Amtsgerichtsrat. 1901. 1 M. 80 Pf.

59. Reichsgesetz über die **Beurkundung des Personenstandes und die Eheschließung.** Von Dr. **F. Fidler**, Amtsgerichtsrat. 1912. **2. Aufl.** 2 M. 50 Pf.

60. Gesetz, betreffend das **Urheberrecht an Werken der Literatur und der Tonkunst.** Von Geh. Justizrat **Otto Lindemann. 3. Aufl.** 1910. 1 M. 60 Pf.

61. Gesetz über das **Verlagsrecht.** Von Justizrat **E. Heinitz. 2. Aufl.** Bearbeitet von Rechtsanwalt Dr. **Br. Marwitz.** 1911. 1 M. 80 Pf.

62. Gesetz über **private Versicherungsunternehmungen.** Von **H. Könige**, Reichsgerichtsrat. **2. Aufl.** 1910. 4 M. 20 Pf.

63. **Gesetzestafel des Deutschen Reichsrechts.** Systematisch geordnete Nachweisung des z. Z. geltenden Reichsrechts. Von **Hugo Bruhns**, Bürgermeister. 1913. 8°. **2. Aufl.** 3 M. 50 Pf.

64. Gesetzsammlung betr. den **Handel mit Drogen und Giften.** Reichsgesetzliche Bestimmungen und Anhang mit den landesgesetzlichen Verordnungen sämtlicher Bundesstaaten, Von Rechtsanwalt **H. Sonnenfeld**, Syndikus der Berliner Drogisten-Innung. **2. Aufl.** 1912. 4 M.

65. **Das Weingesetz** in der Fassung von 1909. Mit Ausführungsbestimmungen von Dr. **Georg Lebbin**, Nahrungsmittelchemiker. **2. Aufl.** 1909. 2 M. 50 Pf.

66. Die **Eisenbahn-Gesetzgebung.** Von **W. Pietsch,** Rechnungsrat im Reichs-Eisenbahn-Amt. **2. Aufl.** 1913. 3 M. 60 Pf.

67. **Militär-Strafgesetzbuch für das Deutsche Reich** mit der Novelle vom 8. 8. 1913. Von Wirklichem Geheimen Kriegsrat Dr. **A. Romen** und Kriegsgerichtsrat Dr. **C. Rissom.** 1912. 6 M.

68. Das **Fleischbeschaugesetz.** Vom 3. Juni 1900. Von Dr. **Georg Lebbin,** Nahrungsmittelchemiker und Rechtsanwalt Dr. **Georg Baum.** 1903. 4 M.

69. Reichsgesetz über die **Naturalleistungen der bewaffneten Macht im Frieden** nebst den in Preußen geltenden Bestimmungen. Von Landrat Dr. **Walter v. Hippel.** 1903. 1 M. 25 Pf.

70. Das **Reichs-Haftpflichtgesetz,** vom 7. Juni 1871. Von Regierungsrat Dr. **G. Eger.** 1903. 3 M.

71. **Kinderarbeit in gewerblichen Betrieben,** vom 30. März 1903. Von **H. Spangenberg,** Oberverwaltungsgerichtsrat. **2. Aufl.** 1904. 1 M. 60 Pf.

72. **Unfallversicherungsgesetz für Land- und Forstwirtschaft** von weil. Dr. **E. von Woedtke.** Siehe Band 108.

73. **Entschädigung für unschuldig erlittene Verhaftung und Bestrafung.** Nebst Anhang, enthaltend die dazu gehörigen Nebengesetze über Schadensersatz. Von Dr. jur. **A. Romen,** Wirklichem Geheimen **Kriegsrat.** 1904. 2 M.

74. Die **Kaufmannsgerichte** nebst den preuß. Ausführungsbestimmungen. Von Professor Dr. **Max Apt. 3. Aufl.** 1905. 2 M.

75. Reichsgesetz über die **Konsulargerichtsbarkeit.** Von Dr. jur. **A. F. Vorwerk,** Rechtsanwalt in Schanghai. 2. Ausgabe, mit dem Schutzgebietsgesetz und der Ausführungsverordnung, betr. die Rechtsverhältnisse in den Schutzgebieten. 1908. 2 M.

76. **Die Rechtshilfe im Verkehr mit den ordentlichen Gerichten nach deutschem Reichsrecht.** Von Landrichter Dr. **A. Friedländer.** 1906. 1 M. 80 Pf.

77. **Das Reichserbschaftssteuergesetz.** Vom 3. Juni 1906. Von **Ulrich Hoffmann,** Rechnungsrat im Königl. Preuß. Finanzministerium. **2. Aufl.** mit Nachtrag, enth. die Bestimmungen v. 3. Juli 1913. 1911. 5 M.

78. **Zigarettensteuergesetz.** Vom 15. Juli 1909. Von Dr. **Cuno,** Regierungsassessor. **2. Aufl.** in Vorbereitung.

79. **Die Militärpensionsgesetze** vom 31. Mai 1906 nebst Ausführungsbestimmungen. Zum Gebrauch für Heer, Marine und Schutztruppe von Dr. jur. **A. Romen,** Wirklicher Geheimer Kriegsrat.
   a) I. Teil: Offizierpensionsgesetz. 1907. 3 M. 50 Pf.
   b) II. Teil: Mannschaftsversorgungsgesetz. 1908. 3 M. 50 Pf.

80. Reichsgesetzgebung über **gerichtliche Registerführung.** Von **Otto Lindemann,** Geh. Justizrat. 1906. 3 M.

81. Gesetz, betr. **Urheberrecht an Werken der bildenden Künste und der Photographie.** Von Dr. **Ludwig Fuld,** Rechtsanwalt. 1907. 1 M.

82. **Reichsbeamtengesetz** in der Fassung vom 18. Mai 1907 und seine Ergänzungen von Geheimrat Professor Dr. **Adolf Arndt.** 1908. 3 M.

83. Reichsgesetz über **den Versicherungsvertrag** nebst Einführungsgesetz. Von Dr. **Paul Hager** und Dr. **E. Bruck. 3. vermehrte und verbesserte Auflage.** 1913. 6 M.

84. **Sammlung kleinerer privatrechtlicher Reichsgesetze** von Oberlandesgerichtsrat **Georg Müller.** 1908. 6 M. 50 Pf.

85. **Scheckgesetz** mit Einleitung usw. Von Prof. Dr. **Max Apt. 5. Aufl.** Mit Postscheckordnung vom 6. Nov. 1908 und im Anhang „Besteuerung des Schecks". 1909. 2 M.

86. **Die Auslieferungsverträge des Deutschen Reiches** von Landrichter **A. Cohn.** 1908. 4 M.

87. Gesetz zum **Schutz der Warenbezeichnungen.** Von Geh. Reg.-Rat, Mitglied des Patentamts Dr. **Freund** und Rechtsanwalt **Magnus. 5. Aufl.** 1909. 3 M. 50 Pf.

88. **Vereinsgesetz** vom 19. April 1908. Von Dr. jur. **A. Romen,** Wirkl. Geh. Kriegsrat. **3. Aufl.** 1912. 2 M. 50 Pf.

89. **Vogelschutzgesetz** vom 30. Mai 1908 nebst den das Flugwild betr. Bestimmungen der Preußischen Jagdordnung von Dr. jur. **Leo von Boxberger.** 1908. 1 M.

90. Die Haager Abkommen über das **Internationale Privatrecht.** Von Dr. **G. A. E. Bogeng.** 1908. 2 M. 20 Pf.

91. **Eisenbahn-Verkehrsordnung** vom 23. Dez. 1908. Mit Ausführungsbestimmungen. Von Regierungsrat Dr. **Ernst Blume.** 1909. 2 M. 50 Pf.

92. Gesetz, betr. den **Verkehr mit Kraftfahrzeugen.** Von Amtsrichter **R. Kirchner. 2. Ausgabe** ergänzt durch die Bundesratsverordnung vom 3. Febr. 1910 und das Internationale Uebereinkommen vom 11. Okt. 1909. 1910. 3 M.

93. Gesetz über die **Sicherung der Bauforderungen** von Justizrat Dr. **E. Harnier. 3. Aufl.** 1912. 1 M. 60 Pf.

94. **Haftpflicht der Reichs- und Staats-Beamten** von Dr. **H. Delius. 2. Aufl.** 1909. Mit Nachtrag, enth. das Gesetz über die Haftung des Reichs für seine Beamten vom 22. Mai 1910. 3 M. 50 Pf.

95. Die Berner Uebereinkunft über **internationales Urheberrecht** von Geh. Ob.-Reg.-Rat Dr. **Herm. Dungs.** 1910. 1 M.

96. **Branntweinsteuergesetz** vom 15. Juli 1909. Unter Berücksichtigung der für das Reich erlassenen Ausführungsbestimmungen. Von Geh. Reg.-Rat **Johs. Nay,** vortrag. Rat im Reichsschatzamt. 1910. 3 M. 50 Pf.

97. **Schutzgebietsgesetz** nebst Verord. betr. die Rechtsverhältnisse in den Schutzgebieten, dem Gesetz über die Konsulargerichtsbarkeit sowie den Ausführungsbest. Von **Johs. Gerstmeyer,** Wirkl. Legationsrat und vortrag. Rat im Reichskolonialamt. 1910. 3 M.

98. **Sechs Haager Abkommen** über **Internationales Privatrecht.** Von Geh. Ob.-Reg.-Rat Dr. **Herm. Dungs.** 1910 1 M. 50 Pf.

99. **Die Abkommen der Haager Friedenskonferenz.** Von Dr. jur. **Hans Wehberg.** 1910. 3 M.

100. Gesetz über den **Absatz von Kalisalzen.** Von Geh. Bergrat **Carl Voelkel.** 1910. 2 M. 40 Pf.

101. **Zuwachssteuergesetz** vom 14. Februar 1911. Von Dr. **W. Cuno,** Geheimer Regierungsrat im Reichsschatzamt. 1911. 3 M. 60 Pf.

102. **Urheberrecht an Mustern und Modellen** u. Ges. betr. Schutz v. Gebrauchsmustern von Reg.-Rat **Johs. Neuberg**, Mitgl. d. K. Patentamts. 1911. 2 M. 40 Pf.

103. **Reichs-Viehseuchengesetz** vom 26. Juni 1909 nebst Ausführungsvorschriften u. dem preuß. Ausführungsgesetz. Von Landrat Dr. **Walter v. Hippel**. 2. Aufl. 1912. 4 M. 50 Pf.

104. **Versicherungsgesetz** für Angestellte vom 20. Dez. 1911. Von Rechtsanwalt **O. Bernstein** und Dr. **J. Kupferberg**. 2. Aufl. 1912. 3 M. 50 Pf.

105. **Das Geldwesen in den deutschen Schutzgebieten.** Von **W. Hintze**, Geheimer exped. Sekretär im Reichskolonialamt. 1912. 2 M.

106—109. **Reichs-Versicherungsordnung nebst Einführungsgesetz:** Herausgegeben unter Mitwirkung von Dr. **F. Caspar**, Wirkl. Geh. Rat, Direktor im Reichsamt d. Innern und **A. Spielhagen**, Geh. Ob.-Reg.-Rat, vortr. Rat im Reichsamt d. Innern. 4 Bände.

106. Erstes, fünftes und sechstes Buch. **Gemeinsame Vorschriften. — Beziehungen der Versicherungsträger zu einander und zu anderen Verpflichteten. — Verfahren.** Bearbeitet von Dr. **K. Lippmann**, Reg.-Rat im Reichsversicherungsamt, Professor, Geh. Reg.-Rat Dr. **L. Laß** und Geh. Reg.-Rat **H. Siefart**, vortrag. Räte im Reichsamt des Innern. 1913. 6 M.

107. Zweites Buch. **Krankenversicherung.** Von Geh. Reg.-Rat **H. Siefart**, vortrag. Rat im Reichsamt des Innern. Im Druck.

108. Drittes Buch. **Unfallversicherung.** Von Geh. Reg.-Rat **A. Radtke**, Senatsvorsitzender im Reichsversicherungsamt. 1913. 8 M.

109. Viertes Buch. **Invaliden- und Hinterbliebenenversicherung.** Bearbeitet von Geh. Ober-Regierungs-Rat **B. Jaup**, vortragender Rat im Reichsamt des Innern und **H. Follmann**, Geh. Reg.-Rat im Reichsversicherungsamt. 1912. 4 M.

110. **Wehrbeitragsgesetz** mit Ausführungsbestimmungen. Von Geheimem Ober-Finanzrat **A. Fernow. 2. Aufl.** 1913. 2 M.

111. **Reichs- und Staatsangehörigkeitsgesetz.** Vom 22. Juli 1913. Von Dr. **R. Romen,** Wirklichem Geheimen Kriegsrat. 1913. 2 M. 20 Pf.

112. **Kaufmannsgerichtsgesetz** und die anzuwendenden Bestimmungen des Gewerbegerichtsgesetzes unter besonderer Berücksichtigung der Literatur und Rechtsprechung. Von Magistratsrat Dr. **H. Depène,** Vorsitzender des Kaufmannsgerichts Berlin. 1914. 2 M. 60 Pf.

113. **Postscheckgesetz.** Von Oberpostinspektor **J. Weiland.** 1914. 1 M. 50 Pf.

113a. **Postscheckordnung** mit Ausführungsbestimmungen. Von Oberpostinspektor **J. Weiland.** 1914. Kart. 1 M. 50 Pf.

114. **Waffengebrauch und Festnahmerecht des Militärs.** Von Dr. **A. Romen,** Wirkl. Geh. Kriegsrat und Dr. **C. Rissom,** Kriegsgerichtsrat. 1914. 2 M.

115. **Das vertragliche Wettbewerbsverbot (Konkurrenzklausel).** Nebst Kommentar zum Gesetz vom 10. Juni 1914. Von Rechtsanwalt Dr. **G. Baum.** 1914. 3 M.

116. **Kriegs-Zivil- und Finanzgesetze** vom 4. August 1914. 2. Aufl. 1 M. 50 Pf.

Im Druck:

117. **Darlehnskassengesetz** von **Salomon.**

118. **Militärpensionsversorgung** von **Reh.**

119. **Kriegsleistungsgesetz** von **Heilberg.**

In Vorbereitung:

**Besitzsteuergesetz** (Vermögenszuwachssteuergesetz). Von Geheimem Ober-Finanzrat **A. Fernow.**

## Guttentagsche Sammlung

# Preußischer Gesetze.

Textausgaben mit Anmerkungen. Taschenformat.

---

1. Die **Verfassungs-Urkunde** für den Preußischen Staat. Mit Einleitung, vollständigem **Kommentar**. Von Prof. Dr. **Adolf Arndt. 7. Aufl.** 1911. 4 M.

2. Preußische **Beamten-Gesetzgebung.** Enthaltend die wichtigsten Beamtengesetze in Preußen. Von **C. Pfafferoth. 4., neubearb. Aufl.** 1905. Mit Anhang: Abänderung vom 27. Mai 1907. 2 M.

3. **Die Aufnahme des Nottestaments** durch die bestellten Urkundspersonen. Anweisung mit Musterbeispielen und Abriß des Erbrechts von Amtsgerichtsrat **C. Kurtz.** 1904. 1 M. 50 Pf.

4. **Gebührenordnung** für **Notare** vom 25. Juli 1910. **4. Aufl.** bearbeitet von Justizrat **Rausnitz.** 1910. 2 M. 20 Pf.

5. Gesetz vom **24. April 1854 (betr. die außerehel. Schwängerung).** Von Dr. **Schulze.** 1873. 75 Pf.
   Gültiges Recht siehe: Reichsgesetze Nr. 58.

6. Die Preuß. **Ausführungsgesetze und Verordnungen zu den Reichs-Justizgesetzen.** Von **R. Sydow.** Siehe Seite 24, Busch-Eylau, Ausführungsgesetze.

7. Allg. **Gerichtsordnung** und Preuß. **Konkursordnung.** Von **F. Vierhaus.** Vergriffen.

8. **Vormundschaftsordnung.** Von **F. Schultzenstein.**
   **Gültiges Recht siehe: Reichsgesetze Nr. 47.**

9. Die Preußische **Grundbuchgesetzgebung.** Von Prof. Dr. **Fischer.** Vergriffen. Siehe: Reichsgesetze Nr. 42.

10. **Einkommensteuergesetz.** Von **A. Fernow,** Geh. Ober-Finanzrat. 8. **Aufl.** 1913. 5 M.

11. **Gewerbesteuergesetz.** Von **A. Fernow,** Geh. Ober-Finanzrat. 5., **vermehrte Aufl.** 1910. 3 M.

12. **Allgemeines Berggesetz.** Mit seinen Novellen und Nebengesetzen. 3. **Aufl.,** bearbeitet von den Oberbergräten **Schlüter** und **Hense.** 1913. 7 M. 50 Pf.

13. **Ergänzungssteuergesetz** (Vermögenssteuergesetz). Von **A. Fernow,** Geh. Ober-Finanzrat. 5. **Aufl.** 1914. 4 M.

14. **Kommunalabgabengesetz.** Vom 14. Juli 1893 und Gesetz wegen Aufhebung direkter Staatssteuern. Von Dr. **F. Adickes,** Oberbürgermeister. 5. **Aufl.** Bearbeitet von Stadtrat Dr. **Woell.** 1911. 2 M. 40 Pf.

15. Die **Kreisordnungen** für den Preußischen Staat. Von **O. Kolisch,** Landgerichtsrat. 1894. 4 M.

16. **Konzessionierung gewerblicher Anlagen.** Preuß. Ausführungs-Anweisung zu §§ 16 u. ff. der Gewerbe-Ordnung. Von Dr. **W. v. Rüdiger,** Geh. Regierungs- u. Gewerberat. 2. **Aufl.** 1901. 2 M.

17. Preußisches **Gerichtskostengesetz.** Vom 25. Juli 1910. Mit **Kostentabellen.** Von Dr. **P. Siméon, Kammergerichtsrat.** 7. **Aufl.** 1913. 4 M.

18. Preußisches **Stempelsteuergesetz** vom 30. Juni 1909. Mit sämtlichen Ausführungsbestimmungen. Von **P. Loeck**, Geh. Regierungsrat. 8. Aufl. von Regierungsrat **W. Seyffarth**. Im Druck.

19. Das **Jagdscheingesetz**. Von **F. Kunze**, Wirklichem Geh. Ober-Regierungsrat. **2. Aufl.** 1899. 2 M.

20. Die **preußischen Erbschaftssteuergesetze**. Von **U. Hoffmann**, Rechnungsrat im Königl. preuß. Finanzministerium. 1905. **4 M.**

(**Reichs**-Erbschaftssteuergesetz s. Reichsgesetze Nr. 77).

21. Gesetz **über die Handelskammern**. Von **F. Lusensky**, Geh. Regierungsrat. **2. Aufl.** 1909. 3 M.

22. Gesetz, betr. **Anstellung und Versorgung der Kommunalbeamten**. Von Dr. **W. Ledermann**. **2. Auflage.** 1914. Bearbeitet von Dr. **Ludwig Brühl**. 2 M. 20 Pf.

23. **Ausführungsgesetz zum Bürgerlichen Gesetzbuche**. Von Kammergerichtsrat Dr. **P. Siméon**. **3. Aufl.** 1914. 2,20 M.

24. Die **Hinterlegungsordnung** nebst Ausführungsbestimmungen. Von Regierungsrat Dr. **Georg Bartels**. **2. Aufl.** 1908. 2 M.

—, Gesetz vom 21. April 1913 s. Nr. 53.

25. **Preußische Kommunalbeamtengesetzgebung**. Von Magistrats-Assessor Dr. **Fr. Kremski**, Berlin. 1901. 3 M.

26. Gesetze **über das Diensteinkommen der Lehrer und Lehrerinnen, Ruhegehalt und Fürsorge für Hinterbliebene**. Tabelle zur Berechnung der Ruhegehalts-, Witwen- und Waisenbezüge. Von Dr. **Ed. Cremer**, Beigeordneter. 1900. 2 M. 40 Pf.

27. Gesetz, betreffend die **Warenhaussteuer.** Von Geh. Ober-Finanzrat Dr. **G. Strutz.** 1900. 1 M. 20 Pf.

28. Gesetz über die **Fürsorgeerziehung Minderjähriger.** Von Landgerichtsdirektor Dr. **P. F. Aschrott. 2. umgearbeitete Aufl.** 1907. 2 M. 80 Pf.

29. Gesetz, betr. **die ärztlichen Ehrengerichte, das Umlagerecht und die Kassen der Aerztekammern.** Von Amtsgerichtsrat Dr. **F. Fidler.** 1901. 1 M. 50 Pf.

30. **Das Preußische Staatsschuldbuch** und **Reichsschuldbuch.** Von Wirkl. Geh. Ober-Finanzrat **J. Mücke.** 1902. 2 M.

31a. **Die geltenden Preußischen Gesindeordnungen.** Herausgegeben in zwei Bänden von **Stephan Gerhard,** Rechtsanwalt in Berlin.

**Band I:** Gesindeordnung für die altpreußischen Provinzen vom 8. Nov. 1810, bearbeitet mit ausführlichen Erläuterungen unter Berücksichtigung der Ergänzungsgesetze, der Rechtsverhältnisse der Stellenvermittler und der Reichsversicherungsordnung, sowie die Gesindeordnungen für Neuvorpommern und Rügen und für die Rheinprovinz. 2. Aufl. 1914. 3 M.

31b. **Band II:** Gesindeordnungen für Hannover, Schleswig-Holstein, Hessen-Nassau und den Regierungsbezirk Hohenzollern. 2 M. 50 Pf.

Siehe **auch** Seite 25: Ratgeber von **Grieben.**

32. **Die Städteordnung für die sechs östlichen Provinzen** Preußens vom 30. Mai 1853. Von Stadtrat Dr. **Walter Ledermann** u. Magistratsrat Dr. **Ludwig Brühl. 2. Aufl.** 1913. 7 M. 50 Pf.

33. **Rentenguts- und Anerbenrechts-Gesetzgebung in Preußen.** Von Landgerichtsrat **M. Peltasohn** und Rechtsanwalt **Bruno Peltasohn.** 1903. 3 M.

34. Sammlung der wichtigsten **preußischen Strafgesetze** nebst Anhang: Gesetz betr. polizeiliche Strafverfügungen vom 23. April 1883. Von **Otto Lindemann**, Geheimen Justizrat. 1912. **2. Aufl.** 3 M. 50 Pf.

35. **Geschäftsordnung für Gerichtsvollzieher.** Von **Emil Exner.** 1904. 3 M. 50 Pf.

36. **Polizeiverordnungen in Preußen.** Von **Otto Lindemann**, Geheimen Justizrat. 1912. **2. Aufl.** 2 M. 50 Pf.

37. Gesetz über die **Enteignung von Grundeigentum** vom 11. Juni 1874. Von Oberlandesgerichtsrat **O. Meyer.** **2. Aufl.** 1911. 2 M. 25 Pf.

38. **Kreis- und Provinzial-Abgabengesetz.** Vom 23. April 1906. Von **Fr. Schmidt**, Gemeindevorsteher. 1906. 1 M. 25 Pf.

39. Gesetz, betr. die **Unterhaltung der öffentl. Volksschulen.** Von Dr. **A. Marcks**, Regierungsrat. 1906. 2 M.

40. **Verwaltungsstrafverfahren** bei Zuwiderhandlungen gegen die Zollgesetze und indirekte Reichs- und Landesabgaben. Von Dr. **Richard Katzenstein.** 1907. 3 M. 60 Pf.

41. Die **preußischen Jagdpolizeigesetze.** Von **Fr. Kunze**, Wirkl. Geh. Oberregierungsrat und **R. Kühnemann**, Rechtsanwalt. **2. Aufl.** 1907. 3 M. 60 Pf.

42. Die Gesetzgebung über die **Allgemeine Landesverwaltung** und über die **Zuständigkeit der Verwaltungs- und Verwaltungsgerichtsbehörden.** Von Rechtsanwalt Dr. **Karl Friedrichs.** 1908. 3 M.

43. Gesetz betr. die **Zulassung einer Verschuldungsgrenze** für land- und forstwirtschaftlich benutzte Grundstücke. Von Dr. jur. **R. Leweck**, Syndikus. 1908. 2 M. 40 Pf.

44. **Quellenschutzgesetz** nebst den Ausführungsbestimmungen von **Carl Voelkel**, Geheimer Bergrat. 1909. 1 M.

45. **Rechtsverhältnisse der Juden in Preußen** von Dr. jur. **Max Kollenscher**, Rechtsanwalt. 1910. 2 M. 40 Pf.

46. **Austritt aus der Landeskirche** vom 14. Mai 1873. Von Gerichtsassessor **Hrch. Chr. Caro.** 1911. 2 M. 40 Pf.

47. Gesetz, betr. die **Feuerbestattung** von Amtsgerichtsrat Dr. **W. Lohmann.** 1911. 1 M. 50 Pf.

48. **Zweckverbandsgesetz für Groß Berlin** vom 19. Juli 1911 nebst Abdruck des allgemeinen Zweckverbandsgesetzes. Von Magistratsräten Dr. **Ludw. Brühl**, Dr. **Kurt Gordan** und Stadtrat Dr. **Walter Ledermann** in Berlin. 1912. 4 M.

49. **Gesetze gegen die Verunstaltung landschaftlich hervorragender Gegenden** mit Ausführungsanweisungen. Von Regierungsrat **Otto Goldschmidt.** 1912. 2 M. 50 Pf.

50. **Gesetz, betr. die Anlegung und Veränderung von Straßen und Plätzen in Städten und ländlichen Ortschaften** von Oberlandesgerichtsrat **O. Meyer.** 1912. 3 M.

51. **Das preußische Disziplinargesetz für die nichtrichterlichen Beamten** nebst dem Disziplinargesetze für die Privatdozenten. Von Regierungsrat Dr. **Eugen v. Dultzig.** 4 M. 50 Pf.

52. **Preußisches Wassergesetz** v. 7. April 1913 von Rechtsanwalt **Georg Wulff** und Rechtsanwalt **Ferd. Herold.** 1913. 5 M.

53. **Hinterlegungsordnung** v. 21. April 1913. Von **Hagemann**, Landrichter. 2 M. 25 Pf.

54. Gesetz, betr. die **Anlegung von Sparkassenbeständen in Inhaberpapieren** nebst Ausführungsverordnung vom 8. Mai 1913. **Kommentar** von Rechtsanwalt **Herbert Döhring.** 2 M.

## Guttentagsche Sammlung
## von Textausgaben mit Sachregister ohne Anmerkungen.

Taschenformat, elegant in Leinen gebunden.

---

**Zivilprozeßordnung** mit **Gerichtsverfassungsgesetz** und **Einführungsgesetzen.** Neue Fassung. Mit der Novelle vom 22. Mai 1910. 2 M.

**Konkursordnung** mit **Einführungsgesetz.** 80 Pf.

**Bürgerliches Gesetzbuch** nebst **Einführungsgesetz.** 10. Abdruck. 2 M. 50 Pf.

**Handelsgesetzbuch** nebst **Einführungsgesetz** und **Seerecht.** 8. Abdruck. 1910. 1 M. 80 Pf.

**Reichsversicherungsordnung** von 1911 (Kranken-, Unfall-, Invaliden- u. Hinterbliebenenversicher.). 20—30 Tausend. 2 M.

**Militärstrafgerichtsordnung** nebst **Einführungsgesetz** u. Gesetzen, betr. Dienstvergehen der richterlichen Militärjustizbeamten und unfreiwillige Versetzung derselben usw. mit **Militär-Strafgesetzbuch.*)** 2. Aufl. 1 M. 50 Pf.

*) Ist auch einzeln zu haben. Preis 1 M.

**Wechselordnung** mit Anhang: **Wechselprozeß und Ausführungsanweisung.** 1908. 1 M.

**Die Preußischen Ausführungsgesetze zum Bürgerlichen Gesetzbuche und Nebengesetze.** 5. Aufl. 1 M. 80 Pf.

**Reichsfinanzgesetze** von 1909 einschließlich der **Reichsstempelgesetze** und des **Erbschaftssteuergesetzes.** 1909. 2 M.

**Zuwachssteuergesetz** vom 14. Februar 1911. 80 Pf. **Ausführungsbestimmungen** dazu 60 Pf.

**Versicherungsgesetz für Angestellte** vom 20. Dez. 1911. 1 M. 25 Pf.

**Strafgesetzbuch.** Mit ausführl. Sachregister. 1912. 1 M. 20 Pf.

**Wehrbeitrag und Besitzsteuer.** Mit ausführl. Sachregister. 1913. 1 M.

**Struckmann-Koch, Zivilprozeßordnung für das Deutsche Reich** nebst den auf den Zivilprozeß bezüglichen Bestimmungen des Gerichtsverfassungsgesetzes und den Einführungsgesetzen. In den neuen Fassungen mit der Novelle von 1910. **Kommentar.** Herausgegeben unter Mitwirkung von **K. Rasch**, Landgerichtspräsident in Altona, Dr. **P. Koll**, Senatspräsident beim Oberlandesgericht in Cöln, Dr. **Flechtheim**, Rechtsanwalt beim Oberlandesgericht in Cöln. **9., umgearbeitete Auflage.** 1910. Lex.-8°. 24 M., geb. 26 M.

**Pinner, Kommentar** zum Gesetz **gegen den unlauteren Wettbewerb** vom 7. Juni 1909. **2. Aufl.** Herausgegeben von Justizrat **Albert Pinner** und Rechtsanwalt Dr. **Erich Eyck.** 1910. Gr.-8°. 5 M. 50 Pf., geb. 6 M. 50 Pf.

**Das preußische Warenhaussteuergesetz** vom 18. Juli 1900, in Verbindung mit den anderen deutschen Warenhaussteuergesetzen. Erläutert von Dr. **J. Wernicke,** Syndikus. 1913. Preis 4 M. 50 Pf., gebunden 5 M.

**Die Stempelsteuerpflicht bei Grundstücksübertragungen.** Ein Hilfsbuch zur Berechnung und Einziehung des Immobiliarstempels. Zusammengestellt und bearbeitet von **J. Brachvogel,** Amtsgerichtsrat. 1912. Gr.-8°. Preis 6 M., geb. 7 M.

**Patentgesetz** und Gesetz, betr. den **Schutz von Gebrauchsmustern.** Von Justizrat Dr. **A. Seligsohn. 4., neubearbeitete Auflage.** 1909. Gr.-8°. 12 M., geb. in Leinen 13 M.

**Die Preußischen Ausführungsgesetze, Verordnungen und ministeriellen Verfügungen zu dem Bürgerlichen Gesetzbuche und den Reichs-Justizgesetzen nebst anderen zugehörigen Gesetzen.** Von **L. Busch. 2. Aufl.** von Landrichter **O. Eylau.** 8°. Preis geb. 4 M. 50 Pf.

**Preußische Bürgerliche Gesetzsammlung.** Sammlung der noch geltenden Landesgesetze privatrechtlichen Inhalts. Herausgegeben von den Gerichtsassessoren **D. Fischer** und Dr. **F. Schroeder.** 8°. 2 Bände Preis geb. in ganz Leinen 20 M.

Erster Band: **Das Allgemeine Landrecht mit den Einführungs-Patenten.** Preis 6 M.

Zweiter Band: **Gesetze von 1778—1902.** Preis 14 M.

**Kommentar zum Stellenvermittlergesetz** vom 2. Juni 1910 unter besonderer Berücksichtigung des zivilrechtlichen Gesetzesinhaltes mit den Ausführungsbestimmungen für **Preußen, Bayern, Sachsen** von **M. K. Samter,** Amtsgerichtsrat. 1912. Gr.-8°. Preis 4 M., geb. 5 M.

**Die Gerichtspraxis.** Herausgegeben von Kammergerichtsrat Dr. **Ernst Pape** in Verbindung mit Amtsrichter **E. Armstroff,** Berlin-Lichterfelde, Staatsanwalt Dr. **C. Falk,** Berlin, Kammergerichtsrat **M. Gfrörer,** Berlin, Amtsrichter **Wilh. Häuseler,** Berlin-Weißensee, Amtsgerichtsrat **Georg Krause,** Berlin-Tempelhof, Amtsgerichtsrat **L. Levy,** Charlottenburg, Landrichter Dr. **Max Nadler,** Berlin, Amtsgerichtsrat **H. Riefenstahl,** Berlin. 1914. Gr. 8°. Geb. 18 M. 50 Pf.

**Prozeßrechtlicher Schutz der Kriegszeit.** Ein Kommentar zum Gesetz vom 4. August 1914, betr. den Schutz der infolge des Krieges an der Wahrnehmung ihrer Rechte behinderten Personen von Landrichter a. D. Dr. **Sieskind.** Preis etwa 2 M.

# Schlagwort-Register.

R. = Nummer der Sammlung Deutscher Reichsgesetze.
P. = Nummer der Sammlung Preußischer Gesetze.
S. = Seite.


Abzahlungsgeschäfte R. 34.
Aerztekammern P. 29.
Aerztliche Ehrengerichte P. 29.
Aktienrecht R. 24, 26.
Altersversicherungsgesetz R. 30.
Anerbenrechtsgesetz P. 33.
Anfechtungsgesetz R. 13.
Angestelltenvers.-Ges. S. 22 R. 104.
Anlegung v. Straßen P. 50, S. 24.
Ansiedelungsgesetz s. S. 25 Baupolizeirecht.
Arbeiterschutzgesetz R. 6.
Arbeiterversicherungsgesetze R. 20, 23, 28, 30, 57, S. 22.
Arzneimittel R. 6, 64.
Ausführungsgesetze z. BGB. P. 23, S. 22, 25.
Ausführungsgesetze zu den Reichsjustizgesetzen P. 6, S. 24.
Auslieferungsverträge R. 86.
Austritt a. d. Landeskirche P. 46.
Auswanderungsgesetz R. 9, 44.
Automobilgesetz R. 92.

Bankgesetz R. 26.
Baufluchtengesetz S 24.
Bauforderungsschutz R 93.
Bauunfallversicherungsges. R. 28.
Beamtengesetze R. 10, 82, 94, P. 2.
Bekämpfung gemeingefährlicher Krankheiten R. 56.
Belagerungszustand P. 34.
Berggesetz P. 12.
Beschlagnahme von Lohn- und Gehaltsforderungen R. 55.
Besitzsteuergesetz R. 112, S. 22.
Beurkundung des Personenstandes R. 59.
Binnenschiffahrtsgesetz R. 36.
Blei- u. zinkhaltige Gegenst. R. 9.
Börsengesetz R. 41.
Börsensteuergesetz R. 18.
Branntweinsteuergesetz R. 96.
Brausteuererhebung R. 25.
Bundes- und Staatsangehörigkeit R. 8.
Bürgerliche Gesetzsammlung für Preußen S. 24.
Bürgerliches Gesetzbuch R. 38/39 S. 22.
Bürgerliches Rechts-Lexikon S. 31.

Chausseegeld P. 34.
Civilprozeßordn. R. 11, S. 22, 23.

Dampfkesselbetrieb R. 6, P. 34.
Deichges. S. 25 (Baupolizeirecht).
Depotgesetz R. 40.
Diensteinkommen der Lehrer und Lehrerinnen P. 26.

## Schlagwort-Register. (R. = Reichsgesetz, P. = preuß. Gesetz.)


Dienstboten siehe Gesinde.
Ratgeb. f. Dienstherrschaften S. 25.
Disziplinargesetz P. 51.
Drogenhandel R. 48, 64.

Eheschließungsgesetz R. 59.
Einkommensteuergesetz P. 10.
Eisenbahngesetzgebung R. 66, 35.
Eisenbahnverkehrsordnung R. 91.
Elektrizitäts-Diebstahl R. 2.
Enteignung von Grundeigentum P. 37.
Entmündigungsgesetz R. 45.
Entschädigung freigesprochener Personen R. 12.
Entschädigung unschuldig Verhafteter u. Verurteilter R. 73.
Entziehung elektr. Arbeit R. 2.
Erbschaftssteuergesetz R. 77, P. 20.
Ergänzungssteuergesetz P. 13.
Erwerbs- u. Wirtschaftsgenossenschaften R. 29.

Fahrkartensteuer R. 18.
Farbengesetz R. 9, 48.
Farbenhandel R. 48.
Feingehalt der Gold- und Silberwaren R. 9.
Feld- und Forstpolizeigesetz P. 34.
Festnahmerecht d. Militärs R. 114.
Feuerbestattungsges. P. 47.
Feuerversicherung P. 34.
Fischereigesetz P. 34.
Fleischbeschaugesetz R. 9, 54, 68.
Flößereigesetz R. 36.
Fluchtlinien-Ges. P. 50.
Forstdiebstahl P. 34.
Frachturkundensteuer R. 18.
Freiwillige Gerichtsbarkeit R. 46.
Freizügigkeit R. 8.
Fürsorgeerziehung Minderjähriger R. 47, P. 28.

Gast- u. Schankwirtschaftsgehilfen R. 6.
Gebrauchsgegenstände, Verkehr mit R. 9, 54.
Gebrauchsmusterschutzgesetz R. 9, 84, R. 102.
Gebührengesetz, preußisches, für Rechtsanwälte und Gerichtsvollzieher R. 17.
Gebührenordnung für Gerichtsvollzieher R. 15.
Gebührenordnung f. Notare P. 4.
Gebührenordnung für Rechtsanwälte R. 17.
Gebührenordnung für Zeugen u. Sachverständige R. 15.
Gehaltsforderungen, Beschlagnahme von R. 55.
Genehmigung gewerblicher Anlagen P. 16.
Genossenschaftsgesetz R. 29.
Genußmittel, Verkehr mit R. 9, 54, S. 23.
Gerichtsbarkeit, freiwillige R. 46.
Gerichtskostengesetz, deutsches R. 15.
Gerichtskostengesetz, preußisches P. 17.
Gerichtsordnung, preußische P. 7.
Gerichtspraxis S. 24.
Gerichtsverfassungsgesetz R. 14, 11, 12, S. 22.
Gerichtsvollzieher-Gebührenordnung R. 15.
Geschäftsordnung für Gerichtsvollzieher P. 35.
Gesellschaften mit beschränkter Haftung R. 32.
Gesetzbuch, Bürgerliches R. 38/39 S. 22.

Schlagwort-Register. (R. = Reichsgesetz; P. = preuß. Gesetz.)

Gesetzestafel des deutschen Reichsrechts R. 63.
Gesetz-Sammlung, preuß. S. 24.
Gesindedienstpflichten P. 34.
Gesindeordnungen, preußische P. 31 a, 31 b, S. 25.
Gesundheitswesen R. 27.
Gewerbebetrieb im Umherziehen R. 6, P. 34.
Gewerbegerichte R. 31.
Gewerbeordnung R. 6.
Gewerbesteuergesetz, preußisches P. 11.
Gewerbe-Unfallversicherungsges. R. 23.
Gifthandel R. 48, 64.
Gold- u. Silberwaren-Feingehalt R. 9.
Grundbuchordnung R. 42.
Grundbuchgesetzgebung, preußische P. 9.
Grundeigentum, Enteignung von P. 37.

Haager Friedenskonferenz R. 99.
Haftpflichtgesetz R. 70, 94.
Handelsgesetzbuch R. 4, S. 22.
Handelskammergesetz P. 21.
Handfeuerwaffen R. 9.
Handlungsgehilfen S. 25.
Handwerkergesetz R. 6.
Hilfskassen, eingeschr. R. 20.
Hinterlegungsordnung P. 24, 53.
Hinterbliebenenversicherung S. 22 RVO. R. 109.
Hypothekenbankgesetz R. 51.

Jagdpolizeigesetz P. 34, 41.
Jagdscheingesetz P. 19, 34.
Inhaberpapiere mit Prämien R. 9.
Internationales Privatrecht R. 90, 98.
Invalidenversicherung R. 30, 109, S. 25 RVO. R. 109.

Kaligesetz R. 100.
Kaufleute, Pflichten bei Aufbewahrung v. Wertpapieren R. 40.
Kaufmannsgerichte R. 112.
Kiautschou-Gebiet, militärische Strafrechtspflege im R. 3.
Kinder, Recht der unehel. R. 58.
—, Unterbringung verwahrloster R. 47, P. 28.
Kinderarbeit, gewerbliche R. 2, 71,
Kinderschutzgesetz R. 71.
Kolonialgesetzgebung R. 49, R. 105
Kommunalabgabengesetz P. 14.
Kommunalbeamtengesetz P. 22.
Kommunalbeamtenrecht P. 25.
Konkurrenzklausel R. 115.
Konkursordnung R. 13, S. 22.
Konkursordnung, preuß. P. 7.
Konsulargerichtsbarkeit R. 75.
Konsulargesetzgebung R. 21, 75.
Konzessionierung gewerbl. Anlagen P. 16.
Kraftfahrzeuge R. 18, 92.
Krankenversicherungsgesetz R. 20, S. 22 RVO. R. 107.
Kreisabgabengesetz P. 38.
Kreisordnungen P. 15.
Kriegs-Zivil- u. Finanzges. R. 116.
Kunstschutzgesetz R. 81.

Ladenschluß R. 6.
Landesgesetze, privatrechtliche, (Bürg. Gesetzsamml.) S. 25.
Landeskirche P. 46.
Landestrauer P. 34.
Landesverwaltungsgesetz P. 42.
Landrecht, preußisches S. 25.

Lehrergehalts- u. -Pensionsgesetze P. 26.
Literaturschutz R. 60, 95.
Lohnforderungen, Beschlagnahme von R. 55.
Lotteriespiel P. 34.

Mannschaftsversorgungsgesetz R. 79 b.
Mantelgesetz R. 23.
Margarinegesetz R. 9, 54.
Medizinalgesetzgebung R. 27.
Militärpensionsgesetze R. 79.
Militärische Geheimnisse, Verrat R. 9, 84.
Militärstrafgerichtsordnung R. 3, S. 22.
Militärstrafgesetzbuch R. 67, S. 22.
Minderjährige, Fürsorgeerziehung für R. 47, P. 28.
Mineraliengewinnung und Aneignung P. 34.
Mobiliar-Feuerversicherung P. 34.
Modellschutzgesetzgebung R. 9.
Münzwesen R. 26.
Musterschutzgesetz R. 9.

Nahrungsmittelgesetze R. 9, 54, 65.
Naturalleistung für die bewaffnete Macht R. 69.
Notare, Gebührenordnung für preußische P. 4.
Notenbankwesen R. 26.
Nottestament P. 3.

Offizierpensionsgesetz R. 79a.

Patentgesetz R. 22, 9, S. 23.
Personenstandsgesetz R. 2, 9, 59.
Pensionsgesetze R. 10, 79, P. 2, 26.
Photographieschutz R. 9, 81.
Polizeiverordnungen in Preußen P. 36.
Postgesetze R. 7.
Postscheckgesetz R. 113.
Postscheckordnung R. 85, 113 a.
Preßgesetz R. 9, 53.
Preußische Verfassung P. 1.
Privatbeamtenvers.-Ges. R. 104 S. 22.
Privatrechtliche preußische Landesgesetze S. 25.
Privatrechtl.
Provinzialabgabengesetz P. 38.
Prozeßrechtl. Schutz d. Kriegszeit S. 24.

Quellenschutzgesetz P. 44.

Rayongesetz R. 84.
Reblausgesetz R. 84, P. 34.
Rechte der Besitzer von Schuldverschreibungen R. 52.
Rechtsanwalts-Gebührenordnung R. 17.
Rechtsanwaltsordnung R. 16.
Rechtshilfe R. 76.
Rechtslexikon S. 31.
Rechtsverhältnisse d. Juden P. 45.
Registerführung, gerichtliche R. 80.
Registratur S. 25.
Reichsbeamtengesetz R. 10, 82.
Reichseisenbahngesetzgebung R. 35, 66.
Reichserbschaftssteuer R. 77.
Reichsfinanzgesetze S. 22.
Reichsgewerbeordnung R. 6.
Reichsgrundbuchordnung R. 42.
Reichs-Justizgesetze R. 11, 12, 13.
—, Ausführungsgesetz dazu S. 22.
Reichskassenscheine R. 9.
Reichsmilitärgesetz R. 84.
Reichspreßgesetz R. 53.
Reichsschuldbuch P. 30.
Reichsseuchengesetz R. 9, 56.

Reichsstempelgesetz R. 18.
Reichsverfassung R. 1.
Reichsviehseuchenges. R. 103.
Reichsversicherungsordnung S. 22, R. 106—109.
Rentengutsgesetze P. 33.
Rinderpest R. 9.

Saccharingesetz R. 9, 54.
Schadensersatz an unschuldig Verhaftete u. Verurteilte R. 73.
Scheckgesetz R. 85.
Schlachthäuser P. 34.
Schlachtviehgesetz R. 9, 54, 68
Schonzeit des Wildes P. 34.
Schuldverschreibungsgesetz R. 52.
Schulunterhaltungsgesetz P. 39.
Schutzgebietsgesetz R. 75, 97.
Schutztruppe, Strafverfahren R. 3, Pension R. 79.
Schwängerung, außereheliche R. 58, P. 5.
Seegesetzgebung R. 19.
Seerecht vide HGB. Text.
See-Unfallversicherungsges. R. 57.
Seuchengesetz R. 56.
Sklavenhandel R. 9.
Sozialpolitische Gesetze R. 20, 23, 23, 30, 57, 72, 104, 106—109.
Sparkassengesetz P. 54.
Sprengstoffgesetz R. 2, 9.
Staatsangehörigkeit, Erwerb und Verlust R. 8, S. 15.
Staatsschuldbuch P. 30.
Staatssteuern, Gesetz betr. Aufhebung direkter P. 14.
Städteordnung für die 6 östlichen Provinzen P. 32.
Stellenvermittlergesetz S. 24.
Stempelsteuergesetz für Preußen P. 18, S. 23.
Stempelsteuergesetz für das Reich R. 18, S. 23.
Steuergesetze R. 5, 18, 25, P. 10, 11, 13, 14, 18, 20, 27.
Strafgesetzbuch R. 2. S. 22.
Strafgesetze, preußische P. 34.
Strafprozeßordnung R. 12.
Strafrechtliche RG. R. 9.
Straßen- u. Baufluchtenges. P. 50.
Subhastationsgesetz R. 43.
Süßstoffe, künstliche R. 9, 54, 64.

Tantièmensteuer R. 18.
Telegraphengesetze R. 7.
Testamentsrecht P. 3.

Uneheliche Kinder R. 58.
Unfallversicherungsgesetze R. 23, 28, 57, 72, 108, S. 22 RVO.
Unlauterer Wettbewerb R. 37, S. 23.
Unterbringung verwahrloster Kinder R. 47, 28.
Unterhaltung d. Volksschulen P. 39.
Unterstützungswohnsitz R. 8.
Urheberrechtsgesetze R. 9, 60, 22, 81, 95. 102.

Vereinsgesetz R. 88.
Vereins- u. Versammlungsrecht R. 33, P. 34.
Verfälschung v. Nahrungsmitteln R. 54, Wein R. 65.
Verfassung, Reich R. 1.
Verfassung, preußische P. 1.
Verkehrsabgaben P. 34.
Verlagsrecht R. 61.
Vermögenssteuergesetz P. 13.
Vermögenszuwachssteuergesetz S. 15.
Verrat militärischer Geheimnisse R. 2, 9.

Schlagwort-Register. (R. = Reichsgesetz, P. = preuß. Gesetz.)


Versammlung, wie leitet man eine S. 25.
Verschuldungsgrenze P. 43.
Versicherungsvertrag R 83.
Versicherungsunternehmungen, private R. 62.
Versorgung der Kommunalbeamten P. 22.
Verunstaltung landschaftlich hervorragender Gegenden P. 49.
Verwaltungsstrafverfahren P. 40.
Verwendung gesundheitsschädlicher Farben, Nahrungsmittel, Wein R. 54, 65.
Viehkauf (Viehgewährschaft) und Viehhandel R. 50.
Viehseuchengesetz R. 84, 103
Vogelschutzgesetz R. 89.
Vormundschaftsordnung, preußische P. 8.
Vormundschaftsrecht, Deutsches R. 47, S. 25.

Waffengebrauch R. 114.
Waisenrat S. 25.
Wald- und Wassergenossenschaft P. 34.
Wandergewerbebetrieb P. 34.
Warenzeichenrecht R. 9, 87.
Warenhaussteuergesetz P. 27, S. 23.
Wassergesetz P. 52.
Wechselordnung R. 5, S. 22.
Wechselstempelsteuergesetz R. 5.
Wehrbeitragsgesetz R. 110, S. 22.
Weingesetz R. 9, 54, 64, 65.
Wertpapiere, Depotgesetz R. 40
Wettbewerb, Bekämpfung unlauteren R. 37, S. 23.
Wettbewerbsverbot R. 115.
Wild-Schonzeit P. 34.
Wuchergesetz R. 2.

Zeugengebühr R
Zigarettensteuergesetz R. 78.
Zivilprozeßordnung R. 11, S. 22, 23.
Zuständigkeitsgesetz P. 42.
Zuwachssteuergesetz S. 21, R. 101.
Zwangserziehung R. 47.
Zwangsversteigerung an Immobilien R. 43.
Zwangsvollstreckungsgesetz R. 43.
Zweckverbands-Gesetz P. 48.


---





Nr. 17. XI. 1914. 83 500.

FSC
www.fsc.org
MIX
Papier | Fördert
gute Waldnutzung
FSC® C083411

Kolibri 360 GmbH
Ferdinand-Jühlke-Straße 7
99095 Erfurt, Deutschland
produktsicherheit@kolibri360.de